Walter Fellmann
Gabrielle von Büren-von Moos

# Grundriss der Produktehaftpflicht

**Walter Fellmann**
Dr. iur., Rechtsanwalt und Notar

**Gabrielle von Büren-von Moos**
lic. iur. et dipl. pharm., Rechtsanwältin

# Grundriss
# der Produktehaftpflicht

Verlag Stämpfli+Cie AG Bern · 1993

©
Verlag Stämpfli+Cie AG Bern · 1993
Gesamtherstellung: Stämpfli+Cie AG,
Graphisches Unternehmen, Bern
Printed in Switzerland

ISBN 3-7272-9193-1

# Vorwort

Nachdem der Gesetzgeber während Jahren untätig geblieben ist, hat der Bundesrat im Hinblick auf den EWR-Vertrag die Richtlinie des Rates der Europäischen Gemeinschaften vom 25. Juni 1985 (zur Angleichung der Rechts- und Verwaltungsvorschriften der Mitgliedstaaten über die Haftung für fehlerhafte Produkte) im Rahmen der Eurolex-Vorlage umgesetzt und dem Parlament am 27. Mai 1992 den Entwurf für ein Produktehaftpflichtgesetz vorgelegt. Die eidgenössischen Räte haben diesen Vorschlag in ihrer Sondersession im Herbst 1992 ohne nennenswerte Änderungen gebilligt. Nach der Ablehnung des EWR-Vertrages durch den Souverän am 6. Dezember 1992 hat der Bundesrat die Vorlage im Rahmen des «Swisslex-Paketes» (mit den notwendigen Anpassungen an die neue bzw. eben die alte Rechtslage) umgehend erneut vor das Parlament gebracht. Am 18. Juni 1993 haben nun die eidgenössischen Räte das Bundesgesetz über die Produktehaftpflicht (PrHG) beschlossen. Dieses Gesetz wird 1994 in Kraft treten.

Das neue Produktehaftpflichtgesetz lehnt sich bewusst an die EG-Richtlinie an. Die massgebenden Bestimmungen decken sich sogar weitgehend wörtlich mit der Vorgabe des Rates der Europäischen Gemeinschaft. Auf diese Weise führt das Gesetz zahlreiche neue Begriffe in das schweizerische Recht ein. Für den Rechtsanwender ergeben sich damit in der Praxis viele noch ungelöste Fragen. Wir haben uns deshalb entschlossen, dem interessierten Publikum möglichst schnell ein Buch an die Hand zu geben, das einen ersten Überblick verschafft. Da sich der schweizerische Gesetzgeber mit der Übernahme der EG-Richtlinie dem übergeordneten Ziel einer europäischen Rechtsangleichung auf dem Gebiet der

Produktehaftung anschliesst, stützen wir uns bei der Erläuterung der einzelnen Bestimmungen nicht nur auf die schweizerische Rechtsprechung und die Doktrin zu diesem case-law. Wir haben vielmehr immer wieder auch die Lehre unserer Nachbarstaaten (wo bereits entsprechende Gesetze in Kraft sind) zu Rate gezogen. Die Beschränkung auf einen Grundriss zwang uns allerdings, bei der Verarbeitung der inzwischen recht umfangreichen schweizerischen und ausländischen Literatur eine Auswahl zu treffen.

Um dem Leser den raschen Zugriff auf das neue Gesetz, die EG-Richtlinie und die im Ausland geltenden Gesetze zu sichern, sind ein Grossteil dieser Erlasse (ganz oder auszugsweise) im Anhang abgedruckt. Da auch dem Sprachkundigen nicht alle europäischen Sprachen geläufig sein dürften, haben wir den fremdsprachigen Gesetzen Übersetzungen beigegeben; teilweise haben wir uns auch auf die Wiedergabe der deutschen Übersetzung beschränkt. Ermöglicht wurde uns dies durch die freundliche Genehmigung der Kölnischen Rückversicherungs-Gesellschaft AG, Köln. Sie hat sich als Verlegerin mit dem Abdruck der in der Zeitschrift «Produktehaftpflicht International» veröffentlichten Übersetzungen spontan einverstanden erklärt. Dafür sei ihr – auch im Namen des Lesers – herzlich gedankt.

Dank schulden wir im weiteren Frau cand. iur. Karin Müller, Frau Rechtsanwältin lic. iur. Regula Suter-Furrer und Dr. med. Hans Fellmann für das Korrekturlesen und Frau Antonietta Tauriello für die perfekte Ausführung aller Schreibarbeiten. Dem Verlag Stämpfli+Cie AG, namentlich Dr. Rudolf Stämpfli, danken wir für die angenehme Zusammenarbeit und Dr. Thomas Jäggi, wissenschaftlicher Adjunkt beim Bundesamt für Justiz, Sektion Obligationenrecht, für die Informationen über das (bei der Entstehung dieses Buches noch laufende) Gesetzgebungsverfahren.

Luzern, im Juni 1993                                                                 *Die Verfasser*

PS. Nach der Detailberatung im National- und Ständerat hat die Redaktionskommission den Gesetzestext nochmals überarbeitet. Dabei wurde der Begriff des «Herstellers» durch den Ausdruck «herstellende Person (Herstellerin)» ersetzt. Damit sollte auch im PrHG das Ziel verwirklicht werden, Gesetze wenn immer möglich «geschlechtsneutral» zu gestalten. Dass trotzdem weiterhin vom «Geschädigten» die Rede ist, weist nur auf eine Ungereimtheit dieser Aktion hin. Angesichts der Tatsache, dass es sich beim Begriff des «Herstellers» um einen in

Europa inzwischen durchaus gebräuchlichen Rechtsbegriff handelt, vermag näm-lich die Erläuterung der Kommission nicht zu überzeugen, im Gegensatz zum «Hersteller» handle es sich beim «Geschädigten» eben um einen feststehenden Rechtsbegriff. Wir haben uns deshalb nicht nur wegen den zu erwartenden Ver-zögerungen bei der Drucklegung der bereits fertiggestellten Manuskripte ent-schlossen, diese Änderung nicht mehr zu berücksichtigen. Wir wollten damit vielmehr gleichzeitig auch zum Ausdruck bringen, dass die Schweiz mit der Übernahme der EG-Richtlinie eine Rechtsvereinheitlichung anstrebt und somit «terminologische Sonderzüge» – auch wenn sie dem Ziel der Gleichberechtigung von Mann und Frau dienen sollen – wenig sinnvoll sind. Dass uns solch schwerfäl-lige sprachliche Retuschen dem zwar erwünschten Ziel echter Gleichberechti-gung näherbringen, bezweifeln im übrigen sowohl die Verfasserin wie auch der Verfasser dieses Buches!

# Inhaltsverzeichnis

11

# Abkürzungsverzeichnis

| | |
|---|---|
| A. | Auflage |
| Abl. | Amtsblatt der EG |
| Abs. | Absatz |
| Art. | Artikel |
| Bd. | Band |
| Bde. | Bände |
| Bericht Studien-kommission | Bericht der Studienkommission für die Gesamtrevision des Haftpflichtrechts, hrsg. vom Bundesamt für Justiz, Bern 1991 |
| BGE | Entscheidungen des Schweizerischen Bundesgerichts (amtl. Sammlung) |
| BJM | Basler Juristische Mitteilungen |
| Botschaft I Eurolex | Botschaft I über die Anpassung des Bundesrechts an das EWR-Recht vom 27. Mai 1992 (Zusatzbotschaft I zur EWR-Botschaft), Sonderdruck |
| Botschaft Swisslex | Botschaft über das Folgeprogramm nach der Ablehnung des EWR-Abkommens vom 24. Februar 1993, Sonderdruck |
| Botschaft IPRG | Botschaft zum IPRG vom 11. November 1987, Sonderdruck |
| Ecu | European Currency Unit (Europäische Währungseinheit) |
| EG | Europäische Gemeinschaft |
| EG-Richtlinie | Richtlinie des Rates vom 25. Juli 1985 zur Angleichung der Rechts- und Verwaltungsvorschriften der Mitgliedstaaten über die Haftung für fehlerhafte Produkte |

15

| | |
|---|---|
| Einf. | Einführung |
| Einl. | Einleitung |
| EuGH | Gerichtshof der Europäischen Gemeinschaften |
| EWG | Europäische Wirtschaftsgemeinschaft |
| EWGV | Vertrag vom 25. März 1957 zur Gründung der Europäischen Wirtschaftsgemeinschaft |
| f. | folgende (Seite, Note etc.) |
| ff. | folgende (Seiten, Noten etc.) |
| hrsg. | herausgegeben |
| JdT | Journal des Tribunaux (Lausanne) |
| Kz. | Kennzahl |
| lit. | litera |
| N | Note(n) |
| OR | Bundesgesetz über das Obligationenrecht vom 30. März 1911 |
| PHI | Produktehaftpflicht International (Köln) |
| PrHG | Bundesgesetz über die Produktehaftpflicht vom 18. Juni 1993 |
| Pra. | Die Praxis des Bundesgerichts (Basel) |
| ProdHaftG | Produktehaftungsgesetz vom 15. Dezember 1989 (Deutschland) |
| Richtl. | Richtlinie |
| Rz. | Randziffer(n) |
| S. | Seite(n) |
| SR | Systematische Sammlung des Bundesrechts |
| usw. | und so weiter |
| v. a. | vor allem |
| VersR | Versicherungsrecht (dt. Zeitschrift) |
| vgl. | vergleiche |
| z. B. | zum Beispiel |
| ZBJV | Zeitschrift des Bernischen Juristenvereins (Bern) |
| ZGB | Schweizerisches Zivilgesetzbuch vom 10. Dezember 1907 |
| Ziff. | Ziffer |
| zit. | zitiert |
| ZR | Blätter für Zürcherische Rechtsprechung (Zürich) |
| ZSR | Zeitschrift für Schweizerisches Recht (Basel) |

# Literaturverzeichnis

BREHM, ROLAND: Berner Kommentar, Kommentar zum schweizerischen Privatrecht, Bd. VI: Obligationenrecht, 1. Abteilung: Allgemeine Bestimmungen, 3. Teilband, 1. Unterteilband: Die Entstehung durch unerlaubte Handlungen, Art. 41–61 OR, Bern 1986–1990

BUCHER, EUGEN: Schweizerisches Obligationenrecht, Allgemeiner Teil ohne Deliktsrecht, 2. A., Zürich 1988

*derselbe:* Obligationenrecht, Besonderer Teil, Skriptum, 3. A., Zürich 1988 (zit. BT)

Bundesamt für Justiz: Bericht der Studienkommission für die Gesamtrevision des Haftpflichtrechts, hrsg. vom Bundesamt für Justiz, Bern 1991 (zit. Bericht Studienkommission)

BURKI, FRANZ: Produktehaftpflicht nach schweizerischem und deutschem Recht, Bern 1976

CAVIN, PIERRE: Kauf, Tausch und Schenkung, in: Schweizerisches Privatrecht, Bd. VII/1, hrsg. von Frank Vischer, Basel und Stuttgart 1977, 1 ff.

CHRISTEN, ANDRES: Produkthaftung nach der EG-Produkthaftungsrichtlinie im Vergleich zur Produkthaftung nach schweizerischem Recht, Schriften zum Europarecht Bd. 10, Zürich und Bern 1992

FELLMANN, WALTER: Produzentenhaftung in der Schweiz, in: ZSR 107 (1988) 275 ff.

*derselbe:* Der Verschuldensbegriff im Deliktsrecht, in: ZSR 106 (1987) I 339 ff. (zit. Verschuldensbegriff)

*derselbe:* Berner Kommentar, Kommentar zum schweizerischen Privatrecht, Bd. VI: Obligationenrecht, 2. Abteilung: Die einzelnen Vertragsverhältnisse, 4. Teilband: Der einfache Auftrag Art. 394–406 OR, Bern 1992

FISCHER, WILLI: Der unmittelbare und der mittelbare Schaden im Kaufrecht, Zürich 1985

FITZ, HANNS/PURTSCHELLER, MEINHARD/REINDL, PETER: Produkthaftung, Wien 1988

GAUCH, PETER: Der Werkvertrag, 3. A., Zürich 1985

GAUCH, PETER/SCHLUEP, WALTER R.: Schweizerisches Obligationenrecht, Allgemeiner Teil ohne ausservertragliches Haftpflichtrecht, 5. A., 2 Bde., Zürich 1991

17

GIGER, HANS: Berner Kommentar, Kommentar zum schweizerischen Privatrecht, Bd. VI, Obligationenrecht, 2. Abteilung: Die einzelnen Vertragsverhältnisse, 1. Teilband, Kauf und Tausch – Die Schenkung, 1. Abschnitt: Allgemeine Bestimmungen – Der Fahrniskauf, Art. 184–215 OR, Bern 1973, 1977, 1979 (3 Lieferungen)

GONZENBACH, RAINER: Kommentar zum schweizerischen Privatrecht, Obligationenrecht I (Art. 1–529 OR), hrsg. von H. Honsell, N. P. Vogt und W. Wiegand, Art. 40, 110 und 112–118 bearbeitet von Rainer Gonzenbach, Basel 1992

Graf VON WESTPHALEN, FRIEDRICH: Das deutsche Produktehaftungsgesetz, in: Produktehaftungshandbuch, 2 Bde., hrsg. von Friedrich Graf von Westphalen, München 1989 und 1991

GUHL, THEO: Das schweizerische Obligationenrecht mit Einschluss des Handels- und Wertpapierrechts, 8. A., aufgrund der Ausgabe von Hans Merz und Max Kummer, bearbeitet von Alfred Koller und Jean-Nicolas Druey, Zürich 1991 (zit. Guhl/Merz/Koller oder Guhl/Merz/Druey)

GULDENER, MAX: Schweizerisches Zivilprozessrecht, Zürich 1979

HONSELL, HEINRICH: Kommentar zum schweizerischen Privatrecht, Obligationenrecht I (Art. 1–529 OR), hrsg. von H. Honsell, N. P. Vogt und W. Wiegand, Art. 192–210, 217 und 219 bearbeitet von Heinrich Honsell, Basel 1992

IMBODEN, MAX/RHINOW, RENÉ A.: Schweizerische Verwaltungsrechtsprechung, Band I: Allgemeiner Teil, 5. A., Basel und Frankfurt a. M. 1976

*dieselben:* Schweizerische Verwaltungsrechtsprechung, Band II: Besonderer Teil, 5. A., Basel und Frankfurt a. M. 1976

KÄSTLI, ROLF: Produkthaftung – Eine Herausforderung für den schweizerischen Gesetzgeber? in: recht 1990, 85 ff.

KELLER, ALFRED: Haftpflicht im Privatrecht, Bd. I, 4. A., Bern 1979 (zit. Keller I)

derselbe: Haftpflicht im Privatrecht, Bd. II, 1. A., Bern 1987 (zit. Keller II)

KELLER, MAX/LÖRTSCHER, THOMAS: Kaufrecht, 2. A., Zürich 1986

KRÄNGER, HANS: Die Produktehaftungspflicht nach geltendem Recht und ihre künftige Ordnung, Lausanne 1983

derselbe: Die Produktehaftungspflicht nach geltendem Recht und ihre künftige Ordnung, in: Produzentenhaftung, hrsg. von Erich Brändel, Freiburg 1980 ff.

KULLMANN, HANS-JOSEF: Produkthaftungsgesetz, Kommentar, Berlin 1990

KULLMANN, JOSEF/PFISTER, BERNHARD: Produzentenhaftung, Handbuch (Loseblattausgabe, 2 Bände), München 1980 ff.

KUMMER, MAX: Berner Kommentar, Kommentar zum schweizerischen Privatrecht, Band I: Einleitung und Personenrecht, 1. Abteilung: Einleitung, umfassend die Art. 1–10 ZGB, Kommentar zu Art. 8 ZGB, 2. A., Bern 1966

LÖRTSCHER, THOMAS: Produktehaftung. Der neue Art. 135 IPRG., in: Schweiz. Versicherungszeitschrift (Revue suisse d'assurance) 58 (1990) 253 ff.

LUTZ, PETER: Haftung für Gebrauchsanleitungen – ein Sonderfall der Produktehaftung, in: SJZ 89 (1993) 1 ff.

MERTENS, HANS-JOACHIM/CAHN, ANDREAS: Gesetz über die Haftung für fehlerhafte Produkte, in: Münchener Kommentar zum Bürgerlichen Gesetzbuch, hrsg. von Kurt Rebmann und Franz Jürgen Säcker, Ergänzungsband zur 2. Auflage, Bd. III, 2. Hb., München 1992

MERZ, BARBARA: Analyse der Haftpflichtsituation bei Schädigung durch Medikamente, Zürich 1980

NATER, HANS: Zur Entwicklung der Produktehaftpflicht in der Schweiz, in: SJZ 85 (1989) 389 ff.

OFTINGER, KARL: Schweizerisches Haftpflichtrecht, Erster Band: Allgemeiner Teil, 4. A., Zürich 1975

OFTINGER, KARL/STARK, EMIL W.: Schweizerisches Haftpflichtrecht, Zweiter Band: Besonderer Teil, Erster Teilband: Verschuldenshaftung, gewöhnliche Kausalhaftungen, Haftung aus Gewässerverschmutzung, 4. A., Zürich 1987

OPPERMANN, THOMAS: Europarecht, München 1991

PALANDT, OTTO/THOMAS, HEINZ: Bürgerliches Gesetzbuch, BGB §§ 631–853, EGBGB Art. 75–81, 97–108, 173–178, 232, §§ 6, 7, 9, 10 sowie Produkthaftungsgesetz bearb. von Heinz Thomas, 52. A., München 1993

PEDRAZZINI, MARIO M.: Werkvertrag, Verlagsvertrag, Lizenzvertrag, in: Schweizerisches Privatrecht, Bd. VII/1, hrsg. von Frank Vischer, Basel und Stuttgart 1977, 495 ff.

PETITPIERRE, GILLES: La responsabilité du fait des produits, Genf 1974

POSCH, WILLIBALD: Die Umsetzung der EG-Richtlinie «Produkthaftpflicht» in den Mitgliedstaaten und die beim «autonomen Nachvollzug» durch Drittstaaten auftretenden Probleme, in: Symposium Stark, Neuere Entwicklungen im Haftpflichtrecht, veranstaltet zum 70. Geburtstag von Emil W. Stark, hrsg. von Heinrich Honsell und Heinz Rey, Zürich 1991, 85 ff.

*derselbe:* Produkthaftung – Zum Stand der Vereinheitlichungsbestrebungen in den Europäischen Gemeinschaften und im Europarat, in: Produktehaftung Schweiz – Europa – USA, Schweizerische Beiträge zum Europarecht, Bd. 29, Bern 1986, 75 ff. (zit. Vereinheitlichungsbestrebungen)

*derselbe:* Produktehaftung, Eine erste Analyse der Probleme, in: RdW 1988, 65 ff. (zit. Probleme)

POTT, WERNER/FRIELING, GÜNTER: Gesetz über die Haftung für fehlerhafte Produkte, Kommentar, Essen 1992

ROLLAND, WALTER: Produkthaftungsrecht, Kommentar, München 1990

SCHLECHTRIEM, PETER: Angleichung der Produktehaftung in der EG, Zur Richtlinie des Rates der Europäischen Gemeinschaften vom 25. 7. 1985, in: VersR 1986, 1033–1043

SCHMIDT-SALZER, JOACHIM/HOLLMANN, HERMANN H.: Kommentar EG-Richtlinie Produkthaftung, Deutschland, Heidelberg 1986

SCHNYDER, ANTON K.: Kommentar zum schweizerischen Privatrecht, Obligationenrecht I (Art. 1–529 OR), hrsg. von H. Honsell, N. P. Vogt und W. Wiegand, Art. 41–59, 61 und 143–150 bearbeitet von Anton K. Schnyder, Basel 1992

*derselbe:* Das neue IPR-Gesetz, Zürich 1988

SCHWANDER, IVO: Das IPR der Produktehaftung, in: Produktehaftung Schweiz – Europa – USA, Schweizerische Beiträge zum Europarecht Bd. 29, Bern 1986, 197 ff. (zit. IPR der Produktehaftung)

*derselbe:* Einführung in das internationale Privatrecht, Erster Band: Allgemeiner Teil, 2. A., St. Gallen 1990 *derselbe:* Die Gerichtszuständigkeiten im Lugano-Übereinkommen, in: Das Lugano-Übereinkommen, hrsg. von Ivo Schwander, St. Gallen 1990, 61 ff. (zit. Lugano-Abkommen)

SPIRO. KARL: Zur Haftung für gesundheitsschädigende Produkte, in: Revolution der Technik, Evolution des Rechts, Festgabe zum 60. Geburtstag von Karl Oftinger, Zürich 1969, 255 ff.

STARK. EMIL W.: Einige Gedanken zur Produktehaftpflicht, in: Revolution der Technik, Evolution des Rechts, Festgabe zum 60. Geburtstag von Karl Oftinger, Zürich 1969, 281 ff.

STAUDER. BERND: Schweizerische Produktehaftung im europäischen Umfeld, in: ZSR 109 (1990) I 363 ff.

TASCHNER. HANS CLAUDIUS/FRIETSCH. EDWIN: Produkthaftungsgesetz und EG-Produkthaftungsrichtlinie, 2.A., München 1990

TUHR. ANDREAS VON/ESCHER. ARNOLD: Allgemeiner Teil des Schweizerischen Obligationenrechts, Bd. II, 3. A., Zürich 1974

TUHR. ANDREAS VON/PETER. HANS: Allgemeiner Teil des Schweizerischen Obligationenrechts, Bd. I, 3.A., Zürich 1979

UMBRICHT. ROBERT P.: Abriss des schweizerischen internationalen Privatrechtes der Produktehaftpflicht, in: Schweiz. Versicherungszeitschrift (Revue suisse d'assurance) 57 (1989) 321 ff.

VISCHER. FRANK: Das Deliktsrecht des IPR-Gesetzes unter besonderer Berücksichtigung der Regelung der Produkthaftung, in: Festschrift für Rudolf Moser, hrsg. von Ivo Schwander, Schweizer Studien zum internationalen Recht, Bd. 51, Zürich 1987, 119 ff.

VOGEL. DANIEL: Die Produkthaftung des Arzneimittelherstellers nach schweizerischem und deutschem Recht mit zusätzlicher Berücksichtigung der EG-Produkthaftungs-Richtlinie und weiterer Rechtsordnungen, Diss. Zürich 1991, Zürcher Studien zum Privatrecht, Bd. 88

VOGEL. OSCAR: Grundriss des Zivilprozessrechts, 3. A., Bern 1992

WELSER. RUDOLF: Produkthaftungsgesetz, Kurzkommentar, Wien 1988

WIDMER. PIERRE: Produktehaftung in der Schweiz, in: Produktehaftung Schweiz – Europa – USA, Schweizerische Beiträge zum Europarecht, Bd. 29, Bern 1986, 50ff.

*derselbe:* Produktehaftung, Urteilsanmerkung Zivilrecht, in: recht 1986, 50 ff. (zit. Produktehaftung)

*derselbe:* Die Schweiz auf dem Weg zur Produktehaftung, in: St. Galler Europarechtskurse EU R 2, Unterlagen 3. Block (9.–12. September 1992) Nr. 4 (zit. Europarechtskurse)

WIEGAND. WOLFGANG: Kommentar zum schweizerischen Privatrecht, Obligationenrecht I (Art. 1–529 OR), hrsg. von H. Honsell, N. P. Vogt und W. Wiegand, Art. 97–109 und 119 bearbeitet von Wolfgang Wiegand, Basel 1992

ZINDEL. GAUDENZ G./PULVER. URS: Kommentar zum schweizerischen Privatrecht, Obligationenrecht I (Art. 1–529 OR), hrsg. von H. Honsell, N. P. Vogt und W. Wiegand, Art. 363–379 bearbeitet von Gaudenz G. Zindel und Urs Pulver, Basel 1992

# § 1  Einleitung

## I. Europäisches Umfeld

Nachdem die «Contergan-Katastrophe» und einige andere weitrei-  1
chende Ereignisse (vgl. Christen, 4 f.) in Deutschland und Grossbritannien die Bevölkerung aufgerüttelt hatten, nahm die EG im Jahre 1968
ihre Bemühungen auf, die verschiedenen Regelungen über die Produktehaftung in den einzelnen Mitgliedstaaten zu vereinheitlichen. Das Ziel
war eine Angleichung der einzelstaatlichen Rechtsvorschriften. Hinter
dieser Idee stand die Überzeugung, dass die unterschiedlichen Regelungen in den Mitgliedstaaten den Wettbewerb verfälschten, den freien Warenverkehr innerhalb des gemeinsamen Marktes behinderten und zu einem unterschiedlichen Schutz des Verbrauchers vor Schädigung seiner
Gesundheit und seines Eigentums durch ein fehlerhaftes Produkt führen
könnten (vgl. die Präambel der EG-Richtlinie; kritisch Posch, 93).

Die mit den Vorarbeiten beauftragte Kommission legte den Mit-  2
gliedstaaten im August 1974 den ersten Vorentwurf einer Richtlinie mit
Erläuterungen vor. Die Beratungen dieses Entwurfes führten im Juni
1975 zu einem zweiten Vorentwurf. Dieser wurde wiederum eingehend
diskutiert. Am 9. September 1976 unterbreitete die Kommission dem Rat
alsdann den «Vorschlag einer Richtlinie des Rats zur Angleichung der
Rechts- und Verwaltungsvorschriften der Mitgliedstaaten über die Haftung für fehlerhafte Produkte» (Abl. C 241 vom 14. 10. 1976 S. 9). Nach
den Beratungen im Wirtschafts- und Sozialausschuss der Europäischen
Gemeinschaften (Abl. C 114 vom 7. 5. 1979 S. 15) und im Europäischen
Parlament (Abl. C 127 vom 21. 5. 1979 S. 61) legte die Kommission dem
Rat am 19. September 1979 einen abgeänderten Vorschlag vor (Abl. C

271 vom 26.10.1979 S.3). Nach einer intensiven mehrjährigen Diskussion wurde der definitive Text der Richtlinie an der Ministerratsitzung vom 25. Juli 1985 verabschiedet (85/374 EWG, Anhang I; zur Geschichte der EG-Richtlinie vgl. etwa Posch, Vereinheitlichungsbestrebungen, 75 ff.; Taschner/Frietsch, Einf. N 171 ff.).

3 Parallel zu den Arbeiten der EG setzte der Europarat, die von der EG unabhängige, allgemeinpolitische Regionalorganisation Europas, 1970 einen Sachverständigenausschuss ein. Dieser erhielt den Auftrag, Massnahmen zur Angleichung des Rechts der Produktehaftung unter allen seinen Mitgliedstaaten vorzuschlagen. Der Ausschuss erarbeitete in der Folge ein völkerrechtliches Übereinkommen, das nach der Zustimmung des Ministerrates des Europarates im Januar 1977 als «**Convention européenne sur la responsabilité du fait des produits en cas de lésions corporelles ou de décès**» (Anhang III) zur Zeichnung aufgelegt wurde. Dieses Übereinkommen sieht eine summenmässig unbeschränkte, **verschuldensunabhängige Haftung** des Herstellers eines fehlerhaften Produktes vor, die auch «Entwicklungsrisiken» (zum Begriff vgl. Rz. 201 hinten) einschliesst. Gedeckt sind jedoch lediglich Körperschäden; Sachschäden werden nicht erfasst (vgl. etwa Taschner/Frietsch, Einf. N 177 ff.). Das Übereinkommen des Europarates bedarf der völkerrechtlichen Ratifizierung durch die Einzelstaaten. Für die EG-Staaten liegt die Zuständigkeit zum Abschluss eines Übereinkommens auf dem Gebiet der Produktehaftung nach dem Urteil des EuGH vom 31. März 1971 allerdings bei der EG.

4 Die **Richtlinie des Rates vom 25. Juli 1985 zur Angleichung der Rechts- und Verwaltungsvorschriften der Mitgliedstaaten über die Haftung für fehlerhafte Produkte** (Anhang II) begründet eine ausservertragliche, **verschuldensunabhängige Haftung** des Herstellers für Schäden, die durch Fehler eines Produktes verursacht worden sind. Dem Hersteller des Endproduktes werden die Hersteller von Grundstoffen oder Teilprodukten, die Personen, die im Rahmen ihrer geschäftlichen Tätigkeit Produkte in das Gebiet der EG einführen (Importeure) sowie die Personen, die sich als Hersteller ausgeben und, wenn der Hersteller oder Importeur nicht festgestellt werden kann, die Lieferanten gleichgestellt (Art. 3 EG-Richtlinie). Als Produkte gelten bewegliche Sachen sowie Elektrizität, mit Ausnahme der landwirtschaftlichen Naturprodukte und Jagderzeugnisse (Art. 2 EG-Richtlinie). Der Fehler eines Produktes wird darin gesehen, dass ein Erzeugnis nicht die Sicherheit bietet, die man unter Berücksichtigung aller Umstände (z. B. seiner Darbietung oder der Gebrauchsanweisung) zu erwarten berechtigt ist (Art. 6 EG-Richtlinie). Dabei sind

Entwicklungsrisiken grundsätzlich ausgeschlossen (Art. 7 lit. e EG-Richtlinie; vgl. aber Rz. 6 hinten).

Die Richtlinie sieht jedoch **verschiedene Einschränkungen** vor: So 5 erstreckt sich die Haftung nicht auf alle Schäden, die durch fehlerhafte Produkte verursacht werden können. Sie nimmt vielmehr Schäden an gewerblich genutzten Sachen sowie am fehlerhaften Produkt selbst von der Haftungsregelung der Richtlinie aus (vgl. Art. 9 Abs. 1 lit. b EG-Richtlinie). Ersatz für immaterielle Schäden ist ebenfalls nicht vorgesehen (vgl. Art. 9 Abs. 2 EG-Richtlinie). Als weitere Einschränkung hat der Geschädigte schliesslich auch bei Vorliegen eines grundsätzlich erstattungsfähigen Sachschadens einen Selbstbehalt von 500 Ecu zu tragen (vgl. Art. 9 Abs. 1 lit. b EG-Richtlinie).

Neben diesen Einschränkungen eröffnet die EG-Richtlinie den 6 Mitgliedstaaten eine Reihe von **Optionen:** Nach Art. 15 Abs. 1 lit. b können sie in Abweichung zu Art. 7 lit. e eine Haftung für Entwicklungsrisiken vorsehen. Im weiteren dürfen sie die Ausnahme in Art. 2 EG-Richtlinie, wonach landwirtschaftliche Naturprodukte und Jagderzeugnisse nicht als Produkte gelten, aufheben (Art. 15 Abs. 1 lit. a EG-Richtlinie). Neben diesen Optionen zur Ausweitung der Produktehaftung gibt Art. 16 Abs. 1 EG-Richtlinie den Mitgliedstaaten aber auch das Recht, die Haftung einzuschränken. Danach sind sie befugt, die Haftung für Personenschäden, die durch gleiche Artikel mit demselben Fehler verursacht wurden, auf einen Betrag von nicht weniger als insgesamt 70 Mio. Ecu zu begrenzen (Art. 16 Abs. 1 EG-Richtlinie).

Die Richtlinie des Rates vom 25. Juli 1985 zur Angleichung der 7 Rechts- und Verwaltungsvorschriften der Mitgliedstaaten über die Haftung für fehlerhafte Produkte stützt sich auf den Vertrag zur Gründung der Europäischen Wirtschaftsgemeinschaft vom 25. März 1957, insbesondere auf Art. 100 EWGV (so die Präambel). Danach erlässt der Rat (einstimmig auf Vorschlag der Kommission) **Richtlinien** für die Angleichung derjenigen Rechts- und Verwaltungsvorschriften der Mitgliedstaaten, die sich unmittelbar auf die **Errichtung oder das Funktionieren des gemeinsamen Marktes** auswirken. Nach Art. 189 Abs. 3 EWGV charakterisiert sich eine Richtlinie als **Rechtsakt der Gemeinschaft,** der für jeden Mitgliedstaat, an den er gerichtet ist, hinsichtlich des zu erreichenden **Zieles verbindlich** ist, den innerstaatlichen Stellen jedoch die **Wahl der Form und der Mittel** zur Realisierung des angestrebten Zieles überlässt. Diese Art von Rechtsakten soll die einzelstaatlichen Regelungen «materiell-rechtlich harmonisieren, aber zugleich die Vielfalt nationaler Rechtsformen und Traditionen möglichst respektieren». Man bedient sich ihrer deshalb vor allem auf dem Gebiet der Rechtsangleichung nach Art. 100 ff. EWGV (Oppermann, Rz. 455 ff., insbes. Rz. 457).

8        Gestützt auf die Richtlinie des Rates vom 25. Juli 1985 zur Angleichung der Rechts- und Verwaltungsvorschriften der Mitgliedstaaten über die Haftung für fehlerhafte Produkte wurden in den EG-Staaten in der Zwischenzeit die folgenden Gesetze erlassen: In Deutschland das Produkthaftungsgesetz vom 15. Dezember 1989 (Anhang VI), in Belgien das Produktehaftungsgesetz vom 25. Februar 1991 (Anhang IV), in Dänemark das Produktehaftungsgesetz vom 7. Juli 1989 (Anhang V), in Griechenland die Ministerialverordnung vom 31. März 1988 (Anhang VIII), in Irland das (Produkthaftungs-) Gesetz 1991 Nr. 11a (Anhang IX), in Italien die Verordnung des Präsidenten vom 24. Mai 1988 (Anhang X), in Luxemburg das Produktehaftungsgesetz vom 21. April 1989 (Anhang XII), in den Niederlanden das Gesetz vom 13. September 1990 (Anhang XVIII), in Portugal das Dekretgesetz vom 6. November 1989 (Anhang XV) und in Grossbritannien der Consumer Protection Act 1987 (Anhang XVII). In Frankreich und in Spanien liegen zurzeit Entwürfe vor.

9        Die EG-Richtlinie hat jedoch auch über die EG-Staaten hinaus Wirkungen gezeitigt. So wurden inzwischen in Finnland das Produktehaftungsgesetz vom 17. August 1990 (Anhang VII), in Island das Produktehaftungsgesetz vom 1. Januar 1992, in Liechtenstein das Produktehaftungsgesetz vom 12. November 1992 (Anhang XI), in Norwegen das Produktehaftungsgesetz vom 23. Dezember 1988, in Österreich das Produktehaftungsgesetz vom 21. Januar 1988 (Anhang XIV) und in Schweden das Produktehaftungsgesetz vom 23. Januar 1992 (Anhang XVI) erlassen.


## II. Die Schweiz auf dem Weg zu einem Spezialgesetz

10        Bis zum Erlass des Produktehaftpflichtgesetzes vom 18. Juni 1993 kannte das schweizerische Privatrecht weder innerhalb der Kodifikationen des ZGB und des OR noch ausserhalb dieser Gesetzbücher spezielle Normen, die sich spezifisch mit der Haftung für fehlerhafte Erzeugnisse befasst hätten (vgl. immerhin Art. 135 IPRG). Bereits **vor über 20 Jahren** haben deshalb die Referenten und Votanten des schweizerischen Juristentages die **Forderung nach einer Revision des Haftpflichtrechts** und in diesem Zusammenhang nach einer **Regelung der Produkthaftung** erhoben. 1977/79 machten die Nationalräte Hedi Lang und Alfred Neukomm

entsprechende Vorstösse im Parlament. Am 6. Dezember 1986 reichte Neukomm alsdann eine Motion ein, wonach sich die Schaffung einer verschuldensunabhängigen Produktehaftung gebieterisch aufdränge (vgl. Fellmann 279 f.).

Auch in der **haftpflichtrechtlichen Diskussion** haben die Fragen um 11 die Produktehaftpflicht in den letzten Jahren eine zentrale Stellung eingenommen (vgl. etwa Christen, 1 ff.; Fellmann, 275 ff.; Kästli, 85 ff.; Nater, 389 ff.; Posch, 85 ff.; Stauder, 363 ff.; Widmer, 50 ff.). Diese Debatte mit ihren teilweise konträren Ansatzpunkten wurde im Bericht der Studienkommission für die Gesamtrevision des Haftpflichtrechtes von 1991 zu einem, wenigstens vorläufigen, Abschluss gebracht. Die Kommission gelangte darin zum Schluss, die Produktehaftpflicht sei in der Schweiz gemäss der EG-Richtlinie über Produktehaftung von 1985 zu regeln. Die entsprechenden Normen sollten Gegenstand eines Spezialgesetzes sein. Der Erlass dieser neuen Bestimmungen sei nicht nur wegen der geplanten Einbeziehung in den Vertrag über den europäischen Wirtschaftsraum dringlich, sondern generell wegen der Gefahr, dass schweizerische Exporte in Staaten der EG und der EFTA aufgrund der in diesen Ländern vorgesehenen Importeur-Haftung erschwert würden (Bericht Studienkommission, 157 ff., insbes. 163 und 194; vgl. dazu aber die kritische Würdigung Rz. 16 ff. hinten).

Mit der **Botschaft vom 27. Mai 1992** legte der Bundesrat der Bundesversammlung den Entwurf zu einem Bundesbeschluss über die Produktehaftpflicht vor. Dieser Bundesbeschluss sollte sich auf Art. 64 der Bundesverfassung stützen und in Ausführung von Art. 23 des Vertrages über den Europäischen Wirtschaftsraum sowie Anhang III, der sich auf die Richtlinie Nr. 85/374 des Rates vom 25. Juli 1985 zur Angleichung der Rechts- und Verwaltungsvorschriften der Mitgliedstaaten über die Haftung für fehlerhafte Produkte bezieht, erlassen werden (Botschaft I Eurolex, 419 ff., insbes. 433 ff.). Der Entwurf passierte die Räte in der EWR-Debatte diskussionslos. Nach der Ablehnung des EWR-Vertrages durch das Schweizer Volk am 6. Dezember 1992 entschloss sich der Bundesrat, diesen Bundesbeschluss – mit einigen kleineren Anpassungen an die neue Situation – den eidgenössischen Räten nun als Bundesgesetz vorzulegen (vgl. Botschaft Swisslex, 80 f. und 177 ff.). Er folgte mit diesem Vorgehen wiederum dem Ratschlag der Studienkommission für die Gesamtrevision des Haftpflichtrechts. Diese Kommission kam in ihrem Bericht nämlich zum Schluss, die Schweiz solle die Produktehaftpflicht auch bei einer Ablehnung des EWR-Vertrages gemäss der EG-Richtlinie ausgestalten. Unser Land müsse auf diesem Gebiet den europäischen Integrationsprozess ganz mitvollziehen können (Bericht Studienkommission, 160). Diese Vorlage wurde vom Parlament am 18. Juni 1993 angenommen; das neue Gesetz tritt auf den 1. Januar 1994 in Kraft.

13     Das **Bundesgesetz über die Produktehaftpflicht vom 18. Juni 1993** lehnt sich somit bewusst an den Text der EG-Richtlinie an. Lediglich die Systematik weicht von derjenigen der Richtlinie ab, weil der Bundesrat bei der Umsetzung des materiellen EG-Rechtes nicht auf die in der Schweiz übliche Gestaltungsform verzichten wollte. Daneben wurden bloss einige kleinere redaktionelle Änderungen vorgenommen, um eine Übereinstimmung mit der Sprache der schweizerischen Gesetzgebung, namentlich derjenigen des Obligationenrechtes herbeizuführen (Botschaft I Eurolex, 421). Die einzige grössere Änderung und zugleich einen fragwürdigen Eingriff in die in Europa bereits gebräuchliche Begriffswelt stellt der Ersatz des Rechtsbegriffes des «Herstellers» durch die geschlechtsneutrale Form der «herstellenden Person» dar.

14     Die **Rechtswirklichkeit** musste sich jedoch bereits lange vor dem Aufkeimen der Bestrebungen nach dem Erlass eines Spezialgesetzes mit Fragen um die Produktehaftung befassen. Tatsächlich findet sich im sogenannten «Anilin-Fall» schon im Jahre **1923 ein erster Entscheid des schweizerischen Bundesgerichtes** (BGE 49 I 465). In diesem Urteil hatte das Bundesgericht gestützt auf Art. 41 OR den Produzenten einer Farbe ins Recht gefasst, die bei der Berührung mit der Haut starke Ekzeme verursachte. Es stellte fest, wer einen Gebrauchsgegenstand herstelle, habe bei dessen Herstellung und Behandlung ganz besondere Aufmerksamkeit aufzuwenden. Die Öffentlichkeit dürfe sich nämlich darauf verlassen, dass die angebotene Ware den gesundheitlichen Anforderungen entspreche und jedenfalls von einer Gebrauchsanweisung begleitet sei, durch deren Befolgung eine Gesundheitsschädigung vermieden werden könne. In den Jahren danach folgten weitere Urteile (auch unterer Instanzen). Zu erwähnen sind etwa der «Steiggurt-Fall» (BGE 64 II 254 ff.), der «Friteusen-Fall» (BGE 90 II 86 ff.), der «Gasoline-Fall» (BGE 96 II 108 ff.), der Basler «Pflanzenwuchsmittel-Fall» (BJM 1961, 189 ff.) und schliesslich der Zürcher «Mobilpool-Fall» (ZR 84 [1985] Nr. 4, S. 11 ff.).

15     Zu einer eigentlichen Wende führten dann aber die Entscheide des Bundesgerichtes im **«Schachtrahmen-Fall»** (BGE 110 II 456 = Pra 74 [1985] 280 ff.) und im **«Zahnarztstuhl-Fall»** (JdT 134 [1986] I 571 f.). In diesen Urteilen machte das Bundesgericht die Geschäftsherrenhaftung des Art. 55 OR zur dogmatischen Grundlage einer Produktehaftung schweizerischer Prägung, indem es dem Geschäftsherrn generell eine

Pflicht zur zweckmässigen Betriebsorganisation auferlegte und damit bei Schäden aus Produktemängeln einen Befreiungsbeweis nahezu unmöglich werden liess (vgl. etwa Widmer, Produktehaftung, 50 ff. und eingehend Rz. 473 ff. hinten).

### III. Kritische Würdigung der heutigen Rechtslage

Noch im Jahre 1990 lobte Willibald Posch (87 ff.), die Schweiz 16 bilde im Meer der strikten Produktehaftungen, das sich auszubreiten beginne, eine vom soliden Felsen einer richterlich verschärften Verschuldenshaftung getragene Insel. Liebenswürdigerweise sah er den Grund dafür in einem höheren Mass an Gelassenheit und einer besonneneren Einschätzung der Meriten und Defizite der europäischen Rechtsangleichung auf diesem Gebiet durch die eidgenössischen Gesetzgebungsinstanzen. Diese hätten die erheblichen Mängel der auf einem mühsam errungenen Kompromiss basierenden EG-Richtlinie deutlich erkannt und ihren Gerichten die unvermeidliche interpretatorische Mühsal mit dem Fremdkörper eines europarechtskonformen Produkthaftungsgesetzes ersparen wollen.

Nach der hier vertretenen Auffassung beruht die Einschätzung von 17 Posch jedoch vor allem auf der ausgesprochenen Höflichkeit dieses ausländischen Beobachters (a. M. Posch, 89). Bedenkt man nämlich, dass die Frage nach einer speziellen Regelung der Produktehaftung schon am Schweizerischen Juristentag von 1967 aufs Tapet gebracht wurde und Hedi Lang und Alfred Neukomm bereits 1977/79 in den eidgenössischen Räten entsprechende Motionen einreichten, darf man die Zurückhaltung der eidgenössischen Gesetzgebungsinstanzen kaum mehr auf weise Einsicht zurückführen. Richtiger dürfte vielmehr die Vermutung sein, dass der schweizerische Gesetzgeber auch diese Entwicklung schlicht verschlafen hat. Durch die Entwicklung in Europa aus dem Schlaf aufgeschreckt, haben wir uns nun der Tyrannei des Dringlichen zu beugen und uns auf eine **Schadenminimierung für die Exportwirtschaft** zu beschränken (vgl. Bericht Studienkommission, 194). Dies ist aus heutiger Sicht vor allem deshalb bedauerlich, weil so die **Gelegenheit verpasst** wurde, **eine bessere, in das schweizerische Privatrecht integrierte Alternative zu schaffen** (vgl. etwa Jäggi, ZSR 86 [1967] II 754 ff.; Fellmann, 307 f.; a. M. Christen, 270 ff.).

Der schweizerische Gesetzgeber hat sich nicht einmal die Mühe einer 18 eigentlichen Umsetzung der EG-Richtlinie in das schweizerische Recht gemacht, die in einer Harmonisierung der Begriffe und Wertungsgesichtspunkte bestanden hätte. Die getroffene Lösung übernimmt die europäischen Vorgaben vielmehr zumeist wörtlich. Die einzige – zweifelhafte – Originalität liegt im Ersatz des (in ganz Europa inzwischen gebräuchlichen) Begriffes des «Herstellers» durch die geschlechtsneutrale Form der «herstellenden Person» resp. «Herstellerin». Während viele unserer Nachbarstaaten die Problematik zahlreicher Normen der EG-Richtlinie wenigstens im Rahmen der konkreten Umsetzungsbemühungen erkannt haben (Posch, 92 f.), ist es in der Schweiz nun der **Lehre und Rechtsprechung überlassen, Klarheit zu schaffen.** Diese wird sich wohl oder übel der «interpretatorischen Mühsal mit dem **Fremdkörper 'europarechtskonformes Produkthaftungsgesetz'**» (Posch, 89) unterziehen müssen.

19     Die EG-Richtlinie vom 25. Juli 1985 stellt einen mühsam errungenen Kompromiss dar (vgl. etwa Kullmann, 23 f.; Posch 89). Der Ministerrat musste versuchen, die in den Einzelstaaten bestehenden Haftungssysteme wenigstens bezüglich der Produktehaftung «unter einen Hut zu bringen». Dies führte zur **Schaffung zahlreicher eigenständiger Begriffe**, für die nun im innerstaatlichen Recht ein Pendant fehlt. Das ist vor allem deshalb problematisch, weil es die Richtlinie gleichzeitig unterlässt, die für die Haftung zentralen Begriffe wenigstens selbst zu definieren (Mertens/Cahn, Einl. N 3). Man denke nur an den Begriff des «Inverkehrbringens» nach Art. 6 Abs. 1 lit. c EG-Richtlinie (Posch, 91). Gleiche Schwierigkeiten ergeben sich aber auch etwa bei den Begriffen der «beweglichen Sache» (Art. 2), der «ersten Verarbeitung» (Art. 2) und des «ursächlichen Zusammenhangs» (Art. 4; zum ganzen vgl. Mertens/Cahn, Einl. N 3). Die Probleme werden aber auch dort nicht gelöst, wo die Richtlinie selbst Begriffsbestimmungen anbietet. In diesen Fällen begnügt sie sich nämlich grösstenteils mit sehr allgemein (bzw. zu allgemein) gehaltenen Umschreibungen. Hauptbeispiel ist hier der Fehlerbegriff des Art. 6 (vgl. Mertens/Cahn, Einl. N 3).

20     Zu beklagen ist im weiteren, dass die EG-Richtlinie **keine umfassende verschuldensunabhängige Haftung** des Herstellers begründet. So nimmt sie etwa Schäden an gewerblich genutzten Sachen sowie am fehlerhaften Produkt selbst von ihrem Anwendungsbereich aus (Art. 9 Abs. 1); für das ganze Gebiet der «immateriellen Schäden» bietet sie überhaupt keine Regelung an (Art. 9 Abs. 2).

21     Dem Ziel einer Rechtsangleichung dürften schliesslich auch die verschiedenen Optionen (Art. 15 und 16 EG-Richtlinie) nicht förderlich sein, die etwa den Einbezug von landwirtschaftlichen Grundprodukten und Jagderzeugnissen oder des Entwicklungsrisikos den Einzelstaaten überlassen (vgl. Posch, 90 f.). Kritisiert wird in diesem Zusammenhang zu

Recht auch die «**Vorläufigkeit der Regelung**»; Art. 15 Abs. 2 und 3, Art. 16 Abs. 2 und Art. 21 sehen nämlich ausdrücklich ein weiteres Tätigwerden der Kommission vor bzw. machen wohl weitere EG-Vorgaben sogar erforderlich (vgl. Posch, 91).

# § 2 Bundesgesetz über die Produktehaftpflicht (PrHG)

## I. Allgemeines

### A. Rechtsnatur

Klar ist, dass es sich beim Produktehaftpflichtgesetz um eine natio- 22
nale Haftungsnorm handelt, obwohl die einzelnen Bestimmungen weitgehend den Inhalt der EG-Richtlinie wiedergeben. Das gilt im übrigen
auch für die in den EG-Mitgliedstaaten erlassenen Gesetze, obwohl dort
ein Zwang zur Umsetzung besteht. Die schweizerische Lösung stellt daher bloss eine parallel zu den Regelungen in den EG-Ländern und –
soweit diese die Richtlinie ebenfalls umgesetzt haben – in den EFTA-
Staaten erfolgte **binnenrechtliche Transformation der EG-Richtlinie** dar.
Es liegt weder Staatsvertragsrecht noch europäisches Einheitsrecht vor
(vgl. Kullmann/Pfister, Kz. 3601 1).

Nach Art. 1 PrHG haftet der Hersteller für den Schaden, der durch 23
einen Fehler seines Produktes verursacht worden ist. Damit begründet
das Gesetz in Anlehnung an die EG-Richtlinie eine «ausservertragliche,
verschuldensunabhängige Haftung des Herstellers für Schäden ..., die
durch Fehler seines Produktes verursacht worden sind» (Botschaft I Eurolex, 419). Wir haben also eine **Kausalhaftung** vor uns. Die Botschaft
geht von einer sogenannten **gewöhnlichen Kausalhaftung** aus (Botschaft I Eurolex, 422). Das rechtspolitische und dogmatische Konzept
dieser spezialgesetzlichen Deliktshaftung ist jedoch nicht restlos klar
(vgl. auch Fitz/Purtscheller/Reindl, § 1 N 2; Graf von Westphalen, § 59

Rz. 2; Rolland, § 1 N 4 ff.; Taschner/Frietsch, ProdHaftG § 1 N 17 ff.; Welser, Vorbem. N 11 ff.).

24 Wie bei der EG-Richtlinie steht wohl auch hier für die Begründung der Haftung «die potentielle Gefährlichkeit des Produkts, das bestimmten Sicherheitskriterien nicht entspricht ... im Vordergrund» (Stauder, 366). Indessen weist die Haftungsregelung auch Elemente einer bloss «verschuldensunabhängigen Unrechtshaftung» auf (vgl. etwa Art. 6 EG-Richtlinie; Stauder, 367 f.). Das Produktehaftungsgesetz enthält daher im Ergebnis **«Elemente einer vom Erfordernis objektiver Vorwerfbarkeit befreiten Verhaltens- oder Unrechtshaftung»** und **Elemente bereits bekannter Gefährdungshaftungen** (Stauder, 369; ähnlich Fitz/Purtscheller/Reindl, § 1 N 2; vgl. auch Mertens/Cahn, § 1 N 2 und Pott/Frieling, § 1 N 5 ff., die die Umsetzung der EG-Richtlinie in Deutschland allerdings im Ergebnis als Gefährdungshaftung qualifizieren). Diese Regelung ist das Ergebnis eines (letztlich politischen) Kompromisses der EG-Staaten. Mit der bewussten Übernahme der EG-Richtlinie in das schweizerische Recht spiegelt daher nun auch die Lösung des PrHG die «unterschiedlichen nationalen Traditionen im Bereich der Produktehaftung» wider (Stauder, 369).

## B. Rechtsanwendung und Auslegung

25 Nach Art. 11 PrHG gelten auch im Rahmen der spezialgesetzlich geregelten Produkthaftpflicht die Bestimmungen des Obligationenrechts oder andere Bestimmungen des eidgenössischen oder des kantonalen öffentlichen Rechts (man denke an die Staatshaftung beim Einsatz verdorbener Lebensmittel im Spital, vgl. Botschaft Swisslex, 81), wenn das PrHG selbst nichts anderes vorsieht.

26 Bei der Redaktion des Bundesgesetzes über die Produktehaftpflicht suchte der Gesetzgeber soweit möglich (zur «Begriffswelt» der EG-Richtlinie vgl. Rz. 19 vorne) eine **Übereinstimmung mit der Sprache der schweizerischen Gesetze**, namentlich derjenigen des Obligationenrechts herbeizuführen. Bestimmungen der EG-Richtlinie, die sich mit bereits kodifiziertem schweizerischem Recht decken, wurden deshalb nicht übernommen. So erachtete man beispielsweise die in Art. 4 EG-Richtlinie für die Beweislast getroffene Lösung als in Art. 8 ZGB mitenthalten. Das gleiche gilt für Art. 8 Abs. 2 EG-Richtlinie über die Minderung der Haftung des Herstellers; hier hielt man Art. 44 OR (Herabset-

zungsgründe) für ausreichend (vgl. Botschaft I Eurolex, 421; vgl. auch Botschaft Swisslex, 80 f.). Nach der Ablehnung des EWR-Vertrages durch den Souverän wurde allerdings der ursprünglich vorgesehene Ausschluss von Art. 44 Abs. 2 OR gestrichen. Im Gegensatz zur EG-Richtlinie kann in der Schweiz deshalb die Schadenersatzpflicht des Herstellers auch aus sozialen Erwägungen (z. B. Notlage des Haftpflichtigen) beschränkt werden.

Der Versuch einer Einbettung der EG-Richtlinie über die Produktehaftpflicht in das bestehende schweizerische Haftpflichtrecht schafft **zahlreiche Probleme**: Im Vordergrund steht die Gefahr einer Kollision mit dem Ziel der Richtlinie (dem sich letztlich auch der schweizerische Gesetzgeber angeschlossen hat, vgl. Bericht Studienkommission, 194 und Botschaft Swisslex, 80), die Rechtsvorschriften über die Produktehaftung in den verschiedenen europäischen Staaten einander anzugleichen (vgl. Art. 100 EWGV). Dieses Ziel kann nämlich nur erreicht werden, «wenn die **herkömmlichen Auslegungsgrundsätze und die überkommene Dogmatik der Produktehaftung nicht unbesehen auf die neue Regelung übertragen** werden» (Mertens/Cahn, Einl. N 8). Die Doktrin in unseren Nachbarstaaten erhebt daher zu Recht die Forderung, die Rechtsbegriffe der EG-Richtlinie autonom, d. h. EG-einheitlich auszufüllen (vgl. etwa Graf von Westphalen, § 58 Rz. 4). Dies gilt auch für die Schweiz. Die bewusste Umsetzung der EG-Richtlinie durch den schweizerischen Gesetzgeber (vgl. Botschaft Swisslex, 80) zwingt den Richter, das **PrHG europarechtskonform auszulegen** (vgl. auch Posch, 89). Dies ist jedoch leichter gesagt als getan, enthält doch die EG-Richtlinie selbst nur wenige Definitionen (vgl. etwa Art. 2 und 3; vgl. auch Rz. 19 vorne). Für alle übrigen Begriffe, etwa den des Schadens, der Kausalität oder der Solidarität, kommt demgegenüber nur eine **Rückverweisung auf die nationalen Rechtsordnungen** in Betracht, wie dies nun in der Schweiz auch geschehen ist (vgl. Mertens/Cahn, Einl. N 8; Graf von Westphalen, § 58 Rz. 4). 27

Bei der **Anwendung des nationalen Rechts** wird man deshalb inskünftig stets zu prüfen haben, ob die herkömmlichen haftpflichtrechtlichen Begriffsinhalte der **Zielsetzung der Richtlinie entsprechen**. Richtschnur muss dabei auch in der Schweiz der Wille des EG-Ministerrates bilden, das «unserem Zeitalter fortschreitender Technisierung eigene Problem einer gerechten Zuweisung der mit der modernen technischen Produktion verbundenen Risiken» durch Begründung einer verschuldensunabhängigen Haftung aller am Produktionsprozess Beteiligten und einer gerechten Verteilung der Risiken in sachgerechter Weise zu lösen (so die Erwägungsgründe der EG-Richtlinie). 28

29        Im weiteren macht es das Ziel der Richtlinie (das auch die Schweiz anerkannt hat), die einzelstaatlichen Rechtsvorschriften über die Produktehaftung zu harmonisieren, erforderlich, die **Entwicklungen der parallelen Regelungen in den übrigen EFTA- und EG-Mitgliedsstaaten** im Auge zu behalten. Die dort getroffenen Lösungen können nämlich gerade in Zweifelsfällen nützliche Hinweise für eine rechtsangleichungsfreundliche Auslegung ergeben (Mertens/Cahn, Einl. N 8).

30        Der Wunsch, die **Rechtsbegriffe der EG-Richtlinie autonom auszulegen**, stösst jedoch auch dann auf Schwierigkeiten, wenn die Richtlinie selbst **Definitionen** enthält. So erscheint etwa der Fehlerbegriff des Art. 6, der vom schweizerischen Gesetzgeber nunmehr übernommen wurde, «als zu unbestimmt und auf richterliche Konkretisierung hin angelegt» (Posch, 91). Das gleiche gilt für zahlreiche andere wichtige Begriffe, wie etwa den des «Inverkehrbringens» (Art. 6 Abs. 1 lit. c EG-Richtlinie, vgl. auch Rz. 19 vorne). Auch hier wird sich der Richter mit den Lösungsansätzen der Lehre und Rechtsprechung in den einzelnen EG-Staaten (und den übrigen EFTA-Mitgliedern) befassen müssen, um mit seinem eigenen Entscheid nicht das **übergeordnete Ziel einer europäischen Rechtsvereinheitlichung** zu durchkreuzen. Findet er dabei eine gefestigte «europäische Meinung» vor, wird er sich davon nicht ohne Not absetzen dürfen (vgl. auch Posch, Probleme, 70, der sogar zu teilweisem Verzicht auf eine eigenständige Interpretation des österreichischen PrHG aufruft; kritisch Fitz/Purtscheller/Reindl, § 5 N 2).

## C. Anwendungsbereich

31        Nach Art. 1 PrHG findet das Gesetz auf alle Personenschäden und gewisse Sachschäden (vgl. Rz. 105 ff. hinten) Anwendung, die durch den Fehler eines Produktes verursacht werden. Nach Art. 11 Abs. 2 PrHG kann der Geschädigte jedoch wahlweise die **Schadenersatzansprüche** geltend machen, die ihm **aufgrund anderer Bestimmungen des Bundesrechts**, insbesondere des Obligationenrechts zustehen. Dabei kann es sich um vertragliche (z. B. aus Kauf) oder ausservertragliche (z. B. aus Delikt) Ansprüche handeln. Im ausservertraglichen Schadenersatzrecht können die Ansprüche aus Produktehaftung sowohl mit Forderungen aus der Verschuldenshaftung des Art. 41 OR wie auch mit solchen aus gewöhnlicher Kausalhaftung konkurrieren (vgl. Botschaft I Eurolex, 430). Daneben kann der Geschädigte aber auch Schadenersatzansprüche geltend machen, die ihm das eidgenössische oder kantonale öffentliche Recht

(man denke an die Staatshaftung beim Einsatz verdorbener Lebensmittel im Spital, vgl. Botschaft Swisslex, 81) zur Verfügung stellen (vgl. Art. 11 Abs. 2 PrHG).

Nicht wahlweise angewendet werden kann das PrHG neben je- 32 nen Haftpflichtbestimmungen des schweizerischen Rechts, die als ausschliesslich anwendbar erachtet werden (vgl. Botschaft Swisslex, 82). Zu denken ist an Gesetze, die eine Gefährdungshaftung vorsehen, wie beispielsweise das Elektrizitätsgesetz (SR 734.0), das Strassenverkehrsgesetz (SR 741.01), das Rohrleitungsgesetz (SR 746.1), das Sprengstoffgesetz (SR 941.41) und das revidierte Gewässerschutzgesetz (SR 814.2).

**Ausgeschlossen** ist die Anwendung des Produktehaftpflichtgeset- 33 zes auf Schäden infolge eines **nuklearen Zwischenfalls** (Art. 11 Abs. 3 PrHG). Für solche Schäden bleiben das Kernenergiehaftpflichtgesetz vom 18. März 1983 (SR 732.44) oder von der Schweiz ratifizierte völkerrechtliche Verträge allein massgebend (vgl. Botschaft Swisslex, 82). Grund für diese Regelung war ursprünglich die Vereinbarung in Anhang III des EWR-Vertrages, wonach nicht nur internationale Übereinkommen im Sinne von Art. 14 der Richtlinie, sondern auch nationale Gesetze, die dem Geschädigten mindestens denselben Schutz gewähren wie diese Übereinkommen, die Anwendung der Richtlinie ausschliessen (Botschaft I Eurolex, 430).

## II. Subjekt der Produktehaftung

## A. Überblick

Die Ersatzpflicht für Schäden, die durch den Fehler eines Produk- 34 tes entstanden sind, trifft den **Hersteller des fehlerhaften Produktes** (Art. 1 Abs. 1 PrHG). Da es ein möglichst wirksamer Schutz des Verbrauchers erforderlich macht, dass alle am Produktionsprozess Beteiligten haften, ist der Herstellerbegriff des Produktehaftpflichtgesetzes weit. In Übereinstimmung mit der EG-Richtlinie (vgl. etwa Christen, 20 ff.; Taschner/ Frietsch, Richtl. Art. 3 N 1; Graf von Westphalen, § 63 Rz. 2) war das Ziel auch für den schweizerischen Gesetzgeber, eine **lückenlose Haftungskette** zu gewährleisten (für die Umsetzung in Deutschland vgl. etwa Taschner/ Frietsch, ProdHaftG, § 4 N 1 ff.; für die Umsetzung in Österreich Fitz/ Purtscheller/Reindl, § 3 N 1 ff.).

35      Ist das Endprodukt, ein Bestandteil des Endproduktes oder ein
Grundstoff fehlerhaft, sollen deshalb **alle am Produktionsprozess Beteiligten** zur Rechenschaft gezogen werden können. Als Hersteller haftet
daher nicht nur der **Produzent des Endproduktes** (vgl. Rz. 44 ff. hinten).
Nach Art. 2 Abs. 1 lit. a PrHG gilt vielmehr auch der **Erzeuger eines
Grundstoffes** (vgl. Rz. 56 ff. hinten) oder eines **Teilproduktes** (vgl.
Rz. 51 ff. hinten) als Hersteller. Ihnen gleichgestellt wird jede Person, die
sich **als Hersteller ausgibt,** indem sie ihren Namen, ihr Warenzeichen
oder ein anderes Erkennungszeichen auf dem Produkt anbringt (Art. 2
Abs. 1 lit. b PrHG; vgl. Rz. 60 ff. hinten).

36      Dem Hersteller im Sinne des PrHG gleichgesetzt ist der **Importeur.**
Importeur ist jede Person, die ein Produkt zum Zweck des Verkaufs, der
Vermietung, des Mietkaufs oder einer anderen Form des Vertriebs im
Rahmen ihrer geschäftlichen Tätigkeit in die Schweiz einführt (Art. 2
Abs. 1 lit. c PrHG; vgl. Rz. 70 ff. hinten).

37      Kann der Hersteller eines Produktes nicht festgestellt werden, so
gilt der **Lieferant** als Hersteller, sofern er dem Geschädigten nicht innert
einer angemessenen Frist, nachdem er dazu aufgefordert worden ist, den
Hersteller oder die Person nennt, die ihm das Produkt geliefert hat
(Art. 2 Abs. 2 PrHG). Das gleiche trifft bei einem eingeführten Produkt
zu, wenn sich der Importeur nicht feststellen lässt (Art. 2 Abs. 3 PrHG;
vgl. Rz. 78 ff. hinten).

38      **Haften mehrere** für den Schaden, gebietet der Schutz des Verbrau-
chers, dass der Geschädigte **jeden einzelnen für den vollen Ersatz** in
Anspruch nehmen kann (so die Erwägungsgründe der EG-Richtlinie).
Art. 5 der EG-Richtlinie hält deshalb fest: «Haften aufgrund dieser
Richtlinie mehrere Personen für denselben Schaden, so haften sie unbeschadet des einzelstaatlichen Rückgriffsrechts gesamtschuldnerisch».
Diese Lösung gilt auch für das schweizerische Recht. Angesichts der
Regelung in Art. 50 und 51 OR hielt es der Bundesrat ursprünglich aber
nicht für erforderlich, im Produktehaftpflichtgesetz selbst eine entsprechende Bestimmung aufzunehmen (Botschaft I Eurolex, 428 f.). Die
Kommission des Ständerates folgte diesem Vorschlag jedoch nicht; sie
plädierte für die Aufnahme einer Spezialbestimmung im Produktehaftpflichtgesetz selbst. Damit sollten die Abgrenzungsprobleme zwischen
echter und unechter Solidarität wenigstens im Bereich der Produktehaftpflicht gelöst werden (vgl. eingehend Rz. 364 ff. hinten).

39      Die grundsätzliche (solidarische) Haftung aller am Produktionsprozess Beteiligten schliesst die Entlastung einzelner Hersteller nicht aus.
**Jeder von ihnen** kann deshalb den **Entlastungsbeweis nach Art. 5 PrHG**

antreten (vgl. Rz. 309 ff. hinten). Gelingt ihm der Beweis eines Entlastungsgrundes, haftet er nicht. Auch wenn ein Produkt bei der Herstellung durch mehrere Hände geht, haftet der einzelne daher insbesondere nur dann, wenn sein eigener Anteil am Produkt fehlerhaft ist oder er für vorfabrizierte Teile als Teil- oder Endhersteller die Verantwortung zu übernehmen hat. Nach der EG-Richtlinie hat der Hersteller eines Grundstoffes oder eines Teilproduktes deshalb für einen Fehler des Endproduktes nicht einzustehen, wenn er nachweist, dass dieser Fehler durch die Konstruktion des Produktes, in welches das Teilprodukt eingearbeitet wurde, oder durch die Anleitung des Herstellers des Endproduktes verursacht worden ist (vgl. Art. 7 lit. f EG-Richtlinie). Der schweizerische Gesetzgeber hat diese Regelung in Art. 5 Abs. 2 PrHG übernommen. Der Konsument ist deshalb gut beraten, wenn er sich vor Einreichung einer Klage genau überlegt, ob sich der eine oder andere Beklagte allenfalls entlasten kann. Klagt er nämlich gegen alle oder mehrere am Produktionsprozess Beteiligten, wird er zumindest anteilsmässig kostenpflichtig, wenn sich einer (oder mehrere) der Beklagten entlasten kann und die Klage gegen ihn deshalb abgewiesen wird.

## B. Der Hersteller

### 1. Begriffsbestimmung

Nach Art. 2 Abs. 1 lit. a PrHG gilt als Hersteller im Sinne des Produktehaftungsgesetzes der **Hersteller des Endproduktes**, eines **Grundstoffes** oder eines **Teilproduktes** sowie jede Person, die sich als **Hersteller ausgibt**, indem sie ihren Namen, ihr Warenzeichen oder ein anderes Erkennungszeichen auf dem Produkt anbringt (vgl. Christen, 20 ff.). 40

Wie Art. 3 der EG-Richtlinie definiert auch Art. 2 Abs. 1 lit. a PrHG den Begriff des Herstellers nicht direkt (Taschner/Frietsch, Richtl. Art. 3 N 1). Er **umschreibt** lediglich, wer haftungsrechtlich dem **Herstellerkreis** zugerechnet werden muss (Taschner/Frietsch, ProdHaftG § 4 N 4; vgl. auch Fitz/Purtscheller/Reindl, § 3 N 1; Graf von Westphalen, § 63 Rz. 2). Wer schliesslich als Hersteller ins Recht gefasst werden kann, ist im Einzelfall zu prüfen. Ausgangspunkt der Überlegungen stellt das Produkt dar, da seine jeweilige Eigenart üblicherweise auf den Hersteller hinweist. Die Begriffe «Hersteller» und «Produkt» bedingen sich damit gegenseitig (Taschner/Frietsch, Richtl. Art. 3 N 1). 41

Unerheblich ist, ob der Hersteller als **natürliche oder als juristische Person** auftritt. Die Rechtsform des Produzenten ist für die Haftung 42 ohne Belang. Voraussetzung ist allein, dass er sein Erzeugnis **in eigener Verantwortung** produziert (vgl. Rolland, § 4 N 5). Die blosse Mitarbeit beim Herstellungsprozess in abhängiger Stellung, beispielsweise als Arbeitnehmer, begründet damit keine Hersteller-Position im Sinne des Art. 2 Abs. 1 lit. a PrHG (vgl. Fitz/Purtscheller/Reindl, § 3 N 5; Taschner/Frietsch, Richtl. Art. 3 N 1; Graf von Westphalen, § 63 Rz. 6).

43    Die **Aufzählung möglicher Herstellergruppen** im Gesetz ist **abschliessend**; eine Ausdehnung der Produktehaftung etwa auf unselbständige Mitarbeiter usw. ist deshalb ausgeschlossen (vgl. Pott/Frieling, § 4 N 2; Rolland, § 4 N 1). Das heisst allerdings nicht, dass der Geschädigte beteiligte Mitarbeiter oder andere Personen nicht nach Deliktsrecht belangen kann (vgl. Art. 11 Abs. 2 PrHG; Rolland, § 3 N 6; vgl. auch Rz. 459 ff. hinten).

### 2. Der tatsächliche Hersteller

#### a. Der Hersteller des Endproduktes

44    Als **Endprodukt** gilt das **fertige Erzeugnis**, wie es für den Ge- oder Verbrauch bestimmt ist (vgl. etwa Mertens/Cahn, § 4 N 2; Taschner/Frietsch, ProdHaftG § 4 N 18 und Richtl. Art. 3 N 3). **Hersteller des Endproduktes** ist deshalb, wer das Produkt, so wie es an den Verbraucher gelangt, fertigt. Keine Bedeutung hat, ob er die für die Konstruktion und Produktion erforderlichen Leistungen ohne Einschaltung Dritter erbringt, oder ob er neben **selbständig angefertigten Teilen** auch von **Zulieferern konstruierte und hergestellte Teilprodukte** (Einbauteile) verwendet (vgl. Pott/Frieling, § 4 N 7; Taschner/Frietsch, ProdHaftG § 4 N 18 ff. und Richtl. Art. 3 N 3 ff.).

45    Als Hersteller des Endproduktes gilt sogar derjenige, der am eigentlichen Produktionsprozess gar nicht beteiligt ist, sondern lediglich von Dritten vorgefertigte Teile zu einer Sache zusammenfügt. Der sogenannte **Assembler** haftet deshalb nicht nur für Montagefehler; er hat auch für Mängel der zugelieferten Teile einzustehen (vgl. Mertens/Cahn, § 4 N 4; Pott/Frieling, § 4 N 8; Taschner/Frietsch, ProdHaftG § 4 N 20 und Richtl. Art. 3 N 4).

46    Schwierigkeiten kann die **Unterscheidung zwischen dem Endprodukt-Hersteller und dem Händler** bieten, wenn die Tätigkeit des Händlers nicht auf reinen Vertrieb beschränkt ist. So können auch auf der Stufe des Handels noch Restarbeiten vorgenommen werden. Sehr verbreitet ist beispielsweise die Montage eines in Teilen versandten Produktes, die sogenannte Endmontage. Möglich ist auch die Komplettierung

oder Ergänzung eines Produktes durch zusätzliche Teile, die Ausstattung mit Zubehör oder andere Anpassungen an Käuferwünsche. Die Frage, ob der Händler, der solche Tätigkeiten ausführt, damit zum Hersteller wird, ist nicht immer leicht zu beantworten. Entscheidend ist in allen Fällen, ob am Produkt ein Eingriff vorgenommen wird, der die Produktegestaltung oder eine wesentliche Eigenschaft bestimmt; dann entsteht ein neues Produkt. Ist dies der Fall, steht die Fertigungsfunktion im Vordergrund der Unternehmerleistung. Der Händler wird zum Hersteller. Liegt demgegenüber bloss eine im Vergleich mit dem Herstellungsprozess unerhebliche Manipulation am Produkt vor, überwiegt die Vertriebsfunktion des Händlers (vgl. Fitz/Purtscheller/Reindl, § 3 N 10; Mertens/Cahn, § 4 N 6; Pott/Frieling, § 4 N 9; Rolland, § 4 N 15; Taschner/Frietsch, ProdHaftG § 4 N 23). Ihm gegenüber bleibt der Konsument auf kaufrechtliche Rechtsbehelfe oder Ansprüche aus Deliktsrecht verwiesen (vgl. eingehend Rz. 396 ff. hinten). Ähnliche Abgrenzungsprobleme stellen sich im übrigen bei einem Kauf mit Montagepflicht. Hier erhebt sich regelmässig die Frage, ob Werkvertragsrecht oder Kaufrecht Anwendung findet (vgl. etwa Gauch, Rz. 118 m. w. H.).

Massgebend sind die **Umstände des Einzelfalles**. Dabei ist zu 47 beachten, dass die EG-Richtlinie, das Vorbild der schweizerischen Gesetzgebung, den Händler grundsätzlich nur dann ins Recht fasst, wenn er als «Quasi-Hersteller» (Art. 2 Abs. 1 lit. b PrHG) oder als Importeur (Art. 2 Abs. 1 lit. c PrHG) auftritt oder dem Geschädigten als Lieferant (Art. 2 Abs. 2 PrHG) Informationen über den Hersteller verweigert. Diese Wertung gebietet auch bei Anwendung des schweizerischen Rechts **eine gewisse Zurückhaltung**, wenn es darum geht, Vertriebsservice-Leistungen im weiteren Sinne zu qualifizieren. Es handelt sich deshalb letztlich um **ein wertungsabhängiges Abgrenzungsproblem** (vgl. Pott/Frieling, § 4 N 9; Taschner/Frietsch, ProdHaftG § 4 N 23).

**Kein Hersteller** ist, wer von Dritten gelieferte fertige Produkte 48 lediglich in kleinere Einheiten **verpackt** oder **abfüllt**, wie dies etwa beim Abfüllen von Flüssigkeiten oder Pulvern geschieht (vgl. Rolland, § 4 N 12; Taschner/Frietsch, ProdHaftG, § 4 N 35). Das gleiche gilt bei blossen **Kontroll- und Prüfungstätigkeiten** (vgl. Mertens-Cahn, § 4 N 5). Bleibt das Erzeugnis bei diesen Vorgängen als solches unverändert, kommt lediglich eine Quasi-Herstellerhaftung (vgl. Rz. 60 ff. hinten) in Betracht. Zu denken ist etwa an die Aufteilung von Massenware in kleine verkaufsgerechte Packungen, die alsdann mit dem Namen, dem Warenzeichen oder einem anderen Erkennungszeichen des Vertreibers versehen werden, aus denen sich nicht eindeutig ersehen lässt, dass lediglich eine Händlerbezeichnung vorliegt (vgl. Pott/Frieling, § 4 N 10; Rolland, § 4 N 11).

49      Anders liegt der Fall, wenn beim Abfüllen oder Verpacken durch **Zugabe weiterer Stoffe** (z. B. Glykol) die Zusammensetzung der Grundstoffe geändert wird oder der «Händler» ihm gelieferte Grundsubstanzen (Extrakte oder Konzentrate) unter Zugabe von Flüssigkeit oder Kohlensäure zu einem Endprodukt mischt oder verdünnt. Hier liegt ein **Herstellungsprozess** vor. Wer deshalb beispielsweise die üblichen Coca-Cola-Extrakte zum Endprodukt mischt, ist nicht Händler, sondern Hersteller (vgl. Mertens/Cahn, § 4 N 5 und 7; Pott/Frieling, § 4 N 10; Rolland, § 4 N 12; Taschner/Frietsch, ProdHaftG § 4 N 34 f.).

50      Den **Hersteller des Endproduktes** trifft die **weitestgehendste Verantwortlichkeit**. Er haftet nicht nur für eigene Fehler; er hat vielmehr auch für die **Mängel von zugelieferten Grundstoffen oder Teilprodukten** einzustehen. Im Gegensatz zu den Herstellern von Grundstoffen oder Teilprodukten (vgl. Art. 5 Abs. 2 PrHG und dazu Rz. 348 ff. hinten) steht ihm deshalb auch kein spezifischer Entlastungsbeweis zu; dass der Fehler in der vorgelagerten Produktionsstufe entstanden ist, befreit ihn nicht. Die Begründung für diese **strenge Kausalhaftung** des Endherstellers wird darin gesehen, dass er «besser als alle anderen am Fertigungsprozess Beteiligten die Eigenart des Produktes im Hinblick auf seine Zweckbestimmung und dessen konstruktive Grundlagen einzusehen vermag» (Fitz/Purtscheller/Reindl, § 3 N 6).

### b. Der Hersteller eines Teilproduktes

51      Als **Teilprodukt** bezeichnet man ein **Erzeugnis, das als Teil eines andern Produktes** Verwendung findet (vgl. Mertens/Cahn, § 4 N 9; Palandt/Thomas, § 4 N 4). Der Begriff des Teilproduktes ist **weit auszulegen**. Er umfasst damit «alle Produkte, die als Teilprodukte in das fertige Endprodukt eingehen, z. B. Schrauben, Räder, Windschutzscheiben, Schlösser beim PKW» (Graf von Westphalen, § 63 Rz. 28; vgl. auch Taschner/Frietsch, ProdHaftG § 4 N 36; a. M. Kullmann, 92). Im Gegensatz zum Endprodukt ist das Teilprodukt nicht zur direkten Nutzung durch den (privaten) Endabnehmer bestimmt. Es soll vielmehr als Teil eines anderen Produktes Verwendung finden (vgl. Mertens/Cahn, § 4 N 9; Pott/Frieling, § 4 N 25).

52      Voraussetzung für die Haftung als Teilhersteller ist die **selbständige Produktion** einer beweglichen Sache. Um die Stellung des Teilherstellers zu erfüllen, müssen deshalb alle Voraussetzungen gegeben sein, die die Eigenschaft als Hersteller ausmachen (vgl. Rolland, § 4 N 19). Die bloss

40

unterstützende Übernahme von Aufgaben im Rahmen des Herstellungs-
prozesses, wie sie beispielsweise die Durchführung von Qualitätskontrol-
len oder Testreihen darstellt, gilt nicht als Herstellung eines Teilproduktes (Mertens/Cahn, § 4 N 9). Blosse Dienstleistungen scheiden aus; die
Begriffe des Herstellers und des Produktes bedingen sich vielmehr insofern, als nur dann eine (Teil-) Herstellung vorliegt, wenn am Ende ein
Produkt steht (Graf von Westphalen, § 63 Rz. 7 und 29; vgl. auch Mertens-Cahn, § 4 N 9; Rolland, § 4 N 20).

Als Teilprodukt gilt auch **jedes Zwischenprodukt** (Taschner/ 53
Fritsch, ProdHaftG § 4 N 41). Deshalb kommt als Teilprodukt-Herstel-
ler auch der **Konstrukteur oder Planer** in Betracht, wenn die von ihm
«erbrachte (geistige) Leistung ihre gegenständliche Verkörperung in
einer beweglichen Sache als deren Träger gefunden hat» (Pott/Frieling,
§ 4 N 28; vgl. auch Kullmann/Pfister, Kz. 3605 1 f.; Mertens/Cahn, § 4
N 9; Graf von Westphalen, § 63 Rz. 7 und 30). Wer Konstruktionspläne
herstellt, ist deshalb nach Auffassung der wohl herrschenden Meinung
in Deutschland Hersteller eines Teilproduktes im Sinne von Art. 2
Abs. 1 lit. a PrHG. Die Frage ist allerdings nach wie vor umstritten. Für
Einzelheiten sei auf die Ausführungen zum Begriff des Produktes verwiesen (vgl. Rz. 138 ff. hinten).

Die **Haftung** des Herstellers eines Teilproduktes **beschränkt sich** 54
**auf die Verantwortung für das Teilprodukt**, einschliesslich der darin
allenfalls verarbeiteten weiteren (Teil-) Produkte von Herstellern vorge-
lagerter Produktionsstufen (zu seiner Verantwortung für die Eignung
seines Erzeugnisses für einen bestimmten Verwendungszweck und allfällige Abmahnungspflichten vgl. eingehend Rz. 352 f. und 356 f. hinten).
Die Haftung des Zulieferers setzt deshalb voraus, dass das von ihm
hergestellte Produkt für sich allein genommen, d. h. vor dem Einbau in
das Endprodukt, fehlerhaft ist. Für Fehler, die auf der nachgelagerten
Herstellungsstufe verursacht werden, ist er nicht verantwortlich (Mer-
tens/Cahn, § 4 N 10; vgl. auch Art. 5 Abs. 2 PrHG und dazu Rz. 348 ff.
hinten).

Der Geschädigte hat zwar zu beweisen, dass das Endprodukt feh- 55
lerhaft war (vgl. Rz. 102 und 299 hinten). Da der ganze Produktionsprozess für den Konsumenten jedoch nur schwer durchschaubar ist, kann
von ihm nicht auch der Nachweis verlangt werden, woher der Fehler
rührt und dass er allenfalls auf den Fehler eines Teilproduktes zurückzuführen ist. In Übereinstimmung mit der EG-Richtlinie (Art. 7) hat vielmehr auch der schweizerische Gesetzgeber die **Beweislast** in Art. 5 Abs. 2
PrHG dem **Hersteller des Teilproduktes** zugeschoben. Will er sich entla-

sten, hat er deshalb selbst nachzuweisen, dass der Fehler durch die Konstruktion des Produktes, in das das Teilprodukt eingearbeitet wurde, oder durch die Anleitung des Herstellers des Produktes verursacht worden ist (vgl. eingehend Rz. 348 ff. hinten).

### c. Der Hersteller eines Grundstoffes

56 Hersteller eines Grundstoffes ist, wer **Materialien oder Rohstoffe** erzeugt, die anschliessend zu Teil- oder Endprodukten verarbeitet werden (vgl. Mertens/Cahn, § 4 N 8; Pott/Frieling, § 4 N 32). An sich wäre der **Begriff des Grundstoffes bereits in der Umschreibung des Teilproduktes enthalten** gewesen. Die selbständige Aufnahme im Gesetz kann deshalb nur bedeuten, dass der **Begriff weit zu fassen** ist. Er erstreckt sich daher nicht nur auf eigentliche Produkte, sondern erfasst auch aus der Natur gewonnene Grundstoffe, wie Kohle, Erdöl, Mineralien, Sand, Kies, Holz usw., die nicht hergestellt, sondern bloss ausgebeutet werden (vgl. Rolland, § 4 N 21; Taschner/Frietsch, ProdHaftG § 4 N 42; Pott/Frieling, § 4 N 32). Eine Ausnahme bilden landwirtschaftliche Bodenerzeugnisse. Sie gelten nach dem Spezialtatbestand des Art. 3 Abs. 2 PrHG nicht als Produkte (zur Kritik an dieser «landwirtschaftlichen Protektionsnorm» vgl. Rz. 156 hinten).

57 Wird der Grundstoff direkt in das Endprodukt eingearbeitet, ist der «Hersteller» des Grundstoffes zugleich Hersteller eines Teilproduktes (Rolland, § 4 N 22).

58 Da das PrHG eine **«erste Verarbeitung» nur für landwirtschaftliche Erzeugnisse** verlangt (Art. 3 Abs. 2 PrHG), ist für die übrigen Grundstoffe ohne Bedeutung, ob sie bloss gewonnen wurden und damit naturbelassen in die Produktion gelangen oder ob sie zuvor noch bearbeitet wurden (vgl. Pott/Frieling, § 4 N 32; Taschner/Frietsch, ProdHaftG § 4 N 42; a. M. Schmidt/Salzer, Art. 3 N 127). An diesem Ergebnis ändert sich im übrigen nichts, wenn man Zwischen- oder Zusatzprodukte, die nicht naturbelassen sind, wie beispielsweise Zellstoffe, Farben, Pulver, Zusatzstoffe, Milchpulver etc. nicht den Grundstoffen zuordnen will (so Graf von Westphalen, § 63 Rz. 38; a. M. Kullmann/Pfister, Kz. 3605 9). Diese gelten alsdann als Teilprodukte; auch ihr Erzeuger ist damit Hersteller im Sinne des PrHG und kann als solcher für Fehler seines Produktes ins Recht gefasst werden.

59 Wie der Hersteller eines Teilproduktes **haftet** auch der Erzeuger des Grundstoffes grundsätzlich **nur für Schäden, die durch einen Fehler des Grundstoffes verursacht** wurden (zu seiner Verantwortung für die Eignung seines Erzeugnisses für einen bestimmten Verwendungszweck

und allfällige Abmahnungspflichten vgl. eingehend Rz. 356 f. hinten). Voraussetzung ist wiederum, dass der Grundstoff bereits vor der Einarbeitung in das Teil- oder Endprodukt fehlerhaft war (Pott/Frieling, § 4 N 33). Die **Beweislast** dafür obliegt allerdings dem **Hersteller des Grundstoffes**. Er entgeht der Verantwortung deshalb nur dann, wenn er nachweist, dass der Fehler durch die Konstruktion des Produktes (bzw. die nicht richtige Verwendung des Grundstoffes), in das der Grundstoff eingearbeitet wurde, oder durch die Anleitung des Herstellers des Produktes verursacht worden ist (Art. 5 Abs. 2 PrHG; vgl. Rz. 348 ff. hinten). Dies ändert allerdings nichts an der Beweislast für die Fehlerhaftigkeit des Endproduktes. Diese liegt in jedem Fall beim Geschädigten (vgl. Rz. 102 und 299 hinten).

### 3. Der Quasi-Hersteller

Nach Art. 2 Abs. 1 lit. b PrHG haftet nicht nur der eigentliche 60 Hersteller, sondern auch **jede Person, die sich als Hersteller ausgibt**, indem sie ihren Namen, ihr Warenzeichen oder ein anderes Erkennungszeichen auf dem Produkt anbringt. Mit solchen Massnahmen erweckt nämlich der Betroffene nach aussen hin den Eindruck, er sei tatsächlich Hersteller. In der deutschen Lehre spricht man deshalb von einem «**Quasi-Hersteller**» (vgl. Pott/Frieling, § 4 N 35 ff.; Rolland, § 4 N 23 ff.; Taschner/ Frietsch, ProdHaftG, § 4 N 43 ff.; Graf von Westphalen, § 63 Rz. 39 ff.). Die österreichische Lehre nennt ihn «**Anscheinsproduzent**» oder «**Anscheinshersteller**» (vgl. etwa Fitz/Purtscheller/Reindl, § 3 N 17 ff.; Welser, § 3 N 9 ff.).

Bei der Haftung des Quasi-Herstellers handelt es sich aber nicht 61 um eine eigentliche Vertrauenshaftung; **massgebend** ist vielmehr allein **der objektive Schein**: Wer Leistungen eines anderen als eigene ausgibt, muss sich beim Anschein, den er damit bei Dritten erweckt, behaften lassen. Ob der betroffene Konsument wusste, dass das Produkt in Tat und Wahrheit von einem Dritten hergestellt wurde, ist ohne Bedeutung (vgl. Mertens/Cahn, § 4 N 11; Pott/Frieling, § 4 N 35; Rolland, § 4 N 26; Taschner/Frietsch, ProdHaftG § 4 N 43 f.; Graf von Westphalen, § 63 Rz. 42).

Da allein auf den objektiven Anschein abgestellt wird, ist **unerheb-** 62 **lich**, ob die Erweckung eines solchen Anscheins **tatsächlich der Wille des Handelnden** war. Es spielt deshalb keine Rolle, ob der Quasi-Hersteller bewusst den Eindruck erwecken wollte, Hersteller zu sein oder ob dies unbewusst geschah. Entscheidend ist der nach aussen hin erweckte Schein, das **Erscheinungsbild des Produktes**: Das auf dem Produkt angebrachte Erkennungszeichen muss beim unbefangenen Konsumenten den Eindruck erwecken, der Betroffene sei Hersteller (vgl. Fitz/Purtscheller/ Reindl, § 3 N 18; Pott/Frieling, § 4 N 38 f.; Taschner/Frietsch, ProdHaftG § 4 N 47).

63     **Nicht erforderlich** ist eine eigentliche **Täuschungsabsicht** des potentiell Haftpflichtigen. Der Quasi-Hersteller braucht sich deshalb nicht als tatsächlichen Produzenten zu bezeichnen. Es reicht vielmehr aus, dass er ein Kennzeichen anbringt, das auf ihn hindeutet. Qualifiziert sich dieses Erkennungszeichen jedoch offensichtlich als Händler- und nicht als Herstellerbezeichnung, haftet der Händler nicht. In diesem Fall fehlt es an einem «Sichausgeben» als Hersteller (vgl. Mertens/Cahn, § 4 N 12; Pott/ Frieling, § 4 N 40; Taschner/Frietsch, ProdHaftG § 4 N 49).

64     Voraussetzung für die Haftung des Quasi-Herstellers ist das Anbringen seines Namens, eines Warenzeichens oder eines anderen Erkennungszeichens auf dem Produkt. Der **Oberbegriff** ist das «**Erkennungszeichen**». Die **Aufzählung** ist deshalb **nicht abschliessend**. Der Hinweis auf Namen oder Warenzeichen ist bloss beispielhaft gemeint. Der Schutzzweck der Bestimmung rechtfertigt eine weite Auslegung. Als Erkennungszeichen gelten deshalb Namenangaben, Firmenhinweise oder Warenzeichen aller Arten und Formen, unabhängig davon, ob sie rechtlich geschützt sind oder nicht (vgl. Pott/Frieling, § 4 N 36; Taschner/Frietsch, ProdHaftG § 4 N 45).

65     Erforderlich ist grundsätzlich, dass der Quasi-Hersteller das **Erkennungszeichen selbst angebracht** hat. Art. 2 Abs. 1 lit. b PrHG setzt deshalb Identität zwischen dem Verursacher des Herstelleranscheins (dem Verwender des Erkennungszeichens) und demjenigen voraus, auf den es hinweist und der deshalb haften soll (vgl. Taschner/Frietsch, Richtl. Art. 3 N 10; a. M. Pott/Frieling, N 45, alle aber v. a. im Zusammenhang mit Lizenzen). Wer deshalb Produkte unbefugt mit dem Kennzeichen eines Dritten versieht, haftet nicht als Quasi-Hersteller. Es fehlt an einem Erkennungszeichen, das auf ihn als Hersteller hinweist. Gleichzeitig entfällt auch eine Haftung desjenigen, dessen Kennzeichen (unbefugt) verwendet worden ist (Mertens/Cahn, § 4 N 14).

66     Daneben haftet aber auch, wer der **Verwendung seines Kennzeichens** durch einen Dritten **zustimmt**. Aus diesem Grund kann der Lizenzgeber als Quasi-Hersteller ins Recht gefasst werden, wenn der Lizenznehmer das Produkt mit seinem Erkennungszeichen versieht (vgl. Mertens/Cahn, § 4 N 14; Pott/Frieling, § 4 N 45; Rolland, § 4 N 34; Graf von Westphalen, § 63 Rz. 48). In diesem Fall entfällt auch die Entlastungsmöglichkeit des Art. 5 Abs. 1 lit. a PrHG (Pott/Frieling, § 4 N 45 f.).

Das Erkennungszeichen muss auf dem Produkt angebracht wer-  67
den. Was darunter zu verstehen ist, sagt das Gesetz nicht. Vor allem in der
deutschen Lehre wird deshalb die Auffassung vertreten, der **Begriff des
«Anbringens»** dürfe weiter gefasst und **ausgedehnt ausgelegt** werden.
Das Anbringen erfasse nicht nur den eigentlichen Aufdruck oder eine
Einprägung auf dem Erzeugnis selbst. Es genüge vielmehr, wenn das
Erkennungszeichen auf der Verpackung oder beispielsweise auf einem
Beipackzettel angebracht sei. Ja es reiche sogar aus, wenn die Gestaltung
des Produktes selbst oder dessen Verpackung als unterscheidungskräfti-
ges Kennzeichen angesehen werden könne (vgl. Mertens/Cahn, § 4 N 15;
Pott/Frieling, § 4 N 37; Rolland, § 4 N 30; Taschner/Frietsch, ProdHaftG
§ 4 N 46). Dieser Auffassung ist zuzustimmen.

Selbstverständlich bedeutet **nicht jedes Anbringen eines Erken-**  68
**nungszeichens**, dass sich eine Person als Hersteller ausgibt. So macht
beispielsweise das Anbringen eines Hinweises auf seine Firma im Heck
des neuen Autos den Garagier nicht zum Quasi-Hersteller; damit wird
nach allgemeiner Erfahrung **nicht der Anschein eigener Produktion** erweckt. Besteht die Gefahr eines Missverständnisses, kann der Betroffene
durch zusätzliche Hinweise oder andere Informationen (z. B. hergestellt
von …, Vertrieb durch …) verhindern, dass der Eindruck entsteht, er sei
der Hersteller (Botschaft I Eurolex, 423; vgl. auch Pott/Frieling, § 4
N 37 f.; Taschner/Frietsch, ProdHaftG § 4 N 49).

Im Gegensatz zum Lieferanten kann sich der Quasi-Hersteller nicht  69
damit entlasten, dass er dem Geschädigten den Hersteller oder die Person
nennt, die ihm das Produkt geliefert hat. Demgegenüber stehen ihm aber –
trotz seiner Eigenschaft als blosser Quasi-Hersteller – die **Entlastungsgründe des Art. 5 PrHG** offen. Er befreit sich damit von der Haftung, wenn
er beispielsweise nachweist, dass nach den Umständen davon auszugehen
ist, dass der Fehler, der den Schaden verursacht hat, noch nicht vorlag, als er
das Produkt in den Verkehr brachte, oder der Fehler darauf zurückzuführ-
ren ist, dass das Produkt verbindlichen, hoheitlich erlassenen Vorschriften
entspricht usw. (vgl. Pott/Frieling, § 4 N 44).

## C. Der Importeur

Nach Art. 2 Abs. 1 lit. c PrHG haftet auch der Importeur als Her-  70
steller. Dabei ist jede Person Importeur, die ein **Produkt zum Zweck des
Verkaufs, der Vermietung, des Mietkaufs oder einer anderen Form des
Vertriebs im Rahmen der geschäftlichen Tätigkeit in die Schweiz ein-**

**führt.** Als Produkt gilt dabei nicht nur das Endprodukt; als Hersteller haftet vielmehr auch der **Importeur von Teilprodukten und Grundstoffen**. Seine Haftung tritt alsdann neben oder an die Stelle der Ersatzpflicht des Produzenten des Teilproduktes oder des Grundstoffes (vgl. Mertens/ Cahn, § 4 N 18; Rolland, § 4 N 57).

71 **Ziel der Importeurhaftung** ist wohl auch heute noch vor allem der **Verbraucherschutz**: Die Haftung des Importeurs beruht auf der Überlegung, dass die Rechtsverfolgung im Ausland den Konsumenten «vor unterschiedliche, oft unüberwindliche materiell-rechtliche, prozessrechtliche und vollstreckungsrechtliche Schwierigkeiten» stellt (so Pott/Frieling, § 4 N 51; vgl. auch Taschner/Frietsch, ProdHaftG § 4 N 52; Schmidt-Salzer/Hollmann, Art. 3 N 224 ff.). Der Tatbestand hat jedoch gegenüber der Eurolex-Vorlage erheblich an Bedeutung gewonnen. Dort war Importeur nur, wer Produkte von aussen in den Europäischen Wirtschaftsraum einführte. Heute ist die Grenze viel enger und der Anwendungsbereich damit erheblich grösser: **Jedermann, der inskünftig Produkte aus dem Ausland in die Schweiz importiert, gilt als Hersteller** und haftet damit für Schäden, die durch Fehler dieser Importartikel verursacht werden, kausal!

72 Vorbehalten werden allerdings **abweichende Bestimmungen in völkerrechtlichen Verträgen** (Art. 2 Abs. 1 lit. c PrHG, 2. Satz). Damit soll die Möglichkeit offen gelassen werden, dass die Schweiz die Haftung des Importeurs im Handel mit anderen Staaten aufhebt. Dies könnte vor allem im Handel mit EWR-Staaten Bedeutung erlangen. Voraussetzung dafür wäre eine Vereinbarung mit einem oder mehreren Staaten über die gegenseitige Aufhebung der Haftung des Importeurs (Botschaft Swisslex, 81, vgl. auch Fitz/Purtscheller/ Reindl, Vorbem. N 26).

73 Als Import im Sinne von Art. 2 Abs. 1 lit. c PrHG gilt auch der **Reimport**. Reimport liegt vor, wenn ein Erzeugnis in der Schweiz hergestellt, anschliessend ins Ausland exportiert und dann wieder in die Schweiz eingeführt wird. Nur so kann nämlich dem Risiko begegnet werden, dass Produkte, die bloss dem niedrigeren Sicherheitsstandard des (aussereuropäischen) Auslands entsprechen, wieder in die Schweiz eingeführt werden (vgl. Mertens/Cahn, § 4 N 17; Pott/Frieling, § 4 N 49; Taschner/ Frietsch, ProdHaftG § 4 N 60).

74 Der Import muss **im Rahmen der geschäftlichen Tätigkeit des** Importeurs liegen. Einfuhren für den Eigengebrauch, sei dieser nun privater oder gewerbsmässiger Natur, scheiden damit aus. Wer beispielsweise Wein aus Algerien einführt, um ihn selbst zu konsumieren, ist nicht Importeur im Sinne von Art. 2 Abs. 1 lit. c PrHG. Das gleiche gilt für die

Swissair, die im Ausland ein Flugzeug zur Vervollständigung der eigenen Flotte erwirbt (vgl. Mertens/Cahn, § 4 N 19; Pott/Frieling, § 4 N 54; Taschner/Frietsch, ProdHaftG § 4 N 61 f. und Richtl. Art. 3 N 19; kritisch Rolland, § 4 N 58 f.). **Massgebender Zeitpunkt** für die Zweckbestimmung ist die **Einfuhr** (Pott/Frieling, § 4 N 55).

Der Import muss zum **Zweck des Vertriebs** erfolgen. Als Beispiel für 75 den erforderlichen Vertrieb nennt das Gesetz den Verkauf, die Vermietung und den Mietkauf (Art. 2 Abs. 1 lit. c PrHG). Diese Aufzählung ist nicht vollständig. Vielmehr begründet jede Art des Vertriebs mit wirtschaftlichem Zweck die Haftung des Importeurs. Vertrieb im Sinne von Art. 2 Abs. 1 lit. c PrHG ist deshalb «jeder Absatz von Produkten im Rahmen längerfristig geplanter kommerzieller Tätigkeit» (Pott/Frieling, § 4 N 56).

Wie bereits erwähnt, umfasst der Begriff des Produktes im Sinne 76 von Art. 2 Abs. 1 lit. c PrHG nicht nur Endprodukte, sondern auch Teilprodukte und Grundstoffe. Als Vertrieb im Rahmen einer geschäftlichen Tätigkeit gilt deshalb insbesondere auch der **Import von Erzeugnissen zum Zwecke der Be- oder Verarbeitung** (vgl. Kullmann/Pfister, Kz. 3605 15 f.; Mertens/Cahn, § 4 N 18; Pott/Frieling, § 4 N 57; Rolland, § 4 N 57; Taschner/ Frietsch, ProdHaftG § 4 N 53). Die Haftung des Importeurs nach Art. 2 Abs. 1 lit. c PrHG erfasst daher auch den **Import von Bestandteilen**, die für den Einbau in andere Produkte und nicht für die direkte Benützung durch den Verbraucher bestimmt sind. Beim Import von solchen Teilprodukten haftet der Importeur neben dem im Ausland ansässigen Hersteller des importierten Teilproduktes (vgl. Rz. 493 ff. hinten).

Umstritten ist, ob der Importeur eines Teilproduktes oder eines 77 Grundstoffes für jeden Fehler seines Erzeugnisses haftet (so wohl Mertens/ Cahn, § 4 N 18) oder ob er sich wie der eigentliche Hersteller eines Teilproduktes oder eines Grundstoffes gestützt auf **Art. 5 Abs. 2 PrHG** mit dem **Nachweis entlasten** kann, dass **der Fehler durch die Konstruktion des Produktes, in das das Teilprodukt oder der Grundstoff eingearbeitet** wurde, oder durch die **Anleitung des Herstellers des Produktes** verursacht worden ist (so Palandt/Thomas, § 4 N 7; Rolland, § 4 N 63 ff.). Nach der hier vertretenen Auffassung verdient die zweite Lösung den Vorzug.

## D. Der Lieferant

Nach Art. 2 Abs. 2 PrHG haftet auch der Lieferant als Hersteller. 78 Voraussetzung ist jedoch, dass der eigentliche Hersteller, der Vorlieferant oder der Importeur des Produktes nicht festgestellt werden können. Als

Lieferant gilt **jede Person, die ein Erzeugnis vertreibt**, ohne selbst Hersteller zu sein (vgl. Mertens/Cahn, § 4 N 24).

79      Bei Art. 2 Abs. 2 PrHG handelt es sich um einen **Auffangtatbestand**. Diese Bestimmung soll die Härten mildern, die sich bei anonymen Produkten daraus ergeben können, dass der Konsument die Beweislast dafür trägt, dass der potentiell Haftpflichtige Hersteller oder Importeur ist (vgl. dazu Rz. 100 hinten). Fehlen ihm die nötigen Informationen, kann er nun den Lieferanten ins Recht fassen, wenn dieser ihm nicht innert angemessener Frist den tatsächlichen Hersteller oder die Person nennt, die ihm das Produkt geliefert hat (Art. 2 Abs. 2 PrHG). Bei eingeführten Produkten kann der Verbraucher den Lieferanten belangen, wenn ihm dieser nicht den Importeur oder seinen (schweizerischen) Vorlieferanten bekannt gibt. Bei Importprodukten gilt dies sogar dann, wenn der Name des (ausländischen) Herstellers angegeben ist (Art. 2 Abs. 2 PrHG).

80      Art. 2 Abs. 2 PrHG ist damit ein **Druckmittel** (Graf von Westphalen, § 63 Rz. 71), das die Offenlegung der vom Geschädigten im Schadensfall regelmässig benötigten Informationen fördert und eine Verschleierung der Identität des tatsächlichen Herstellers (bzw. des Importeurs) verhindert (vgl. Kullmann/Pfister, Kz. 3605 17; Pott/Frieling, § 4 N 64; Rolland, § 4 N 66; Tascher/Frietsch, ProdHaftG § 4 N 64 ff.). Diese Bestimmung soll dem Geschädigten die Möglichkeit verschaffen, «sich über die Kette der (grundsätzlich nicht haftenden) Lieferanten bis zu dem Hersteller bzw. dem Importeur durchzufragen» (Rolland, § 4 N 89).

81      Entsprechend dem Sinn der Bestimmung ist der **Begriff des Lieferanten weit zu fassen**. Er erfasst alle denkbaren Formen des kommerziellen Absatzes von Produkten (Pott/Frieling, § 4 N 65), also «jede Form des Vertriebs mit wirtschaftlicher Ziel- und Zweckrichtung» (Graf von Westphalen, § 63 N 73; vgl. auch Rolland, § 4 N 67; Taschner/Frietsch, ProdHaftG § 4 N 71 ff.). Die Haftung nach Art. 2 Abs. 2 PrHG kann daher auch den **Handwerker** treffen. So haftet beispielsweise der Garagist, der bei der Reparatur eines Fahrzeuges ein Ersatzteil einbaut (vgl. Mertens/Cahn, § 4 N 24; Pott/Frieling, § 4 N 65; Graf von Westphalen, § 63 N 73).

82      Art. 2 Abs. 2 PrHG gilt auch bei **mehrgliedrigen Vertriebsketten**. Der Verbraucher kann deshalb nicht nur denjenigen ins Recht fassen, der das Produkt schliesslich im Detailhandel verkauft. Es steht ihm vielmehr frei, **jeden am Absatz beteiligten Lieferanten** zu belangen: «Jeder Händler kommt als Vorlieferant seines Abnehmers in Betracht» (Pott/Frieling, § 4 N 66; vgl. auch Rolland, § 4 N 67). In diesem Sinne ist auch jeder Importeur Lieferant. Hier geht jedoch Art. 2 Abs. 1 lit. c der Regelung in

Art. 2 Abs. 2 PrHG vor. Der Importeur kann sich deshalb von seiner Haftung nicht entlasten, indem er dem Geschädigten den tatsächlichen Hersteller nennt (vgl. Pott/Frieling, § 4 N 66 und 68).

Die Haftung des Lieferanten setzt voraus, dass der **Hersteller des** 83 **Produktes nicht festgestellt** werden kann. Gemeint ist hier wohl grundsätzlich der **Endhersteller**. Ein Produkt ist deshalb auch dann (noch) anonym im Sinne von Art. 2 Abs. 2 PrHG, wenn der Erzeuger eines seiner Teilprodukte oder eines Grundstoffes bekannt ist. Die (subsidiäre) Haftung des Lieferanten nach Art. 2 Abs. 2 PrHG soll dem Geschädigten «den Weg zu einem Haftenden weisen, der einer **vollen Herstellerhaftung** unterliegt» (Taschner/Frietsch, ProdHaftG, § 4 N 70; a. M. Pott/Frieling, § 4 N 67; Rolland, § 4 N 78).

**Anders liegt der Fall** nach dem Schutzzweck der Norm allerdings 84 dann, wenn zum vornherein feststeht, dass der Schaden durch den Fehler eines Teilproduktes verursacht wurde und damit eine **Entlastung nach Art. 5 Abs. 2 PrHG ausgeschlossen ist.** Ist hier der **Teilhersteller** bekannt, darf die subsidiäre Haftung des Lieferanten nicht dazu missbraucht werden, dem Geschädigten weitere (solidarisch haftende) Haftpflichtige zu verschaffen (vgl. Graf von Westphalen, § 63 Rz. 78).

Die Haftung des Lieferanten nach Art. 2 Abs. 2 PrHG richtet sich 85 vor allem gegen sogenannte «anonyme Produkte». Art. 2 Abs. 2 PrHG stellt daher im Ergebnis eine Spezialnorm dar: Sie setzt den Importeur bei **Importprodukten** dem Hersteller gleich. Wird daher ein Produkt in die Schweiz eingeführt, **haftet der Lieferant auch dann**, wenn **dem Geschädigten der ausländische Hersteller** (z. B. durch Hinweise auf dem Produkt) **genau bekannt** ist. Der Lieferant entgeht der Haftung nur dann, wenn er seinen (schweizerischen) Vorlieferanten oder den Importeur bekanntgibt.

Die **Tatbestandsvoraussetzungen** des Art. 2 Abs. 2 PrHG sind **nicht** 86 **klar**. Das Gesetz sagt nämlich nicht, wann der Hersteller eines Produkts nicht festgestellt werden kann: Kommt es auf den Geschädigten oder auf das Produkt an? Ist mit andern Worten der Geschädigte ausserstande, den tatsächlichen Hersteller zu ermitteln oder deutet bloss das Produkt nicht auf den Hersteller hin? Im weiteren erhebt sich die Frage, was zu geschehen hat, wenn der Hersteller dem Verbraucher nachträglich bekannt wird (vgl. Graf von Westphalen, § 63 Rz. 74).

Diese **Unklarheiten** haben jedoch im Ergebnis insofern **keine Be-** 87 **deutung**, als die **Haftung des Lieferanten formalisiert** ist: Er gilt nur dann (dann allerdings immer) als Hersteller, wenn ihn der Verbraucher aufgefordert hat, den tatsächlichen Hersteller, seinen Vorlieferanten oder den

Importeur bekanntzugeben, und er dieser Aufforderung nicht innert einer angemessenen Frist nachgekommen ist. Ist diese Voraussetzung aber erfüllt, wird er so behandelt, **als hätte er das Produkt selbst hergestellt oder in den Verkehr gebracht** (vgl. Rolland, § 4 N 90; Taschner/Frietsch, ProdHaftG § 4 N 80; Graf von Westphalen, § 63 Rz. 90). Seine Haftung entfällt daher auch dann nicht mehr, wenn dem Konsumenten der tatsächliche Hersteller oder der Lieferant nachträglich bekannt wird, sei es, dass er diese Kenntnis von Dritten erhält, sei es, dass sie ihm der Lieferant selbst nach Ablauf der Frist verschafft (vgl. Mertens/Cahn, § 4 N 22; Graf von Westphalen, § 63 Rz. 94).

88 Warum der Lieferant den tatsächlichen Hersteller oder seinen Lieferanten nicht bekanntgibt (bzw. bekanntgeben kann), ist ohne Bedeutung. Er haftet deshalb auch dann, wenn die **Ermittlung des Herstellers** zum vornherein (für die nachträgliche Unmöglichkeit vgl. Rz. 98 f. hinten) **unmöglich** ist und ihn deshalb an seiner Unkenntnis kein Verschulden trifft (vgl. Mertens/Cahn, § 4 N 29; Graf von Westphalen, § 63 Rz. 91 f.). Da das Produktehaftpflichtgesetz eine verschuldensunabhängige Haftung des Herstellers und der ihm gleichgestellten Personen begründet, kann sich der Lieferant auch nicht mit dem Hinweis entlasten, seine Dokumentation sei durch höhere Gewalt usw. verloren gegangen (Pott/ Frieling, § 4 N 74).

89 Art. 2 Abs. 2 PrHG sagt nichts darüber aus, wie der Verbraucher den Lieferanten auffordern muss, den Hersteller oder die Person zu nennen, die ihm das Produkt geliefert hat. Die **Aufforderung** kann deshalb **formfrei**, insbesondere auch mündlich erfolgen. Da den Konsumenten aber die Beweislast dafür trifft, dass er den Lieferanten vergeblich aufgefordert hat, ihm die erforderlichen Auskünfte zu erteilen, ist die **Schriftform** und eine Zustellung **per Einschreiben** (allenfalls sogar mit Rückschein) **zu empfehlen** (Pott/Frieling, § 4 N 79).

90 Nach Art. 2 Abs. 2 PrHG haftet der Lieferant, wenn er dem Geschädigten den Hersteller, seinen Vorlieferanten oder den Importeur nicht innert einer **angemessenen Frist** nennt. Was als angemessen zu gelten hat, sagt Art. 2 Abs. 2 PrHG nicht. Dem Verbraucher ist deshalb zu empfehlen, das Heft selbst in die Hand zu nehmen und dem Lieferanten eine **Frist anzusetzen**. Diese muss **ausreichend lang sein** und hat deshalb auf die konkreten Verhältnisse Rücksicht zu nehmen. Sie muss dem Lieferanten ermöglichen, die erforderlichen Abklärungen zu treffen und alsdann zu reagieren. Der deutsche Gesetzgeber hat die Vorgabe der EG-Richtlinie (Art. 3 Abs. 3) konkretisiert und die Frist generell auf einen Monat festgelegt (§ 4 Abs. 3 ProdHaftG). Diese Regelung darf in

Zweifelsfällen wohl als Richtschnur gelten. Nach der schweizerischen Lösung kann die Frist allerdings grundsätzlich auch kürzer angesetzt werden. Erachtet der Lieferant die gesetzte Frist als zu kurz bemessen, hat er sich ausdrücklich dagegen zu verwahren (vgl. die ähnliche Regelung in Art. 107 Abs. 1 OR und dazu etwa BGE 116 II 440 = Pra 1991, 203).

Die **Nennung des Herstellers** oder der Person, die dem Lieferanten 91 das Produkt geliefert hat, soll den Geschädigten in die Lage versetzen, gegen den ihm bisher unbekannten Hersteller oder den Vorlieferanten seines Lieferanten (Art. 2 Abs. 2 PrHG) bzw. den Importeur (Art. 2 Abs. 3 PrHG) vorzugehen. Eine **bestimmte Form** ist für diese Mitteilung **nicht vorgeschrieben**. Wie die Frage kann auch die Antwort mündlich erfolgen. Aus Gründen der **Beweissicherung** empfiehlt sich jedoch ebenfalls die **Schriftform** und die Zustellung **per Einschreiben**, allenfalls mit Rückschein (Pott/Frieling, § 4 N 87). Für die Nennung des Herstellers nach Art. 2 Abs. 2 PrHG genügt in aller Regel der **Name und die Anschrift**.

Will sich der Lieferant durch Bekanntgabe seines Vorlieferanten 92 oder des Importeurs entlasten, sind je nach den Umständen **weitere Auskünfte** erforderlich, um die Zuordnung des Produktes zu ermöglichen (vgl. Rolland, § 4 N 89; Graf von Westphalen, § 63 Rz. 89). Ausgehend vom Ziel der Bestimmung, dem Geschädigten die Rechtsverfolgung zu ermöglichen, wird man in bestimmten Situationen (wenn etwa die Einvernahme des Lieferanten als Zeuge nicht möglich ist oder mit unverhältnismässigen Umtrieben verbunden wäre) auch die **Auslieferung von Beweismitteln** fordern dürfen (Pott/Frieling, § 4 N 89; a. M. Rolland, § 4 N 89).

Der Geschädigte hat **keinen Anspruch** darauf, dass ihm der Liefe- 93 rant **sämtliche möglichen Haftpflichtigen** (den Hersteller, den Hersteller von Teilprodukten oder Grundstoffen, seinen Vorlieferanten oder den Importeur) nennt. Dieser erfüllt daher seine Verpflichtungen, wenn er ihm den (End-) Hersteller oder die Person nennt, die ihm das Produkt geliefert hat. Handelt es sich um ein Importerzeugnis, genügt allerdings nur die Bekanntgabe des (schweizerischen) Vorlieferanten oder des Importeurs (Art. 2 Abs. 3 PrHG).

Bei einer mehrstufigen Vertriebskette oder einem arbeitsteiligen 94 Herstellungsprozess kann der Geschädigte **nicht eine bestimmte Auskunft verlangen**. Er hat lediglich Anspruch auf Bekanntgabe des Vorlieferanten, des Herstellers oder des Importeurs. Andererseits hat der Lieferant **kein freies Auswahlrecht**. Er erfüllt seine Verpflichtungen nur dann, wenn er den Hersteller, den Vorlieferanten oder – bei Importen im

Sinne von Art. 2 Abs. 1 lit. c PrHG – den Importeur bekanntgibt (vgl. Pott/Frieling, § 4 N 87).

95 Da die subsidiäre Haftung des Lieferanten nach Art. 2 Abs. 2 PrHG dem Geschädigten in jedem Fall einen der vollen Herstellerhaftung unterliegenden Haftpflichtigen verschaffen will, **entlastet sich der Lieferant nicht,** wenn er bloss den **Namen eines Teilherstellers** oder des **Herstellers eines Grundstoffes** bekanntgibt; beide können sich nämlich gestützt auf Art. 5 Abs. 2 PrHG entlasten. Ist der Hersteller gefragt, ist daher der **Endhersteller** gemeint (vgl. Taschner/Frietsch, ProdHaftG § 4 N 70). Anders liegt der Fall nur dann, wenn zum vornherein klar ist, dass der **Schaden durch den Fehler eines Teilproduktes** entstanden und eine Entlastung nach Art. 5 Abs. 2 PrHG deshalb nicht möglich ist. Hier muss die Bekanntgabe des Herstellers des Teilproduktes genügen (vgl. Graf von Westphalen, § 63 N 78; vgl. auch Rz. 84 vorne).

96 Der Lieferant entgeht der Haftung nach Art. 2 Abs. 2 PrHG, wenn er einen der vollen Herstellerhaftung unterliegenden Haftpflichtigen nennt: den (End-) Hersteller, seinen Vorlieferanten oder – bei Import – den Importeur. Der Geschädigte hat auch dann **keinen Anspruch auf weitere Auskünfte,** wenn der **Beklagte insolvent** ist oder sich die Schadenersatzansprüche aus anderen Gründen nicht durchsetzen lassen (vgl. Taschner/Frietsch, ProdHaftG § 4 N 76).

97 Art. 2 Abs. 2 PrHG schafft die Gefahr, dass der Verbraucher den ihm in der Regel nahestehenden Lieferanten zum Produzenten und damit Kausalhaftpflichtigen macht, indem er ihn einfach auffordert, den tatsächlichen Hersteller oder seinen Lieferanten bekanntzugeben und darauf hofft, er werde dies innert angemessener Frist nicht tun. Dem Lieferanten muss deshalb eine **zusätzliche Entlastungsmöglichkeit** eingeräumt werden: Er wird nicht nur einwenden können, er habe den Hersteller oder seinen Lieferanten rechtzeitig bekanntgegeben. Vielmehr wird er sich auch mit dem Hinweis (bzw. Gegenbeweis) entlasten dürfen, der Geschädigte hätte die erforderlichen Angaben mit zumutbaren Anstrengungen (vgl. dazu Rolland, § 4 N 69) selbst in Erfahrung bringen können bzw. das Erzeugnis selbst habe **genügend Hinweise auf den tatsächlichen Hersteller** (bzw. den Importeur, (Art. 4 Abs. 2 PrHG) enthalten.

98 Diese **Entlastungsmöglichkeit versagt** allerdings, wenn die Unkenntnis des Verletzten darauf zurückzuführen ist, dass die **ursprünglich vorhandenen Hinweise** auf dem Produkt selbst **durch das Schadensereignis zerstört** wurden (Pott/Frieling, § 4 N 73). Die entgegenstehende Auffassung der wohl herrschenden Lehre in Deutschland, wonach sich «die **nachträgliche Anonymisierung** in aller Regel nicht zulasten des Lieferan-

ten auswirken» könne (so Taschner/Frietsch, ProdHaftG § 4 N 69; vgl. auch Mertens/Cahn, § 4 N 25; Graf von Westphalen, § 63 Rz. 76), erscheint nicht haltbar. Wie Pott/Frieling (§ 4 N 73) nämlich zu Recht einwenden, hat jeder Lieferant «als Sachkundiger zu bedenken, dass es eine Vielzahl von Gründen für eine nachträgliche 'Anonymisierung' gibt, die bei der vorgegebenen objektiven Risikozuweisung nicht ohne weiteres dem Geschädigten zugerechnet werden können». Der Hinweis, der Lieferant habe auf den Bestand der ursprünglich bestehenden Feststellbarkeit des Herstellers vertrauen dürfen, ist somit nicht stichhaltig. Von ihm wird man vielmehr verlangen dürfen, «bei Abgabe von besonders gefahrgeneigten Produkten generell die für eine spätere Freistellung von der Haftung benötigten Tatsachen (Typenbezeichnung, Fabrik-Nr., Lieferant, Name des Kunden, Zeitpunkt von Lieferung und Abgabe nebst den darüber vorhandenen Belegen) beweiskräftig festzuhalten und sorgfältig geordnet und damit jederzeit verfügbar zu verwahren» (Pott/Frieling, § 4 N 73).

Da das Produktehaftpflichtgesetz eine verschuldensunabhängige 99 Haftung des Herstellers und der ihm gleichgestellten Personen begründet, kann sich der Lieferant auch **nicht** mit dem Hinweis **entlasten,** seine Dokumentation sei durch **höhere Gewalt** usw. verlorengegangen (Pott/ Frieling, § 4 N 74).


## E. Beweislast

Für die **Tatsache, dass jemand Hersteller** (Hersteller des Endpro- 100 duktes, eines Grundstoffes oder eines Teilproduktes), Quasi-Hersteller, Importeur oder Lieferant ist, trägt **der Geschädigte die Beweislast.** Er hat die tatsächlichen Voraussetzungen für die rechtliche Einordnung des potentiell Haftpflichtigen in den Kreis der Haftungsadressaten nachzuweisen (vgl. Pott/Frieling, § 4 N 2 und § 1 N 144; Rolland, § 4 N 97 f.). Dies entspricht den allgemeinen Grundsätzen der Beweislastverteilung (Art. 8 ZGB).

Allfällige Schwierigkeiten werden durch die **Regelung des Art. 2** 101 **Abs. 2 PrHG gemildert.** Danach kann der Geschädigte den Lieferanten als Hersteller ins Recht fassen, wenn der tatsächliche Hersteller des Produktes, der Vorlieferant oder der Importeur nicht festgestellt werden können (vgl. Rz. 78 ff. vorne). Dass der **Hersteller des Produktes,** der Vorlieferant oder der Importeur **nicht festgestellt werden konnten,** hätte allerdings wiederum der Geschädigte nachzuweisen (vgl. Pott/Frieling,

53

§ 4 N 96; Rolland, § 4 N 98). Hier ist aber zu beachten, dass ein solcher Beweis als **Nachweis eines Negativums** nicht immer leicht zu erbringen ist. Darauf ist Rücksicht zu nehmen (vgl. eingehend Kummer, Art. 8 N 193 ff.). Im Einzelfall wird es deshalb genügen, wenn der Geschädigte **glaubhaft macht**, dass weder das Produkt selbst noch sonstige Anhaltspunkte (z. B. die Verpackung, der Lieferschein, etwaige Gebrauchsanweisungen usw.) eine Identifizierung des tatsächlichen Herstellers ermöglichten.

## III. Voraussetzungen der Haftung

### A. Überblick

102   Nach Art. 4 EG-Richtlinie hat der Geschädigte den Schaden, den Fehler und den ursächlichen Zusammenhang zwischen Fehler und Schaden zu beweisen. In der Schweiz ist diese Beweislastverteilung im Bundesgesetz über die Produktehaftpflicht nicht ausdrücklich kodifiziert; sie ist jedoch bereits durch Art. 8 ZGB vorgegeben.

103   Im Schadenfall muss deshalb **der Geschädigte** als haftungsbegründende Voraussetzung seines Anspruches folgende Tatsachen **beweisen**:
- den **Schaden** (vgl. Rz. 105 ff. hinten);
- das Vorliegen eines **fehlerhaften Produktes** (vgl. Rz. 138 ff. und Rz. 172 ff. hinten);
- den (adäquaten) **Kausalzusammenhang** zwischen dem Fehler des Produktes und dem Schaden (vgl. Rz. 304 ff. hinten);
- die **Hersteller-Eigenschaft** des Beklagten (vgl. Rz. 34 ff. vorne).

104   Bleibt der Sachverhalt in diesen Punkten ungeklärt, trägt der geschädigte Verbraucher die Beweislast. Die Ungewissheit über eine streitige und nicht bewiesene Behauptung geht damit zu seinen Lasten; die Klage wird abgewiesen (vgl. Pott/Frieling, § 1 N 143 f.; Rolland, § 1 N 172).

### B. Schaden

#### 1. Überblick

105   Der Rat der Europäischen Gemeinschaft vertrat in der **EG-Richtlinie** die Auffassung, der Schutz des Verbrauchers erfordere primär die

Wiedergutmachung von Schäden, die durch **Tod und Körperverletzung** verursacht worden seien. Darüber hinaus müsse sich die Haftung des Herstellers aber auch auf die Wiedergutmachung von **Sachschäden** erstrecken. Diese Haftung sei jedoch auf Schäden an **Gegenständen des privaten Ge- bzw. Verbrauchs** zu beschränken. Zur Vermeidung einer allzu grossen Zahl von Streitfällen sei überdies eine **Selbstbeteiligung des Geschädigten** in fester Höhe vorzusehen. Für die Gewährung von Schmerzensgeld (Genugtuung) oder die Wiedergutmachung anderer seelischer Schäden sieht die Richtlinie schliesslich gar keine Handhabe vor (vgl. die Erwägungsgründe der EG-Richtlinie und Christen, 50 ff.).

Der **schweizerische Gesetzgeber** hat diese Vorgabe übernommen. 106 Nach Art. 1 PrHG haftet der Hersteller deshalb für alle **Personenschäden**, die durch den Fehler eines Produktes entstanden sind. Für **Sachschäden** hat er demgegenüber nur einzustehen, wenn die geschädigte **Sache für den privaten Gebrauch** bestimmt und vom Geschädigten zu diesem Zweck verwendet worden ist. In diesem Fall muss er überdies einen **Selbstbehalt von Fr. 900.–** (Art. 6 Abs. 1 PrHG) tragen. Eine Haftung für **Schäden am fehlerhaften Produkt** wird gänzlich **ausgeschlossen** (Art. 1 Abs. 2 PrHG; vgl. auch Botschaft I Eurolex, 419 und 422). **Genugtuungsleistungen** aufgrund der verschuldensunabhängigen Produktehaftung sind ebenfalls **nicht vorgesehen**. Erleidet der Geschädigte einen sogenannten «sonstigen Schaden», also eine Verminderung des Reinvermögens, die weder Sachbeschädigung noch Körperverletzung darstellt (vgl. etwa Brehm, Art. 41 N 85), kann er gleichfalls **keinen Schadenersatz** beanspruchen. Solche Schäden werden weder von der EG-Richtlinie noch vom PrHG erfasst. Auch hier bleibt der Geschädigte deshalb auf die herkömmlichen Regeln des Schadenersatzrechtes (Deliktsrecht oder vertragliche Haftung) verwiesen (vgl. Rz. 396 ff. hinten).

### 2. Personenschäden

#### a. Allgemeines

Nach Art. 1 Abs. 1 PrHG haftet der Hersteller, wenn ein fehlerhaf- 107 tes Produkt dazu führt, dass ein Mensch getötet oder verletzt wird. Was Personenschaden im Sinne des PrHG ist, sagt das Gesetz nicht. Da das PrHG selbst nichts anderes vorsieht, gelten die **Bestimmungen des Obligationenrechts** (Art. 11 Abs. 1 PrHG). Dieses Ergebnis deckt sich mit dem «System» der EG-Richtlinie. Für alle Begriffe, die dort nicht direkt definiert werden, kommt nur eine Rückverweisung auf die nationalen

Rechtsordnungen in Betracht (vgl. Mertens/Cahn, Einl. N 8; Graf von Westphalen, § 58 Rz. 4; vgl. aber auch Rz. 25 ff. vorne).

108    Die Folgen der **Verletzung eines Menschen** sind im Obligationenrecht in Art. 45–47 geregelt. Da das PrHG die Leistung von Genugtuung selbst nicht vorsieht, finden im Zusammenhang mit der spezialgesetzlich geregelten Produktehaftpflicht im Ergebnis allerdings lediglich die Bestimmungen der **Art. 45 und 46 OR** Anwendung.

### b. Schadenersatz bei Tötung

109    Eine Tötung im Sinne von Art. 1 PrHG bzw. 45 OR liegt vor, wenn der Fehler eines Produktes den Tod eines Menschen herbeiführt. Der Haftpflichtige hat alsdann für folgende Schadenposten Ersatz zu leisten (vgl. etwa Oftinger, 228):
– Bestattungskosten;
– Kosten der versuchten Heilung;
– Nachteile der Arbeitsunfähigkeit, sofern der Tod nicht sofort eingetreten ist;
– Versorgerschaden.

110    Unter **Bestattungskosten** sind die Aufwendungen zu verstehen, die für eine landes- und standesübliche Beisetzung notwendig sind. Dazu zählen die Kosten für den Leichentransport und die Herrichtung des Leichnams, den Sarg, die Auslagen für die Todesanzeigen und die Danksagungen, die Kosten für Beerdigung oder Einäscherung, das Leichenmahl, die Trauerkleider, die Kosten des Grabsteins und der ersten Grabbepflanzung (vgl. Brehm, Art. 45 N 7 ff.; Keller II, 67 f.; Oftinger, 229; Schnyder, Art. 45 N 2 ff.).

111    Führt eine Körperverletzung nicht sofort zum Tod, hat der Haftpflichtige auch für die Kosten der versuchten Heilung und für die Nachteile der Arbeitsunfähigkeit bis zum Eintritt des Todes Ersatz zu leisten (Art. 45 Abs. 2 OR). Bei den **Kosten für versuchte Heilung** stehen die Kosten der ärztlichen Behandlung im Vordergrund. Zu denken ist im weiteren an die Auslagen für erste Hilfe und Transport ins Spital sowie an die Kosten für den Spitalaufenthalt usw. (vgl. etwa Brehm, Art. 46 N 7 ff.). Als **Nachteile der Arbeitsunfähigkeit** gelten die Folgen des Arbeitsausfalles des Verstorbenen in der Zeit zwischen dem schädigenden Ereignis und dem Eintritt des Todes. Hier geht es um die wirtschaftlichen Auswirkungen des Unfalles. Im Vordergrund steht der Verdienstausfall. Bei Selbständigerwerbenden kommen zusätzlich die Kosten für die Anstellung einer Ersatzkraft in Betracht (vgl. Brehm, Art. 46 N 34 ff.; Keller II, 49 ff.; Oftinger, 192 ff.).

Neben diesen im Gesetz ausdrücklich geregelten Positionen sind 112
jedoch nach Art. 45 Abs. 1 OR auch **alle übrigen Kosten** zu ersetzen, die
in der Zeit zwischen dem schädigenden Ereignis und dem Tod oder
unmittelbar danach entstanden sind und mit dem Tod direkt zusammenhängen (vgl. Keller II, 69). Ausgeschlossen ist der Schaden, den Dritte
reflexweise erleiden. Eine Ausnahme bildet hier der Versorgerschaden
nach Art. 45 Abs. 3 OR.

Als **Versorgerschaden** gilt der Schaden, den Dritte durch die Tö- 113
tung erleiden, weil sie damit ihren Versorger verlieren. Versorger ist, wer
den Ansprecher tatsächlich regelmässig unterstützt hat oder ihm in Zukunft mit grosser Wahrscheinlichkeit Unterstützung gewährt hätte. In die
erste Kategorie fallen etwa die Eltern eines unmündigen Kindes. Zur
zweiten Kategorie zählen beispielsweise verdienende Kinder, die ihre
Eltern bereits finanziell unterstützten oder aller Voraussicht nach in Zukunft unterstützt hätten. Voraussetzung für die Entschädigung eines Ver-
sorgerschadens ist, dass der Versorgte tatsächlich unterstützungsbedürftig war bzw. aller Voraussicht nach in Zukunft unterstützungsbedürftig
geworden wäre (vgl. Brehm, Art. 45 N 27 ff.; Keller II, 70 ff.; Oftinger,
230 ff.; Schnyder, Art. 45 N 8 ff.).

### c. Schadenersatz bei Körperverletzung

Als Körperverletzung gilt jede **Beeinträchtigung der körperlichen** 114
**oder psychischen Integrität**. In Betracht fallen Verwundungen durch unmittelbare oder mittelbare mechanische Einwirkungen. Möglich sind
aber auch psychische Traumen und daraus entstehende Neurosen (vgl.
Brehm, Art. 46 N 6; Keller II, 43 f.; Oftinger, 186 ff.; Schnyder, Art. 46
N 1).

Bei Körperverletzung hat der Geschädigte nach Art. 46 Abs. 1 OR 115
Anspruch auf Ersatz der Kosten sowie auf Entschädigung für die Nachteile gänzlicher oder teilweiser Arbeitsunfähigkeit, unter Berücksichtigung der Erschwerung des wirtschaftlichen Fortkommens. Die **Kosten**
umfassen vorab die Auslagen für die Heilung, Krankentransport, ärztli-
che Behandlung, Spitalpflege, Kuren usw. (vgl. Oftinger, 191 f.). Die
Entschädigung für die **Nachteile gänzlicher oder teilweiser Arbeitsunfä-**
**higkeit** soll die wirtschaftlichen Auswirkungen der Körperverletzung
ausgleichen. Im Vordergrund stehen der Verdienstausfall bei vorüberge-
hender Arbeitsunfähigkeit und die Entschädigung der mutmasslichen
künftigen Verdiensteinbussen bei Invalidität (vgl. Brehm, Art. 46
N 50 ff.; Keller II, 52 ff.; Oftinger, 192 ff.; Schnyder, Art. 46 N 3 ff.).

### 3. Sachschäden

#### a. Allgemeines

116 Was als Sachschaden zu gelten hat, wird auch im Obligationenrecht nicht besonders geregelt. In Lehre und Rechtsprechung ist man sich jedoch über die Bedeutung des Begriffes Sachschaden einig. Man versteht darunter die **Beschädigung, Zerstörung oder den Verlust einer Sache** (vgl. Brehm, Art. 41 N 77; Keller II, 90).

117 Als Sachen im Sinne von Art. 1 Abs. 1 lit. b PrHG gelten **körperliche Gegenstände**. Diese können fest, flüssig oder gasförmig sein. Ohne Bedeutung ist, ob es sich um bewegliche oder unbewegliche Sachen handelt. Geschützt sind deshalb auch Häuser usw. (vgl. Pott/Frieling, § 1 N 19; Rolland, § 1 N 35 f.).

#### b. Sachen des privaten Gebrauchs

118 Die Produktehaftung nach der EG-Richtlinie zielt auf den Schutz des Konsumenten ab. In Anlehnung an Art. 9 lit. b der EG-Richtlinie hat daher auch der schweizerische Gesetzgeber die Haftung des Herstellers auf **Schäden an Sachen beschränkt**, die **für den privaten (persönlichen oder familiären) Gebrauch oder Verbrauch bestimmt** sind **und hauptsächlich zu diesem Zweck verwendet** worden sind (Art. 1 Abs. 1 lit. b PrHG). Die entsprechende Einschränkung in der EG-Richtlinie beruht auf der Überlegung, die gewerblichen oder beruflichen Produktebenutzer seien in der Lage, sich anderweitig, insbesondere durch spezielle Ausgestaltung ihrer Verträge, abzusichern (vgl. Mertens/Cahn, § 1 N 11).

119 Die Einschränkung «für den privaten, persönlichen oder familiären Gebrauch oder Verbrauch» deckt sich mit der in der **OR-Novelle vom 5. Oktober 1990 über die Haustürgeschäfte** gewählten Regelung (vgl. Art. 40a Abs. 1 OR). Hier wie dort wird nur der private Verbraucher, der Konsument geschützt. Sachschäden im beruflichen bzw. geschäftlichen und gewerblichen Bereich sind nicht ersatzfähig (vgl. etwa Gonzenbach, Art. 40a N 3).

120 **Europarechtlich** gesehen führt die Einschränkung der Haftung auf Schäden an Gegenständen des privaten Gebrauchs zu einer erheblichen **Behinderung des Rechtsangleichungseffektes**, weil damit ein wichtiger Bereich des Produktehaftungsrechts ausschliesslich dem Regime des nationalen Rechts überlassen bleibt (Mertens/Cahn, § 1 N 11).

121 Im Rahmen des **nationalen Rechts** ergeben sich vor allem **rechtsstaatliche Bedenken**: Die getroffene Regelung führt zu teilweise groben Rechtsungleichheiten. Erfahrungsgemäss sind nämlich auch gewerbliche

und berufliche Produktebenutzer aufgrund ihrer wirtschaftlichen Stellung vielfach nicht in der Lage, ihre Interessen gegenüber dem industriellen Hersteller oder Grossverteilern durch spezielle Vertragsgestaltung zu wahren (Mertens/Cahn, § 1 N 11). Zu bedenken ist zudem, dass ein Gewerbetreibender nicht nur als Benutzer des fehlerhaften Produktes, sondern auch als aussenstehender Dritter geschädigt werden kann. Da sich die Einschränkung in Art. 1 Abs. 1 lit. b PrHG fälschlicherweise auf die beschädigte Sache und nicht auf das schadenstiftende Ereignis bezieht, kann beispielsweise der selbständig erwerbstätige Buchdrucker, dessen EDV-Anlage durch den explodierenden Haarspray seiner Sekretärin beschädigt wird, den Hersteller lediglich nach den Regeln des Deliktsrechts, nicht aber nach den Bestimmungen des PrHG ins Recht fassen (vgl. Mertens/Cahn, § 1 N 11). Wäre bei diesem Unfall sein Surfbrett beschädigt worden, würde er demgegenüber wieder den vollen Schutz des PrHG geniessen. Diese Einschränkung ist nicht nur ungerecht, sie ist vielmehr geradezu **willkürlich**, da sie Unterscheidungen trifft, die sich nicht auf ernsthafte sachliche Gründe stützen lassen und für die ein vernünftiger Grund nicht ersichtlich ist (vgl. Imboden/Rhinow, Nr. 83 B VI; anders – und damit vorbildlich – die österreichische Regelung in § 1 österr. PrHG, wo die einschränkenden Vorgaben der EG-Richtlinie nicht übernommen wurden, vgl. dazu etwa Fitz/Purtscheller/Reindl, § 1 N 14).

Art. 1 Abs. 1 lit. b PrHG schafft **zwei Abgrenzungskriterien**: Ein 122 **objektives** (Nutzungsbestimmung des Produktes) und ein **subjektives** (tatsächliche Verwendung im Einzelfall):

Nach dem **objektivem Kriterium der Nutzungsbestimmung ist ent-** 123 **scheidend**, für welche Nutzung das Produkt nach der Verkehrsauffassung gewöhnlich bestimmt ist. Die Antwort darf deshalb nicht auf die Prüfung des konkreten Gegenstandes beschränkt sein; es kommt vielmehr auf die objektive Bewertung an. Ob eine Sache gewöhnlich für den privaten Gebrauch oder Verbrauch bestimmt ist, richtet sich daher nach der **generellen Zweckbestimmung von Gegenständen derselben Art**. Massgebend ist, für welche Zwecke Sachen, die dem beschädigten Gegenstand entsprechen, gewöhnlich eingesetzt werden (vgl. Mertens/Cahn, § 1 N 14; Pott/Frieling, § 1 N 21 f.; Rolland, § 1 N 80 ff.; Taschner/Frietsch, ProdHaftG § 1 N 33 f.; Graf von Westphalen, § 60 Rz. 26 ff.). Dabei schadet es allerdings nicht, wenn ein Erzeugnis auch für gewerbliche Zwecke einsatzfähig ist: «**Vereinzelter professioneller Gebrauch schadet nicht**» (Mertens/Cahn, § 1 N 15). Bei Gegenständen, die – wie beispielsweise der Personenwagen – sowohl gewerblich wie auch privat genutzt werden können, genügt es, wenn die Sache gewöhnlich auch für den privaten

Gebrauch oder Verbrauch bestimmt ist; das Gesetz fordert **keinen ausschliesslich privaten Verwendungszweck** (Pott/Frieling, § 1 N 22).

124 Die objektive Bestimmung einer Sache reicht jedoch für sich allein nicht aus. Erforderlich ist vielmehr die **Erfüllung des subjektiven Kriteriums**, dass nämlich der beschädigte Gegenstand im Einzelfall tatsächlich bestimmungsgemäss, d. h. für den privaten Gebrauch oder Verbrauch verwendet wurde. Die Ergänzung des Tatbestandes durch ein individuelles Merkmal beruht auf der Überlegung, dass Gegenstände, die üblicherweise im persönlichen oder familiären Bereich zum Einsatz kommen, trotzdem auch gewerblich genutzt werden können (vgl. Mertens/Cahn, § 1 N 16; Pott/Frieling, § 1 N 23 ff.; Rolland, § 1 N 83 ff.; Taschner/Frietsch, ProdHaftG § 1 N 36 f.; Graf von Westphalen, § 60 Rz. 31 f.).

125 Erforderlich ist, dass das Produkt **hauptsächlich** – d. h. überwiegend – **für den privaten Gebrauch** verwendet worden ist bzw. bestimmt war. Der Geschädigte muss das Produkt deshalb vor allem, d. h. in erster Linie für den persönlichen oder familiären Gebrauch verwendet haben. Vereinzelte gewerbliche oder berufliche Nutzung schliesst die Ersatzfähigkeit des Schadens nicht aus (vgl. Mertens-Cahn, § 1 N 16; Pott/Frieling, § 1 N 23; Rolland, § 1 N 84 f.).

126 **Ohne Bedeutung** ist die **Art des Gebrauchs zur Zeit der Beschädigung**. Der Hersteller haftet deshalb auch dann, wenn ein fehlerhaftes Produkt einer Sache, die gewöhnlich für den privaten Gebrauch oder Verbrauch bestimmt ist und vom Geschädigten tatsächlich auch vorwiegend zu diesem Zweck verwendet wird, bei einem ihrer vereinzelten gewerblichen Einsätze Schaden zufügt (vgl. Mertens/Cahn, § 1 N 16; Rolland, § 1 N 85).

### c. Selbstbehalt

127 Nach Art. 6 Abs. 1 PrHG muss der Geschädigte Sachschäden bis zur Höhe von **Fr. 900.– selber tragen**. Dies gilt unabhängig davon, ob der Schaden mehr oder weniger als Fr. 900.– beträgt. Der Selbstbehalt kommt **pro Schadenereignis und Geschädigten nur einmal** zum Tragen. Werden deshalb im Schadenfall mehrere Gegenstände beschädigt, kommt vom Gesamtschaden ein Betrag von Fr. 900.– in Abzug (Botschaft I Eurolex, 427; vgl. auch Mertens/Cahn, § 11 N 2; Pott/Frieling, § 11 N 4; Rolland, § 11 N 4). Erleiden durch das eine schädigende Ereignis **mehrere Personen** Schaden, hat **jede von ihnen** einen Selbstbehalt von Fr. 900.– zu tragen (vgl. Mertens/Cahn, § 11 N 2; Pott/Frieling, § 11 N 5; Rolland, § 11 N 4).

Mit dieser Regelung sollen Bagatellschäden ausgeschieden und 128
damit eine allzu grosse Zahl von Streitfällen vermieden werden (so die
Erwägungsgründe der EG-Richtlinie). Diese Zielvorgabe entpuppt sich
jedoch insofern als Schlag ins Wasser, als der Geschädigte trotzdem versuchen kann, den Selbstbehalt nach den Regeln des Obligationenrechts
oder anderer Gesetze (Art. 11 Abs. 2 PrHG) auf den Haftpflichtigen
abzuwälzen; er trägt den Selbstbehalt nur dann endgültig selbst, wenn
ihm weder das Delikts- noch das Vertragsrecht des OR oder andere
Bestimmungen des eidgenössischen oder kantonalen öffentlichen Rechts
eine Abwälzung des Schadens gestatten (vgl. Pott/Frieling, § 11 N 2; Rolland, § 11 N 2; Taschner/Frietsch, ProdHaftG § 11 N 4).

Die in Art. 8 Abs. 2 der Eurolex-Vorlage dem Bundesrat in Anleh- 129
nung an Art. 18 Abs. 2 der EG-Richtlinie erteilte Kompetenz, den Selbstbehalt der Teuerung anzupassen, wurde in der Swisslex-Vorlage vorerst
fallengelassen (vgl. Botschaft Swisslex, 82). Die Räte haben die Problematik im Zusammenhang mit der **Geldentwertung** gesehen und dem
Bundesrat in Art. 6 Abs. 2 PrHG die Kompetenz eingeräumt, den Selbstbehalt veränderten Verhältnissen anzupassen.

### d. Schäden am fehlerhaften Produkt

Nach Art. 1 Abs. 2 PrHG haftet der Hersteller **nur für Schäden an** 130
**einer anderen Sache als dem fehlerhaften Produkt.** Diese Bestimmung
deckt sich mit der entsprechenden Vorgabe in Art. 9 Abs. 1 lit. b der
EG-Richtlinie (Botschaft I Eurolex, 422). Ihr liegt die Überlegung zugrunde, «das Interesse des Verbrauchers, ein Produkt ohne wert- oder
tauglichkeitsmindernde Eigenschaften zu erhalten, werde durch die Gewährleistungsvorschriften im Kauf- und Werkvertragsrecht hinreichend
berücksichtigt» (Pott/Frieling, § 1 N 32). Mit der getroffenen Haftungsbegrenzung soll die Unterscheidung zwischen den vertraglichen Gewähr-
leistungsansprüchen des Konsumenten nach den Bestimmungen des Obligationenrechts und seinen Ansprüchen gegenüber dem Hersteller eines
Produktes nach den Bestimmungen des Produktehaftpflichtgesetzes aufrechterhalten werden (zu den entsprechenden Überlegungen des deutschen Gesetzgebers vgl. etwa Mertens/Cahn, § 1 N 9; Pott/Frieling, § 1
N 39). Ob diese Einschränkung im Ergebnis sinnvoll ist, darf allerdings
füglich bezweifelt werden. In jedem Fall beschert sie uns nun im Einzelfall bei der Abgrenzung zwischen Schäden am Produkt und Schäden an
anderen Sachen **schwierige Abgrenzungsfragen** (Pott/Frieling, § 1 N 30).

Die Einschränkung in Art. 1 Abs. 2 PrHG führt dazu, dass der 131
**Schaden am fehlerhaften Produkt nicht ersetzt** wird. Explodiert bei-

spielsweise wegen eines Produktefehlers ein Fernsehgerät, muss der Hersteller den Wert des Apparates nach dem PrHG nicht ersetzen. Wird bei der Explosion aber weiterer Schaden angerichtet, z. B. am Tisch, an der Stereoanlage oder dergleichen, sind diese Schäden zu ersetzen (vgl. Pott/ Frieling, § 1 N 31). Was im Verhältnis zum fehlerhaften Produkt eine **andere Sache** ist, kann nur im Einzelfall entschieden werden. Massgebend ist vor allem die **Verkehrsauffassung** (vgl. Kullmann/Pfister, Kz. 3602 1 f.; Taschner/Frietsch, ProdHaftG § 1 N 38; Welser, § 1 N 4; a. M. Graf von Westphalen, § 60 Rz. 7 ff. und 16 ff.).

132    Als Produkt gilt in der Regel das **komplette Endprodukt**, wie es an den Verbraucher gelangt. Ohne Bedeutung ist, dass es allenfalls aus verschiedenen Grundstoffen und Teilprodukten zusammengesetzt ist. Erforderlich ist nur, dass diese Bestandteile bereits zu einer Gesamtsache verbunden auf den Markt kommen (vgl. etwa Mertens/Cahn, § 1 N 10; Taschner/Frietsch, ProdHaftG § 1 N 38).

133    Anders liegt der Fall, wenn ein **Teilhersteller** sein Erzeugnis als **eigenständiges Produkt** in den Verkehr gebracht hat (vgl. Art. 5 Abs. 1 lit. a PrHG). Hier ist er als Hersteller zu betrachten; verursacht sein Produkt nach dem Einbau in ein anderes Erzeugnis Schaden, hat er für die Beschädigung oder die Zerstörung der übrigen Anlageteile aufzukommen (vgl. Fitz/Purtscheller/Reindl, § 1 N 16; Kullmann/Pfister, Kz. 3602 1 f.).

134    Gleiches gilt beim **Einbau von Bauteilen in ein unbewegliches Bauwerk**. Der Einbau einer beweglichen Sache in eine unbewegliche hebt deren Produkteeigenschaft im Sinne von Art. 3 Abs. 1 lit. a PrHG nicht auf. Bauprodukte (Baustoffe und Bauteile), die beim Bau eines Gebäudes oder dgl. Verwendung finden, behalten daher ihre (eigenständige) Produkteeigenschaft auch nach dem Einbau in ein Bauwerk. Erweist sich deshalb ein einzelnes Bauteil als fehlerhaft und wird dadurch die übrige Bausubstanz beschädigt, hat der Hersteller des fehlerhaften Bauproduktes für diesen Schaden einzustehen (Pott/Frieling, § 1 N 45).

135    Im Bereich der Mobilien akzentuieren sich Abgrenzungsprobleme bei Vorliegen eines sogenannten «**weiterfressenden Mangels**». Solche Schäden werden «durch ein funktionell abgrenzbares unsicheres Einzelteil ausgelöst, das die übrigen, bisher unversehrten Teile des Endproduktes beschädigt oder zerstört» (Pott/Frieling, § 1 N 35). Nach Art. 1 Abs. 2 PrHG wird man in diesem Fall das (End-) Produkt in aller Regel nicht einfach in einen fehlerhaften und in einen fehlerfreien Teil aufspalten und den mängelfreien Teil als andere Sache bezeichnen dürfen (vgl. Mertens/Cahn, § 1 N 10; Taschner/Frietsch, ProdHaftG § 1 N 39 f.; Wel-

ser, § 1 N 4; a. M. Pott/Frieling, § 1 N 35 ff.; Graf von Westphalen, § 60 Rz. 16 ff.).

Es bleiben allerdings **viele Zweifelsfälle**: Platzt beispielsweise bei   136
einem fabrikneuen Fahrzeug der defekte Hinterreifen und führt dies zu
einem Totalschaden, wird der Betroffene wohl zu Recht geneigt sein, das
Auto gegenüber dem fehlerhaften Reifen als eine andere Sache zu qualifizieren (Pott/Frieling, § 1 N 38 f.). Ein **Lösungsansatz** ergibt sich aus dem
Vergleich zwischen Art. 1 Abs. 2 und Art. 3 Abs. 1 lit. a PrHG. Danach
bleibt ein für sich eigenständiges Erzeugnis auch dann Produkt im Sinne
des PrHG, wenn es (später) Teil einer anderen beweglichen oder unbeweglichen Sache bildet. Führt ein Fehler dieses Produktes alsdann zu
einer Schädigung der übrigen Teile, darf der Hersteller die Deckung
dieses Schadens nicht als blossen Schaden am fehlerhaften Produkt im
Sinne von Art. 1 Abs. 2 PrHG ablehnen. Daran ändert nichts, dass das
fehlerhafte Erzeugnis allenfalls durch den Einbau sachenrechtlich (vgl.
Art. 642 ZGB) Bestandteil der nun schadhaften Sache geworden ist.

### 4. Keine Genugtuung

Die EG-Richtlinie berührt die Gewährung von Schmerzensgeld   137
und die Wiedergutmachung anderer seelischer Schäden nicht (vgl. die
Erwägungsgründe der EG-Richtlinie). Auch das **PrHG** sieht **keine
Genugtuungsleistungen** vor. Wird deshalb durch den Fehler eines Produktes ein Mensch getötet oder verletzt oder jemand in seiner Persön-
lichkeit widerrechtlich betroffen, hat der Hersteller nur dann Genugtuung zu leisten, wenn die **Voraussetzungen der Art. 47 oder 49 OR** erfüllt
sind.

## C. Produktefehler

### 1. Produkt

#### a. Überblick

Nach Art. 1 Abs. 1 PrHG haftet der Hersteller für Schäden (vgl.   138
Rz. 105 ff. vorne), die durch ein fehlerhaftes Produkt verursacht wurden.
Was unter dem Begriff «Produkt» zu verstehen ist, bestimmt sich nach
der Legaldefinition des Art. 3 PrHG. Danach gilt als Produkt **jede bewegliche Sache**, auch wenn sie **Teil einer anderen beweglichen Sache
oder einer unbeweglichen Sache** bildet, und **Elektrizität**.

139  **Landwirtschaftliche Bodenerzeugnisse** sowie **Tierzucht-, Fischerei- und Jagderzeugnisse** gelten demgegenüber erst dann als Produkte, wenn sie einer **ersten Verarbeitung** unterzogen worden sind. Von der Option in Art. 15 Abs. 1 lit. a der EG-Richtlinie, wonach jeder Mitgliedstaat in seinen Rechtsvorschriften vorsehen kann, dass der Begriff «Produkt» auch landwirtschaftliche Produkte und Jagderzeugnisse erfasse (die noch keiner ersten Verarbeitung unterzogen wurden), hat der schweizerische Gesetzgeber keinen Gebrauch gemacht.

### b. Bewegliche Sache

*aa. Allgemeines*

140  Was als bewegliche Sache zu gelten hat, sagt die EG-Richtlinie nicht. Mangels einer gemeinschaftsrechtlichen Vorgabe ist deshalb bei der Abgrenzung zwischen «beweglichen Sachen» und «unbeweglichen Sachen» von der Regelung in Art. 655 und 713 ZGB auszugehen (vgl. auch Fitz/Purtscheller/Reindl, § 4 N 7 f.; Mertens/Cahn, § 2 N 5; Pott/Frieling, § 2 N 3; Rolland, § 2 N 5; Taschner/Frietsch, ProdHaftG § 2 N 17). Als «bewegliche Sache» im Sinne des Art. 3 PrHG kommen deshalb vorab **bewegliche körperliche Sachen sowie Naturkräfte, die der rechtlichen Herrschaft unterworfen werden können und nicht zu den Grundstücken gehören**, in Betracht (vgl. Art. 713 ZGB). Ihnen gegenüber stehen als «unbewegliche Sachen» die Grundstücke, also die Liegenschaften, die in das Grundbuch aufgenommenen selbständigen und dauernden Rechte, die Bergwerke und die Miteigentumsanteile an Grundstücken (vgl. Art. 655 ZGB).

141  Bei der Unterscheidung zwischen beweglichen und unbeweglichen Sachen ist allerdings immer der **Grundsatz der autonomen Auslegung** im Auge zu behalten (vgl. Mertens/Cahn, § 2 N 1; Rolland, § 2 N 1). Die Abgrenzung hat deshalb primär nach **haftpflichtrechtlichen Erwägungen** und nicht nach sachenrechtlichen Kriterien zu erfolgen. Dies ergibt sich bereits aus Art. 3 Abs. 1 lit. a PrHG. Danach gilt als Produkt auch eine bewegliche Sache, die Teil einer unbeweglichen Sache bildet, obwohl sie nach sachenrechtlichen Kriterien (Akzessionsprinzip) Bestandteil der unbeweglichen Sache wäre. Massgebend als haftpflichtrechtliches Abgrenzungskriterium ist das Statische, das im Begriff der unbeweglichen Sache zum Ausdruck kommt (vgl. Taschner/Frietsch, ProdHaftG § 2 N 9 und 41 ff.; Graf von Westphalen, § 61 Rz. 2).

142  Als Produkte im Sinne des Art. 3 Abs. 1 lit. a PrHG gelten vorab alle **von Menschen hergestellten Gegenstände**, die mit Wissen und Willen des Herstellers in den Verkehr gebracht werden, um als «Produkte»

benutzt zu werden (vgl. Christen, 37 f.; Pott/Frieling, § 2 N 6; Taschner/ Frietsch, ProdHaftG § 2 N 11 ff.; Graf von Westphalen, § 61 Rz. 1). Auf den **Aggregatszustand** der Sache kommt es grundsätzlich nicht an. Das Produkt muss jedoch **räumlich abgrenzbar** und damit (technisch) **beherrschbar** sein. Als Produkte im Sinne von Art. 3 Abs. 1 lit. a PrHG kommen deshalb auch Gas, Wasser oder Fernwärme in Betracht, wenn sie in Behältnissen oder Leitungen geliefert werden (vgl. Graf von Westphalen, § 61 Rz. 6; Mertens/Cahn, § 2 N 5). Nicht erforderlich ist, dass das Produkt sinnlich wahrnehmbar ist. Es kann sich deshalb auch um geruchlose Gase usw. handeln (Pott/Frieling, § 2 N 3).

Unerheblich ist, ob die bewegliche Sache industriell in grösserer Zahl oder individuell als Einzelstück angefertigt wird. Die Herstellungsart ist für die Zuordnung einer Sache als Produkt irrelevant. Als Produkte im Sinne von Art. 3 PrHG kommen deshalb **Serienerzeugnisse und Spezialanfertigungen** in Betracht, seien diese nun in der Fabrik des Unternehmers oder der Werkstatt des Handwerkers angefertigt worden. Daneben gelten aber auch **kunstgewerbliche Erzeugnisse** als Produkte (vgl. Palandt/Thomas, § 2 N 1; Pott/Frieling, § 2 N 10 f.; Rolland, § 2 N 3 f.; Taschner/Frietsch, ProdHaftG § 2 N 15). Schliesslich kann der Produktebegriff auch auf «**gentechnisch hergestellte oder manipulierte Produkte**» angewandt werden (Taschner/Frietsch, ProdHaftG § 2 N 16). 143

**Ausgeschlossen** sind demgegenüber **unkörperliche Objekte**, die keine Sachen sind. Zu denken ist etwa an Patentrechte, schuldrechtliche Ansprüche, Goodwill oder Dienstleistungen (vgl. Pott/Frieling, § 2 N 3). 144

Der Unternehmer, der auf einem Grundstück ein **Haus** errichtet, ist nicht Hersteller eines Produktes, sondern Hersteller einer unbeweglichen Sache. Dies gilt grundsätzlich auch für Handwerker, die in einem Gebäude bestimmte Einzelteile wie Fenster, Türen, Heizungen usw. einbauen. Da der **Einbau einer beweglichen Sache in eine unbewegliche Sache** deren Produkteeigenschaft im Sinne von Art. 3 PrHG jedoch nicht aufhebt, können sie aber trotzdem als Hersteller im Sinne von Art. 2 Abs. 1 lit. a PrHG, als Importeur (Art. 2 Abs. 1 lit. c PrHG) oder als Lieferant (Art. 2 Abs. 2 PrHG) ins Recht gefasst werden, wenn der fragliche Baustoff oder das von ihnen gelieferte Bauteil fehlerhaft waren (vgl. Mertens/Cahn, § 2 N 8; Pott/ Frieling, § 2 N 4 f.; Rolland, § 2 N 24; Taschner/Frietsch, ProdHaftG § 2 N 47). 145

*bb. Gebrauchte Gegenstände*
Die Qualifikation eines Erzeugnisses im Sinne von Art. 3 Abs. 1 PrHG stellt nicht darauf ab, ob es sich um eine **neue oder bereits** 146

**gebrauchte Sache** handelt. Es kommt deshalb nicht darauf an, «ob das Produkt beim ersten Erwerber oder erst dann, wenn es durch 'mehrere Hände' gegangen ist, einen Schaden verursacht» (Graf von Westphalen, § 61 Rz. 8; vgl. auch Christen, 45; Mertens/Cahn, § 2 N 4; Rolland, § 2 N 26; Taschner/Frietsch, ProdHaftG § 2 N 35). Das Alter eines Gegenstandes führt erst dann zum **Ausschluss der Haftung** des Herstellers, wenn es **über 10 Jahre im Verkehr** war. Nach Art. 10 Abs. 1 PrHG verwirken nämlich Haftungsansprüche 10 Jahre nach dem Tag, an dem der Hersteller das Produkt, das den Schaden verursacht hat, in den Verkehr brachte (vgl. eingehend Rz. 389 ff. hinten).

147 Dem Umstand, dass es sich um einen **gebrauchten Gegenstand** handelt, ist jedoch bei der Frage, ob ein Fehler vorliege, Rechnung zu tragen. So ist man bei einem gebrauchten Gegenstand wohl **kaum berechtigt, die gleiche Sicherheit zu erwarten** wie bei einem neuen Produkt (vgl. Mertens/Cahn, § 2 N 4; Rolland, § 2 N 26). Selbstverständlich steht dem Hersteller überdies der Entlastungsbeweis offen, dass der Fehler infolge einer nachträglichen Beschädigung durch den Produktebenutzer entstanden ist (Mertens/Cahn, § 2 N 4).

### cc. Reparatur und Wartung

148 **Die Reparatur und Wartung** einer Sache qualifiziert sich grundsätzlich bloss als Dienst- oder Werkleistung und **nicht als Herstellung eines Produktes**. Gibt der Konsument deshalb ein gebrauchtes Erzeugnis nach seiner Inverkehrbringung in Reparatur, wird es damit nicht zum eigenständigen neuen Produkt. Reparaturen, Wartungsarbeiten, Auswechseln von Ersatzteilen usw. gelten nicht als Herstellung eines Produktes im Sinne von Art. 1 PrHG (vgl. Christen, 46; Mertens/Cahn, § 2 N 3; Taschner/Frietsch, ProdHaftG § 2 N 36; Graf von Westphalen, § 61 N 9).

149 Eine andere Beurteilung kann sich bei der **Generalüberholung oder der Modernisierung** eines bestimmten Erzeugnisses aufdrängen. Führt eine solche Tätigkeit zu einem Resultat, das letztlich mehr als blosse Reparatur ist, weil ein erneuertes oder gar ein neues Erzeugnis vorliegt, haben wir produktehaftungsrechtlich die **Herstellung eines Produktes** vor uns. Zu denken ist etwa an **aufgummierte Reifen** (vgl. Christen, 46; Graf von Westphalen, § 61 N 9; Taschner/Frietsch, ProdHaftG § 2 N 36). Massgebend ist im Einzelfall die **Verkehrsanschauung** (Graf von Westphalen, § 61 N 9).

### dd. Intellektuelle Leistungen

150 Dienstleistungen bzw. ganz allgemein unkörperliche Arbeitserfolge stellen keine beweglichen Sachen im Sinne von Art. 5 Abs. 1 lit. a

PrHG und damit keine Produkte dar (vgl. Christen, 38 f.; Rolland, § 2 N 16). Erlangen aber **geistige Leistungen**, beispielsweise in einem Buch und damit in einer beweglichen Sache, **eine gewisse Körperlichkeit**, müssen sie nach Art. 3 Abs. 1 lit. a PrHG wohl als Produkte gelten. Man denke etwa an die **Träger von Computerprogrammen, Tonbändern** und **Schallplatten** oder **Zeichnungen, Bücher** und **Pläne** (vgl. Mertens/Cahn, § 2 N 6 f.; Pott/Frieling, § 2 N 41 ff. und 50 f.; Taschner/Frietsch, ProdHaftG § 2 N 20 ff.; Graf von Westphalen, § 61 Rz. 14 und 36 ff.).

**Einzelheiten** sind allerdings **stark umstritten.** Dies gilt insbesonde- 151 re im Zusammenhang mit Software als Produkt (vgl. etwa Christen, 38 ff.; Pott/Frieling, § 2 N 42 ff.; Rolland, § 2 N 16 ff.; Taschner/Frietsch, ProdHaftG § 2 N 21 ff.; Graf von Westphalen, § 61 Rz. 36 ff.) Daneben wird von einem Teil der Lehre die Produkteeigenschaft von Druckwerken als Ergebnis einer geistigen Leistung generell in Abrede gestellt. Bei einem Buch wird eine Haftung des Produzenten nach den Regeln der Produktehaftung beispielsweise nur anerkannt, wenn der Schaden aus der Körperlichkeit des Buches (z. B. gesundheitsschädlicher Einband) entstanden ist; für blosse falsche Information wird eine Haftung abgelehnt (vgl. etwa Fitz/Purtscheller/Reindl, § 4 N 12; Kullmann/Pfister, Kz. 3603 4 f.; Welser, § 4 N 4).

### c. Elektrizität

Elektrizität ist keine bewegliche Sache. Sie gilt deshalb nur **kraft** 152 **der ausdrücklichen Regelung** in Art. 3 Abs. 1 lit. b PrHG als **Produkt** im Sinne des Produktehaftpflichtgesetzes (vgl. Mertens/Cahn, § 2 N 5; Pott/Frieling, § 2 N 7; Graf von Westphalen, § 61 Rz. 21 f.).

Da Elektrizität als Produkt qualifiziert wird, hat das Elektri- 153 zitätswerk für Schäden, die dem Konsumenten infolge **Frequenz- oder Spannungsschwankungen** entstehen, einzutreten (vgl. Kullmann/Pfister, Kz. 3603 2; Pott/Frieling, § 3 N 83; Taschner/Frietsch, ProdHaftG § 3 N 61).

**Umstritten** ist, was zu geschehen hat, wenn überhaupt **keine Ener-** 154 **gie geliefert** wird, obwohl sie kraft der getroffenen Absprache geliefert werden müsste. Nach einem Teil der Lehre fehlt es in diesem Fall gerade an einem Produkt, für das der Hersteller einstehen müsste. Verdirbt beispielsweise Fleisch in der Tiefkühltruhe, weil die Elektrizität ausgefallen ist, bestimmt sich nach dieser Auffassung die Haftung des Elektrizitätswerkes nicht nach den Regeln über die Produktehaftpflicht (vgl. etwa Christen, 41 f.; Kullmann/Pfister, Kz. 3603 2; Pott/Frieling, § 3 N 83; Taschner/Frietsch, ProdHaftG § 3 N 61). Dem hält Graf von Westphalen (§ 61 Rz. 22) zu Recht entgegen, dass auch in anderen Fällen die Sicherheitserwartungen nicht danach differenziert würden, ob sicherheitsrelevante Teile überhaupt nicht oder (bloss) in fehlerhafter Ausführung geliefert worden seien. Es sei deshalb nicht einzusehen, warum der Verbraucher, der im Vertrauen auf die ununterbrochene Belieferung mit Strom Dispositionen getroffen habe, bei Stromunterbruch den Schaden allein tragen solle (zur Wirkungslosigkeit eines Produktes vgl. auch Rz. 281 ff). Tatsächlich würde die entgegenstehende Auffassung der herrschenden Lehre zum kuriosen Ergebnis führen, dass der Hersteller einer Haftung stets entginge, wenn er die Anlage bei Spannungsschwankungen jeweils sofort ganz abschalten würde. Dass das wohl kaum der Sinn der Regelung sein kann, ist augenfällig!

### d. Ausnahmen

#### aa. Einleitung

155    Nach Art. 3 Abs. 2 PrHG gelten **landwirtschaftliche Bodenerzeugnisse sowie Tierzucht-, Fischerei- und Jagderzeugnisse** erst dann als Produkte, wenn sie einer ersten Verarbeitung unterzogen worden sind. Dieser Ausschluss stützt sich auf Art. 2 der EG-Richtlinie. Von der in Art. 15 Abs. 1 lit. a vorgesehenen Möglichkeit, den Produktebegriff im innerstaatlichen Recht auch auf landwirtschaftliche Naturprodukte und Jagderzeugnisse auszudehnen, hat der schweizerische Gesetzgeber keinen Gebrauch gemacht (vgl. Botschaft Eurolex I, 420; vgl. auch Rz. 139 vorne).

156    Diese **Ausnahme** beruht auf der Überlegung, unverarbeitete Erzeugnisse des Bodens, der Tierzucht, der Jagd oder der Fischerei würden nicht industriell hergestellt (vgl. die Erwägungsgründe der EG-Richtlinie). Sie ist jedoch **nicht gerechtfertigt**, da sie vor allem hinsichtlich der Erzeugnisse des Bodens und der Tierzucht auf einer «verfehlten Vorstellung von modernen landwirtschaftlichen Produktionsmethoden» beruht (Mertens/Cahn, § 2 N 18; vgl. auch Fitz/Purtscheller/Reindl, § 4 N 17; Taschner/Frietsch, Richtl. Art. 2 N 9). Die getroffene Einschränkung ist aber auch deshalb abzulehnen, weil in allen anderen Fällen Rohstoffe wie Öl usw. als Grundstoffe in die Herstellerhaftung miteinbezogen werden (vgl. Rz. 56 vorne). Wir haben also eine **«Protektionsnorm zugunsten der Landwirtschaft»** vor uns (Mertens/Cahn, § 2 N 18).

#### bb. Landwirtschaftliche Bodenerzeugnisse

157    Landwirtschaftliche Erzeugnisse des Bodens sind die **Naturprodukte, die in der Erde wachsen**. Dazu gehören die eigentlichen **landwirtschaftlichen Bodenerzeugnisse** wie etwa Getreide, Gemüse und Obst.

Vom Begriff des landwirtschaftlichen Bodenerzeugnisses werden aber auch **wildwachsende Pflanzen und ihre Früchte** erfasst, wenn sie gewonnen und so dem Verbraucher zugeführt werden (vgl. Mertens/Cahn, § 2 N 20; Rolland, § 2 N 41 ff. und 45 f.; Graf von Westphalen, § 61 Rz. 50).

Ohne Bedeutung ist, ob die landwirtschaftliche Nutzung extensiv 158 oder intensiv betrieben wird. Der Begriff des landwirtschaftlichen Erzeugnisses deckt deshalb **Acker- und Feldbau** ab. Zu den landwirtschaftlichen Bodenerzeugnissen zählen aber auch die in **Sonderkulturen** erzeugten Früchte; man denke etwa an Obst- und Weinbau. Erfasst werden schliesslich auch die Erzeugnisse des **Gartenbaus** und der **Forstwirtschaft** (vgl. Rolland, § 2 N 46; Taschner/Frietsch, ProdHaftG § 2 N 53; Graf von Westphalen, § 61 Rz. 50).

Nach Auffassung der deutschen Lehre gelten auch die Erzeugnisse 159 gewisser **bodenunabhängiger Produktionsmethoden**, wie beispielsweise Champignons oder Hydrokulturen, als landwirtschaftliche Naturprodukte (vgl. Taschner/Frietsch, ProdHaftG § 2 N 53; Graf von Westphalen, § 61 Rz. 50). Da es sich bei der Ausnahmebestimmung in Art. 3 Abs. 2 PrHG (und Art. 2 EG-Richtlinie) um eine Protektionsnorm handelt, ist nach der hier vertretenen Auffassung bei der Auslegung des Begriffes jedoch **Zurückhaltung am Platz**. Nicht als Bodenerzeugnisse haben deshalb «Naturprodukte» zu gelten, die beispielsweise auf präparierter Steinwolle oder sonstwie «künstlich» gezogen werden. Hier handelt es sich zweifelsohne um **industrielle Produktionsmethoden**, denen kein Haftungsprivileg zukommen darf.

### cc. Tierzuchterzeugnisse

Unter den Begriff der Tierzuchterzeugnisse fallen einerseits die 160 **Tiere** selbst bzw. das durch Schlachtung **gewonnene Fleisch**; man denke etwa an gemästete Schweine, Kälber usw. Erzeugnisse der Tierzucht sind aber auch die **«Produkte» dieser Tiere**, also beispielsweise Milch, Eier, Wolle oder Federn (vgl. Mertens/Cahn, § 2 N 21; Rolland, § 2 N 47; Taschner/Frietsch, ProdHaftG § 2 N 54; Graf von Westphalen, § 61 Rz. 52).

Nicht als Tierzuchterzeugnis werden Honig und Bienenwachs be- 161 trachtet. Hier handelt es sich bereits um ein verarbeitetes Produkt (vgl. Mertens/Cahn, § 2 N 21; Taschner/Frietsch, ProdHaftG § 2 N 56; a. M. Graf von Westphalen, § 61 Rz. 53). Demgegenüber stellt aber der unverarbeitete Waben- oder Scheibenhonig wieder ein Tierzuchterzeugnis im Sinne von Art. 3 Abs. 2 PrHG dar (vgl. Taschner/Frietsch, ProdHaftG § 2 N 56).

### dd. Fischereierzeugnisse

162    Als Fischereierzeugnisse gelten Fische, Krebse, Muscheln, Austern usw. Ob sie **aus dem Meer oder Süsswasser** stammen, ist ohne Bedeutung. Auch Zuchtforellen oder andere **gezüchtete Fische** (Lachs) zählen zu den Erzeugnissen der Fischerei und fallen als solche unter den Ausnahmetatbestand des Art. 3 Abs. 2 PrHG (vgl. Rolland, § 4 N 48; Taschner/ Frietsch, ProdHaftG § 2 N 57; Graf von Westphalen, § 61 Rz. 54).

### ee. Jagderzeugnisse

163    Als Jagderzeugnisse gelten **freilebende Tiere**, die der Jagd unterliegen. Dabei ist ohne Belang, ob sie auf **freier Wildbahn erlegt oder gefangengenommen** wurden (vgl. Mertens/Cahn, § 2 N 22; Rolland, § 2 N 50; Graf von Westphalen, § 61 Rz.55). Wird **Wild in Gehegen gehalten**, gilt es dann als Jagderzeugnis, wenn das Gehege so angelegt ist, dass die Tiere dort in natürlicher Weise leben können (Graf von Westphalen, § 61 Rz. 55). Ist dies nicht der Fall, sind diese Tiere als Tierzuchterzeugnisse zu qualifizieren, womit sie allerdings als Produkt im Sinne von Art. 3 Abs. 1 PrHG ebenfalls ausser Betracht fallen.

164    Als Jagderzeugnisse gelten jedoch nicht nur die Tiere selbst. Jagderzeugnisse sind vielmehr auch ihre «Produkte», wie beispielsweise **Häute, Geweihe, Federn, Felle** usw. (vgl. Graf von Westphalen, § 61 Rz. 55; Taschner/Frietsch, ProdHaftG § 2 Rz. 58).

### ff. Erste Verarbeitung

165    Landwirtschaftliche Bodenerzeugnisse sowie Tierzucht-, Fischerei- und Jagderzeugnisse werden zu Produkten im Sinne von Art. 3 Abs. 1 PrHG, wenn sie einer **ersten Verarbeitung** unterzogen worden sind (Art. 3 Abs. 2 PrHG). Als erste Verarbeitung ist **jede menschliche Tätigkeit zu betrachten, «die das naturreine Produkt durch irgendeine Veränderung zum Ge- oder Verbrauch vorbereitet»** (Palandt/Thomas, § 2 N 5; vgl. auch Christen, 48 f.; Taschner/Frietsch, ProdHaftG § 2 N 59 ff.).

166    Werden Naturerzeugnisse einer ersten Verarbeitung unterzogen, fällt das Haftungsprivileg weg (vgl. Taschner/Frietsch, ProdHaftG § 2 N 59 ff.). **Wer diese erste Verarbeitung vornimmt, wird zum Hersteller.** Er hat alsdann für allfällige Fehler seiner Produkte einzustehen. Dabei ist unerheblich, ob der Fehler von der Verarbeitung stammt oder ob schon das Naturerzeugnis einen Mangel aufwies. Der Verarbeiter kann sich nämlich auch dann nicht mehr auf das Haftungsprivileg des Art. 3 Abs. 2 PrHG berufen, wenn der Fehler des verarbeiteten Erzeugnisses allein auf einem Mangel des zugelieferten Naturproduktes beruht. Er wird sich

deshalb im Innenverhältnis an seinem Lieferanten schadlos halten müssen (vgl. Taschner/Frietsch, ProdHaftG § 2 N 68; Graf von Westphalen, § 61 Rz. 65).

Der **Begriff der ersten Verarbeitung** wird von der herrschenden 167 Lehre **weit ausgelegt**, da sich damit die Möglichkeit bietet, die Ausnahmeregelung für landwirtschaftliche Erzeugnisse einzuschränken. Er erfasst «jede menschliche oder durch Menschen ausgelöste Tätigkeit, soweit dadurch das naturreine Urprodukt in irgendeiner Form durch irgendwelche Veränderung für den Ge- oder Verbrauch vorbereitet wird» (Taschner/Frietsch, ProdHaftG § 2 N 63; vgl. auch Christen, 48 f.).

Eine Umformung des landwirtschaftlichen, des Tierzucht- oder 168 Fischereierzeugnisses oder des Jagderzeugnisses im Sinne der Herstellung eines neuen Produktes ist nicht erforderlich; Verarbeitung ist vielmehr **jede Bearbeitung oder Behandlung** (vgl. Taschner/Frietsch, ProdHaftG § 2 N 64). Als erste Verarbeitung gilt deshalb unter Umständen sogar das blosse **Reinigen** des Produktes (vgl. Mertens/Cahn, § 2 N 23, die dies allerdings auf den Fall einschränken, dass dazu chemische Mittel verwendet werden).

Eine erste Verarbeitung ist selbstverständlich jede **Veränderung der** 169 **Substanz** des Naturproduktes. Man denke etwa an das Mahlen von Getreide oder das Verarbeiten von Milch zu Milchprodukten (vgl. Christen, 48; Mertens/Cahn, § 2 N 23; Taschner/Frietsch, ProdHaftG § 2 N 63).

Als erste Verarbeitung sind aber auch alle **Massnahmen zur Halt-** 170 **barmachung** des Naturproduktes zu betrachten. Dazu zählen die Konservierung durch Gefrieren, Pasteurisieren, Pökeln oder die Beigabe von Konservierungsstoffen (vgl. Christen, 48; Mertens/Cahn, § 2 N 23; Taschner/Frietsch, ProdHaftG, § 2 N 64).

**Keine Verarbeitung** stellen das Töten (und Ausnehmen) von Tie- 171 ren und die Trennung vom Boden bei Pflanzen etc. dar (vgl. Rolland, § 2 N 52). Nicht als erste Verarbeitung gilt im weiteren die gewöhnliche Verpackungs- oder Abfülltätigkeit, die die Naturerzeugnisse in ihrer Substanz nicht verändert (Mertens/Cahn, § 2 N 23; vgl. auch Christen, 48 f.).

### 2. Produktefehler

#### a. Allgemeines

*aa. Fehler des Produktes als Anknüpfungspunkt*

Nach Art. 1 PrHG haftet der Hersteller, wenn ein fehlerhaftes Pro- 172 dukt Personenschäden (vgl. Rz. 107 ff. vorne) oder bestimmte Sachschäden (vgl. Rz. 116 ff. vorne) verursacht. Das Produktehaftpflichtgesetz knüpft für die Haftbarmachung des Herstellers (und der ihm gleichgestellten Personen) nicht an ein vertragliches Leistungsversprechen an. Wie das Deliktsrecht ist es vielmehr auf den Ausgleich von Schäden angelegt, die sich aus der Verletzung bestimmter Integritätsinteressen ergeben (Rolland, § 3 N 4). Dabei setzt es jedoch keine Verletzung von Verkehrspflichten durch den Hersteller voraus. Anknüpfungspunkt für die Einstandspflicht des Herstellers ist einzig das Vorliegen eines Fehlers des Produktes (vgl. etwa auch Mertens/Cahn, § 3 N 1 ff.; Graf von Westphalen, § 62 Rz. 1). Der **Begriff des Produktefehlers** stellt daher den **zentralen Ansatzpunkt** für die Kausalhaftung nach den Bestimmungen des PrHG dar (Taschner/Frietsch, ProdHaftG § 3 N 6 m. w. H.).

173 Tatsächlich stand denn auch der Begriff des Produktefehlers «von Anfang an im **Mittelpunkt der nationalen und der europäischen Diskussion**» (Taschner/Frietsch, ProdHaftG § 3 N 4 m. w. H.). Angesichts dieser Ausgangslage hielten es die Redaktoren der EG-Richtlinie für erforderlich, den Fehlerbegriff in der Richtlinie (Art. 6) ausdrücklich zu definieren.

174 Der schweizerische Gesetzgeber hat die vom EG-Gesetzgeber getroffene Lösung weitgehend wörtlich (vgl. immerhin Rz. 179 hinten) übernommen. Nach Art. 4 PrHG ist ein Produkt fehlerhaft, **«wenn es nicht die Sicherheit bietet, die man unter Berücksichtigung aller Umstände zu erwarten berechtigt ist»**. Als Umstände zu berücksichtigen sind insbesondere «die Art und Weise, in der es dem Publikum präsentiert wird», «der Gebrauch, mit dem vernünftigerweise gerechnet werden kann» und «der Zeitpunkt, in dem es in Verkehr gebracht wurde» (Art. 4 Abs. 1 lit. a-c PrHG). Im zweiten Absatz der Bestimmung wird klargestellt, dass ein Produkt «nicht allein deshalb fehlerhaft» ist, «weil später ein verbessertes Produkt in Verkehr gebracht wurde».

175 Da das PrHG «das unserem Zeitalter fortschreitender Technisierung eigene Problem einer gerechten Zuweisung der mit der modernen technischen Produktion verbundenen Risiken in sachgerechter Weise» lösen soll (so die Erwägungsgründe der EG-Richtlinie), musste der Gesetzgeber eine verschuldensunabhängige Haftung des Herstellers vorsehen. Aus dem gleichen Grund durfte er die Haftung auch nicht auf Produkte beschränken, von denen eine spezifische Gefahr ausgeht. Allerdings soll der Hersteller im Hinblick auf eine «gerechte Verteilung der Risiken» (so die Erwägungsgründe der EG-Richtlinie) auch nicht für jeden Schaden einstehen müssen. Er soll vielmehr nur dann haften, wenn sein Produkt fehlerhaft ist und dadurch eine Person getötet oder verletzt bzw. eine Sache des privaten Gebrauchs beschädigt oder zerstört wird. Der **Fehlerbegriff** des Art. 4 PrHG dient also **gleichzeitig der**

**Begründung und der Beschränkung der Haftung** des Herstellers (vgl. Mertens/Cahn, § 3 N 1).

Der Hersteller haftet, wenn ein fehlerhaftes Produkt Personen- 176 schaden oder Sachschaden an Gegenständen des privaten Gebrauchs verursacht. Nach Art. 4 EG-Richtlinie hat der geschädigte Konsument nachzuweisen, dass das Produkt fehlerhaft war. Diese **Beweislastverteilung** gilt auch im schweizerischen Recht; sie entspricht der üblichen Beweislastverteilung nach Art. 8 ZGB (vgl. Botschaft I Eurolex, 421). Der Geschädigte muss deshalb beweisen, dass das Produkt nicht die Sicherheit bot, die er unter Berücksichtigung aller Umstände zu erwarten berechtigt war. Der Hersteller seinerseits kann sich von der Haftung befreien, wenn er einen der Entlastungsgründe des Art. 5 PrHG nachweist.

Ganz abgesehen davon, dass dem Geschädigten bereits der **Nach-** 177 **weis eines Produktefehlers erhebliche Mühe** bereiten kann, ergeben sich aus dieser Beweislastverteilung für den Konsumenten zahlreiche **zusätzliche Probleme und Unklarheiten**: Im Ergebnis können sich nämlich das **Beweisthema des Fehlernachweises** nach Art. 4 PrHG und das **Beweisthema der Entlastungsgründe** nach Art. 5 Abs. 1 lit. b (Nachweis, dass der Fehler im Zeitpunkt der Inverkehrbringung noch nicht vorlag) und lit. e PrHG (Nachweis, dass der Fehler im Zeitpunkt der Inverkehrbringung nach dem Stand der Wissenschaft und Technik nicht erkannt werden konnte) **überschneiden**: Denn der Zeitpunkt, in dem das Produkt in Verkehr gebracht wurde, ist sowohl bei der Beurteilung der berechtigten Sicherheitserwartungen als auch bei den Entlastungsbeweisen nach Art. 5 Abs. 1 lit. b und e PrHG massgebend. Die Umstände in diesem Zeitpunkt gehören damit sowohl zum Inhalt des Fehlernachweises wie auch zum Beweisthema eines möglichen Entlastungsgrundes (vgl. eingehend Rz. 299 ff. hinten).

Die Freude darüber, dass die Beweislastverteilung nach Art. 4 EG- 178 Richtlinie Art. 8 ZGB entspricht, hat den schweizerischen Gesetzgeber überdies vergessen lassen, die grundsätzlichere Frage zu prüfen, ob eine «gerechte Verteilung des Risikos» (so die Erwägungsgründe der EG-Richtlinie) und insbesondere der vom PrHG angestrebte **Schutz des Verbrauchers** nicht ebenso gut oder sogar **besser** mit einem **Verzicht auf das Erfordernis eines Fehlernachweises** durch den Geschädigten hätte erreicht werden können. Die Bedeutung dieses Beweises wird jedoch insofern relativiert, als der Fehlerbegriff in der Praxis der Gerichte keinerlei Schwierigkeiten zu bieten scheint. Tatsächlich sollen sich weltweit keine Entscheide finden, die trotz Schaden einen Ersatzanspruch verneint hätten, weil das betreffende Produkt nicht fehlerhaft war (Widmer, Europarechtskurse 17). Widmer hat deshalb wohl recht, wenn er im Zusammenhang mit Art. 6 der EG-Richtlinie von einem «überflüssigen Fehler» spricht (Widmer, Europarechtskurse 17).

179 Nach **Art. 1 EG-Richtlinie** haftet der Hersteller für den Schaden, der durch den **Fehler eines Produkts** verursacht worden ist. Obwohl sich der **schweizerische Gesetzgeber** zumeist wörtlich an die EG-Richtlinie anlehnt, hat er hier eine **andere Formulierung** gewählt: Er spricht nicht vom Fehler eines Produktes; Haftungsvoraussetzung bildet vielmehr **«ein fehlerhaftes Produkt»** (Art. 1 Abs. 1 PrHG). Die ersten Entwürfe des Justizdepartementes stimmten in diesem Punkt noch mit der Vorgabe der EG-Richtlinie überein. Nach Auskunft des zuständigen Departementes wurde die spätere Änderung nicht aus juristischen, sondern aus rein sprachlichen Gründen vorgenommen. Man vertrat die Auffassung, nicht der Fehler eines Produktes, sondern das fehlerhafte Produkt führe zu einem Schaden. Mit dieser Lösung wurde der Gesetzestext jedoch unbemerkt auch materiell geändert. **Ein «fehlerhaftes Produkt» und ein «Fehler eines Produktes» sind nämlich keine identischen Haftungsvoraussetzungen.** Ob bei der Bestimmung des massgebenden Kausalzusammenhangs am Fehler selbst oder am fehlerhaften Produkt (als Ganzem) angeknüpft wird, kann zu völlig verschiedenen Ergebnissen führen: Nach dem Wortlaut des Gesetzes hätte der Hersteller eines fehlerhaften Produktes **unabhängig davon, ob die Integritätsverletzung tatsächlich auf den Fehler zurückzuführen ist oder nicht,** für jeden Schaden einzustehen, den sein Erzeugnis anrichtet. Nach Art. 1 der EG-Richtlinie kann der Konsument den Hersteller demgegenüber nur dann ins Recht fassen, wenn zwischen dem Schaden und dem Fehler des Produktes ein Kausalzusammenhang besteht.

180 Dieses Ergebnis kann nicht der Sinn der schweizerischen Lösung sein. Da eine solche Abweichung von der EG-Richtlinie tatsächlich auch nicht beabsichtigt war, hat es **im schweizerischen Produktehaftpflichtgesetz bei der Vorgabe der EG-Richtlinie zu bleiben**: Der Hersteller kann nur dann zur Rechenschaft gezogen werden, wenn der **Schaden auf den Fehler seines Produktes zurückzuführen ist.** Auch nach Art. 1 PrHG haftet er deshalb nur dann, wenn der Fehler dazu führt, dass eine Person getötet oder verletzt oder eine Sache des privaten Gebrauchs beschädigt oder zerstört wird.

*bb. Berechtigte Sicherheitserwartungen als normativer Massstab*

181 Die Definition des Fehlerbegriffs in Art. 4 PrHG orientiert sich allein an der **Sicherheit eines Produktes**. Ein Produkt ist fehlerhaft, wenn

74

es nicht die Sicherheit bietet, die man unter Berücksichtigung aller Umstände zu erwarten berechtigt ist. Die Sicherheit des Produktes wird somit zum **zentralen Ansatzpunkt der Produktehaftpflicht**. Dieses Ergebnis entspricht dem Normzweck der EG-Richtlinie und damit auch dem Ziel des PrHG, den Verbraucher in seiner körperlichen Integrität und seinem persönlichen Eigentum zu schützen (so die Erwägungsgründe der EG-Richtlinie; vgl. etwa Christen, 68; Fitz/Purtscheller/Reindl, § 5 N 1; Graf von Westphalen, § 62 Rz. 4; Kullmann, 67).

Die Fehlerhaftigkeit eines Produktes wird durch die Sicherheit, die 182 «man» zu erwarten berechtigt ist, bestimmt. Diese Wendung impliziert **objektivierte Sicherheitserwartungen** und damit die Anwendung eines **normativen Massstabes**. Weder der subjektive Standpunkt des Geschädigten noch die Erwartungen des Herstellers über den möglichen Gebrauch eines Produktes sind allein massgebend. Grundsätzlich darf auch nicht auf die Erwartungen von atypischen Verbrauchergruppen – seien es nun besonders unerfahrene oder besonders qualifizierte Konsumenten – abgestellt werden (vgl. Christen, 70; Fitz/Purtscheller/Reindl, § 5 N 3; Kullmann, 67 f.; Taschner/Frietsch, ProdHaftG § 3 N 10; Welser, § 5 N 3; vgl. jedoch auch Rz. 190 f. hinten).

Eine generelle **Umschreibung des Personenkreises**, auf den bei der 183 Bestimmung der objektivierten Sicherheitserwartungen abzustellen ist, bereitet allerdings Mühe (vgl. Christen, 70; Fitz/Purtscheller/Reindl, § 5 N 3, alle m. w. H.). Art. 4 PrHG selbst gibt keinen Hinweis, wessen Erwartungen im konkreten Fall zu berücksichtigen sind. Massgebend ist deshalb **der Zweck des Gesetzes** (Rolland, § 3 N 13). Danach steht der Schutz des Verbrauchers vor Schädigungen seiner Gesundheit und seines Eigentums im Vordergrund (vgl. die Erwägungsgründe der EG-Richtlinie). Entscheidend ist dabei der **durchschnittliche, «idealtypische» Benutzer oder Verbraucher** (vgl. Kullmann, 68; Rolland, § 3 N 14; Taschner/Frietsch, ProdHaftG § 3 N 22). Der Kreis der Geschützten umfasst aber nicht nur den Verbraucher bzw. den Verwender eines Produktes, sondern auch unbeteiligte Dritte, die mit der Verwendung des Produktes selbst nichts zu tun haben. Da der Kreis der potentiell Betroffenen somit nicht eingeschränkt werden kann, ist letztlich das **Sicherheitsbedürfnis der Allgemeinheit** entscheidend (Rolland, § 3 N 13).

Ein solcher Massstab ist allerdings nur bedingt richtig und zu unbe- 184 stimmt, als dass er praktikabel wäre. Er könnte überdies ohnehin nur für Produkte gelten, die in der Bevölkerung allgemein Verwendung finden würden. Im Einzelfall muss deshalb die Sicherheit entscheidend sein, welche die Allgemeinheit **«nach der Verkehrsauffassung im entsprechen-**

**den Bereich und in bezug auf das konkrete Produkt»** für erforderlich hält (Taschner/Frietsch, ProdHaftG § 3 N 13; vgl. auch Graf von Westphalen, § 62 Rz. 7; Pott/Frieling, § 3 N 16). Bei der Beurteilung der berechtigten Sicherheitserwartungen hat damit der **potentielle Benutzerkreis eines Produkts** besonderes Gewicht. Für den Hersteller bedeutet das, dass er in gewissen Fällen auf entsprechend unterschiedliche Bedürfnisse und Erwartungen abstellen darf (Fitz/Purtscheller/Reindl, § 5 N 4; zu den Kriterien vgl. Rz. 190 f. hinten). Massgebend ist im Einzelfall der **Idealtyp des jeweiligen Benutzers**, eine «Kunstfigur» also, «in welcher die gesellschaftlichen Vorstellungen über die Bedürfnisse der Allgemeinheit» gebündelt werden (Rolland, § 3 N 14).

185 Ob ein Produkt die Sicherheit bietet, die man «zu erwarten berechtigt ist» (Art. 4 Abs. 1 PrHG), entscheiden im Einzelfall nicht tatsächliche Vorstellungen. Massgebend sind allein die **rechtlich berechtigten Sicherheitserwartungen**. Ob diese erfüllt sind, ist eine **Rechtsfrage** (vgl. Fitz/Purtscheller/Reindl, § 5 N 3; Graf von Westphalen, § 62 Rz. 9; Taschner/Frietsch, ProdHaftG § 3 N 14).

186 Der Richter muss deshalb ein Werturteil fällen. Dabei hat er eine gewisse **«soziale Erfahrung»** zu berücksichtigen. In ihr schlägt sich nämlich die bei der Beurteilung des Produktes ausschlaggebende Verkehrsauffassung im betreffenden Bereich nieder. Entscheidend sind aber auch hier die **objektivierten, tatsächlichen Erwartungen des idealtypischen Verbrauchers** (Welser, § 5 N 3; vgl. auch Graf von Westphalen, § 62 Rz. 12 m. w. H.).

187 **Subjektive Erwartungen des Geschädigten**, die über die rechtlich berechtigten Sicherheitserwartungen hinausgehen, sind nicht geschützt. Führen deshalb überhöhte Sicherheitserwartungen bei der Benutzung des Produktes zu einer Gefährdung des Konsumenten, fällt diese allein in sein «Lebensrisiko» (Rolland, § 3 N 18; vgl. auch Pott/Frieling, § 3 N 17).

188 Ähnlich sind **subjektive Einschätzungen des Herstellers** zu beurteilen. Schätzt er die massgebende allgemeine Verkehrsanschauung (und damit die berechtigten Sicherheitserwartungen) falsch ein, geht das zu seinen Lasten. Er kann den erforderlichen Sicherheitsstandard nicht durch subjektive Bewertungen herabsetzen (Rolland, § 3 N 17; vgl. auch Pott/Frieling, § 3 N 17).

189 Der Fehlerbegriff des Art. 4 PrHG ist ein **unbestimmter und auslegungsbedürftiger Rechtsbegriff** (vgl. Christen, 74; Pott/Frieling, § 3 N 4; Taschner/Frietsch, ProdHaftG § 3 N 14). Er steckt lediglich den Rahmen ab, in dem die Prüfung des Produktes auf Fehler zu erfolgen hat. Danach sind alle massgebenden Umstände zu berücksichtigen, insbesondere «die

Art und Weise, wie das Produkt dem Publikum präsentiert wird» (Art. 4 Abs. 1 lit. a PrHG), «der Gebrauch, mit dem vernünftigerweise gerechnet werden kann» (Art. 4 Abs. 1 lit. b PrHG) und «der Zeitpunkt, in dem das Produkt in Verkehr gebracht wurde» (Art. 4 Abs. 1 lit. c PrHG). Die **Konkretisierung im Einzelfall** wird der **Rechtsprechung überlassen.** Art. 4 PrHG (und Art. 6 EG-Richtlinie) qualifiziert sich als gesetzestechnischer Versuch, die «Verkehrspflichten des Herstellers in einem Begriff zu bündeln» (Rolland, § 3 N 6).

Bei **Spezialprodukten** können sich unterschiedliche Sicherheitser- 190 wartungen ergeben: Sind solche Produkte nur **für Fachleute** bestimmt, darf der Hersteller auf die Verkehrsauffassung dieses (begrenzten) Benutzerkreises abstellen. Bei seiner Einschätzung kann er dabei das für die Benutzung notwendige Fachwissen voraussetzen. Er darf darauf zählen, dass Fachleute die typischen, mit dem Produkt verbundenen Gefahren (die dem Laien fremd sind) kennen. Dies gilt allerdings nur, wenn er nicht damit rechnen muss, dass das Produkt auch von Laien genutzt wird. Dann hat es nämlich auch deren Sicherheitserwartungen zu genügen (vgl. Christen, 73; Kullmann, 68; Pott/Frieling, § 3 N 16; Rolland, § 3 N 15; Taschner/Frietsch, ProdHaftG § 3 N 25).

Der Hersteller kann sich der Verantwortung nicht ohne weiteres 191 dadurch entziehen, dass er sein Erzeugnis mit dem **Hinweis** versieht, **es dürfe nur von Fachleuten benutzt werden.** Der Benutzerkreis lässt sich nämlich durch die Art der Darbietung nur sehr beschränkt beeinflussen. Sachlich nicht gerechtfertigte Hinweise, die die Produktebenutzung oder den Kreis der Verwender übermässig einschränken und offensichtlich nur dazu dienen, das Haftungsrisiko zu vermindern, sind für die Sicherheitsanforderungen nicht massgebend. Muss der Hersteller damit rechnen, dass ein Produkt von der Allgemeinheit benutzt wird, hat er deren Sicherheitsbedürfnisse zu erfüllen (vgl. Mertens/Cahn, § 3 N 7).

Neben unterschiedlichen Sicherheitserwartungen bei Spezialpro- 192 dukten sind grundsätzlich auch **regionale Unterschiede in den Sicherheitserwartungen** denkbar. Nach Taschner/Frietsch ist auf die Allgemeinheit im Lande der Verwendung, resp. auf den beurteilenden Richter als den «Repräsentanten der Allgemeinheit» abzustellen. Als Beispiel wird der Verkauf eines Traktors für den Einsatz in flachem (Niederlande) oder bergigem (Schottland) Land angeführt: Der Benutzer in einem bergigen Land dürfe eher eine Ausstattung mit einem Überrollbügel erwarten als der Bauer im Flachland (Taschner/Frietsch, Richtl. Art. 6 N 4). Hier geht es aber letztlich lediglich um einen **regional resp. national verschiedenen Verwendungszweck.** Die unterschiedlichen Sicherheitsbedürfnisse basieren nicht in erster Linie auf regional verschiedenen Anschauungen, sondern auf einem unterschiedlichen Gebrauch des Produktes. Sie sind daher nach dem Gebrauch, mit welchem der Hersteller vernünftigerweise rechnen musste, zu beurteilen (vgl. auch Schlechtriem, 1036 f. und Rz. 259 hinten).

193      In der **Schweiz** ist allerdings ohnehin grundsätzlich von einem **einheitlichen Sicherheitsstandard** auszugehen. Hier ergeben regional unterschiedliche Anschauungen kaum einen speziellen Beurteilungsmassstab; individualisierte Sicherheitserwartungen sind nicht massgebend (vgl. auch Mertens/Cahn, § 3 N 8; Pott/Frieling, § 3 N 18; Rolland, § 3 N 16, die für Deutschland ebenfalls von einem einheitlichen Standard ausgehen; zurückhaltender für Österreich Welser, § 5 N 3 und Fitz/Purtscheller/Reindl, § 5 N 35). Demgegenüber können aber **regional verschiedene Verwendungszwecke unterschiedliche Erwartungen** der massgebenden Allgemeinheit (vgl. Rz. 184 vorne) hervorrufen. Diese Erwartungen werden alsdann in das Werturteil über die rechtlich berechtigten Sicherheitserwartungen einfliessen (vgl. Rz. 185 f. vorne).

194      Im **Geltungsbereich der EG-Richtlinie** gilt hingegen zur Zeit **kaum ein einheitlicher Sicherheitsstandard**. Die Rechtsangleichung im Bereich des Produktehaftpflichtrechts sieht einen solch einheitlichen Standard auch nicht vor. Ein Produkt, das im einen EG-Land fehlerfrei ist, kann deshalb in einem anderen trotzdem als fehlerhaft qualifiziert werden (vgl. etwa Graf von Westphalen, § 62 Rz. 15; Pott/Frieling, § 3 N 18; Rolland, § 3 N 16). In solchen Fällen würde die **Haftung des Herstellers** danach zu beurteilen sein, mit welchem Gebrauch er vernünftigerweise rechnen musste (Art. 4 Abs. 1 lit. b PrHG). Gehört dazu auch eine Verwendung im Ausland, hat er die dortigen Sicherheitsanforderungen zu beachten (vgl. Fitz/Purtscheller/Reindl, § 5 N 35; Graf von Westphalen, § 62 N 15; Mertens/Cahn, § 3 N 8; Pott/Frieling, § 3 N 16; Rolland, § 3 N 16).

195      Der Fehlerbegriff des Art. 4 PrHG ist auf den Schutz bestimmter Integritätsinteressen ausgerichtet: Produkte sollen die körperliche Integrität und Gegenstände des privaten Gebrauchs nicht gefährden. Nun gibt es aber **Erzeugnisse**, deren Nutzung oder Verbrauch als Nebenfolge **unabdingbar eine Beeinträchtigung der körperlichen Integrität des Konsumenten bewirken**. Die von solchen Produkten ausgehenden Risiken sind dem durchschnittlich gebildeten Verbraucher jedoch bekannt und werden – innerhalb gewisser Grenzen – bewusst hingenommen. Sie machen das Produkt für sich allein noch nicht fehlerhaft. Solche Eigenschaften gelten vielmehr als **sozialadäquat**. Als Beispiele für derartige Erzeugnisse können etwa Alkohol, Tabakwaren, bestimmte Medikamente oder,

wie Kullmann mit Verweis auf das US-amerikanische Recht erwähnt, auch Süsswaren angeführt werden (Kullmann, 71 m.w.H.; vgl. auch Graf von Westphalen, § 62 N 11 und N 27; Pott/Frieling, § 3 N 8; Taschner/ Frietsch, Richtl. Art.6 N 2; Welser, § 5 N 2). In diese Kategorie gehören aber auch Produkte, bei denen die Gefährlichkeit nicht nur hingenommen, sondern sogar erwartet wird, wie dies etwa bei Schusswaffen der Fall ist. Hier wird der Hersteller allerdings zu entsprechenden Instruktionen und Warnungen verpflichtet sein (vgl. Rz.241ff. hinten).

### cc. Verhältnis zum Fehlerbegriff des Vertragsrechts

Der Fehlerbegriff des Art. 4 PrHG unterscheidet sich grundlegend 196 vom Mängelbegriff im kauf- und werkvertraglichen Gewährleistungsrecht (vgl. eingehend Rz. 402 ff. und 421 ff. hinten). Das PrHG will die Allgemeinheit vor dem Vertrieb gefährlicher Produkte schützen bzw. die Verletzung bestimmter Integritätsinteressen (körperliche Integrität und Schutz des unversehrten Eigentums an Gegenständen des persönlichen Gebrauchs) ausgleichen. Die Zurechnung eines Schadens erfolgt daher über die vom verursachenden Erzeugnis ausgehende Gefährdung (Rolland, § 3 N 4). Der Mängelbegriff des kauf- oder werkvertraglichen Gewährleistungsrechts bezieht sich demgegenüber in erster Linie auf die Tauglichkeit eines bestimmten Produktes zum (vertraglich) vorausgesetzten Gebrauch. Ein Fehler stört hier vorab das Äquivalenzverhältnis zwischen Leistung und Gegenleistung. Das vertragliche Gewährleistungsrecht will deshalb vor allem dieses Gleichgewicht wieder herstellen; Schadenersatzansprüche haben hier untergeordnete Bedeutung. Während sich der Fehlerbegriff des **PrHG an den Sicherheitserwartungen der Allgemeinheit** bzw. der im betroffenen Bereich geltenden Verkehrsanschauungen misst, gilt **im Vertragsrecht ein subjektiver Fehlerbegriff**, der von der vertraglichen Vereinbarung der Parteien ausgeht (Rolland, § 3 N 3).

Das PrHG bezweckt den Ausgleich von Personen- und bestimmten 197 Sachschäden. Geschützt sind nur diese Integritätsinteressen. Andere Vermögensinteressen – etwa die Gebrauchstauglichkeit des Produktes zum bestimmungsgemässen oder vereinbarten Gebrauch – werden vom Schutzzweck des PrHG nicht erfasst. Diese Aspekte fallen daher bei der Suche nach einem Produktefehler im Sinne von Art. 4 PrHG grundsätzlich ausser Betracht (vgl. Pott/Frieling, § 3 N 2; Rolland, § 3 N 3ff.; Taschner/Frietsch, ProdHaftG § 3 N 6f. und Richtl. Art. 6 N 1; vgl. auch die Erwägungsgründe der EG-Richtlinie).

Indessen ist zu beachten, dass zwischen dem grundsätzlich subjekti- 198 ven Fehlerbegriff des vertraglichen Gewährleistungsrechtes und dem auf die Sicherheitserwartungen der Allgemeinheit ausgerichteten Fehlerbegriff des Produktehaftpflichtrechts in einzelnen Bereichen **nur vordergründig ein fundamentaler Unterschied** besteht. Welche Sicherheitserwartungen nämlich an ein bestimmtes Produkt gestellt werden dürfen, beurteilt sich vielfach zumindest auch an den Versprechungen seines Herstellers. Tatsächlich ist bei der Frage, ob ein Produkt im Sinne von Art. 4 PrHG fehlerhaft ist, nach der ausdrücklichen gesetzlichen Vorgabe auch die Art und Weise zu berücksichtigen, in der es dem Publikum präsentiert wird (vgl. Art. 4 Abs. 1 lit. a PrHG). Die (vertraglichen) Versprechungen des Herstellers können damit auch produktehaftpflichtrechtlich relevant werden (vgl. Rz. 216 f. hinten; vgl. auch Mertens/Cahn, § 3 N 14, die die individuelle Präsentation als Darbietung i. S. des ProdHaftG betrachten).

199     In **Einzelfällen** ist sogar eine **Übereinstimmung der Fehlerbegriffe** des vertraglichen Gewährleistungsrechts und des ausservertraglichen Produktehaftpflichtrechts möglich. So kann der bestimmungsgemässe oder vertraglich vorausgesetzte Gebrauch einer bestimmten Sache gleichzeitig Inhalt der berechtigten Sicherheitserwartungen sein. Man denke etwa an medizinische Geräte, deren einwandfreies Funktionieren den Schutz des Patienten sicherstellen soll (vgl. Pott/Frieling, § 3 N 6; Taschner/Frietsch, ProdHaftG § 3 N 19; vgl. auch Rz. 282 hinten).

### dd. Verhältnis zum Fehlerbegriff des Deliktsrechts

200     Das Produktehaftpflichtgesetz knüpft die Verantwortlichkeit des Herstellers direkt am **Fehler eines Produktes** an. Die Ursache dieses Fehlers ist grundsätzlich ohne Belang. Inhalt und Bedeutung einer allfälligen Pflichtverletzung des Herstellers müssen deshalb nicht näher geprüft werden. Demgegenüber basiert die (Produkte-) Haftung nach Deliktsrecht in aller Regel auf einer **Sorgfaltspflichtverletzung** des Haftpflichtigen (vgl. Rz. 459 ff. hinten). Hier sahen sich Lehre und Rechtsprechung deshalb veranlasst, bestimmte Fehlerkategorien herauszuarbeiten und daran die Sorgfalt des Herstellers zu messen.

201     **Im Deliktsrecht** der Art. 41 ff. OR unterscheidet man heute gemeinhin **sechs Fehlerkategorien**: Konstruktionsfehler, Fabrikationsfehler, Instruktionsfehler, Beobachtungsfehler, Entwicklungsfehler und Ausreisser. Der **Konstruktionsfehler** rührt von einer Fehlkonzeption des Produktes her und macht es von Anfang an für den bestimmungsgemässen Gebrauch untauglich oder gefährlich. Beim **Fabrikationsfehler** handelt es sich demgegenüber um die mangelhafte Fertigung einer an sich fehlerfreien Konstruktion. Ein **Instruktionsfehler** liegt vor, wenn es der Hersteller unterlässt, die Benützer seines Produktes in geeigneter Weise darauf aufmerksam zu ma-

chen, welche Gefahren mit der Benützung seines Produktes verbunden sein können und mit welchen Massnahmen diese Gefahren vermieden oder verringert werden. Der Rüge eines **Beobachtungsfehlers** liegt die Idee zugrunde, dass der Hersteller sein Produkt nicht bloss vor und bis zur Inverkehrsetzung mit aller erforderlichen Sorgfalt prüfen muss, sondern die Bewährung seines Erzeugnisses darüber hinaus auch in der Praxis zu verfolgen hat. Beim **Entwicklungsfehler** (bzw. Entwicklungsrisiko) handelt es sich um einen Sonderfall des Konstruktionsmangels. Ein Produkt, das seinerzeit nach allen Regeln der Kunst entwickelt und erprobt wurde, erweist sich hinterher als gefährlich und schädlich. Von einem **Ausreisser** spricht man schliesslich bei einem mangelhaften Einzelstück, wenn dessen Mängel trotz sorgfältigster und bisher immer ausreichender Kontrolle unentdeckt geblieben sind (zum ganzen vgl. Fellmann, 281 ff. m. w. H.).

Für das **Produktehaftungsrecht** nach den Bestimmungen **des PrHG** 202 hat die **Gliederung in bestimmte Fehlerkategorien keine vergleichbare Bedeutung** mehr; hier kommt es auf die Frage, wie der massgebende Fehler entstanden ist, nur ausnahmsweise an (Rolland, § 3 N 8; vgl. auch Mertens/Cahn, § 3 N 3).

Die Praxis des Bundesgerichtes zur **Geschäftsherrenhaftung** (vgl. 203 eingehend Rz. 473 ff. hinten) hat die Anforderungen an die Sorgfaltspflichten des Geschäftsherrn (als Hersteller oder Importeur) allerdings so weiter entwickelt, dass dieser heute auch für Ausreisser einzustehen hat (vgl. etwa BGE 110 II 456). Damit wurde im Deliktsrecht die Voraussetzung einer **Sorgfaltspflichtverletzung erheblich relativiert**. Im Vordergrund steht heute auch hier der Fehler des Produktes. Dies ist im Zusammenhang mit dem Produktehaftpflichtrecht des PrHG vor allem deshalb von Bedeutung, weil der Geschädigte hier den Fehler im Detail nachzuweisen hat (Art. 4 EG-Richtlinie), während ihm dies im Deliktsrecht erspart bleibt. Es erscheint daher durchaus **fraglich, ob das PrHG** in diesem Zusammenhang dem Konsumenten gegenüber der bisherigen Rechtswirklichkeit **tatsächlich Vorteile bringt**. Sicher ist nur, dass es ihm wenigstens insofern keine Nachteile beschert, als ihm Schadenersatzansprüche aufgrund des Obligationenrechts oder anderer Bestimmungen des eidgenössischen oder kantonalen Rechts gewahrt bleiben (vgl. Widmer, Europarechtskurse, 9 f. und Rz. 396 ff. hinten).

### b. Die massgebenden Umstände

*aa. Überblick*

Nach Art. 1 i. V. m. Art. 4 PrHG haftet der Hersteller, wenn sein 204 Produkt nicht die Sicherheit bietet, die der Verbraucher berechtigterweise erwarten durfte. Bei der Beurteilung, ob ein Produkt in diesem Sinne fehlerhaft ist, sind nach der ausdrücklichen Vorschrift des Art. 4 Abs. 1 PrHG **alle Umstände** zu berücksichtigen.

205 Der Gesetzestext ist in diesem Punkt allerdings weit und unbestimmt. Eine klare **Einschränkung** ergibt sich nur **aus der Zielsetzung des Gesetzes**: Im konkreten Fall sind nur solche Umstände massgebend, die geeignet sind, berechtigte Sicherheitserwartungen zu beeinflussen. Damit scheiden vorab alle Sachverhaltselemente aus, die lediglich das Verschulden des Herstellers ausschliessen (vgl. Mertens/Cahn, § 3 N 9; Pott/Frieling, § 3 N 62; Rolland, § 3 N 20; vgl. auch Kullmann, 72 mit Hinweis auf das US-amerikanische Recht).

206 **Generell** bauen die **berechtigten Sicherheitserwartungen auf vier Kriterien auf.** Diese bilden letztlich auch den Hintergrund der in Art. 4 PrHG exemplarisch aufgeführten Umstände: Es handelt sich um die «produktionsmässig in Wissenschaft und Technik anerkannten Vorgaben oder Standards, die objektive, im Produkt selbst verkörperte Sicherheitsaussage, die Sicherheitserwartung des Produktebenutzers oder Verbrauchers und die Benutzungs- oder Verbrauchserwartung des Produkteherstellers» (Taschner/Frietsch, ProdHaftG § 3 N 12).

207 Das **Gesetz** selbst nennt in **Art. 4 Abs. 1 lit. a–c drei Aspekte**, die als Umstände bei der Beurteilung der berechtigten Sicherheitserwartungen besonders zu berücksichtigen sind: «Die Art und Weise, wie das Produkt dem Publikum präsentiert wird» (Art. 4 Abs. 1 lit. a PrHG), «der Gebrauch des Produktes, mit dem vernünftigerweise gerechnet werden kann» (Art. 4 Abs. 1 lit. b PrHG) und «der Zeitpunkt, in dem das Produkt in Verkehr gebracht wurde» (Art. 4 Abs. 1 lit. c PrHG). Nach dem Gesetzestext («insbesondere») ist diese **Aufzählung** allerdings **nicht abschliessend**; sie ist lediglich beispielhaft gemeint (Christen, 76). Die ausdrückliche Erwähnung dieser drei Umstände im Gesetz und der Hinweis, dass sie «insbesondere» zu berücksichtigen seien, gibt ihnen jedoch ein gewisses Gewicht. Sie entbindet den Richter aber nicht davon, im Einzelfall alle weiteren zur Beurteilung notwendigen Umstände in die Prüfung miteinzubeziehen.

208 **Welche Sachverhaltsumstände** dabei **zusätzlich zu berücksichtigen** sind, hängt von den besonderen Gegebenheiten der konkreten Situation ab. Dasselbe gilt auch für die Wertung und die gegenseitige Gewichtung der einzelnen Umstände (vgl. etwa Pott/Frieling, § 3 N 61; Taschner/Frietsch, ProdHaftG § 3 N 13 und 52).

209 Als **weitere mögliche Faktoren** werden in der Lehre etwa die **Natur des Produktes** (vgl. Rz. 277 ff. hinten), die **Kosten-Nutzen-Relation** (vgl. Rz. 286 ff. hinten) oder die **Beachtung einschlägiger technischer Normen**

(vgl. Rz. 291 ff. hinten) angeführt (vgl. etwa Fitz/Purtscheller/Reindl, § 5 N 30 ff.; Graf von Westphalen, § 62 Rz. 17 ff.; Pott/Frieling, § 3 N 63). Nicht als eigenständige Gesichtspunkte gelten demgegenüber in diesem Zusammenhang die Beachtung oder Nichtbeachtung von **Benutzerpflichten** oder die Erfüllung oder Verletzung der **Produktebeobachtungspflicht** (Pott/Frieling, § 3 N 72 und 81; vgl. auch Rz. 260, 269 und 346 hinten).

Die im Gesetz erwähnten Umstände müssen **nicht kumulativ** erfüllt 210 sein; ein Produkt ist grundsätzlich auch dann fehlerhaft, wenn es nicht die Sicherheit bietet, die man unter Berücksichtigung einer der drei Umstände zu erwarten berechtigt ist. Allerdings **können weder die allgemeinen Faktoren noch die im Gesetz genannten besonderen Elemente jeweils einzeln für sich beurteilt** werden. Sie stehen nämlich alle in einem untrennbaren Zusammenhang: Benutzer- und Herstellererwartungen beeinflussen sich gegenseitig. Alle Erwartungen sind überdies auch vom Zeitpunkt des Inverkehrbringens des Produktes abhängig. Entscheidend bleibt letztlich immer, «ob das Produkt diejenige Sicherheit bietet, welche die Allgemeinheit nach der Verkehrsauffassung in dem entsprechenden Bereich und in bezug auf das konkrete Produkt für erforderlich halten darf» (Taschner/Frietsch, ProdHaftG § 3 N 13; vgl. auch Graf von Westphalen, § 62 Rz. 30).

### bb. Die Art und Weise der Präsentation
aaa. Begriff und Elemente der Präsentation

Nach Art. 4 Abs. 1 lit. a PrHG ist bei der Beurteilung der berechtig- 211 ten Sicherheitserwartungen die Art und Weise zu berücksichtigen, wie das Produkt dem Publikum präsentiert wird. Die entsprechende Bestimmung der **EG-Richtlinie** spricht in diesem Zusammenhang von der «**Darbietung des Produkts**» (Art. 6 Abs. 1 lit. a EG-Richtlinie). Dem entsprach auch noch die Vorlage des Bundesrates in der «Eurolex-Fassung» (vgl. Botschaft I Eurolex, 434). Der heutige Wortlaut stammt aus der parlamentarischen Beratung des Eurolex-Entwurfs. Es handelt sich dabei aber lediglich um eine **redaktionelle Änderung** (vgl. Swisslex-Botschaft, 80). Tatsächlich ist die «Darbietung eines Produkts» nichts anderes als die Art und Weise, in der es dem Publikum präsentiert wird.

**Gegenstand der Darbietung** ist alles, was dazu bestimmt oder ge- 212 eignet ist, die Eigenschaften eines Produktes der Allgemeinheit, einem beschränkten Kreis von Konsumenten oder einzelnen Personen vorzustellen. Dazu gehören Orientierungen über Ge- und Verbrauchsmöglichkeiten, aber auch Hinweise auf Risiken und Gefahren. Zu denken ist etwa an die Produktebezeichnung als solche, die Verpackung und Präsentation, die Produktebeschreibung und Qualitätshinweise. Massgebend können aber auch allgemeine Gebrauchs- und spezielle Montageanweisungen, Warn- und andere Hinweise auf besondere, allenfalls gefährliche Eigenschaften eines bestimmten Erzeugnisses sein. Solche Hinweise können auf dem Produkt selbst angebracht, ihm – beispielsweise als Beipackzettel – beigefügt sein oder auch selbständig in Umlauf gesetzt werden (vgl. etwa Pott/Frieling, § 3 N 26; zur Frage, wie weit Hinweise mit dem Produkt selbst verbunden sein müssen, vgl. Rz. 241 ff. hinten). Aussagen des Herstellers im Rahmen der Werbung für ein bestimmtes Produkt sind ebenfalls Elemente der Präsentation, die bei der Beurteilung der berechtigten Sicherheitserwartungen zu berücksichtigen sind.

213    Zur Präsentation gehört auch die **Ausgestaltung des Produktes**. Macht deshalb ein Produkt den Eindruck von besonderer Stabilität und Ungefährlichkeit, ohne diese Eigenschaften tatsächlich zu besitzen, kann dies als Produktefehler qualifiziert werden (Mertens/Cahn, § 3 N 11).

214    Die Darbietung des Produktes umfasst damit **nicht nur «jede Art der Vorstellung des Produktes** im Verhältnis zu potentiellen Benutzern», sondern das **Produkt in seiner «Gesamtheit als Sache»**, wie sie der Hersteller in den Verkehr bringt (Graf von Westphalen, § 62 Rz. 39 m. w. H.). Die massgebende Darbietung eines Produktes nach Art. 4 Abs. 1 lit. a PrHG beinhaltet deshalb sowohl **nicht verbale Elemente** wie auch **verbale Aussagen**.

215    All dies zeigt, dass die Präsentation eines Produktes geeignet ist, beim Verbraucher Nutzungs- und Sicherheitserwartungen zu beeinflussen. Sie wird zu einem **«aus der Herstellersphäre stammenden» Einflussfaktor**. Dieser kann «sowohl auslösendes als auch ausschliessendes Moment für bestimmte Sicherheitserwartungen sein» (Fitz/Purtscheller/Reindl, § 5 N 5) und sich damit auf die Verantwortlichkeit des Herstellers auswirken (vgl. etwa Pott/Frieling, § 3 N 23; Taschner/Frietsch, ProdHaftG § 3 N 31). Allerdings sind die Möglichkeiten des Herstellers, durch die Darbietung die berechtigten Sicherheitserwartungen einseitig zu bestimmen, beschränkt (vgl. eingehend Rz. 246 ff. hinten).

216    Die **Darbietung eines bestimmten Erzeugnisses im Einzelfall** kann ebenfalls eine Präsentation im Sinne von Art. 4 Abs. 1 lit. a PrHG darstellen, auch wenn sie sich auf besondere, individuelle Bedürfnisse des jeweiligen Abnehmers ausrichtet. Erwähnt werden in diesem Zusammenhang etwa anwendungstechnische Beratungen, Verkaufsgespräche, aber auch vertragliche Zusicherungen (vgl. Graf von Westphalen, § 62 Rz. 46; Mertens/Cahn, § 3 N 14; Rolland, § 3 N 21; Welser, § 5 N 12).

Ist eine individuelle Präsentation geeignet, bei einem durchschnitt- 217 lichen Konsumenten berechtigte Sicherheitserwartungen zu wecken, hat sich der Hersteller grundsätzlich dabei behaften zu lassen, wenn ihm diese Darbietung zuzurechnen ist (zur Zurechenbarkeit im speziellen vgl. eingehend Rz. 223 ff. hinten). Ob die Sicherheitserwartungen berechtigt sind, bestimmt sich nach den gleichen Grundsätzen, die im Vertragsrecht bei der normativen Auslegung zur Anwendung kommen: Massgebend ist das **Vertrauensprinzip**. Der Richter hat sich die Frage zu stellen, ob die individuelle Darbietung geeignet gewesen wäre, «bei der Allgemeinheit nach der Verkehrsauffassung in dem entsprechenden Bereich und in bezug auf das konkrete Produkt» (Taschner/Frietsch, ProdHaftG § 3 N 12) berechtigte Sicherheitserwartungen zu wecken. Trifft dies zu, werden diese Erwartungen aber nicht erfüllt, liegt aus der Sicht des Produktehaftpflichtrechtes ein Produktefehler vor. Nach dem vertraglichen Gewährleistungsrecht ist gleichzeitig ein Mangel gegeben. Der Geschädigte kann deshalb neben den Schadenersatzansprüchen aus Produktehaftpflicht auch vertragliche Gewährleistungsansprüche geltend machen (vgl. Mertens/Cahn, § 3 N 14).

Entsprechend dem normativen Charakter des Fehlerbegriffs muss 218 **der Geschädigte vom Mangel der Darbietung keine Kenntnis haben**. Entscheidend für die Fehlerhaftigkeit im Einzelfall ist nur die Verkehrsauffassung im entsprechenden Bereich bezogen auf das konkrete Produkt (vgl. Mertens/Cahn, § 3 N 16; Rolland, § 3 N 28; vgl. auch eingehend Rz. 182 ff. vorne).

bbb. Massstab und Auswahl der Elemente

Es gibt **keinen generellen Massstab** zur Beurteilung der Präsenta- 219 tion eines Produktes. Welche Sicherheitserwartungen daraus abgeleitet werden können, ist im Einzelfall zu bestimmen. Massgebend sind dabei allerdings nicht subjektive Erwartungen des Geschädigten oder Einschätzungen des Herstellers, sondern einzig **objektivierte Gesichtspunkte**. In jedem Fall hat aber die Präsentation «**vollständig, richtig, eindeutig und verständlich**» zu sein (Pott/Frieling, § 3 N 24). Unter welchen Umständen sie diesen Anforderungen genügt, ist insbesondere im Hinblick auf die Natur des Produktes und den Benutzerkreis zu bestimmen (vgl. Rz. 241 ff. hinten).

Unter dem Aspekt der Darbietung ist der **potentielle Benutzer-** 220 **kreis von entscheidender Bedeutung**. Instruktionen, Gebrauchsanweisungen und Warnungen sind dem (jeweiligen) Wissensstand des durchschnittlichen Verbrauchers anzupassen. Ist ein Produkt nur für **Fachleu-**

te bestimmt und kommt es auch nur in deren Hände, darf der Hersteller bei der Darbietung auf ihr Fachwissen abstellen. Wird ein Produkt demgegenüber für Laien hergestellt und vertrieben, dürfen keine oder höchstens geringe, zum Allgemeinwissen gehörende Kenntnisse vorausgesetzt werden. Richtet sich ein Produkt sowohl an den Fachmann wie auch an den Laien, bestimmen sich die Anforderungen, die an die Darbietung gestellt werden müssen, nach den Erwartungen und Bedürfnissen beider Abnehmerkreise (vgl. Graf von Westphalen, § 62 Rz. 47 f.).

221    Ist die **Darbietung eines Produktes nur auf Fachleute ausgerichtet** und genügt sie dem Sicherheitsbedürfnis dieses Benutzerkreises, kann sie dennoch fehlerhaft sein, wenn das Produkt **voraussehbar auch von Laien ge- oder verbraucht** wird: Was für den Fachmann nämlich klar und verständlich erscheint, ist für den Laien oft unverständlich und unbrauchbar. So werden z. B. bei der Darbietung von Arzneimitteln von der zuständigen Arzneimittelbehörde (Interkantonale Kontrollstelle, IKS) unterschiedliche Anforderungen an die Produkteinformation (Beipackzettel) für Patienten und Medizinalpersonen gestellt (vgl. die Richtlinien der IKS über die Arzneimittelinformation vom 25. November 1988 mit Anhängen). Ein bei richtiger Anwendung an sich einwandfreies Produkt kann daher sogar allein deshalb fehlerhaft sein, weil die Angaben über den Verwendungszweck und die damit verbundenen Gefahren inhaltlich oder in der äusseren Gestaltung dem Benutzerkreis nicht angepasst sind (vgl. etwa Rolland, § 3 N 21).

222    Die Frage, welche Sicherheitserwartungen aus der Präsentation abgeleitet werden dürfen, kann nicht generell beantwortet werden. Das gleiche gilt für die **Auswahl der massgebenden Elemente.** Auch sie hängt von den Umständen des Einzelfalls ab. Hier bestehen aber in zweierlei Hinsicht Grenzen: Zum einen sind nur solche Aussagen relevant, die geeignet sind, **Erwartungen im Hinblick auf die Sicherheit eines Produktes** zu wecken. Andere Erwartungen (etwa die Vorstellung, das Produkt weise bestimmte Eigenschaften auf oder sei zum vorausgesetzten Gebrauch tauglich) haben solange keine Bedeutung, als sie nicht gleichzeitig berechtigte Sicherheitserwartungen wecken (vgl. Rz. 181 vorne). Zum andern müssen die aus einer bestimmten Darbietung abgeleiteten **Aussagen dem Hersteller oder den ihm gleichgestellten Personen zugerechnet werden** können (vgl. eingehend Rz. 224 ff. hinten). In diesem Zusammenhang ist insbesondere auch der Zeitpunkt der Darbietungshandlung zu berücksichtigen.

ccc. Zurechenbarkeit von Darbietungshandlungen

Art. 4 Abs. 1 lit. a PrHG umschreibt nur, unter welchen Umständen  223
die Darbietung eines Produktes fehlerhaft ist; er befasst sich nicht mit der
Frage, wer dafür einzustehen hat. Daraus darf **nicht** geschlossen werden,
es sei **gleichgültig, wer die Darbietung veranlasst hat**. Der Hersteller hat
nämlich die Verantwortung für eine mangelhafte Darbietung nur zu tragen, wenn sie ihm zugerechnet werden kann. Dies trifft ohne weiteres zu,
wenn er die massgebenden Handlungen selbst vorgenommen hat, etwa
das Produkt selbst gestaltet oder mit Benutzungshinweisen versehen hat
(Rolland, § 3 N 26).

Oft wird das **Produkt** dem Endverbraucher jedoch **nicht vom**  224
**Hersteller selbst, sondern vom Händler oder andern Dritten vorgestellt**.
Zu denken ist insbesondere an die **Werbung**, in Betracht fallen aber
auch **Verkaufsgespräche**. Der Schutzzweck des Gesetzes lässt es alsdann
nicht zu, immer nur Händler oder Dritte zur Verantwortung zu ziehen.
Lassen sich diese Vorgänge (auch) dem Hersteller zurechnen, kann er
sich nicht entlasten. Wie weit die Darbietung eines Dritten auch **dem**
**Hersteller zuzurechnen** ist, wird von der Lehre allerdings unterschied-
lich beurteilt:

Einige Autoren lassen den Hersteller für eine Darbietung nur dann  225
einstehen, «wenn und soweit sie beim Inverkehrbringen des schadenstiftenden Produkts und darüber hinaus in seinem Auftrag oder doch mit
seiner Billigung erfolgt ist» (Pott/Frieling, § 3 N 31; vgl. auch Welser, § 5
N 13; ähnlich wohl Fitz/Purtscheller/Reindl, § 5 N 12). Damit wird die
Zurechenbarkeit allerdings zu stark eingeschränkt. Der normative Beurteilungsmassstab rechtfertigt nicht, ihre Zurechnung von der Billigung
des Herstellers abhängig zu machen. Rolland ordnet dem Hersteller
deshalb zu Recht auch eine Darbietung durch Dritte zu, wenn er sie
**kannte oder hätte kennen müssen**. Das gleiche muss gelten, wenn der
Hersteller dem Händler eine notwendige Darbietung zum vornherein **zur**
**selbständigen Ausgestaltung überlässt**. In all diesen Fällen hat der Hersteller deshalb unabhängig davon für die Darbietung einzustehen, ob er
sie billigt oder nicht (Rolland, § 3 N 27; ähnlich Mertens/Cahn, § 3 N 15).

Andere Autoren rechnen die Darbietung eines Produktes, die von  226
Dritten ausgeht, stets dem Hersteller zu, wenn diese aus der Perspektive
des Benutzers als Erklärung, Beratung oder dgl. des Produzenten erscheint (Graf von Westphalen, § 62 N 49; ähnlich Kullmann, 73 und
Taschner/Frietsch, Richtl. Art. 6 N 14).

Wie weit der Hersteller für eine Darbietung einstehen muss, ist  227
aber auch **eine Frage des Zeitpunktes, in welchem er das Produkt in**

**Verkehr gebracht hat und des Zeitpunktes der Darbietungshandlung.** So sind beispielsweise Werbemassnahmen, die vor Inverkehrbringung eines Produktes ergriffen werden und von denen (oder von deren Plänen) der Hersteller schon damals Kenntnis hatte, ihm unabhängig davon zuzurechnen, ob er sie selbst veranlasst hat oder ob sie von Dritten getroffen wurden. Das Produkt ist alsdann nämlich nach Art. 4 PrHG schon im Zeitpunkt, in dem es der Hersteller in Verkehr bringt, fehlerhaft. Das gleiche gilt, wenn der Hersteller die von Dritten ausgehenden Massnahmen hätte kennen müssen (vgl. Mertens/Cahn, § 3 N 15).

228    Für **Darbietungshandlungen Dritter**, die erst **nach der Übergabe des Produktes an den Endverbraucher** erfolgen, muss der Hersteller demgegenüber nicht einstehen. Spätestens mit dieser Übergabe ist das Produkt nämlich in Verkehr gebracht. Für Beratungen, die dem Konsumenten nach dem Kauf – etwa vom Kundendienst des Verkäufers – angeboten werden, haftet der Hersteller deshalb nicht. Das gleiche gilt für Instruktionen, die dem Käufer anlässlich einer Reparatur erteilt werden (Pott/Frieling, § 3 N 30).

229    Diese Grundsätze gelten auch für den **Zulieferer**, den **Quasi-Hersteller** und den **Importeur** (Pott/Frieling, § 3 N 31).

230    Wird der **Lieferant** (gestützt auf Art. 2 Abs. 2 PrHG) ins Recht gefasst, hat er nicht nur für die fehlerhafte Darbietung des Herstellers einzustehen. Er haftet vielmehr **auch für eigene Fehler.** Da der Rechtsgrund für seine Ersatzhaftung nicht im Vertrieb des fehlerhaften Produktes, sondern im Umstand liegt, dass er den tatsächlichen Hersteller (oder den Vorlieferanten bzw. den Importeur) verschweigt (Rolland, § 1 N 102), muss er nach den Vorschriften des PrHG für eigene Darbietungshandlungen allerdings **nur dann einstehen**, wenn **sich diese auch dem Hersteller zurechnen lassen.** Vorbehalten bleibt selbstverständlich eine Haftung nach Vertrags- oder Deliktsrecht.

231    Sind an der Herstellung oder am Vertrieb eines Produktes **mehrere Personen** beteiligt, wird es während seiner Herstellung bzw. auf dem Weg durch die Absatzkette immer wieder von neuem in Verkehr gebracht. Für die Haftung des einzelnen ist alsdann **der Zeitpunkt massgebend**, in dem er das fehlerhafte Einzelprodukt **in Verkehr gebracht** hat (Pott/Frieling, § 3 N 59; zum Begriff des Inverkehrbringens vgl. Rz. 314 ff. hinten).

232    Eine fehlerhafte Darbietung (die sich der Hersteller anrechnen lassen muss) begründet jedoch für sich allein noch keine Haftung. Zwischen dem Darbietungsfehler und dem Schaden muss zudem ein **adäquater Kausalzusammenhang** bestehen. Diesen Kausalzusammenhang hat der Geschädigte nachzuweisen. Dazu gehört nicht nur der Nachweis, dass

die Darbietung fehlerhaft (resp. eine zutreffende Darbietung geboten) war, sondern auch der Nachweis, dass eine sachgerechte Darbietung nach dem gewöhnlichen Lauf der Dinge und der allgemeinen Erfahrung geeignet gewesen wäre, den verpönten Erfolg zu verhindern (vgl. Oftinger, 76 f.; vgl. auch Mertens/Cahn, § 3 N 16; Rolland, § 3 N 29; zum Kausalzusammenhang vgl. Rz. 304 ff. hinten).

Diese Grundsätze gelten unabhängig davon, ob der Schaden beim  233
Produktebenutzer selbst oder bei einem **unbeteiligten Dritten** eingetreten ist. Besteht zwischen der fehlerhaften Darbietung und dem Schaden kein adäquater Kausalzusammenhang, entfällt nach den Bestimmungen des PrHG auch der Schadenersatzanspruch des Dritten (vgl. Rolland, § 3 N 32). Ob den Benutzer am Schaden des Dritten ein Mitverschulden trifft, ist demgegenüber solange ohne Belang, als sich dieser das Fehlverhalten des Produktebenutzers nicht anrechnen lassen muss (vgl. Art. 8 Abs. 2 EG-Richtlinie und Art. 44 Abs. 1 OR; vgl. auch Mertens/Cahn, § 3 N 16; Rolland, § 3 N 32).

### ddd. Produktebeschreibung und Werbung

Die Produktebeschreibung erklärt und bestimmt ein Produkt in  234
seiner Gesamtheit als Sache. Ihr entnimmt der Konsument **Informationen über seine Eigenschaften und die Verwendungsmöglichkeiten**. Wo und in welcher Form das Produkt beschrieben wird, ist grundsätzlich ohne Belang. Die Produktebeschreibung kann deshalb dem Produkt unmittelbar beigelegt sein oder in separaten Anzeigen, Prospekten oder Katalogen in Umlauf gesetzt werden (vgl. etwa Kullmann, 73 m. w. H.). Möglich ist es auch, sie in den Massenmedien publik zu machen. Mit der Produktebeschreibung stellt der Hersteller sein Erzeugnis dem potentiellen Kundenkreis vor; gleichzeitig betreibt er damit Vertriebsförderung. Auch **Werbung** kann daher **eine Darbietung im Sinne des Produktehaftpflichtrechts** darstellen (vgl. etwa Graf von Westphalen, § 62 Rz. 43 m. w. H.). Dies gilt für jede Art von Werbung. Es kommt daher nicht darauf an, ob sie durch Massenmedien, Prospekte oder Beipackzettel vermittelt wird (vgl. Graf von Westphalen, § 62 Rz. 45; Rolland, § 3 N 22).

Allerdings bezieht sich **nicht jede Werbung** auch auf die sicher-  235
heitsrelevanten Aspekte eines Produktes. Werbung gilt daher nur dann als Darbietung im Sinne von Art. 4 Abs. 1 lit. a PrHG, **wenn sie geeignet ist, bei der massgebenden Allgemeinheit berechtigte Sicherheitserwartungen zu wecken**. Dies kann etwa bei übertriebener Anpreisung bestimmter Sicherheitsaspekte (z. B. «absolute Bruchsicherheit») der Fall

sein (Kullmann, 73). Demgegenüber machen unzutreffende Werbeaussagen, die sich nicht auf Sicherheitserwartungen beziehen, ein Produkt nicht fehlerhaft im Sinne von Art. 4 PrHG (vgl. etwa Graf von Westphalen, § 62 Rz. 43 m. w. H.).

236 Soweit der Hersteller in der Werbung sicherheitsrelevante Aspekte anspricht, ist er grundsätzlich bei seinen Aussagen zu behaften (vgl. Graf von Westphalen, § 62 Rz. 43). Im Einzelfall darf allerdings bei der Beurteilung der berechtigten Sicherheitserwartungen ein **gewisser Hang der Werbung zu Übertreibungen** berücksichtigt werden, neigt doch «moderne Werbung ... ihrem Wesen nach mehr oder weniger deutlich zu übertreibender, einseitiger Betonung positiver und zur Vernachlässigung ungünstiger, risikoträchtiger Eigenschaften» (Pott/Frieling, § 3 N 34; vgl. auch Christen, 79; Fitz/Purtscheller/Reindl, § 5 N 6; Taschner/Frietsch, ProdHaftG § 3 N 33; zurückhaltender Welser, § 5 N 11; a. M. Graf von Westphalen, § 62 Rz. 43). Solche Übertreibung in bezug auf sicherheitsrelevante Aspekte können aber nur so weit toleriert werden, als die massgebende Allgemeinheit überhaupt in der Lage ist, sie **als übertrieben einzuschätzen**. Hier gilt ein **strenger Massstab**.

237 Bei der **Beurteilung von Werbeaussagen** ist der «**Grad der Konkretisierung**» ein entscheidender Aspekt (Rolland, § 3 N 22; vgl. auch Graf von Westphalen, § 62 Rz. 44). Je allgemeiner Anpreisungen gehalten sind, desto weniger sind sie geeignet, konkrete Sicherheitserwartungen zu wecken. Bei einer bloss allgemeinen Beschreibung wird das Publikum Übertreibungen meistens ohne weiteres erkennen können. Sind die Aussagen demgegenüber konkret und klar, müssen an ihren Wahrheitsgehalt hohe Anforderungen gestellt werden. **Je präziser und konkreter** Werbeaussagen nämlich die Eigenschaften eines Produktes vorstellen, desto eher sind sie **geeignet, Sicherheitserwartungen aufkommen zu lassen**.

238 Dennoch kann **auch eine allgemeine Aussage** bei der massgebenden Allgemeinheit berechtigte Sicherheitserwartungen hervorrufen. Wird ein Produkt als «hundertprozentig sicher» angepriesen oder versieht es der Hersteller mit bestimmten **Gütesiegeln**, ist im Zweifelsfall von einem hohen Sicherheitsstandard auszugehen (Welser, § 5 N 11; zurückhaltend Fitz/Purtscheller/Reindl, § 5 N 7; vgl. auch Graf von Westphalen, § 62 Rz. 43).

239 Weckt eine bestimmte Produktebeschreibung beim Konsumenten berechtigte Sicherheitserwartungen, bleibt **ohne Bedeutung**, ob sie **zusammen mit dem Produkt oder von diesem losgelöst in Umlauf** gesetzt wird (vgl. Rz. 234 vorne). Eine Produktebeschreibung kann den künftigen Benutzer daher erreichen, bevor das entsprechende Produkt in sei-

90

nen Besitz gelangt. Gaukelt sie ihm einen Sicherheitsstandard vor, den das gekaufte Erzeugnis alsdann nicht zu erfüllen vermag, hat der Hersteller grundsätzlich für den dadurch verursachten Schaden einzustehen (zur Zurechenbarkeit vgl. eingehend Rz. 223 ff. vorne). Die Verpflichtung zur richtigen Darbietung lässt sich damit als «eine in das Produktehaftpflichtgesetz integrierte **spezielle Verkehrssicherungspflicht** bzw. als **vorvertragliche Schutzpflicht**» begreifen (Pott/Frieling, § 3 N 24).

eee. Instruktionspflichten des Herstellers

Eine Darbietung, die bei der Allgemeinheit unzutreffende Sicher- 240 heitserwartungen weckt, macht das betroffene Produkt fehlerhaft im Sinne von Art. 4 Abs. 1 PrHG. Die Gefahrenprävention zwingt somit den Hersteller (bzw. die ihm gleichgestellten Personen) zu ordnungsgemässer Information. Er muss den Konsumenten über die Eigenschaften des Produktes orientieren und ihm Instruktionen über dessen richtige Verwendung erteilen. Diese **Pflicht zu ordnungsgemässer Information** beinhaltet auch Hinweise auf mögliche Gefahren, die mit dem Ge- oder Verbrauch eines bestimmten Produktes verbunden sein können (vgl. Christen, 77; Fitz/Purtscheller/Reindl, § 5 N 8; Kullmann, 73; Welser, § 5 N 12). Der Hersteller erfüllt seine Instruktionspflichten im Rahmen der Darbietung daher nur dann, wenn er **keinen Aspekt ausser acht lässt**, der in bezug auf die Sicherheit im Umgang mit einem Produkt Bedeutung erhalten kann.

Die Instruktionen des Herstellers sollen den Konsumenten in die 241 Lage versetzen, das Produkt sachgerecht einzusetzen und bei seinem Ge- oder Verbrauch alle Gefahren zu vermeiden, die nicht im Bereich der Sozialadäquanz (vgl. dazu Rz. 195 vorne und Rz. 278 hinten) liegen (vgl. auch Lutz, 1; Pott/Frieling, § 3 N 36). Dabei ist zu beachten, dass eine Instruktion nicht nur inhaltlich unzureichend sein kann. Es ist vielmehr auch möglich, dass allein schon die **äussere Gestaltung** mangelhaft ist. Eine ordnungsgemässe Instruktion muss dem Konsumenten nämlich auch wirksam zur Kenntnis gebracht werden. Unauffällige Hinweise auf mögliche Gefahren genügen daher nicht. Birgt der Ge- oder Verbrauch eines bestimmten Erzeugnisses besondere Gefahren, muss sogar das Produkt selbst mit einer entsprechenden Warnung versehen werden (vgl. Mertens/Cahn, § 3 N 11; Taschner/Frietsch, ProdHaftG § 3 N 37).

Eine Warnung muss klar und übersichtlich sein. Sie muss «**umso** 242 **deutlicher ausfallen, je grösser das Ausmass der potentiellen Schadensfolgen und je versteckter die Gefährlichkeit** ist» (Welser, § 5 N 12 m. w. H.). Sind schwere Gesundheitsrisiken zu befürchten, hat der Hersteller auch auf das Ausmass der möglichen Schädigungen hinzuweisen (vgl. Fitz/Purtscheller/Reindl, § 5 N 10, Pott/Frieling, § 3 N 35).

243     Ob die gebotenen Hinweise auf dem Produkt selbst anzubringen sind oder ob dazu Warnungen in der beigegebenen Gebrauchsanleitung genügen, bestimmt sich jedoch nicht bloss nach dem Gefahrenpotential, das sich beim Zielpublikum realisieren kann. Muss der Hersteller vielmehr zum vornherein damit rechnen, dass sein **Produkt** nicht nur durch den Erwerber, sondern **auch durch Dritte genutzt wird**, genügen Warnungen in der Gebrauchsanleitung nicht ohne weiteres. Kann eine Produkteverwendung schwere Schädigungen herbeiführen und gehört dies nicht zum allgemeinen Erfahrungswissen, haben entsprechende Instruktionen oder Warnungen das Produkt ständig zu begleiten. Sie gehören alsdann auf das Produkt. Damit hat der Hersteller der Tatsache Rechnung zu tragen, dass Dritte von den beim Kauf abgegebenen Instruktionen regelmässig keine Kenntnis erhalten. Demgegenüber können bloss nebensächliche Hinweise und Informationen in einer zur Weitergabe bestimmten Textinformation enthalten sein (vgl. Mertens/Cahn, § 3 N 5; Taschner/Frietsch, ProdHaftG § 3 N 37).

244     Die **Instruktionspflicht des Herstellers** hat allerdings **auch ihre Grenzen**. Vom Konsumenten darf eine gewisse **Eigenverantwortung** verlangt werden (vgl. Christen, 78; Graf von Westphalen, § 62 Rz. 29; Pott/Frieling, § 3 N 39 ff.). Inwieweit der Hersteller davon ausgehen kann, der Konsument informiere sich selbst über den Ge- oder Verbrauch eines bestimmten Produktes, hängt freilich vom potentiellen Verbraucherkreis ab. Ist ein Produkt für den **Fachmann** bestimmt, darf der Hersteller entsprechende Fachkenntnisse voraussetzen. In vielen Fällen darf er alsdann die Gebrauchshinweise auf einige wenige Grundsätze beschränken. Muss der Hersteller demgegenüber damit rechnen, dass sein Produkt in die Hand von **Laien** gelangt, die über keinerlei Vorkenntnisse verfügen, ist eine solche Beschränkung nicht zulässig (vgl. Fitz/Purtscheller/Reindl, § 5 N 9; Mertens/Cahn, § 3 N 12).

245     Die Pflicht zu ordnungsgemässer Instruktion trifft vorab den eigentlichen Hersteller des Produktes. Daneben können aber auch der **Importeur** oder der **Lieferant** betroffen sein. Insbesondere der Importeur muss beachten, dass die Anforderungen an die Instruktionspflichten in den einzelnen Ländern unter Umständen verschieden sind. Importiert er deshalb ein Produkt aus einem Land mit geringeren Anforderungen, hat er die Informationen des Herstellers dem Standard des Importlandes anzupassen (vgl. eingehend Taschner/Frietsch, ProdHaftG § 3 N 38; vgl. auch Rz. 194 vorne).

fff. Herabsetzung der Sicherheitserwartungen durch entsprechende Instruktionen?

Die Darbietung eines Produktes ist ein wesentlicher Umstand zur 246 Bestimmung der berechtigten Sicherheitserwartungen (Art. 4 Abs. 1 lit. a PrHG). Der Hersteller kann deshalb grundsätzlich die berechtigten Sicherheitserwartungen und damit sein **Haftungsrisiko herabsetzen,** wenn er **umfassend über die Produktegefahren und die Möglichkeiten einer fehlerlosen Verwendung informiert.** Übertriebene Hinweise auf nicht zutreffende oder nicht vorhandene Produkteeigenschaften muss er vermeiden (vgl. etwa Kullmann, 74; Graf von Westphalen, § 62 Rz. 50; Vogel, 205).

Nach dem Wortlaut des Gesetzes liesse sich nun aber sogar die 247 Meinung vertreten, ein **Hinweis auf Fehler heile alle Mängel.** Tatsächlich verhindert in aller Regel die Bekanntgabe von Gefahren das Aufkommen unzutreffender Sicherheitserwartungen. Trotzdem ist eine **solche Auslegung abzulehnen.** Sie würde dem Schutzzweck des Gesetzes zuwiderlaufen. Auf diese Weise könnten nämlich die mit der modernen technischen Produktion verbundenen Risiken wieder allein auf den Konsumenten abgewälzt werden. Im Ergebnis würde eine solche Auffassung dem Hersteller die Möglichkeit eröffnen, seine Haftung (sogar einseitig) über Gebrauchshinweise wegzubedingen. Nachdem Art. 8 PrHG sogar die Vereinbarungen von Haftungsausschlüssen verbietet (vgl. eingehend Rz. 358 ff. hinten), kann das gleiche Resultat über blosse Instruktionen erst recht nicht hingenommen werden. Ein Produkt, das daher im Zeitpunkt seiner Inverkehrbringung an erkenn- und vermeidbaren (Konstruktions- oder Fabrikations-) Fehlern leidet, wird nicht fehlerfrei, wenn der Hersteller im Rahmen der Präsentation gerade vor diesen Mängeln (bzw. deren Folgen) warnt. Der Produzent ist vielmehr verpflichtet, Produkte auf den Markt zu bringen, die eine Gefährdung der Allgemeinheit und des Konsumenten so weit als möglich ausschliessen. In diesem Sinne sind die **Instruktions- und Aufklärungspflichten des Herstellers keine Alternative zu seiner Pflicht,** durch sorgfältige Konstruktion und Fabrikation **die Sicherheit des Publikums so weit als möglich zu gewährleisten.** Immerhin darf daraus wiederum nicht abgeleitet werden, die Aufklärungs- und Instruktionspflichten hätten generell subsidiären Charakter (a. M. Taschner/Frietsch, ProdHaftG § 3 N 36). Es gilt vielmehr zu differenzieren:

Bei **allgemein gebräuchlichen Produkten, von welchen das Publi-** 248 **kum eine bestimmte Basissicherheit erwartet,** vermag ein Warnhinweis die Schadenersatzpflicht des Herstellers nicht abzuwenden. Man denke etwa an die Explosion einer Limonadenflasche (vgl. Graf von Westphalen, § 62 Rz. 50; Kullmann, 74). Hier sind die **Aufklärungs- und Instruktionspflichten** gegenüber der Pflicht des Herstellers, durch sorgfältige Konstruktion und Fabrikation die gebotene Sicherheit des Publikums zu gewährleisten, **uneingeschränkt subsidiär.**

249 Anders ist es bei Produkten, bei denen **keine bestimmten, allgemeinen Sicherheitserwartungen** bestehen oder bei welchen die konstruktiven Möglichkeiten die Basissicherheit bestimmen. In solchen Fällen ist nicht zum vornherein auszuschliessen, dass der Hersteller durch eine klare, unmissverständliche Instruktion und Warnung die Sicherheitserwartungen des Verbrauchers einschränken kann. Die **Darbietung** hat hier also **nicht bloss subsidiären Charakter** (vgl. eingehend Graf von Westphalen, § 62 Rz. 51 m. w. H.).

250 Neben Hinweisen für den Gebrauch kann der Hersteller seinem Produkt grundsätzlich auch **Angaben über den Kreis möglicher Benutzer** beigeben. Auch hier sind die Möglichkeiten jedoch beschränkt, auf diese Weise das Haftungsrisiko herabzusetzen. Der Hersteller kann deshalb den Verwenderkreis nicht prophylaktisch durch einfache Hinweise wie «Profi-Gerät» beschränken (Mertens/Cahn, § 3 N 12; vgl. auch Rz. 191 vorne). Muss er damit rechnen, dass sein Produkt nicht nur von Fachleuten, sondern gleichzeitig über den fachmännischen Empfängerkreis hinaus von Laien selbständig benützt wird, hat er den Sicherheitserwartungen dieser Allgemeinheit Rechnung zu tragen. Führt hingegen die Darbietung eines Produktes zu einer **wirksamen Beschränkung des Vertriebsweges,** kann sie den Verbraucher auf ein erhöhtes Risiko aufmerksam machen und damit gleichzeitig seine Sicherheitserwartungen mindern. Dies trifft etwa zu, wenn ein Arzneimittel der Rezeptpflicht unterstellt ist (Vogel, 205).

*cc. Der vernünftigerweise zu erwartende Gebrauch*

251 Nach Art. 4 Abs. 1 lit. b PrHG ist bei der Beurteilung der Frage, ob ein Produkt die Sicherheit bietet, die man unter Berücksichtigung aller Umstände zu erwarten berechtigt ist, auch der **Gebrauch, mit dem vernünftigerweise gerechnet werden kann,** zu beachten. Art. 4 Abs. 1 lit. b PrHG weicht damit vom Wortlaut der EG-Richtlinie ab. Dieser spricht vom Gebrauch des Produkts, «mit dem billigerweise gerechnet werden kann» (Art. 6 Abs. 1 lit. b EG-Richtlinie). Die Vorlage des Bundesrates entsprach noch dieser Vorgabe (vgl. Botschaft I Eurolex, 434). Der heutige Text ist aus den Beratungen der Eurolex-Vorlage hervorgegangen. Die Abweichung von der EG-Richtlinie (bzw. der Vorlage des Bundesrates)

erfolgte jedoch lediglich aus redaktionellen Gründen (vgl. Swisslex-Botschaft, 80). Materiell hat diese Änderung keine Auswirkungen.

Die Bedeutung von Art. 4 Abs. 1 lit. b PrHG liegt darin, dass sich 252 die **berechtigten Sicherheitserwartungen nicht (allein) am Gebrauch messen**, für den der Hersteller sein Produkt bestimmt hat. Er muss es vielmehr so gestalten, dass es auch den Konsumenten nicht gefährdet, der es zwar aus der Sicht des Herstellers **nicht bestimmungsgemäss** verwendet, jedoch **im Rahmen eines Gebrauches** einsetzt, mit dem der Produzent **vernünftigerweise rechnen musste**. Ob dies der Fall ist, bestimmt sich nach einem **objektiven Massstab**. Entscheidend ist nicht die Perspektive des Herstellers, sondern die von der Allgemeinheit getragenen Verkehrsanschauungen der jeweils beteiligten Kreise. Der Hersteller haftet deshalb für die Sicherheit des Produktes nicht nur im Rahmen des von ihm subjektiv festgelegten, bestimmungsgemässen Gebrauchs (vgl. Christen, 80; Kullmann 74; Mertens/Cahn, § 3 N 17; Pott/Frieling, § 3 N 53; Rolland, § 3 N 36). Für eigentlichen Missbrauch haftet er allerdings nicht.

Zwischen dem **bestimmungsgemässen Gebrauch** eines Produktes 253 und einem **Missbrauch** liegt eine Verwendung, die zwar nicht mehr der unmittelbaren Zweckbestimmung des Produktes entspricht, aber noch nicht als missbräuchlich qualifiziert werden kann. Man spricht deshalb von einem (blossen) **Fehlgebrauch**. Da der Hersteller für die bestimmungsgemässe Verwendung eines Produktes in jedem Fall einzustehen hat, nicht hingegen für den Missbrauch, liegt die **Grenze der Haftung im Bereich des Fehlgebrauchs**. Sie ist allerdings fliessend. Im Einzelfall muss sie der Richter durch ein wertendes Urteil bestimmen (vgl. Graf von Westphalen, § 62 Rz. 56).

Der **Gebrauch, für dessen Gefahrlosigkeit der Hersteller einzuste-** 254 **hen hat**, umfasst damit den bestimmungsgemässen Gebrauch und den Fehlgebrauch, mit welchem er vernünftigerweise rechnen musste. Das Produkt hat deshalb die dafür erforderliche Sicherheit zu bieten. Hält es diesen Anforderungen nicht stand, ist es fehlerhaft im Sinne von Art. 4 Abs. 1 PrHG. Für einen Fehlgebrauch, der vernünftigerweise nicht vorausgesehen werden konnte, haftet der Hersteller demgegenüber nicht. Von vornherein **ausgeschlossen** ist eine **Haftung für Missbrauch**.

Im Streitfall hat **der Geschädigte nachzuweisen**, dass es sich noch 255 um einen Gebrauch handelt, mit dem der Hersteller vernünftigerweise rechnen musste (Graf von Westphalen, § 62 Rz. 55).

Der Begriff des «Gebrauchs, mit dem vernünftigerweise gerechnet 256 werden kann» (Art. 4 Abs. 1 lit. b PrHG), stellt einen **ausfüllungsbedürf-**

**tigen Rechtsbegriff** dar. Dieser muss im Einzelfall konkretisiert werden. Dabei sind an die Begründung der Haftung des Herstellers für eine bestimmte Verwendung seines Produktes um so höhere Anforderungen zu stellen, je weiter sich diese vom bestimmungsgemässen Gebrauch entfernt (vgl. Kullmann, 76; Mertens/Cahn, § 3 N 18; Taschner/Frietsch, ProdHaftG § 3 N 42).

257      Der **Gebrauch, mit dem vernünftigerweise gerechnet werden kann**, umfasst vorab den **bestimmungsgemässen Gebrauch** eines Produktes. Dieser ergibt sich im Einzelfall durch wertende Abwägung aller Aspekte. Zu berücksichtigen sind vor allem Art und Funktionsbestimmung des Produktes sowie alle Elemente seiner Darbietung (vgl. Taschner/Frietsch, ProdHaftG § 3 N 18; zu den Elementen der Darbietung vgl. Rz. 212 ff. vorne). Massgebend ist dabei die Sicht eines durchschnittlichen, vernünftigen Konsumenten. Es sind somit wiederum die gleichen Gesichtspunkte entscheidend, die im Vertragsrecht bei Anwendung des Vertrauensprinzipes Platz greifen.

258      Zwar kein bestimmungsgemässer Gebrauch, aber noch ein **Fehlgebrauch, für den das Produkt die erforderliche Sicherheit bieten muss**, ist jeder «vorhersehbare und übliche, jedenfalls nicht ganz fernliegende Fehlgebrauch» (Taschner/Frietsch, ProdHaftG § 3 N 44). Der Hersteller muss deshalb «eine gewisse Überbeanspruchung seines Produkts ebenso einkalkulieren ... wie einen Fehlgebrauch, der nicht fern liegt» (Rolland, § 3 N 34). So ist beispielsweise ein Kinderspielzeug zwar für das Spiel bestimmt. Der Produzent muss jedoch damit rechnen, dass es Kleinkinder auch in den Mund nehmen. Gleiches gilt für die Schreibgeräte von Erwachsenen: Sie sind zwar grundsätzlich nur dazu bestimmt, handschriftliche Angaben auf Papier zu bringen. Trotzdem muss der Hersteller damit rechnen, dass der Konsument sie in den Mund nimmt, ja sogar (man denke nur an Stresssituationen) daran kaut. Auch die Zweckbestimmung von Personenwagen ist nicht direkt auf Unfälle hin ausgerichtet; dessen ungeachtet muss der Hersteller vernünftigerweise damit rechnen, dass seine Fahrzeuge in einen Crash verwickelt werden können. Er hat deshalb alle Massnahmen zu ergreifen, damit sie auch in solchen Situationen die nötige Sicherheit bieten (vgl. Pott/Frieling, § 3 N 52; Taschner/Frietsch, ProdHaftG § 3 N 44).

259      Ein **Fehlgebrauch** kann auch darin liegen, dass ein **Erzeugnis, das für ein bestimmtes Zielpublikum hergestellt** wird, **von anderen Personen benützt** wird. Ist ein solcher Gebrauch voraussehbar, hat der Hersteller alle Massnahmen zu ergreifen, damit das Erzeugnis auch bei einer Verwendung durch Dritte die nötige Sicherheit bietet. Dies erfordert gegebe-

nenfalls Massnahmen bei der Produktion oder eine besondere Berücksichtigung im Rahmen der Darbietung (Pott/Frieling, § 3 N 51).

Bei der Beurteilung der Frage, **welcher Fehlgebrauch voraussehbar** 260 ist, kommt der **Produktebeobachtung** massgebende Bedeutung zu. Erst in der Praxis zeigt sich nämlich, mit welchem nicht bestimmungsgemässen Gebrauch der Hersteller rechnen muss. In diesem Zusammenhang trifft den Produzenten deshalb auch im Rahmen des PrHG eine – allerdings beschränkte – Produktebeobachtungspflicht. Bringt er ein neues Produkt auf den Markt und stellt er nach einer gewissen Zeit fest, dass es nicht nur nach der ursprünglich vorgesehenen Bestimmung Verwendung findet, kann diese Nutzung zu einem «vernünftigerweise zu erwartenden Gebrauch» im Sinne von Art. 4 Abs. 1 lit. b PrHG werden. Der Hersteller muss deshalb unter Umständen zusätzliche Vorkehren treffen, damit die neu in Verkehr gebrachten Produkte der betroffenen Serie auch für diesen Gebrauch die erforderliche Sicherheit bieten (vgl. etwa Christen, 88). Tut er dies nicht, läuft er Gefahr, dass das (ursprünglich zwar fehlerfreie) Erzeugnis als fehlerhaft im Sinne von Art. 4 Abs. 1 PrHG qualifiziert wird (vgl. Graf von Westphalen, § 62 Rz. 59; Taschner/Frietsch, ProdHaftG § 3 N 47).

Muss der Hersteller voraussehen, dass sein Produkt in einer Art 261 und Weise verwendet wird, die **Gefahren** mit sich bringt, mit denen der Benutzer nicht ohne weiteres rechnen muss, hat er diesen im Rahmen seiner **Instruktionspflicht** unübersehbar und eindringlich zu warnen (Christen, 77). Diese Pflicht kann insbesondere bei Heilmitteln weitreichende Bedeutung haben (vgl. etwa Pott/Frieling, § 3 N 54 m. w. H.). Welche Warnungen und Hinweise bei einem voraussehbaren Fehlgebrauch erforderlich sind bzw. ob diese allein genügen und nicht sogar Änderungen an der Konstruktion erforderlich werden, hängt nicht nur vom entsprechenden Risiko (vgl. Mertens/Cahn, § 3 N 18), sondern auch von der Art des Produktes ab. Zu beachten ist dabei auch die Sozialadäquanz (vgl. Rz. 195 vorne).

Ein **Missbrauch** liegt vor, wenn eine bestimmte Nutzung «so weit 262 vom Funktionsbereich des konkreten Produkts entfernt ist, dass sie weder aus der Sicht des objektiven Benutzers noch aus derjenigen eines vergleichbaren Produzenten vorstellbar ist» (Taschner/Frietsch, ProdHaftG § 3 N 45). Mit einem solchen Gebrauch kann und muss vernünftigerweise nicht gerechnet werden (vgl. auch die Erwägungsgründe der EG-Richtlinie). Erleidet der Konsument deshalb bei missbräuchlichem Gebrauch eines Produktes Schaden, weil es dazu die erforderliche Sicherheit nicht (mehr) bietet, liegt kein Fehler im Sinne von Art. 4

Abs. 1 PrHG vor. Für dieses Risiko hat der Hersteller nicht einzustehen. So kann ihm beispielsweise der Einsatz eines Kühlmittels als Ersatzdroge nicht als vorhersehbarer Fehlgebrauch angelastet werden (Pott/Frieling, § 3 N 55 m. w. H.).

263     Selbst wenn der Hersteller bei voraussehbarem Missbrauch allenfalls noch nach den Grundsätzen über die Instruktionspflichten unmissverständlich und klar auf die damit verbundenen Gefahren hinweisen muss, darf von ihm **nicht erwartet werden**, auch vor vollkommen zweckfremder und (vorsätzlich) **missbräuchlicher, bestimmungswidriger Nutzung zu warnen** (vgl. Taschner/Frietsch, ProdHaftG § 3 N 45).

264     Die **Abgrenzung** zwischen einem Fehlgebrauch, der vernünftigerweise vorauszusehen ist, und einem nicht mehr voraussehbaren Fehlgebrauch oder einer missbräuchlichen Nutzung des Produktes ist oft fliessend. Im Einzelfall muss jedoch trotzdem eine Entscheidung getroffen werden, da diese Qualifikation einschneidende **praktische Konsequenzen** hat: Ein voraussehbarer Fehlgebrauch durch den Benutzer oder eine Person, für die er einzustehen hat, kann ein Mitverschulden begründen. Dies kann alsdann zu einer Verminderung der Haftbarkeit des Herstellers gegenüber dem Benutzer führen (Art. 44 Abs. 1 OR; vgl. auch Art. 8 Abs. 2 EG-Richtlinie). Die Ansprüche eines geschädigten Dritten gegenüber dem Hersteller werden in diesem Fall jedoch nicht berührt. Anders sieht die Situation bei einem Schaden durch einen vernünftigerweise nicht voraussehbaren Fehlgebrauch oder einen Missbrauch aus: Hier entfällt die Haftbarkeit des Herstellers sowohl gegenüber dem Benutzer als auch gegenüber einem geschädigten Dritten (vgl. Mertens/Cahn, § 3 N 18).

### dd. Zeitpunkt des Inverkehrbringens

265     Nach Art. 4 Abs. 1 lit. c PrHG ist bei der Beantwortung der Frage, ob ein Produkt die erforderliche Sicherheit bietet, der **Zeitpunkt, in dem es in Verkehr gebracht wird**, als besonderer Umstand zu berücksichtigen. Dieser Zeitpunkt ist damit **in zweifacher Hinsicht ein zentrales Element**: Einerseits ist der Moment der Inverkehrsetzung der massgebende Zeitpunkt für die Beurteilung der Frage, ob ein Produkt überhaupt fehlerhaft ist (Art. 4 Abs. 1 lit. b bzw. Art. 5 Abs. 1 lit. e PrHG; vgl. dazu Rz. 323 ff. und 335 ff. hinten), andererseits entscheidet er darüber, wem ein allfälliger Fehler zuzurechnen ist (Art. 5 Abs. 1 lit. b PrHG; vgl. dazu Rz. 227 ff. hinten).

266     Die Sicherheitserwartungen unterliegen gemeinhin einem zeitlichen Wandel. Der Hersteller kann darauf in aller Regel keinen Einfluss

nehmen. Der **Wandel der Sicherheitserwartungen** soll sich daher **haftpflichtrechtlich auch nicht rückwirkend** zu seinen Lasten **auswirken**. Ob ein Produkt fehlerhaft ist, beurteilt sich deshalb «vor dem Hintergrund und auf der Grundlage der Vorstellungswelt» im Zeitpunkt seines Inverkehrbringens (Taschner/Frietsch, ProdHaftG § 3 N 48; vgl. auch Christen 81 f.). Dies bedeutet letztlich nichts anderes als eine «zeitliche Einengung des Fehlerbegriffs» (Pott/Frieling, § 3 N 58). Gestiegene Sicherheitserwartungen (weil z. B. neue Anwendungszwecke entdeckt wurden) werden deshalb bei der Beurteilung eines Produktes, das bereits in Verkehr gebracht wurde, nicht berücksichtigt. Sie machen es nicht nachträglich fehlerhaft (vgl. Fitz/Purtscheller/Reindl, § 5 N 24; Graf von Westphalen, § 62 Rz. 60; Kullmann, 76; Mertens/Cahn, § 3 N 21; Pott/Frieling, § 3 N 57; Rolland, § 3 N 39; Welser, § 5 N 16). Diese zeitliche Beschränkung des Fehlerbegriffes soll dazu beitragen, die Innovationsbereitschaft des Herstellers zu erhalten (Fitz/Purtscheller/Reindl, § 5 N 24 m. w. H.).

Ein besonderes Problem sind **Änderungen der berechtigten Sicherheitserwartungen während des Vertriebes**. In aller Regel muss in solchen Fällen auf das Inverkehrbringen durch den Haftpflichtigen abgestellt werden (zum Begriff des «Inverkehrbringens» vgl. Rz. 313 ff. hinten). Steigen die berechtigten Sicherheitserwartungen nach diesem Zeitpunkt, gilt der strengere Haftungsmassstab für all die Personen nicht, die das Produkt vorher (innerhalb einer Vertriebskette) weitergegeben und damit in Verkehr gebracht haben. Wer das Produkt nachher in Verkehr bringt, haftet dem Abnehmer demgegenüber nach den verschärften Sicherheitserwartungen. Daraus kann sich beispielsweise eine Haftung des Importeurs ergeben, auch wenn der Hersteller selbst nicht haftet (vgl. Fitz/Purtscheller/Reindl, § 5 N 27; Mertens/Cahn, § 3 N 21; Welser, § 5 N 17). 267

Bei **Serienprodukten**, die über einen längeren Zeitraum unverändert produziert werden, sagt das Gesetz nicht, auf welchen Zeitpunkt abzustellen ist. Nach der Lehre ist in diesen Fällen der Zeitpunkt massgebend, in dem das schadenstiftende Produkt in Verkehr gebracht wurde. Von Bedeutung ist dies sowohl für den Geschädigten, der die Fehlerhaftigkeit des schadenstiftenden Produktes nachzuweisen hat, als auch für den Hersteller, wenn er den Entlastungsbeweis erbringen will (vgl. Graf von Westphalen, § 62 Rz. 61; Kullmann, 76 f.). 268

Trotz der zeitlichen Einengung des Fehlerbegriffes muss der Hersteller den veränderten Sicherheitserwartungen bei der Inverkehrbringung seiner Produkte Rechnung tragen. Er hat deshalb eine gewisse **Produktebeobachtungspflicht**. Führen neue technische und wissenschaft- 269 liche Erkenntnisse zu einer **Änderung der berechtigten Sicherheitserwartungen**, muss er neu in Verkehr gebrachte Produkte entsprechend **anpassen** (vgl. Graf von Westphalen, § 62 Rz. 62; Taschner/Frietsch, Prod-HaftG § 3 N 51). Bringt er die alten Produkte weiterhin unverändert in Verkehr, obwohl sich die berechtigten Sicherheitserwartungen verschärft haben, müssen diese Erzeugnisse als fehlerhaft qualifiziert werden.

270    Der Hersteller ist freilich **nicht verpflichtet, jeder Neuerung sofort blindlings zu folgen.** Eine Pflicht zur Änderung seiner Produkte besteht nur, wenn die Neuerung auch geeignet ist, veränderte (berechtigte) Sicherheitserwartungen zu wecken. Diese Voraussetzung ist in aller Regel erfüllt, wenn es sich um **gesicherte Erkenntnisse** handelt, die die **Basissicherheit des Produktes** betreffen und es ermöglichen, das Gefahrenpotential zu reduzieren (a. M. wohl Graf von Westphalen, § 62 Rz. 62 f., der in bezug auf die Sicherheit keine Unterscheidungen trifft). Der Konsument darf nämlich erwarten, dass ihn der Produzent im Rahmen der Basissicherheit jeweils nach den Erkenntnissen des neusten Standes der Technik und Wissenschaft vor Produktegefahren schützt.

271    Werden durch eine Neuerung **Sicherheitserwartungen** betroffen, die **über die Basissicherheit hinausgehen**, ist danach zu differenzieren, ob entsprechende Sicherheitserwartungen berechtigt sind. Ob und wie weit dem Hersteller in diesem Fall ein «zeitliches Ausstattungsermessen» zukommt, hängt alsdann allein von der Antwort auf diese Frage ab (vgl. Graf von Westphalen, § 62 Rz. 62 f.; Taschner/Frietsch, ProdHaftG § 3 N 51).

272    Ob ein Produkt fehlerhaft ist, beurteilt sich mithin aus der Optik des Zeitpunktes, in dem es in den Verkehr gebracht wurde. Massgebend sind die in diesem Zeitpunkt berechtigten Sicherheitserwartungen. Der Gesetzgeber verdeutlich dies selbst nochmals **in Art. 4 Abs. 2 PrHG**: Danach ist «ein Produkt nicht allein deshalb fehlerhaft ..., weil später ein verbessertes Produkt in Verkehr gebracht wurde». Bringt der Hersteller daher aufgrund neuer Erkenntnisse ein (in bezug auf die Sicherheit) verbessertes Produkt auf den Markt, darf das alte Erzeugnis nicht nachträglich allein aufgrund eines Vergleichs mit dem modifizierten Produkt als fehlerhaft qualifiziert werden (vgl. Pott/Frieling, § 3 N 73; Taschner/Frietsch, ProdHaftG § 3 N 62). Da allerdings schon Art. 4 Abs. 1 lit. c PrHG (bzw. Art. 6 Abs. 1 lit. c EG-Richtlinie) den Zeitpunkt der Inverkehrbringung zum massgebenden Umstand erklärt, misst ein Teil der Lehre dieser Regelung keine eigenständige Bedeutung zu. Nach dieser Auffassung würde deshalb auch Art. 4 Abs. 2 PrHG lediglich der Klarstellung dienen (für Österreich vgl. Fitz/Purtscheller/Reindl, § 5 N 24; Welser, § 5 N 19; für Deutschland vgl. Mertens/Cahn, § 3 N 25, die die

entsprechende Bestimmung allerdings nicht nur als überflüssig, sondern sogar als missverständlich bezeichnen).

Nach der hier in Anlehnung an Graf von Westphalen (§ 62 Rz. 67 **273** m.w.H.) vertretenen Meinung, dient **Art. 4 Abs. 2 PrHG** jedoch **nicht nur der Klarstellung** (des Art. 4 Abs. 1 lit. c PrHG), er ist vielmehr **gleichzeitig eine Beweiswürdigungsregel** (vgl. auch Christen, 82; Taschner/ Frietsch, ProdHaftG § 3 N 63). Danach darf das ältere Modell nicht allein aufgrund eines Vergleichs mit dem neuen, verbesserten Modell als fehlerhaft qualifiziert werden. Dabei ist ohne Bedeutung, ob beide Modelle vom gleichen Hersteller stammen (vgl. Graf von Westphalen, § 62 Rz. 65; Pott/Frieling, § 3 N 73 f.).

Der Zeitpunkt, in dem ein Produkt in den Verkehr gebracht wird, **274** bestimmt jedoch nicht nur den Massstab, an dem die Sicherheitserwartungen zu messen sind; er steckt auch die **Grenzen der Verantwortlichkeit in einem arbeitsteiligen Herstellungsprozess** ab. Der Hersteller eines Grundstoffes oder eines Teilproduktes haftet danach nur, wenn sein Erzeugnis im Zeitpunkt, in dem er es in die übergeordnete Produktionsstufe weitergab (und damit in Verkehr brachte), fehlerhaft war (vgl. Rz. 348 ff. hinten; vgl. auch Mertens/Cahn, § 3 N 25; Pott/Frieling, § 3 N 59).

### ee. Andere Umstände

#### aaa. Einleitung

Die **Aufzählung der Umstände in Art. 4 Abs. 1 lit. a–c PrHG**, die **275** bei der Beurteilung der berechtigten Sicherheitserwartungen zu berücksichtigen sind, ist **bloss beispielhaft** gemeint («insbesondere»). Da das Gesetz dem Richter gleichzeitig vorschreibt, alle massgebenden Umstände in seine Erwägungen miteinzubeziehen, kommen im Einzelfall **zusätzliche Aspekte in Betracht**.

Die berechtigten Sicherheitserwartungen messen sich an einem **276** objektivierten Beurteilungsmassstab. Aus diesem Grund sind nicht alle Umstände, die die Erwartungen der Betroffenen beeinflussen, rechtserheblich. Ob ein Produkt fehlerhaft ist, beurteilt sich vielmehr nur nach den **Umständen, die geeignet sind, die Sicherheitserwartungen der «Allgemeinheit** in dem entsprechenden Bereich und in bezug auf das konkrete Produkt» (Taschner/Frietsch, ProdHaftG § 3 N 13; vgl. auch Rz. 184 vorne) **zu beeinflussen** (Pott/Frieling, § 3 N 62).

#### bbb. Natur des Produktes

Wie weit Sicherheitserwartungen berechtigt sind, hängt auch von **277** der **Natur des Produktes** ab. So beinhalten gewisse Erzeugnisse ein

**Sicherheitsrisiko, das nicht zu eliminieren** ist. Man denke nur an Gegenstände wie Gabel und Messer oder Nadel und Schere. Der Verwendungszweck dieser Gegenstände verlangt eine Konstruktion, die bei Unachtsamkeit Gefahren birgt. Solche Risiken gehören hier nun aber zur Natur des Produktes bzw. sind durch die Natur des Produktes bedingt. Die damit verbundenen **Gefahren** sind jedoch zumeist **allgemein bekannt**; der Hersteller ist daher nicht gehalten, durch besondere Instruktionen oder Warnungen auf diese Risiken hinzuweisen (Taschner/ Frietsch, ProdHaftG § 3 N 53).

278    Zum Allgemeinwissen zählen aber auch gewisse «**produkt-immanente**» **Gesundheitsrisiken**. So können bestimmte Produkte (Neben-) Wirkungen haben, die sich gar nicht beseitigen lassen. Man denke etwa an Alkohol oder Tabakwaren. Bei diesen Produkten nimmt die Allgemeinheit das **Sicherheitsrisiko jedoch bewusst in Kauf** (zur Sozialadäquanz vgl. Rz. 195 vorne). Führen deshalb Nebenwirkungen solcher Erzeugnisse zu Schaden, hat der Hersteller solange dafür nicht einzustehen, als sie das Mass der allgemein bekannten Gefährdung nicht übersteigen. Das Produkt ist nicht fehlerhaft; der Konsument kannte die gefährlichen Nebenwirkungen. Er konnte deshalb in diesem Punkt gar keine «berechtigten Sicherheitserwartungen» haben (vgl. Graf von Westphalen, § 62 Rz. 27; Kullmann, 77; Pott/Frieling, § 3 N 64; Taschner/Frietsch, ProdHaftG § 3 N 54). Hat ein bestimmtes Erzeugnis **Nebenwirkungen, von denen die Allgemeinheit nichts weiss**, muss der Hersteller auf diese Gefahren hinweisen. Das gleiche gilt, wenn solche Instruktionen gesetzlich vorgeschrieben sind, wie dies etwa bei Arzneimitteln für den Beipackzettel zutrifft (vgl. Richtlinien IKS). Unterlässt der Hersteller die erforderlichen Hinweise, ist das Produkt wegen ungenügender Darbietung fehlerhaft (vgl. Christen, 83; Graf von Westphalen, § 62 N 27; Taschner/Frietsch, ProdHaftG § 3 N 54).

279    Die Natur des Produktes kann sich auch auf die Sicherheitserwartungen auswirken, die an sein **Langzeitverhalten** gestellt werden dürfen. Muss bei einem bestimmten Erzeugnis mit einer gewissen Abnutzung gerechnet werden, vermag der **übliche Verschleiss** für sich allein **keinen Produktefehler** zu begründen. Dies ergibt sich schon aus Art. 4 Abs. 1 lit. c PrHG, wonach bei der Beurteilung der Fehlerhaftigkeit eines Produktes auf den Zeitpunkt des Inverkehrbringens abzustellen ist (vgl. Welser, § 5 N 18). Sprengt die Abnutzung jedoch das von der Allgemeinheit berechtigterweise erwartete Mass, deutet dies – zumindest als Indiz – auf einen von Anfang an bestehenden Produktefehler hin (Pott/Frieling, § 3 N 74).

In diesem Zusammenhang gilt es jedoch zu beachten, dass die Ver- 280
wirkungsfrist von zehn Jahren (Art. 10 PrHG, vgl. dazu Rz. 389 f. hinten)
nicht bedeutet, jedes Produkt müsse auch über eine zehnjährige **Lebensdauer** verfügen. Führt der Zustand eines sonst fehlerfreien Produktes vor
Ablauf der zehnjährigen Verwirkungsfrist wegen Erreichen der üblichen,
allgemein bekannten oder erkennbaren Lebenserwartung zu Schaden,
liegt kein Produktefehler vor. Ob und wie weit der Hersteller im Rahmen
seiner Instruktionspflichten Hinweise auf die Lebensdauer (z. B. «Migros-
Data») oder mögliche Abnutzungserscheinungen (Materialermüdungen)
anbringen muss, hängt von der Natur des betroffenen Erzeugnisses ab (vgl.
Taschner/Frietsch, ProdHaftG § 3 N 57).

Offen ist die Frage, ob ein Produkt allein wegen **Wirkungslosigkeit** 281
fehlerhaft sein kann. Die Lehre ist sich nicht einig (vgl. etwa Christen,
86 ff. m. w. H.); das PrHG enthält keine spezielle Regelung. Ein Teil der
Lehre macht geltend, bei wirkungslosen Produkten würden nicht Sicher-
heits-, sondern lediglich Gebrauchserwartungen enttäuscht; diese Mängel seien deshalb ausschliesslich nach Vertragsrecht zu beurteilen. Im
weiteren sei zu beachten, dass der Schaden nicht wegen schädigenden
Eigenschaften des wirkungslosen Produktes, sondern auch ohne seinen
Einsatz eingetreten wäre (Taschner/Frietsch, Richtl. Art. 6 N 29; vgl.
auch Welser, § 5 N 21 f.). Diese Auffassung ist solange richtig, als das
fragliche **Produkt nicht direkt die Unversehrtheit der vom PrHG geschützten Rechtsgüter gewährleisten** soll.

Liegt der **Zweck eines Produktes** demgegenüber gerade darin, das 282
Integritätsinteresse (körperliche Unversehrtheit / Unversehrtheit des Eigentums an Gegenständen des privaten Gebrauchs) zu schützen und
einen **Schadensfall wie er nun eingetreten ist, zu vermeiden**, gelten andere Grundsätze: In diesen Fällen ist die vorgesehene (und vertraglich
versprochene) Wirkung gleichzeitig Inhalt von Sicherheitserwartungen.
Werden diese Erwartungen enttäuscht, ist das Produkt fehlerhaft (vgl.
etwa Taschner/Frietsch, ProdHaftG § 3 N 20). Es wäre alsdann willkürlich, die Haftung des Herstellers davon abhängig zu machen, ob der
Schaden infolge völliger Wirkungslosigkeit oder blosser Mängel des Produktes eingetreten ist. Dies lässt sich am folgenden Beispiel erläutern:
Funktioniert ein Beatmungsgerät oder ein Herzschrittmacher nicht richtig und kommt der Patient dadurch zu Schaden, kann die Haftung des
Herstellers nicht davon abhängen, ob das Gerät vollkommen ausfiel oder
ob es (bloss) unregelmässig funktionierte (Fitz/Purtscheller/Reindl, § 5
N 38 f.; vgl. auch Christen, 87 f.). Eine solche Differenzierung würde dem
Schutzzweck des PrHG zuwiderlaufen.

283    Auch in diesen Fällen macht ein Teil der Lehre aber geltend, bei einem wirkungslosen Produkt trete der Schaden auch ohne seine Verwendung ein. Die Wirkungslosigkeit sei deshalb gar nicht die Ursache des Schadens (vgl. Taschner/Frietsch, Richtl. Art. 6 N 29; Welser, § 5 N 21 ff.). Diesem Argument ist jedoch entgegenzuhalten, dass die vom Hersteller geweckten Erwartungen dazu führen können, dass **es der Geschädigte unterlässt, ein anderes, wirkungsvolles Produkt einzusetzen** oder andere schadensverhütende Massnahmen zu treffen. Existieren solche Möglichkeiten und wären sie tatsächlich geeignet gewesen, den Eintritt des Schadens zu verhindern, besteht zwischen dem Einsatz des Produktes, das falsche Erwartungen weckte, und dem Schaden letztlich eben doch ein Kausalzusammenhang. Im Einzelfall bleibt alsdann lediglich noch zu prüfen, ob der Hersteller nach dem gewöhnlichen Lauf der Dinge und der allgemeinen Erfahrung mit einem solchen Ergebnis rechnen musste. Trifft dies zu, ist der Kausalzusammenhang adäquat kausal (vgl. Rz. 304 ff. hinten) und der Produzent hat für den Schaden aufzukommen (vgl. Fitz/Purtscheller/Reindl, § 5 N 37; Pott/Frieling, § 3 N 101; Rolland, § 2 N 24). Die Beweislast für diese Anspruchsvoraussetzungen liegt allerdings beim Geschädigten (Pott/Frieling, § 3 N 101).

284    Ist ein **Erzeugnis wirkungslos, obwohl es eine bestimmte (Schutz-) Wirkung verspricht**, ist es für den Verbraucher, der sich auf diese Wirkung verlässt, «gefährlich». Man denke etwa an eine Sicherheitsbindung, die aufgrund einer Fehlkonstruktion den Fuss nicht rechtzeitig freigibt, an undichte Schwimmwesten oder medizinische Geräte, die nicht funktionieren (vgl. Pott/Frieling, § 3 N 101 m. w. H.). Gleiches gilt für die Verpackung eines Produktes, wenn sie der Beanspruchung, mit der der Produzent vernünftigerweise rechnen musste, nicht standhält. Auch in diesem Fall hat der Hersteller deshalb für die Schäden aufzukommen, die an der Ware oder – etwa durch auslaufende Stoffe (z. B. Chemikalien) – an anderen Gegenständen entstehen (vgl. Kullman, 83). Bei entsprechender Darbietung kann die Wirkungslosigkeit deshalb dazu führen, dass ein Produkt als fehlerhaft im Sinne von Art. 4 PrHG qualifiziert wird. Besteht zwischen der fehlenden Wirkung und dem Schaden ein adäquater Kausalzusammenhang, führt dies deshalb zur Haftung des Herstellers (vgl. Fitz/Purtscheller/Reindl, § 5 N 37 ff.; Graf von Westphalen, § 62 Rz. 26; Kullmann, 82 ff.; Mertens/Cahn, § 3 N 13; Pott/Frieling, § 3 N 101; a. M. Taschner/Frietsch, Richtl. Art. 6 N 29; Welser, § 5 N 21 ff.).

285    Bei der Beurteilung der Frage, ob bestimmte Sicherheitserwartungen berechtigt sind, ist zu beachten, dass bei gewissen Produkten eine **Wirkung bloss erhofft,** nicht aber erwartet werden darf. So können z. B.

Arzneimittel auch bei richtiger Indikation und einwandfreier Produktebeschaffenheit wirkungslos bleiben. In diesen Fällen erlangt die Darbietung des Produktes (z. B. auf Beipackzettel) besondere Bedeutung. Es gilt alsdann zu prüfen, ob hinsichtlich bestimmter Wirkungen berechtigte Erwartungen geweckt wurden oder ob der Hersteller den Konsumenten allenfalls sogar ausdrücklich vor übertriebenen Hoffnungen warnte (Fitz/Purtscheller/Reindl, § 5 N 40).

ccc. Wirtschaftliche Aspekte

Auch der **Preis eines Produktes** ist unter Umständen geeignet, die 286 Sicherheitserwartungen des Konsumenten zu beeinflussen. Tatsächlich kann der Einbau bestimmter Sicherheitskomponenten vom Preis abhängen (vgl. etwa Graf von Westphalen, § 62 Rz. 21 m. w. H.). Wählt der Konsument alsdann aus verschiedenen Produkten mit dem gleichen Ge- oder Verbrauchszweck das preiswerteste aus, darf er keine Sicherheit erwarten, die ihn gegen alle Gefahren schützt.

Immerhin gehört jedoch auch zu **preiswerten Erzeugnissen** eine 287 gewisse **Basissicherheit** in bezug auf den bestimmungsgemässen Gebrauch. Sie darf der Konsument in jedem Fall voraussetzen; dieser Sicherheitsstandard gehört damit zu den berechtigten Sicherheitserwartungen. So kann beispielsweise der Käufer eines preiswerten Kleinwagens von seinem Fahrzeug zwar nicht die Sicherheit erwarten, die ihm eine mit allen Schikanen (ABS-System etc.) ausgerüstete Luxuslimousine bieten würde; er darf jedoch davon ausgehen, dass auch bei einem Kleinwagen die Bremsen einwandfrei funktionieren (vgl. etwa Kullmann, 79 f.; Pott/Frieling, § 3 N 65; Taschner/Frietsch, ProdHaftG § 3 N 56).

**Welche Komponenten zur Basissicherheit gehören**, lässt sich nicht 288 allgemein bestimmen. Bei der Beurteilung wird immer auch das Schutzobjekt des PrHG zu berücksichtigen sein: Nicht nur der Produktebenutzer selbst, sondern auch jeder **unbeteiligte Dritte** soll vor Verletzungen der geschützten Integritätsinteressen durch fehlerhafte Produkte bewahrt werden. Auch wenn deshalb ein Käufer bereit wäre, wegen eines reduzierten Preises ein Sicherheitsdefizit in Kauf zu nehmen, hätte der Hersteller für den Schaden eines Dritten voll einzustehen. Der Dritte darf nämlich von einer gewissen Basissicherheit ausgehen; er muss sich eine freiwillige Risikoübernahme durch den Käufer nicht anrechnen lassen (vgl. Graf von Westphalen, § 62 Rz. 22; Rolland, § 3 N 44).

Anders liegt der Fall, wenn der Hersteller ein preiswertes Produkt 289 mit dem **Hinweis** in Verkauf bringt, es biete **trotz kleinem Preis hohe Sicherheit**. Solche Aussagen sind als Element der Darbietung zu berück sichtigen. Sie erhöhen die berechtigten Sicherheitserwartungen, für die der Hersteller einzustehen hat (Pott/Frieling, § 3 N 65).

290 Im Ergebnis spielt der **Preis eines Produktes** deshalb **nur oberhalb eines Mindeststandards an Sicherheit eine Rolle.** Erreicht ein Produkt diesen Standard nicht, kann sich der Hersteller nicht mit dem Hinweis verteidigen, für eine hinreichend sichere Konstruktion seien die Kosten zu hoch, der Markt erlaube keinen kostendeckenden Preis. Die **wirtschaftliche Situation des Herstellers** ist nämlich kein Grund, den Mindeststandard an Sicherheit zu senken. Lässt sich für eine ausreichend sichere Konstruktion ein kostendeckender Preis nicht erzielen, bleibt daher nur die Einstellung der Produktion (vgl. Fitz/Purtscheller/Reindl, § 5 N 32; Graf von Westphalen, § 3 Rz. 24 f.; Mertens/Cahn, § 3 N 23; Rolland, § 3 N 44; Welser, § 5 N 9).

### ddd. Sicherheits- und andere Vorschriften

291 Die berechtigten Sicherheitserwartungen werden auch durch Sicherheitsvorschriften und andere Normen beeinflusst. In diesem Zusammenhang sind zwei Arten von Vorschriften zu unterscheiden: **Staatliche Vorschriften**, die das Wohl der Allgemeinheit schützen sollen und technische Normen, die bloss auf privater Übereinkunft beruhen. Als **private technische Normen** gelten etwa DIN-Normen und SIA-Normen. Sie umschreiben häufig Minimal-Standards, deren Einhaltung nach der im betroffenen Fachbereich herrschenden Verkehrsanschauung zum fachmännischen Vorgehen gehört (vgl. etwa Pott/Frieling, § 3 N 66 f.).

292 **Beide Arten** von Vorschriften sind im Ergebnis **Ausfluss einer allgemeinen und damit berechtigten Sicherheitserwartung.** Das Publikum darf deshalb darauf vertrauen, dass der Hersteller solche Vorschriften einhält und damit für die betroffenen Produkte ein **Mindeststandard** resp. **eine Basissicherheit** gewährleistet ist (Pott/Frieling, § 3 N 68).

293 **Missachtet der Produzent solche Vorschriften**, spricht die Vermutung dafür, dass auch ein Verstoss gegen die Sicherheitsanforderungen des Art. 4 PrHG vorliegt (vgl. Fitz/Purtscheller/Reindl, § 5 N 33; Graf von Westphalen, 62 Rz. 18; Mertens/Cahn, § 3 N 24; Pott/Frieling, § 3 N 68; Rolland, § 3 N 43; Taschner/ Frietsch, ProdHaftG § 3 N 17). Trotzdem hat der Hersteller solche Vorschriften nicht «sklavisch» zu befolgen; eine vergleichbare Sicherheit genügt (Welser, § 5 N 8; zurückhaltender Taschner/Frietsch, ProdHaftG § 3 N 17). Dem Hersteller steht demnach immer der Nachweis offen, das Produkt entspreche zwar nicht den einschlägigen Vorschriften, die Sicherheitserwartungen der massgebenden Allgemeinheit seien aber trotzdem erfüllt (Rolland, § 3 N 43). Um den

Schutzzweck des Gesetzes nicht zu unterlaufen, sind an diesen Beweis freilich strenge Anforderungen zu stellen.

Die **Einhaltung der einschlägigen Normen und Vorschriften** schliesst 294 einen Fehler jedoch nicht zum vornherein aus. Sie genügt deshalb für sich allein als Nachweis für die Fehlerfreiheit eines Produktes nicht (vgl. Fitz/Purtscheller/Reindl, § 5 N 34; Kullmann, 78; Mertens/Cahn, § 3 N 24; Pott/Frieling, § 3 N 68; Rolland, § 3 N 41; Welser, § 5 N 8). Tatsächlich entsprechen nämlich sowohl private Normen wie auch gesetzliche Vorschriften häufig nicht dem aktuellen Stand von Technik und Wissenschaft. Sie vermögen deshalb die Pflichten des Herstellers bzw. die Sicherheitsanforderungen, die ein bestimmtes Produkt erfüllen muss, nicht abschliessend zu konkretisieren. Zudem stellt die Produktesicherheit bei solchen Normen vielfach nur einen Teilaspekt dar, der durch die Wechselwirkung mit anderen Gesichtspunkten relativiert wird. Solche Regelungen dienen deshalb meistens «nur einer teilpräventiven Vorsorge»; sie sind **«kein haftungsrechtlicher Freibrief»** (Taschner/Frietsch, ProdHaftG § 3 N 16; vgl. auch Pott/Frieling, § 3 N 70).

Die **Bedeutung technischer Normen** für die Produktehaftpflicht ist 295 jedoch auch noch aus einem weiteren Grund eingeschränkt: Solche Normen sind vielfach das **Ergebnis privater, brancheninterner Abmachungen** zur Vereinfachung und Rationalisierung der Produktion. Wollte man deshalb die Einhaltung der von den Produzenten inhaltlich massgeblich beeinflussten Normen mit der Fehlerfreiheit der betroffenen Produkte gleichsetzen, würde man die Hersteller zu «Herren ihrer Haftung» machen. Sie hätten es alsdann in der Hand, die berechtigten Sicherheitserwartungen durch Änderung der massgebenden (selbst erlassenen) Normen einseitig zu bestimmen (Taschner/Frietsch, Richtl. Art. 6 N 19; vgl. auch Pott/Frieling, § 3 N 70).

**Ausnahmsweise** kann jedoch die **Einhaltung gesetzlicher Vorschrif-** 296 **ten** trotz allem einen **Haftungsausschliessungsgrund** begründen. Voraussetzung dafür ist jedoch, dass der Produktefehler gerade darauf zurückzuführen ist, dass das Erzeugnis verbindlichen, hoheitlich erlassenen Vorschriften entspricht. Diese Bedingung ist vom Hersteller nachzuweisen (vgl. Art. 5 Abs. 1 lit. d PrHG; vgl. eingehend Rz. 331 ff. hinten).

Daneben kann aber die **Einhaltung gesetzlicher Vorschriften** und 297 technischer Normen immerhin **als Indiz eine gewisse Bedeutung** haben. Tatsächlich spricht ein gewisser Anschein dafür, dass ein Produkt, das den gesetzlichen Vorschriften und technischen Normen entspricht, die erforderliche Basis-Sicherheit aufweist und so die berechtigten Sicherheitserwartungen erfüllt. Dies gilt jedenfalls solange, als keine Anhaltspunkte für eine Änderung der berechtigten Sicherheitserwartungen gegeben sind. Dem Geschädigten bleibt deshalb immer noch der Einwand, das der Herstellung zugrunde liegende Regelwerk habe nicht dem gebotenen Sicherheitsstandard entsprochen, es sei fehlerhaft oder veraltet (Rolland, § 3 N 43). Für den Geschädigten wird es in solchen Fällen allerdings schwierig sein, einen Produktefehler nachzuweisen (Taschner/Frietsch, Richtl. Art. 6 N 20; vgl. auch Christen, 85).

298    Im Ergebnis begründet die Einhaltung von Vorschriften und technischen Normen also immerhin die **tatsächliche Vermutung**, das betroffene Erzeugnis entspreche den berechtigten Sicherheitserwartungen mindestens bezüglich der erforderlichen Basissicherheit (vgl. Pott/Frieling, § 3 N 71; Rolland, § 3 N 43; a. M. Mertens/Cahn, § 3 N 24).

### c. Beweislastverteilung

299    Die **Beweislast für den Nachweis eines Produktefehlers** trägt **der Geschädigte**. Art. 4 der EG-Richtlinie schreibt dies ausdrücklich vor. Der schweizerische Gesetzgeber hat auf eine spezielle Bestimmung verzichtet, da sich diese Beweislastverteilung mit den (insbesondere) durch Art. 8 ZGB vorgegebenen Grundsätzen deckt (Botschaft I Eurolex, 421; vgl. auch Rz. 26 vorne).

300    Auf den ersten Blick erscheint diese Lösung tatsächlich einfach und unproblematisch. Bei einer näheren Betrachtung ergeben sich aber Bedenken; die **Verteilung der Beweislast** erweist sich nämlich in verschiedenen Punkten als **unklar**: So ist der Nachweis der Verhältnisse im Zeitpunkt des Inverkehrbringens sowohl Bestandteil des dem Geschädigten obliegenden **Fehler-Beweises** (Art. 4 Abs. 1 lit. c PrHG) wie auch massgebendes Element bei zwei der insgesamt fünf möglichen **Entlastungsbeweisen** des (End-) Herstellers (Art. 5 Abs. 1 lit. b und c PrHG). Lassen sich deshalb die Verhältnisse im Zeitpunkt des Inverkehrbringens des fehlerhaften Produktes weder vom Geschädigten noch vom Hersteller zweifelsfrei nachweisen, fragt sich, wer nun dafür die Beweislast trägt: Bleibt der Geschädigte auf seinem Schaden sitzen, weil der Fehler-Beweis nicht gelingt, oder haftet der Hersteller, weil sein Entlastungsbeweis misslingt? Das PrHG hilft hier nicht weiter. Die Lösung lässt sich aber aus dem Grundgedanken des Gesetzes ableiten. In sachgerechter Weise kann nämlich eine gerechte Zuweisung der mit der modernen technischen Produktion verbundenen Risiken nur nach den folgenden Regeln erreicht werden:

301    Nach Art. 1 und 4 PrHG hat **der Geschädigte den Beweis** zu erbringen, dass das Produkt fehlerhaft ist. Dazu gehört der Nachweis, dass es

den **Sicherheitserwartungen, die im Zeitpunkt des Inverkehrbringens berechtigt waren, nicht genügt hätte** (Taschner/Frietsch, ProdHaftG § 1 N 140). Gelingt dieser Beweis und steht demnach fest, dass das Produkt den berechtigten Sicherheitserwartungen (sollte der nun festgestellte Fehler schon damals bestanden haben) im Zeitpunkt seiner Inverkehrbringung nicht genügt hätte, wird **vermutet, dass der Sicherheitsmangel bei der Inverkehrbringung bereits vorhanden war.**

Will der **Hersteller** der Haftung entgehen, hat er diese (tatsächliche) Vermutung (vgl. dazu eingehend Kummer, Art. 8 N 362 ff.) durch einen **Gegenbeweis** (vgl. Kummer, Art. 8 N 107) zu entkräften. Dafür stellt ihm das PrHG in **Art. 5 Abs. 1 lit. b** einen **speziellen Entlastungsbeweis** zur Verfügung. Danach haftet der Hersteller nicht, «wenn er beweist, dass nach den Umständen davon auszugehen ist, dass der Fehler, der den Schaden verursacht hat, noch nicht vorlag, als er das Produkt in Verkehr brachte». Dafür genügt «ein grosses Mass an Wahrscheinlichkeit für die Nichtexistenz des Fehlers zur Zeit des Inverkehrbringens» (Taschner/Frietsch, ProdHaftG § 1 N 141; vgl. auch eingehend Rz. 323 ff. hinten). Der Hersteller kann sich allerdings auch durch den Nachweis positiver Fakten entlasten: Er kann nachweisen, dass der Fehler erst nach dem Inverkehrbringen des Produktes entstanden ist (Taschner/Frietsch, ProdHaftG § 1 N 141).

Beim **Nachweis eines Fehlers** hat der Geschädigte grundsätzlich alle massgebenden Umstände im Zeitpunkt der Inverkehrsetzung des Produkts zu berücksichtigen. Dazu gehört unter Umständen auch der damalige Stand von Wissenschaft und Technik. Hier ist allerdings zu beachten, dass ein Produkt auch fehlerhaft sein kann, wenn es dem damaligen Stand der Wissenschaft und Technik entsprach. Dies ergibt sich aus Art. 5 Abs. 1 lit. e PrHG, der Entwicklungsrisiken von der Haftung des Herstellers ausschliesst. Konnte «der Fehler nach dem Stand der Wissenschaft und Technik im Zeitpunkt, in dem das Produkt in Verkehr gebracht wurde, nicht erkannt werden», haftet der Hersteller nicht. Die Beweislast dafür trägt (im Rahmen eines möglichen Entlastungsbeweises) allerdings der Hersteller.

## D. Kausalzusammenhang

Nach Art. 4 EG-Richtlinie hat der Geschädigte den «ursächlichen Zusammenhang» zwischen dem Fehler des Produktes und seinem Schaden zu beweisen (vgl. Christen, 90). Im schweizerischen Gesetz über die

Produktehaftpflicht wurde keine entsprechende Bestimmung aufgenommen. Hier gilt es als selbstverständlich, dass der **Geschädigte** den massgebenden **Kausalzusammenhang nachweisen** muss (vgl. etwa Brehm, Art. 41 N 103 ff., insbes. 117 ff.).

305 Kausalzusammenhang nennt man die Beziehung zwischen Ursache und Wirkung. Zwischen zwei Ereignissen besteht ein natürlicher Kausalzusammenhang, wenn das erste Ereignis notwendige Bedingung für das zweite war. Vom naturwissenschaftlichen oder logischen Standpunkt aus betrachtet, hat jeder Erfolg eine Vielzahl von Ursachen und ist selbst wieder Ursache für unzählige weitere Erfolge. Es gibt daher Geschehensabläufe, bei denen zwischen Ursache und Wirkung ein naturgesetzlicher Zusammenhang besteht, die Beziehung aber derart weitläufig ist, dass es als unangemessen erscheint, den Verursacher für alle Folgen haftbar zu machen. Die herrschende Lehre und die Rechtsprechung gehen daher zwar vom natürlichen Kausalzusammenhang aus, versuchen aber die Haftung des Schädigers mit der **Theorie der adäquaten Kausalität** auf ein vernünftiges Mass einzuschränken: Haftungsbegründend ist nur «die Ursache, die nach dem gewöhnlichen Lauf der Dinge und der allgemeinen Erfahrung geeignet ist, den eingetretenen Erfolg zu bewirken, so dass der Eintritt dieses Erfolges als durch die fragliche Ursache wesentlich begünstigt erscheint» (Oftinger, 72 m. w. H.; vgl. auch eingehend Brehm, Art. 41 N 103 ff.).

306 Aus der Sicht des Naturwissenschafters kann nur positives Geschehen Ursache einer Wirkung sein. In der Rechtswissenschaft dagegen vermag auch ein negatives Geschehen, eine sogenannte **Unterlassung**, die Ursache eines Schadens darzustellen. Dabei wird jedoch vorausgesetzt, dass eine Pflicht besteht, das verletzte Rechtsgut vor Schaden zu bewahren. Der adäquate Kausalzusammenhang zwischen der Unterlassung und dem Schaden wird alsdann bejaht, wenn pflichtgemässes Handeln nach dem gewöhnlichen Lauf der Dinge und der allgemeinen Erfahrung geeignet gewesen wäre, den verpönten Erfolg zu verhindern (vgl. Oftinger, 88 ff.).

307 Diese Grundsätze gelten auch im Rahmen der Produktehaftung: Der Schadenersatzanspruch des Verbrauchers gegen den Hersteller setzt den Fehler eines Produktes (zum Begriff des «fehlerhaften Produkts» vgl. Rz. 172 ff. vorne) und einen Schaden voraus. Der Hersteller hat für den Schaden aber nur dann einzustehen, wenn **zwischen dem Fehler seines Produktes und diesem Schaden ein Kausalzusammenhang** besteht. Dieser Kausalzusammenhang muss vom Geschädigten nachgewiesen werden. Massgebend ist auch hier der **adäquate Kausalzusammenhang**. Die

Möglichkeit des Schadenseintrittes darf deshalb nicht «ausserhalb aller Wahrscheinlichkeit» liegen: «Ganz unwahrscheinliche Schadensabläufe werden dem Hersteller daher nicht zugerechnet» (Pott/Frieling, § 1 N 67 ff.; vgl. auch Fitz/Purtscheller/Reindl, § 1 N 22; Mertens/Cahn, § 1 N 68 ff.; Rolland, § N 56 ff.; Taschner/Frietsch, ProdHaftG § 1 N 43 ff.).

Bezüglich der **Kausalität einer Unterlassung** kann an den ersten 308 Entscheid des Bundesgerichtes zur Produktehaftung (BGE 49 I 465) angeknüpft werden. Danach hat, wer einen Gebrauchsgegenstand herstellt, bei dessen Herstellung und Behandlung ganz besondere Aufmerksamkeit aufzuwenden. Die Öffentlichkeit darf sich insbesondere darauf verlassen, dass die angebotene Ware den gesundheitlichen Anforderungen entspricht. Der Hersteller ist demnach verpflichtet, alles zu veranlassen, um einen möglichen Schaden zu verhindern. Unterlässt er es, die erforderlichen Schutzvorkehren zu treffen, hat er für den Schaden einzustehen.

## IV. Entlastung

## A. Überblick

Art. 5 PrHG sieht in Anlehnung an Art. 7 der EG-Richtlinie (vgl. 309 dazu Christen, 91 ff.) **sechs Entlastungsgründe** vor, bei deren Vorliegen der Hersteller nicht haftet, obwohl das Produkt im Sinne von Art. 4 PrHG fehlerhaft war, nämlich:
– Der Hersteller hat das Produkt nicht in den Verkehr gebracht (vgl. Rz. 312 ff. hinten);
– nach den Umständen ist davon auszugehen, dass der Fehler, der den Schaden verursacht hat, noch nicht vorlag, als der Hersteller das Produkt in den Verkehr brachte (vgl. Rz. 323 ff. hinten);
– der Hersteller hat das Produkt weder für den Verkauf oder eine andere Form des Vertriebs mit wirtschaftlichem Zweck noch im Rahmen seiner beruflichen Tätigkeit hergestellt oder vertrieben (vgl. Rz. 327 ff. hinten);
– der Fehler ist darauf zurückzuführen, dass das Produkt verbindlichen hoheitlich erlassenen Vorschriften entspricht (vgl. Rz. 331 ff. hinten);
– der Fehler konnte nach dem Stand der Wissenschaft und Technik im Zeitpunkt, in dem der Hersteller das Produkt in den Verkehr brachte, nicht erkannt werden (vgl. Rz. 335 ff. hinten);

– der Hersteller eines Grundstoffes oder eines Teilproduktes kann nachweisen, dass der Fehler durch die Konstruktion des Produktes, in das der Grundstoff oder das Teilprodukt eingearbeitet wurde, oder durch die Anleitung des Herstellers des (Folge- oder End-) Produktes verursacht worden ist (vgl. Rz. 348 ff. hinten).

310 Da es sich bei der Produktehaftpflicht des PrHG um eine Kausalhaftung handelt (vgl. Rz. 23 vorne), knüpfen die Entlastungsgründe des Art. 5 PrHG nicht an fehlendes Verschulden an. Sie setzen vielmehr das **Fehlen** bestimmter, für die Haftung des Produzenten massgebender **objektiver Zurechnungsgründe** voraus.

311 Die **Beweislast** für das Vorliegen einer der in Art. 5 PrHG genannten «Ausnahmen von der Haftung» trifft den **Hersteller**. Es handelt sich damit um eigentliche Entlastungsgründe.

## B. Fehlendes Inverkehrbringen

312 Nach Art. 5 Abs. 1 lit. a PrHG haftet der Hersteller (sei er nun Hersteller des Endproduktes, eines Grundstoffes oder eines Teilproduktes [Art. 2 Abs. 1 lit. a PrHG], Importeur [Art. 2 Abs. 1 lit. c PrHG] oder Lieferant [Art. 2 Abs. 2 BPH]) nicht, wenn er das Produkt nicht in den Verkehr gebracht hat. Erst wenn nämlich das Produkt den Einflussbereich des Herstellers verlassen hat, wird es zur besonderen Gefahr für die Allgemeinheit (Pott/Frieling, § 1 N 74). Art. 5 Abs. 1 lit. a PrHG will deshalb den Hersteller von den **«Risiken unfreiwilligen Besitzverlustes»** (Mertens/Cahn, § 1 N 19) schützen.

313 Art. 5 Abs. 1 lit. a PrHG sagt nicht, was unter **«Inverkehrbringen»** zu verstehen ist (anders das österreichische PrHG, das in § 6 eine eigene Begriffsbestimmung vorsieht). Die Konzeption des Produktehaftpflichtgesetzes (bzw. der EG-Richtlinie) zeigt jedoch, dass der Begriff nicht funktionsbezogen zu verstehen ist. Er grenzt nicht (nur) die Hersteller- von der Verbrauchersphäre ab. Der Einbezug jedes einzelnen Herstellers einer ganzen Herstellerkette nach Art. 2 PrHG macht vielmehr deutlich, dass auf die **Weitergabe des Produktes durch den jeweiligen Produzenten** abzustellen ist (Mertens/Cahn, § 1 N 20 f.). Das österreichische PrHG definiert den Begriff des Inverkehrbringens deshalb als Übergabe des Produktes in die Verfügungsmacht oder den Gebrauch eines anderen, wobei der Rechtsgrund dieser Übergabe ohne Bedeutung sein soll (vgl. § 6 östr. PrHG und dazu Fitz/Purtscheller/Reindl, § 6 N 1 ff.; Welser, § 6 N 1 ff.). Die **Produktehaftung** erfasst damit **auch Schadenereignisse in-**

**nerhalb der Herstellerkette** (Mertens/Cahn, § 1 N 20 f.; vgl. auch Christen, 92 ff.).

Setzt sich ein Produkt aus mehreren Bestandteilen und Grundstoffen zusammen und weist einer dieser Teile Fehler auf, muss deshalb für jeden Hersteller (den Hersteller des Grundstoffes, den Hersteller eines Teilproduktes und den Hersteller des Endproduktes) gesondert geprüft werden, ob er das Produkt in den Verkehr gebracht hat. Eine Inverkehrbringung liegt demnach auch in der **Auslieferung eines Grundstoffes oder eines Teilproduktes an andere Hersteller** (vgl. Mertens/Cahn, § 1 N 23; Rolland, § 1 N 95; Taschner/Frietsch, ProdHaftG § 1 N 55). 314

In der deutschen Lehre spricht man in diesem Zusammenhang vom «**Werktorprinzip**» (vgl. etwa Pott/Frieling, § 1 N 76; Rolland, § 1 N 90; Taschner/Frietsch, ProdHaftG, § 1 N 53; Graf von Westphalen, § 60 Rz. 34 ff.). Danach gilt ein Produkt dann als in den Verkehr gebracht, wenn es «mit Wissen und Wollen des jeweiligen 'Herstellers' dessen Herrschafts- und Organisationsphäre verlassen» hat (Graf von Westphalen, § 60 Rz. 34; vgl. auch Pott/Frieling, § 1 N 76). Dies geschieht beim **Endhersteller**, beim **Quasi-Hersteller** und beim **Lieferanten** in der Regel dadurch, dass sie das Produkt in den Vertrieb oder in die Verteilerkette (zu Vertriebszwecken an Dritte) ausliefern (Palandt/Thomas, § 1 N 14; vgl. auch Mertens/Cahn, § 1 N 22; Rolland, § 1 N 90; a. M. [ohne einleuchtende Begründung] Botschaft Swisslex, 81). Der **Hersteller eines Grundstoffes** oder eines **Teilproduktes** (Art. 2 Abs. 1 lit. a PrHG) bringt sein Erzeugnis dadurch in Verkehr, dass er es dem Endhersteller oder einem weiteren Teilhersteller ausliefert (vgl. Mertens/Cahn, § 1 N 23; Rolland, § 1 N 95 Art. 7 N 6; Graf von Westphalen, § 60 Rz. 43). Der **Importeur** setzt das Produkt nicht bereits mit dem Import in Verkehr. Er gilt zwar von diesem Zeitpunkt an als Hersteller (Art. 2 Abs. 1 lit. c PrHG). Das Inverkehrbringen erfolgt jedoch auch hier erst dann, wenn das Produkt seinen Organisationsbereich (etwa Lagerhallen etc.) mit seinem Wissen und Willen verlässt (vgl. Mertens/Cahn, § 1 N 23; Rolland, § 1 N 99 f.; Taschner/Frietsch, ProdHaftG § 1 N 55 und 62; Graf von Westphalen, § 60 Rz. 48; a. M. Taschner/Frietsch, Richtl. Art. 7 N 6 und [ohne Begründung] Botschaft Swisslex, 81). 315

Der Hersteller muss das Produkt willentlich aus seinem Herrschaftsbereich entlassen. Erforderlich ist ein **willentlicher Akt, eine Willensbetätigung**, die den Vorgang beispielsweise von Diebstahl oder einer Unterschlagung abgrenzt (vgl. Mertens/Cahn, § 1 N 18 f.; Pott/Frieling, § 1 N 75; Rolland, § 1 N 89; Taschner/Frietsch, § 1 N 59). Diese willentliche Entäusserung ist jedoch **keine rechtsgeschäftliche Willensbetätigung** 316

**und kein Rechtsgeschäft**, sondern eine **tatsächliche Handlung** (vgl. Rolland, § 1 N 89; Graf von Westphalen, § 60 Rz. 37).

317   Damit kann auch der **handlungsunfähige Unmündige** ein Produkt in den Verkehr bringen. Das gleiche gilt für den **Urteilsunfähigen**, solange ihm die tatsächliche Handlung wenigstens zugerechnet werden kann bzw. der Vorgang nicht rein zufällig ist. Aus dem gleichen Grund sind die Anfechtungstatbestände der Art. 23 ff. OR ohne Bedeutung. Auch bei **Irrtum**, ja selbst bei arglistiger **Täuschung** liegt der Inverkehrsetzung immer noch eine tatsächliche Handlung zugrunde, die sich dem Hersteller zurechnen lässt (vgl. Mertens/Cahn, § 1 N 19; Pott/Frieling, § 1 N 75; Rolland, § 1 N 89; Graf von Westphalen, § 60 Rz. 37).

318   Ist für die Inverkehrbringung ein Transport erforderlich, ist das Merkmal des Inverkehrbringens bereits mit dem **Beginn des Versandes** erfüllt. Der Hersteller haftet deshalb auch für Schäden, die auf dem Transport oder gerade durch den Transport verursacht werden (Mertens/Cahn, § 1 N 24).

319   Da der Begriff der Inverkehrbringung wenig gesichert ist, ergeben sich **zahlreiche Zweifelsfälle**: So ist beispielsweise streitig, ob eine Inverkehrbringung vorliegt, wenn der Hersteller sein Produkt der Aussenwelt zugänglich macht, ohne die tatsächliche Gewalt endgültig aufzugeben (vgl. eingehend Rolland, § 1 N 91 ff.). Nach der Zielrichtung des Produktehaftpflichtgesetzes wird hier darauf abzustellen sein, «ob das Gefahrenpotential des unsicheren Produkts sich nicht mehr auf innerbetriebliche Vorgänge beschränkt und ob die schutzwürdigen Interessen Dritter berührt werden» (Pott/Frieling, § 1 N 77). Stellt beispielsweise der Hersteller sein Erzeugnis auf **Messen** oder anderen **externen Veranstaltungen** aus und kommen dort Dritte infolge eines Produktfehlers zu Schaden, kann sich der Hersteller nicht mit dem Hinweis entlasten, er habe das Produkt noch nicht in den Verkehr gebracht (vgl. Mertens/Cahn, § 1 N 22; Pott/Frieling, § 1 N 77; Rolland, § 1 N 91; kritisch Graf von Westphalen, § 60 Rz. 35). Das gleiche gilt beim **Einsatz eigener Produkte in der Öffentlichkeit** (z. B. Benutzung eines eigenen Lastwagens im Strassenverkehr) und bei **Testfahrten auf öffentlichen Strassen** (vgl. Pott/Frieling, § 1 N 77; Rolland, § 1 N 93 [kritisch aber für Probefahrten]; a. M. für Probefahrten Taschner/Frietsch, Richtl. Art. 7 N 8).

320   **Umstritten** ist auch, ob die bloss **vorübergehende Überlassung von Produkten an Dritte**, beispielsweise zur **Materialprüfung, Qualitätskontrolle** oder zur **Reparatur** als Inverkehrbringung zu qualifizieren ist. Massgebend wird hier sein, ob in diesen Fällen die Herrschaftsgewalt in der Hand des jeweiligen Herstellers bzw. dessen Angestellten, Arbeit-

nehmer oder Mitarbeiter bleibt. Ist dies der Fall, liegt keine Inverkehrbringung vor (vgl. Mertens/Cahn, § 1 N 22; Taschner/Frietsch, Richtl.
Art. 7 N 8; Graf von Westphalen, § 60 Rz. 39).

Eine Inverkehrbringung kann auch vorliegen, wenn der **Herstel-** 321
**lungsprozess noch nicht abgeschlossen** ist, aber bereits ein **(Teil-) Pro-**
**dukt** vorliegt. So kann beispielsweise das zur Herstellung anderer Produkte benötigte Erzeugnis oder das zugelieferte (Teil-) Produkt Fehler
aufweisen. Das gleiche gilt, wenn ein bestimmtes Erzeugnis zur **Instand-**
**setzung** oder zur **Veredelung** (z. B. verzinken) an ein anderes Unternehmen geliefert und alsdann wieder zurückgeliefert wird. In all diesen
Fällen liegt die Einschränkung im Ergebnis nicht im Begriff des Inverkehrbringens, sondern allein darin, dass das Produktehaftpflichtgesetz
bei Sachschäden nur solche an privat genutzten Gegenständen erfasst
(vgl. Art. 1 Abs. 1 lit. b PrHG). Eine Haftung kann sich deshalb vor allem
bei Sachschäden an privat genutzten Gegenständen der Arbeitnehmer
sowie bei Personenschäden ergeben (vgl. Pott/Frieling, § 1 N 77; Rolland,
§ 1 N 92; Taschner/Frietsch, ProdHaftG § 1 N 56 f.).

Die **Beweislast**, dass ein Produkt nicht in den Verkehr gebracht 322
wurde, liegt beim **Hersteller**. Richtet ein Produkt in der Öffentlichkeit
Schaden an, geht das Gesetz von der Vermutung aus, es sei vom Hersteller willentlich in den Verkehr gebracht worden. Behauptet dieser, das
Produkt sei seiner Verfügungsmacht unfreiwillig entzogen worden, hat er
diese Sachdarstellung zu beweisen (vgl. Mertens/Cahn, § 1 N 73;
Pott/Frieling, § 1 N 78 ff.; Taschner/Frietsch, ProdHaftG § 1 N 52).

## C. Nach Inverkehrbringung entstandener Fehler

Nach Art. 5 Abs. 1 lit. b PrHG haftet der Hersteller nicht, wenn 323
nach den Umständen davon auszugehen ist, dass der Fehler, der den
Schaden verursacht hat, noch nicht vorlag, als er das Produkt in den
Verkehr brachte. Nach Art. 4 PrHG hängt die Haftung des Produzenten
davon ab, ob sein Produkt im **Zeitpunkt, in dem es in den Verkehr**
**gebracht wurde**, die Sicherheit bot, die man unter Berücksichtigung aller
Umstände zu erwarten berechtigt war (vgl. Rz. 172 ff. vorne). Gelangte
das Produkt fehlerfrei auf den Markt, haftet der Hersteller deshalb für
**Sicherheitsmängel, die sich später** beispielsweise durch zweckwidrige
Verwendung **einstellen**, nicht. Der Entlastungsgrund des Art. 5 Abs. 1
lit. b PrHG soll sicherstellen, dass der Hersteller nur für eigentliche Produktefehler, nicht aber für «die Folgen unsachgemässer Behandlung des

Produkts im Laufe der Güterbewegung oder durch den Geschädigten selbst» einzustehen hat (Mertens/Cahn, § 1 N 26; vgl. auch Christen, 96 ff.; Rolland, § 1 N 104; Taschner/Frietsch, ProdHaftG § 1 N 64 f. und Richtl. Art. 7 N 10).

324    Steht ein Produktefehler fest, wird vermutet, dass er bereits bei der Inverkehrbringung bestand. Der **Nachweis**, dass dies nicht der Fall ist, obliegt deshalb nach Art. 5 Abs. 1 lit. b PrHG dem **Hersteller**. Er befreit sich von seiner Haftung, wenn er Umstände nachweist, die mit hoher Wahrscheinlichkeit dafür sprechen, dass der Produktefehler erst nach dem Zeitpunkt der Inverkehrsetzung entstanden ist. Nach dem Wortlaut des Gesetzes («... dass nach den Umständen davon auszugehen ist,...») muss der Hersteller nicht mit wissenschaftlicher Exaktheit den vollen Beweis erbringen. Es genügt, «eine **nachvollziehbare überwiegende Wahrscheinlichkeit** für die zugunsten des Herstellers sprechenden Tatsachen gegenüber den verbleibenden Zweifeln» (Pott/Frieling, § 1 N 84 f.; vgl. auch Mertens/Cahn, § 1 N 32; Roland, § 1 N 108; Taschner/Frietsch, ProdHaftG § 1 N 52).

325    Eine Entlastung des Herstellers gestützt auf Art. 5 Abs. 1 lit. b PrHG wird in aller Regel nur bei Mängeln in Frage kommen, die gleich liegen wie **Fabrikationsfehler**. Bei Konstruktionsfehlern ist eine Entlastung nämlich nicht möglich, weil sie die Gebrauchstauglichkeit des Produktes von der Fertigung an auf Dauer beeinträchtigen. Das gleiche gilt in aller Regel auch für Instruktionsfehler (Palandt/Thomas, § 1 N 17). Hier ist lediglich dann eine Entlastung möglich, wenn im Vertrieb ohne Zutun des Herstellers eine fehlerfreie Gebrauchsanweisung durch eine mangelhafte Instruktionsschrift ersetzt wird (Mertens/Cahn, § 1 N 28).

326    Fehler, die sich gleich gestalten wie Fabrikationsfehler sind allerdings schwer zu widerlegen, da ein **Ausreisser** (vgl. Rz. 201 vorne) **kaum je völlig auszuschliessen** ist, auch wenn sich Produktionsabläufe und Endkontrolle nachweisen lassen. Im Einzelfall werden die **gesamten Umstände zu prüfen** sein, insbesondere wird sich regelmässig eine Materialprüfung durch Experten aufdrängen. In diesem Zusammenhang können gewisse Indizien dafür sprechen, dass der Fehler noch nicht vorlag, als das Produkt in den Verkehr gebracht wurde. In Frage kommen etwa eine grosse Zeitspanne zwischen der Vermarktung und dem Schadenseintritt, unsachgemässer Transport nach Auslieferung des Produktes, fehlerhafte Aufbewahrung durch den Händler, zweckwidrige Verwendung durch den Verbraucher, Wartungsfehler des Konsumenten, besonders intensive Nutzung des Erzeugnisses oder gewöhnliche Abnutzung von Verschleissteilen (Pott/Frieling, § 1 N 87).

# D. Private Herstellung ohne Gewinnabsicht

Nach der Zielvorgabe der EG-Richtlinie soll der Hersteller nur 327
haften, wenn er das Produkt zu einem **kommerziellen Zweck im weitesten Sinne** herstellt (vgl. Christen, 99 ff.). Nur in diesem Fall besteht ein erhöhtes Schutzbedürfnis des Verbrauchers (vgl. Pott/Frieling, § 1 N 88; Rolland, § 1 N 117; Taschner/Frietsch, ProdHaftG § 1 N 74; Graf von Westphalen, § 60 Rz. 51). Gleichzeitig ermöglicht die kommerzielle Herstellung dem Produzenten, das Haftungsrisiko durch entsprechende Preiskalkulation und/oder Versicherung auf eine Mehrzahl von Konsumenten abzuwälzen (Mertens/Cahn, § 1 N 35). Der Hersteller haftet deshalb nach Art. 5 Abs. 1 lit. c PrHG nicht, wenn er das Produkt weder für den Verkauf oder eine andere Form des Vertriebs mit wirtschaftlichem Zweck noch im Rahmen seiner beruflichen Tätigkeit hergestellt oder vertrieben hat.

Art. 5 Abs. 1 lit. c PrHG weist **zwei Tatbestandselemente** auf. Das 328
erste Element, die **Produktion für den Verkauf oder eine andere Form des Vertriebs**, stellt auf die der Herstellung zugrunde liegende Motivation ab. Das zweite Tatbestandselement, die **Herstellung oder der Vertrieb im Rahmen der beruflichen Tätigkeit** des Herstellers, stellt den – objektiven – Zusammenhang mit dem Vertrieb und der beruflichen Tätigkeit des Produzenten her (Mertens/Cahn, § 1 N 36; vgl. auch Palandt/Thomas, § 1 N 18; Pott/Frieling, § 1 N 89; Taschner/Frietsch, ProdHaftG § 1 N 74). Der Hersteller kann sich nur von seiner Haftung befreien, wenn **beide Tatbestandselemente erfüllt** sind. Er muss deshalb nachweisen, dass er das Produkt zum einen weder für den Verkauf oder eine andere Form des Vertriebs mit wirtschaftlichem Zweck hergestellt hat und zum andern die Herstellung oder der Vertrieb nicht im Rahmen seiner beruflichen Tätigkeit erfolgt ist (vgl. Mertens/Cahn, § 1 N 36; Pott/Frieling, § 1 N 89 f.; Rolland, § 1 N 117; Taschner/Frietsch, ProdHaftG § 1 N 74 ff.).

Eine **Herstellung für den Vertrieb mit wirtschaftlichem Zweck** liegt 329
vor, wenn der Hersteller mit der Produktion unmittelbar oder mittelbar einen Gewinn erzielen will. Als Beispiel für einen Vertrieb mit wirtschaftlichem Zweck nennt das Gesetz den Verkauf. In Betracht kommen zudem Vermietung, Leasing oder Mietkauf. Daneben genügt aber auch die blosse Absicht, mittelbar einen Gewinn zu erzielen. Aus diesem Grund stellt auch die Herstellung von Werbegeschenken oder die Produktion eines Erzeugnisses zu Ausstellungszwecken eine Form des Vertriebes mit wirtschaftlichem Zweck dar (vgl. Mertens/Cahn, § 1 N 37;

Rolland, § 1 N 120 ff.; Taschner/Frietsch, ProdHaftG § 1 N 75 f.; Graf von Westphalen, § 60 Rz. 52 ff.).

330   Das zweite Tatbestandselement erfordert, dass weder die **Herstellung noch der Vertrieb des Produktes im Rahmen einer beruflichen Tätigkeit** erfolgt. Unter Beruf ist «jede auf Dauer angelegte, nicht ausserhalb des Erwerbslebens stehende und rein private Tätigkeit am Markt zu verstehen» (Mertens/Cahn, § 1 N 40). Ob diese Tätigkeit haupt- oder nebenberuflich erfolgt, ist ohne Bedeutung. Schliesslich spielt es auch keine Rolle, ob das Produkt im konkreten Fall unmittelbar zur Erzielung von Einkünften hergestellt wurde (Mertens/Cahn, § 1 N 40; vgl. auch Rolland, § 1 N 118; Graf von Westphalen, § 60 Rz. 61). Damit ist eine Entlastung auch dann nicht möglich, wenn ein Produkt zwar ursprünglich zu Hause und für den privaten Gebrauch hergestellt wurde, alsdann aber zur Gewinnerzielung an Dritte veräussert wird. Backt beispielsweise ein Bäcker zu Hause für seine Familie einen Kuchen, verkauft er ihn alsdann aber – weil die eingeladenen Gäste das Dessert selbst mitbringen – in der Bäckerei, haftet er wegen Vertriebs im Rahmen der beruflichen Tätigkeit (Taschner/Frietsch, ProdHaftG § 1 N 81; vgl. auch Pott/Frieling, § 1 N 91; Rolland, § 1 N 118).

## E. Herstellung nach zwingenden Rechtsvorschriften

331   Nach Art. 5 Abs. 1 lit. d PrHG haftet der Hersteller nicht, wenn der Fehler seines Produktes darauf zurückzuführen ist, dass das Erzeugnis verbindlichen hoheitlich erlassenen Vorschriften entspricht. Der Hersteller muss beweisen, dass der Fehler darauf zurückzuführen ist, dass das Produkt zum Zeitpunkt der Inverkehrbringung einer in einem Gesetz oder einer Verordnung **zwingend vorgeschriebenen Produktebeschaffenheit** oder einer **technischen Norm** entsprach, die anzuwenden der Hersteller nach Gesetz oder Verordnung verpflichtet war (vgl. Christen, 102 ff.). Die Haftungsbefreiung nach Art. 5 Abs. 1 lit. d PrHG hat damit im Ergebnis **nur für Konstruktionsfehler** praktische Bedeutung (vgl. Pott/Frieling, § 1 N 92; Rolland, § 1 N 128).

332   Erforderlich ist eine **verbindliche, hoheitlich erlassene Vorschrift.** Die Ausnahmeregelung in Art. 5 Abs. 1 lit. d PrHG ist eng auszulegen. In Betracht kommen deshalb **nur Gesetzesbestimmungen**, also durch staatlichen Hoheitsakt erlassene generell-abstrakte Normen. Dabei ist jedoch ohne Bedeutung, ob es sich um ein Gesetz im formellen Sinn handelt oder ob bloss eine dem Gesetz im formellen Sinn untergeordnete Verord-

nung in Frage steht (vgl. Christen, 103 ff.; Mertens/Cahn, § 1 N 43; Rolland, § 1 N 130; Taschner/Frietsch, ProdHaftG § 1 N 84 ff.; Graf von Westphalen, § 60 Rz. 65 ff.).

**Nicht in Betracht** kommen blosse **öffentlich-rechtliche Erlaubnisse** 333 **oder Genehmigungen** (vgl. Mertens/Cahn, § 1 N 43; Pott/Frieling, § 1 N 93; Rolland, § 1 N 133 f.; Taschner/Frietsch, ProdHaftG § 1 N 86). Auch **private Regelwerke** und Vorschriften, wie sie etwa DIN- oder SIA-Normen darstellen, erfüllen die Tatbestandsvoraussetzung des Art. 5 Abs. 1 lit. d PrHG nicht, es sei denn, ihre Anwendung werde gesetzlich vorgeschrieben (vgl. Mertens/Cahn, § 1 N 43; Palandt/Thomas, § 1 N 20; Pott/Frieling, § 1 N 95; Taschner/Frietsch, ProdHaftG § 1 N 88).

Die im Einzelfall **massgebenden Vorschriften müssen zwingend** 334 **sein.** Die schadensursächliche Eigenschaft des Produktes muss verbindlich vorgeschrieben sein. Damit fallen alle Normen ausser Betracht, die lediglich Mindestanforderungen an Produktesicherheit aufstellen, es Produzenten aber offen lassen, darüber hinauszugehen (Mertens/Cahn, § 1 N 44; vgl. auch Taschner/Frietsch, ProdHaftG § 1 N 89).

## F. Ausschluss von Entwicklungsrisiken

Nach Art. 5 Abs. 1 lit. e PrHG haftet der Hersteller nicht, wenn er 335 beweist, dass der Fehler nach dem Stand der Wissenschaft und Technik im Zeitpunkt, in dem er das Produkt in Verkehr brachte, nicht erkannt werden konnte. Diese Bestimmung schliesst die Haftung des Herstellers für sogenannte **Entwicklungsrisiken** aus (vgl. eingehend Christen, 104 ff. m. w. H.). Der Hersteller haftet somit für schädliche Eigenschaften nicht, die zwar im Zeitpunkt des Inverkehrbringens seines Erzeugnisses **objektiv vorhanden, nach dem damaligen Erkenntnisstand von Technik und Wissenschaft aber nicht erkennbar** waren (Botschaft I Eurolex, 427).

Beim Entwicklungsfehler bzw. Entwicklungsrisiko handelt es sich 336 um einen **Sonderfall des Konstruktionsmangels.** Ein Produkt, das seinerzeit nach allen Regeln der Kunst entwickelt und erprobt wurde, erweist sich hinterher als gefährlich und schädlich. Es zeigt beispielsweise im Zusammenhang mit anderen Faktoren Nebenwirkungen, mit denen auch der umsichtigste und bestdokumenteste Hersteller nicht rechnen konnte. Hierhin gehören die Talidomid-Fälle in England und Deutschland sowie die Smon-Krankheit in Japan, die sich im Zusammenhang mit der Einnahme von Entero-Vioform und ähnlichen Medikamenten manifestiert hat (vgl. Fellmann, 284 m. w. H.).

337	Was unter dem **«Stand der Wissenschaft und Technik»** zu verstehen ist, sagen weder die EG-Richtlinie noch das PrHG. Da es sich bei der Produktehaftung um eine verschuldensunabhängige Haftung handelt und dem Hersteller neben den in Art. 5 aufgezählten Entlastungsmöglichkeiten kein allgemeiner Entlastungsbeweis für sorgfältiges Verhalten zusteht, kann es beim massgebenden Stand von Wissenschaft und Technik auf den aktuellen Kenntnisstand des einzelnen Herstellers nicht ankommen. Entscheidend ist damit allein, ob der Fehler nach dem im massgebenden Zeitpunkt bestehenden Stand der Wissenschaft und Technik (irgend jemandem) erkennbar gewesen wäre (vgl. Mertens/Cahn, § 1 N 48 f.; Pott/Frieling, § 1 N 99 ff.; Rolland, § 1 N 143; Taschner/Frietsch, ProdHaftG § 1 N 101 ff.; Graf von Westphalen, § 60 Rz. 80).

338	Der **Stand der Wissenschaft** meint die «Erkenntnismöglichkeiten der theoretischen Wissenschaft». Beim **Stand der Technik** werden die «Erfahrungswerte der Praxis» als Beurteilungsmassstab herangezogen (Mertens/Cahn, § 1 N 48). Dabei erfasst die Wissenschaft als systematische Forschungs- und Erkenntnisarbeit auch theoretische Erkenntnisse, die in der Praxis noch nicht angewandt werden. Die Technik erfasst demgegenüber nur den «praxisbezogenen Einsatz der wissenschaftlich erforschten und gesicherten Naturgesetze» (Pott/Frieling, § 1 N 100; vgl. auch Rolland, § 1 N 143; Taschner/Frietsch, ProdHaftG § 1 N 101; Graf von Westphalen, § 60 Rz. 84).

339	Der **«Stand der Wissenschaft»** enthält sämtliche theoretischen Erkenntnisse, auch diejenigen auf nicht-technischen Gebieten und zwar unabhängig davon, ob sie in der Praxis bereits angewandt werden oder ob sie in der Technik noch keinen Eingang gefunden haben. Der Einbezug der Wissenschaft führt mithin dazu, dass der Hersteller nicht nur die in seinem Fachgebiet üblichen technischen Regeln, sondern alle wissenschaftlichen Erkenntnisse z. B. der Physik, der Biologie oder Medizin beachten muss (Pott/Frieling, § 1 N 101; vgl. auch Rolland, § 1 N 143).

340	Der **«Stand der Technik»** umfasst sämtliches Gefahrwissen, das praktisch gewonnen oder bestätigt wurde. Der Begriff ist deshalb enger als derjenige des «Standes der Wissenschaft». Die Regeln der Technik werden «in der betrieblichen Praxis angewendet, sind dort erprobt und bewährt und werden in Wissenschaft und Technik allgemein anerkannt» (Pott/Frieling, § 1 N 108). Der «Stand der Technik» setzt allerdings keine praktische Bewährung voraus. Es genügt, wenn die massgebenden Erkenntnisse durch experimentelle Tests und Versuchsreihen erhärtet sind. Zum Stand der Technik gehören damit auch «technische Neuentwicklun-

gen, die in der Praxis noch nicht erprobt wurden» (Pott/Frieling, § 1
N 108; vgl. auch Rolland, § 1 N 143).

Von einem «Stand der Wissenschaft und Technik» kann man nur 341
dort sprechen, wo diese **Kenntnisse publik** sind. Geheim gehaltenes Wissen oder nicht veröffentlichte Forschungsergebnisse fallen deshalb für
die Bestimmung des massgebenden Standes der Wissenschaft und Technik ausser Betracht. Erforderlich ist «ein **Mindestmass an Publizität**»
(Mertens/Cahn, § 1 N 49; vgl. auch Taschner/Frietsch, ProdHaftG § 1
N 104 f.; Graf von Westphalen, § 60 Rz. 87). Zu beachten sind demnach
nicht nur Fachbücher und Fachzeitschriften, sondern auch «die gesam-
melten und veröffentlichten Ergebnisse wissenschaftlicher Kongresse
und Fachveranstaltungen» **im nationalen und internationalen Bereich**
(Pott/Frieling, § 1 N 107).

Für die Bestimmung des Standes von Wissenschaft und Technik ist 342
nicht allein auf den allgemein anerkannten Kenntnisstand, also auf die
sogenannt «herrschende Meinung» abzustellen. Vielmehr sind grundsätzlich auch **Aussenseiter- und Minderheitenmeinungen** zu beachten. Entscheidend ist allein, «ob die betreffende wissenschaftliche Meinung zur
Zeit des Inverkehrbringens mit plausiblen Argumenten und in nachvoll-
ziehbarer Weise öffentlich vertreten wurde». War dies nämlich der Fall,
handelt es sich beim fraglichen Fehler nicht mehr um die Realisierung
eines Entwicklungsrisikos; der Fehler war vielmehr – wenn auch nur
wenigen – erkennbar (Mertens/Cahn, § 1 N 49; vgl. auch Kullmann/Pfi-
ster, Kz. 3602 21; Taschner/Frietsch, ProdHaftG § 1 N 102 f.; zurückhaltender Pott/Frieling, § 1 N 105 f. und Rolland, § 1 N 144).

Massgebend ist «die **Sachkunde der auf höchster Ebene anerkann-** 343
**ten Fachleute**» (Pott/Frieling, § 1 N 105). Ohne Bedeutung ist eine allfällige Spezialisierung des Herstellers oder eine bestimmte Branchenzu-
gehörigkeit. Auch regionale Unterschiede im Stand der Wissenschaft
und Technik sind unbeachtlich. Beim hier eingeführten Massstab handelt es sich vielmehr um eine **internationale Grösse.** Unterschiedliche
nationale Standards von Wissenschaft und Technik können nicht berücksichtigt werden (vgl. Mertens/Cahn, § 1 N 50; Pott/Frieling, § 1
N 102 f.; Taschner/Frietsch, ProdHaftG § 1 N 103; Graf von Westphalen,
§ 60 Rz. 83).

Der **massgebende Zeitpunkt** für die Erkennbarkeit eines Produk- 344
tefehlers nach dem Stand der Wissenschaft und Technik ist die Inverkehrbringung des (in casu fehlerhaften) Produktes. Der Hersteller kann
sich deshalb gestützt auf Art. 5 Abs. 1 lit. e PrHG von der Haftung entlasten, wenn er beweist, dass der Fehler nach dem damaligen Stand der

Wissenschaft und Technik «von niemandem erkannt werden konnte, weil diese Erkenntnismöglichkeit noch nicht vorhanden war» (Palandt/ Thomas, § 1 N 21).

345 Wird ein Fehler erst nach der Inverkehrbringung eines Produktes erkennbar, haftet der Hersteller nicht. Insbesondere sieht das PrHG (in Anlehnung an die EG-Richtlinie) **weder eine Warn- noch eine Rückrufpflicht** vor (vgl. Mertens/Cahn, § 1 N 51; Pott/Frieling, § 1 N 112 und § 3 N 81). Die Verletzung der Produktebeobachtungspflicht kann den Hersteller allerdings nach den Regeln des Obligationenrechtes oder anderer Gesetze haftbar machen (vgl. etwa Taschner/Frietsch, ProdHaftG § 1 N 108).

346 Da für die Erkennbarkeit eines Produktefehlers der Zeitpunkt des Inverkehrbringens des einzelnen Produktes massgebend ist, ergibt sich allerdings schon daraus bei **Serienprodukten eine Beobachtungspflicht.** Wird nämlich während der Fertigung eines bestimmten Produktetyps dessen Fehlerhaftigkeit erkennbar, kann sich der Hersteller nicht mehr mit dem Hinweis entlasten, im Zeitpunkt der Inverkehrbringung der ersten Typen sei der Fehler nach dem Stand der Wissenschaft und Technik nicht erkennbar gewesen. Er hat deshalb die Entwicklung von Wissenschaft und Technik während der Produktion eines bestimmten Erzeugnisses von der Inverkehrbringung des ersten Produktes bis zum Verkauf des letzten Typs zu beachten. Ergeben sich in dieser Zeit neue Erkenntnisse, aufgrund derer die Mängel hätten erkannt werden können, liegt kein Entwicklungsrisiko mehr vor (Mertens/Cahn, § 1 N 51).

347 Wird während der Zusammenstellung eines bestimmten Produktes durch den Endhersteller die **Fehlerhaftigkeit eines Teilproduktes** erkennbar, kann sich nur der Teilhersteller entlasten. Der Endhersteller haftet demgegenüber für den Fehler des fertigen Produktes, sofern beim Zeitpunkt der Inverkehrbringung dieses Erzeugnisses der Fehler nach dem Stand der Wissenschaft und Technik hätte erkannt werden können (Mertens/Cahn, § 1 N 52).

## G. Der Befreiungsbeweis des Teil- und Grundstoffherstellers

348 Nach Art. 5 Abs. 2 PrHG kann sich der Hersteller eines Grundstoffes oder eines Teilproduktes von der Haftung befreien, wenn er nachweist, dass der **Fehler durch die Konstruktion des Produktes, in das der Grundstoff oder das Teilprodukt** eingearbeitet wurde, verursacht worden ist. Er haftet auch dann nicht, wenn er beweist, dass der **Fehler durch die**

**Anleitung des Herstellers des (Folge- oder End-) Produktes** verursacht worden ist. Der Geschädigte verliert damit seine Schadenersatzansprüche nicht. Der Gesetzgeber mutet ihm lediglich zu, sich nun an den Hersteller des Folge- oder Endproduktes zu halten. Mit dieser Konstruktion wird die Haftung dem Weiterverarbeiter des zugelieferten Grundstoffes oder Teilproduktes bzw., wenn auch diese sich entlasten können, dem Endhersteller (vgl. Rz. 44 ff. vorne) zugewiesen (Taschner/Frietsch, ProdHaftG § 1 N 113 ff.).

Die erste Befreiungsmöglichkeit bezieht sich auf die Fälle, in denen 349 der Teil- oder Grundstoffhersteller ein an sich fehlerfreies Teilerzeugnis produziert. Die zweite Befreiungsmöglichkeit erfasst Konstruktionsfehler des Teilproduktes, die jedoch nicht vom Teil- oder Grundstoffhersteller zu verantworten sind, weil er sie nach den Weisungen des (End-) Herstellers hergestellt hat. Für die Befreiung genügt einer von beiden Befreiungsgründen.

Die **erste Alternative** hat **lediglich «klarstellende Bedeutung»**. Ist 350 der Fehler nämlich erst durch die Konstruktion des Endproduktes entstanden, ist die Haftung des Grundstoff- oder Teilherstellers schon deswegen ausgeschlossen, weil im massgebenden Zeitpunkt ein Mangel seines Erzeugnisses nicht bestand (vgl. Kullmann/Pfister, Kz. 3602 22a f.; Pott/Frieling, § 1 N 132; Rolland, § 1 N 148).

Die Entlastung wegen fehlerhafter Konstruktion des Folge- oder 351 Endproduktes setzt allerdings voraus, dass der Mangel ausschliesslich auf der fehlerhaften Konstruktion oder Fertigung des Endproduktes beruht (vgl. Rolland, § 1 N 150; Taschner/Frietsch, ProdHaftG § 1 N 119). Da ein Teilprodukt für den Einbau in ein bestimmtes Endprodukt geeignet sein kann, für den Einbau in ein anderes dagegen nicht, lässt sich die Fehlerhaftigkeit bzw. die **Fehlerfreiheit des Teilproduktes nur im Hinblick auf die Verwendung feststellen**, für die es vorgesehen ist. Der Hersteller des Grundstoffes oder eines Teilproduktes kann sich deshalb nicht entlasten, wenn sein Erzeugnis zwar an sich fehlerfrei ist, jedoch für eine von ihm im Rahmen verschiedener Verwendungsmöglichkeiten selbst als zulässig bezeichnete Verwendungsvariante nicht geeignet ist. Für diesen Fehler hat er deshalb einzustehen (Mertens/Cahn, § 1 N 56; vgl. auch Rolland, § 1 N 151 ff.; Taschner/Frietsch, ProdHaftG § 1 N 121 ff.). Das gleiche gilt, wenn der Endproduzent beim Teil- oder Grundstoffhersteller für einen bestimmten Einsatz Zulieferprodukte bezieht, die Einzelheiten der Konstruktion und Fertigung aber dem Teil- oder Grundstoffhersteller überlässt. Ist das Teilprodukt alsdann für den vorgesehenen Verwendungszweck nicht geeignet, liegt kein Konstruktionsfehler des

Endproduktes, sondern mangelnde Funktionstauglichkeit des Teilproduktes vor. Der Teil- oder Grundstoffhersteller kann sich deshalb nicht nach Art. 5 Abs. 2 PrHG entlasten (vgl. Mertens/Cahn, § 1 N 58).

352 Eine spezielle Situation liegt vor, wenn der Grundstoff- oder Teilhersteller eines an sich fehlerfreien Erzeugnisses die geplante **Verwendung seines Produktes kennt und weiss oder wissen müsste, dass es für den ihm zugedachten Zweck ungeeignet** ist. In der Lehre ist umstritten, ob sich der Hersteller des Grundstoffes oder eines Teilproduktes dann trotzdem von der Haftung befreien kann. Mertens/Cahn (§ 1 N 59) verneinen die Entlastungsmöglichkeit nur dann, wenn der Hersteller des Grundstoffes oder des Teilproduktes vertraglich verpflichtet gewesen wäre, die Tauglichkeit seines Erzeugnisses für die geplante Verwendung zu prüfen. Taschner/Frietsch (ProdHaftG § 1 N 123) lehnen eine Entlastung dann ab, wenn ein Instruktionsfehler des Grundstoff- oder Teilherstellers vorliegt. Am weitesten geht Rolland (§ 1 N 152 f.): Er verneint in diesem Fall jede Entlastungsmöglichkeit. Nach der hier vertretenen Auffassung ist dieser Ansicht zuzustimmen: Wer weiss oder wissen könnte, dass sein Erzeugnis für den ihm (von Dritten) zugedachten Zweck ungeeignet ist, kann sich nach Art. 5 Abs. 2 PrHG **nicht entlasten**.

353 Dies heisst nun aber nicht, dass der Hersteller des Grundstoffes oder eines Teilproduktes bei jeder Bestellung Nachforschungen über die geplante Verwendung seines Erzeugnisses anstellen müsste. Auch im Rahmen seiner Instruktions- und Warnpflichten muss er nicht ständig alle denkbaren Verwendungsmöglichkeiten in seine Betrachtungen einbeziehen. Er darf sich vielmehr darauf beschränken, auf «die sich aus der **bestimmungsgemässen und der naheliegenden Verwendung des Teilprodukts** entstehenden Gefahren hinzuweisen und Anleitungen für eine gefahrlose Verwendung zu geben» (Rolland, § 1 N 154).

354 Bei der **zweiten Entlastungsmöglichkeit** beruht der Fehler des Teilproduktes auf einer **Anleitung des Herstellers des Folge- bzw. des Endproduktes**. Grund für diesen Befreiungsbeweis bildet die Überlegung, die Haftung des Produzenten beruhe gerade darauf, dass er sein Erzeugnis eigenständig konzipiere und fertige (Mertens/Cahn, § 1 N 61). Ist diese Voraussetzung deshalb nicht erfüllt, weil der Teil- oder Grundstoffhersteller nach den Anweisungen des Endherstellers arbeitet, erschien es den Redaktoren der EG-Richtlinie nicht gerechtfertigt, ihm eine «verschuldensunabhängige Haftung auch für Fehler aufzubürden, deren Ursache ausserhalb seines Einflussbereiches liegen» (Mertens/Cahn, § 1 N 61; vgl. auch Pott/Frieling, § 1 N 136; Rolland, § 1 N 158; Taschner/Frietsch, ProdHaftG § 1 N 124).

Als **Anleitung** gilt eine «**konstruktive oder herstellungsbezogene** 355 **Weisung**» des Herstellers des Folgeproduktes, die für den Hersteller des Grundstoffes oder eines Teilproduktes aufgrund des die Arbeitsteilung regelnden Vertrages **verbindlich** ist (vgl. Pott/Frieling, § 1 N 136; Taschner/Frietsch, ProdHaftG § 1 N 125; Graf von Westphalen, § 64 Rz. 17). Im Vordergrund steht damit die Anfertigung eines bestimmten Einzelteils durch einen Zulieferer nach detaillierten Konstruktions- oder Herstellungsplänen. Keine Anleitung im Sinne von Art. 5 Abs. 2 PrHG stellt demgegenüber die blosse Bekanntgabe eines Produktionszieles dar, die die Details der Konstruktion dem Zulieferer überlässt. Dazwischen sind Mischformen denkbar, die eine Entlastung des Herstellers des Grundstoffes oder eines Teilproduktes nicht ausschliessen (vgl. Mertens/Cahn, § 1 N 62; Pott/Frieling, § 1 N 137; Taschner/Frietsch, ProdHaftG § 1 N 127; Graf von Westphalen, § 64 Rz. 17).

In diesem Zusammenhang stellt sich auch hier (vgl. Rz. 352 f. vor- 356 ne) die Frage, was zu geschehen hat, wenn der Hersteller des Grundstoffes oder eines Teilproduktes **erkennt oder erkennen könnte, dass die Anleitung seines Auftraggebers Fehler aufweist.** Taschner/Frietsch (ProdHaftG § 1 N 128) sehen in diesem Fall nur eine vertragliche oder deliktsrechtliche Haftung. Die meisten anderen Autoren schliessen demgegenüber eine Verantwortlichkeit nach den Regeln der Produktehaftung nicht aus (vgl. etwa Mertens/Cahn, § 1 N 63; Pott/Frieling, § 1 N 138; Rolland, § 1 N 159; Graf von Westphalen, § 64 Rz. 18).

Der richtige Lösungsansatz liegt hier in der ratio legis. Diese will 357 eine Haftung bestimmter Produzenten ausschliessen, wenn sie im arbeitsteiligen Herstellungsprozess «als reines Vollzugsorgan keinen Einfluss auf die Art und Weise des konstruktiven Entstehens des Produkts» haben (Rolland, § 1 N 158). Eine Entlastung nach Art. 5 Abs. 2 PrHG ist deshalb nur möglich, wenn der Hersteller des Grundstoffes oder eines Teilproduktes **nicht (vertraglich) verpflichtet war**, die **Anleitung seines Auftraggebers auf ihre Fehlerfreiheit hin zu überprüfen.** Nur in diesem Fall leistet er keinen «Tatbeitrag» (Rolland, § 1 N 159). War er demgegenüber verpflichtet, den Hersteller des Folgeproduktes abzumahnen und tat er dies nicht, muss er auch gegenüber den Konsumenten für den Fehler des Produktes gerade stehen. Das gilt sicherlich auch dann, wenn er zwar nicht verpflichtet war, die Anleitung zu prüfen, deren Fehlerhaftigkeit jedoch erkannt, aber verschwiegen hat. Eine Entlastung nach Art. 5 Abs. 2 PrHG setzt deshalb im Ergebnis voraus, dass der Hersteller des Grundstoffes oder Teilproduktes die **Fehlerhaftigkeit der Anleitung weder erkannt hat noch erkennen musste.**

# V. Ausschluss von Freizeichnungsmöglichkeiten

358    Unter «Freizeichnung» versteht man eine zwischen den Vertragsparteien getroffene Vereinbarung, eine **gesetzlich umschriebene Haftung
zum voraus auszuschliessen oder zu beschränken**. In Abweichung von
den dispositiven gesetzlichen Bestimmungen werden die Risiken der Ver-
tragsabwicklung alsdann ganz oder teilweise vom Schuldner auf den
Gläubiger abgewälzt. Art. 8 PrHG schliesst eine solche Wegbedingung
der Haftung aus. Danach sind Vereinbarungen, die die Haftpflicht nach
diesem Gesetz gegenüber dem Geschädigten beschränken oder wegbedingen, **nichtig**.

359    Art. 8 PrHG beruht auf der Vorgabe der EG-Richtlinie. Nach
Art. 12 der Richtlinie kann die Haftung des Herstellers gegenüber dem
Geschädigten nicht durch eine die Haftung begrenzende oder von der
Haftung befreiende Klausel beschränkt oder ausgeschlossen werden.
Diese Regelung will einen **wirksamen Verbraucherschutz** gewährleisten
(vgl. die Erwägungsgründe zur EG-Richtlinie).

360    Das Verbot einer Wegbedingung der Haftung erfasst nicht nur die
eigentlichen Freizeichnungsklauseln, also **ausdrückliche vertragliche
Vereinbarungen** zwischen den Parteien. Sie bezieht sich auch auf **Hinweise des Herstellers**, die unter Umständen **konkludent zum Vertragsinhalt**
erhoben werden könnten (vgl. Pott/Frieling, § 14 N 1). Nichtig sind im
weiteren nicht nur eigentliche Ausschlussklauseln. Art. 8 PrHG erfasst
vielmehr auch Vereinbarungen, die die **Haftung des Herstellers bloss
mindern** (vgl. Pott/Frieling, § 14 N 2).

361    Das Verbot einer Wegbedingung der Haftung bezieht sich nur auf
«im voraus» abgegebene Erklärungen. **Nach Eintritt des Schadens** sind
**Vereinbarungen** über die Schadenregulierung selbstverständlich **unbeschränkt zulässig**.

362    Art. 8 PrHG erfasst auch **Umgehungsversuche**, die den Schutzzweck des Gesetzes gefährden könnten. Eine Umgehung liegt beispielsweise vor, wenn zwar die Haftung des Herstellers nicht wegbedungen
wird, im Vertrag jedoch beispielsweise bezüglich der zu erwartenden
Produkte-Sicherheit Regelungen getroffen werden, die von Art. 4 PrHG
abweichen (vgl. eingehend Pott/Frieling, § 14 N 12 ff.).

363    Art. 8 PrHG schliesst **nur eine Wegbedingung der Produktehaftpflicht** aus. Die Parteien können deshalb auch weiterhin die allenfalls
nach den Bestimmungen des Obligationenrechts bestehende **vertragliche
oder ausservertragliche Haftung** (innert der gesetzlichen Schranken)
**wegbedingen**.

126

## VI. Haftung mehrerer Personen

Nach der EG-Richtlinie und den Bestimmungen des PrHG haftet 364
für den Fehler eines Produktes grundsätzlich nicht nur der Hersteller des
Endproduktes, sondern auch der Hersteller eines Grundstoffes oder eines Teilproduktes (Art. 3 Abs. 1 EG-Richtlinie / Art. 2 PrHG). Neben
diesen Personen kann der geschädigte Konsument in einzelnen Fällen
zusätzlich den Importeur (Art. 3 Abs. 2 EG-Richtlinie / Art. 2 Abs. 1 lit. c
PrHG) ins Recht fassen. Unter Umständen haftet ihm als Hersteller zwar
bloss der Lieferant (Art. 3 Abs. 3 EG-Richtlinie / Art. 2 Abs. 2 PrHG);
wie der Hersteller selbst kann aber auch der Lieferant zusammen mit
anderen Personen belangt werden, mit denen er entweder den Schaden
gemeinsam verschuldet hat oder die dem Konsumenten aus anderen
Rechtsgründen für den Schaden einzustehen haben.

Haften mehrere Personen für ein und denselben Schaden, unter- 365
scheidet **das Obligationenrecht zwei Fälle**: die Haftung mehrerer Personen aus **gemeinsamem Verschulden nach Art. 50 Abs. 1 OR** und die
Haftung mehrerer Personen **aus verschiedenen Rechtsgründen nach
Art. 51 Abs. 1 OR**.

Haben **mehrere Personen den Schaden gemeinsam verschuldet**, sei 366
es als Anstifter, Urheber oder Gehilfen, so haften sie dem Geschädigten
nach Art. 50 Abs. 1 OR **solidarisch**. Nach Auffassung des Bundesgerichtes ist diese Bestimmung nur anwendbar, wenn mehrere Personen bei der
**Schadenverursachung schuldhaft zusammengewirkt haben**; eine bloss ge-
meinsame Verursachung genügt nicht (BGE 55 II 314; 115 II 45). Dies
setzt voraus, dass jeder Schädiger vom Tatbeitrag des anderen Kenntnis
gehabt hat oder bei der erforderlichen Aufmerksamkeit Kenntnis hätte
haben können. Auf die Form der Teilnahme kommt es nicht an (BGE 104
II 230 f.). Das schuldhafte Zusammenwirken mehrerer Personen setzt
nicht unbedingt eine entsprechende Verabredung zwischen den Beteiligten voraus. Es reicht aus, dass die Beteiligten hätten erkennen müssen,
dass ihr Tatbeitrag – Handlung oder Unterlassung – geeignet war, den
eingetretenen Schaden zu begünstigen (BGE 71 II 114). Dabei genügt
sogar fahrlässige Gehilfenschaft (BGE 57 II 420; zum ganzen vgl. Brehm,
Art. 50 N 7 ff.; Oftinger, 334 ff.; Schnyder, Art. 50 N 3 ff.).

Haben **mehrere Personen aus verschiedenen Rechtsgründen** für 367
den Schaden einzustehen, haften sie dem Geschädigten ebenfalls **solidarisch** (vgl. Brehm, Art. 51 N 6; Oftinger, 337 ff.). Das Gesetz spricht dies
in Art. 51 OR zwar nicht ausdrücklich aus; es regelt lediglich den Rückgriff. Indem es aber den Regress regelt setzt es im Aussenverhältnis

zwangsläufig Anspruchskonkurrenz voraus (Brehm, Art. 51 N 6). Der Tatbestand des Art. 51 OR ist etwa dann erfüllt, wenn neben einem Kausalhaftpflichtigen weitere Personen aus unerlaubter Handlung, aus Vertrag oder aus Gesetzesvorschrift für den Schaden einzustehen haben.

368    Art. 51 OR findet im weiteren analoge Anwendung, wenn «mehrere Täter zwar **unabhängig voneinander, aber aus gleichem Rechtsgrund** für den Schaden haften (Brehm, Art. 51 N 95 m. w. H. auf die teilweise kontroverse Literatur). Ein solcher Fall liegt beispielsweise dann vor, wenn mehrere Personen unabhängig voneinander einen Tatbeitrag leisteten und dem Geschädigten alsdann jeder für sich aus Art. 41 OR gerade stehen muss.

369    Das Bundesgericht unterscheidet bei der Anwendung von Art. 50 und 51 OR zwischen **echter und unechter Solidarität**. Echte Solidarität liegt nach seiner Auffassung nur bei gemeinsamem Verschulden im Sinne von Art. 50 OR vor. Bei den Fällen blosser Anspruchskonkurrenz nach Art. 51 OR ist danach unechte Solidarität gegeben (vgl. etwa BGE 115 II 45; 104 II 229 ff.). Die vom Bundesgericht getroffene Unterscheidung zwischen echter und unechter Solidarität wird in der Doktrin seit langem heftig kritisiert (vgl. Schnyder, Art. 50 N 2 m. w. H.). Im Ergebnis ist diese Differenzierung für den Geschädigten allerdings nur im Zusammenhang mit der **Unterbrechung der Verjährung** von Bedeutung. Danach unterbricht das Vorgehen gegen einen Solidarschuldner die Verjährung gegenüber den Mitschuldnern (Art. 136 Abs. 1 OR) nur, wenn diese aus gemeinsamem Verschulden im Sinne von Art. 50 OR haften. Haben sie demgegenüber aus verschiedenen Rechtsgründen bzw. unabhängig voneinander aus dem gleichen Rechtsgrund für den Schaden einzustehen, sei es aus unerlaubter Handlung, sei es aus Vertrag oder aus Gesetzesvorschrift, unterbricht das Vorgehen des Geschädigten gegen einen von ihnen die Verjährung gegenüber den andern nicht. Der Geschädigte muss die Verjährung gegen jeden einzelnen speziell (beispielsweise durch Schuldbetreibung [vgl. Art. 135 OR]) unterbrechen.

370    Nach **Art. 5 der EG-Richtlinie** haften mehrere Personen, die aufgrund der Vorschriften der Richtlinie für denselben Schaden einzustehen haben, **«gesamtschuldnerisch»**. Der Bundesrat wollte diese Bestimmung nicht übernehmen. Er vertrat die Auffassung, die in der EG-Richtlinie getroffene Lösung decke sich inhaltlich mit der Regelung in Art. 50 und 51 OR; angesichts der subsidiären Geltung des Obligationenrechtes aufgrund von Art. 11 Abs. 1 PrHG sei deshalb keine spezielle Bestimmung erforderlich (Botschaft I Eurolex, 421 und 429). Dieser Meinung konnte sich der Ständerat nicht anschliessen. Er gelangte zur Überzeugung, die

Unklarheiten im Zusammenhang mit der Unterscheidung zwischen echter und unechter Solidarität seien mit dem Ziel des PrHG, einen möglichst umfassenden **Schutz des Konsumenten** zu verwirklichen, nicht zu vereinbaren. Er ergänzte die Vorlage deshalb durch den heutigen Art. 7 PrHG. Danach haften nun **mehrere Schädiger** für den Schaden, der durch ein fehlerhaftes Produkt verursacht worden ist, **unabhängig davon solidarisch, ob sie ihn gemeinsam verschuldet haben oder nicht.**

Art. 7 PrHG liegt die gleiche Überlegung zugrunde wie Art. 60 SVG. Um die überlebte **Zweiteilung der Solidarität in echte und unechte zu überwinden**, erfasst auch Art. 7 PrHG nicht nur die Haftung mehrerer Hersteller bzw. der ihnen gleichgestellten Personen (Importeur und Lieferant). Die Bestimmung regelt vielmehr auch die Rechtslage von Personen, deren **Haftpflicht sich auf andere Gesetze** stützt. Erforderlich ist nur, dass der Schaden durch ein fehlerhaftes Produkt entstanden ist. Sie alle haften dem Geschädigten im Aussenverhältnis unabhängig davon solidarisch, ob sie den Schaden gemeinsam verursacht haben oder nicht. Das Vorgehen des Geschädigten gegen einen von ihnen unterbricht damit in jedem Fall auch die Verjährung gegenüber den Mitschuldnern. 371

Die Solidarität bzw. Anspruchskonkurrenz aus der Sicht des Geschädigten nach Art. 7 PrHG sagt nichts darüber aus, wer den Schaden zum Schluss **im Innenverhältnis** endgültig trägt. Dem Haftpflichtkläger ist dies regelmässig gleichgültig, sobald einer der Betroffenen oder alle zusammen den Schaden gedeckt haben. Das **PrHG** sieht hier **keine eigene Regelung** vor. Ob und in welchem Umfang mehrere Haftpflichtige im Innenverhältnis gegeneinander Rückgriff nehmen können, bestimmt sich deshalb nach **Art. 50 Abs. 2 und Art. 51 OR.** 372

Haben mehrere den **Schaden gemeinsam verschuldet**, wird die **definitive Schadenverteilung** unter ihnen durch **richterliches Ermessen** bestimmt (Art. 50 Abs. 2 OR). Für die Regelung des Rückgriffs ist dabei in erster Linie das Verschulden eines jeden Mitverantwortlichen massgebend (BGE 71 II 112 f.; BGE 104 II 188 f.). 373

Haften mehrere aus **verschiedenen Rechtsgründen** bzw. **unabhängig voneinander aus dem gleichen Rechtsgrund** (vgl. Rz. 368 vorne), bestimmt sich die gegenseitige Beteiligung ebenfalls nach **richterlichem Ermessen** (Art. 51 Abs. 1 i.V.m. Art. 50 Abs. 2 OR). Bei mehreren Rechtsgründen trägt dabei aber in aller Regel derjenige **in erster Linie** den Schaden, der ihn durch **unerlaubte Handlung** verschuldet hat, und **in letzter Linie** derjenige, der ohne eigene Schuld und ohne vertragliche Verpflichtung **nach Gesetzesvorschrift haftbar** ist (Art. 51 Abs. 2 OR). 374

Haftet deshalb beispielsweise der Hersteller des Endproduktes (kausal), weil ein Teilprodukt fehlerhaft ist, ohne dass ihn daran ein persönliches Verschulden trifft, oder belangt der Geschädigte allein den Lieferanten, dem überhaupt kein Verschulden vorzuwerfen ist, haben diese im Innenverhältnis den Schaden grundsätzlich erst in letzter Linie zu tragen, wenn neben ihnen andere Personen aus Verschulden oder aus Vertrag haften. Im Verhältnis zwischen inländischen und ausländischen Haftpflichtigen sind Art. 143 und 144 IPRG massgebend.

375    Die in Art. 51 Abs. 2 OR vorgesehene **Reihenfolge der Haftung** gilt allerdings **nicht absolut**. Der Richter kann davon abweichen, wenn es die Umstände rechtfertigen (BGE 50 II 188 f.; 76 II 392).


## VII. Verjährung und Verwirkung

## A. Einleitung

376    **Art. 10 der EG-Richtlinie** schreibt den Mitgliedstaaten vor, in ihren Rechtsvorschriften eine Bestimmung aufzunehmen, wonach der in der Richtlinie vorgesehene Ersatzanspruch des Geschädigten bei Produkteschäden nach Ablauf einer **Frist von drei Jahren** ab dem Tag **verjähren** soll, an dem der Kläger von dem Schaden, dem Fehler und der Identität des Herstellers Kenntnis erlangt hat oder hätte erlangen müssen. Bezüglich der Hemmung oder Unterbrechung der dreijährigen Verjährungsfrist verweist die EG-Richtlinie (Art. 10 Abs. 2) auf die diesbezüglichen Rechtsvorschriften der Mitgliedstaaten und damit auf nationales Recht. Die einheitlich bemessenen Verjährungsfristen für Schadenersatzansprüche aus Produktehaftpflicht liegen nach Auffassung des Rates der Europäischen Gemeinschaften sowohl im Interesse des Geschädigten als auch des Herstellers (so die Erwägungsgründe der EG-Richtlinie).

377    Nach **Art. 11 EG-Richtlinie** sollen die aus der Richtlinie fliessenden Ansprüche des Geschädigten nach Ablauf einer **Frist von 10 Jahren** ab dem Zeitpunkt **erlöschen**, zu dem der Hersteller das Produkt, welches den Schaden verursacht hat, in den Verkehr gebracht hat, es sei denn, der Geschädigte habe in der Zwischenzeit ein gerichtliches Verfahren gegen den Hersteller eingeleitet. Diese Bestimmung beruht auf der Überlegung, dass sich einerseits Produkte im Laufe der Zeit abnutzen, andererseits aber auch strengere Sicherheitsnormen entwickelt werden und die Erkenntnisse von Wissenschaft und Technik fortschreiten.

Nach Auffassung des Rates der Europäischen Gemeinschaften wäre es daher unbillig, den Hersteller zeitlich unbegrenzt für Mängel seiner Produkte haftbar zu machen. Vielmehr habe seine Haftung nach einem angemessenen Zeitpunkt zu erlöschen, wobei ein rechtshängiger Anspruch jedoch nicht berührt werden solle (so die Erwägungsgründe der EG-Richtlinie).

## B. Verjährung

Als Verjährung bezeichnet man die **Entkräftung einer Forderung** 378 **durch Zeitablauf** (Gauch/Schluep, Rz. 3390 ff.). Im Haftpflichtrecht führt die Verjährung dazu, dass die Schadenersatzforderung des Geschädigten entkräftet wird. Sie besteht zwar grundsätzlich weiterhin. Der Haftpflichtige erhält jedoch (im Prozess) das Recht, die eingeklagte Leistung zu verweigern; er kann die **Einrede der Verjährung** erheben. Unterlässt der Beklagte diese Einrede, darf der Richter die Verjährung nicht berücksichtigen; sind alle übrigen Voraussetzungen für die Zusprechung der eingeklagten Forderung erfüllt, hat er dem Kläger die verlangte Leistung alsdann trotz Eintritt der Verjährung zuzusprechen (Art. 142 OR).

Das PrHG hat die Vorgabe der EG-Richtlinie (Art. 10) in Art. 9 379 übernommen. Danach verjähren Ansprüche des Geschädigten nach den Vorschriften des PrHG **drei Jahre nach dem Tag, an dem der Geschädigte Kenntnis vom Schaden, dem Fehler und von der Person des Herstellers** erlangt hat oder hätte erlangen müssen. Mit dieser Regelung wird die Stellung des (ausservertraglichen) Haftpflichtklägers gegenüber dem bisher geltenden schweizerischen Recht wesentlich **verbessert**. Die einjährige Verjährungsfrist für Schadenersatzansprüche nach Art. 60 Abs. 1 OR wird auf drei Jahre verlängert. Dieser Vorteil wird allerdings durch die dem Deliktsrecht bis anhin unbekannte Erweiterung der tatsächlichen Kenntnisnahme auf den Tatbestand des **«Kennen-Müssens»** durch einen **neuen Nachteil** (vgl. Rz. 384 ff. hinten) erkauft.

Nach Art. 9 PrHG beginnt die dreijährige Verjährungsfrist nach 380 dem Tag, an dem der Geschädigte **Kenntnis** vom Schaden, dem Fehler und von der Person des Herstellers erlangt hat. Was unter Kenntnis zu verstehen ist, sagt das PrHG nicht. Dieses Erfordernis deckt sich jedoch mit den entsprechenden Regelungen im schweizerischen Recht; diese können deshalb zur Bestimmung des Begriffes der Kenntnis herangezogen werden. Danach ist für die Festsetzung des Beginns der Verjährungsfrist die **Kenntnis der tatsächlichen Verhältnisse**, nicht diejenige ihrer rechtlichen Qualifikation massgebend (BGE 92 II 3).

381 **Kenntnis vom Schaden** hat der Geschädigte, wenn er dessen Existenz, die Beschaffenheit oder die wesentlichen Merkmale und damit alle tatsächlichen Umstände kennt, die es ihm ermöglichen, eine Klage zu veranlassen und zu begründen (vgl. Brehm, Art. 60 N 27 ff.; Schnyder, Art. 60 N 6; BGE 112 II 123; 111 II 57). Gefordert wird Kenntnis vom wirklichen Ausmass des Schadens (BGE 98 II 418), wobei dieses Wissen unter Umständen bereits vorliegen kann, auch wenn der Geschädigte den Betrag noch nicht genau beziffern kann (BGE 108 Ib 100). Das wirkliche Ausmass des Schadens ist dem Geschädigten bekannt, wenn dieser vollständig in Erscheinung getreten ist. Er gilt deshalb als einheitliches Ganzes und nicht als Summe verschiedener einzelner Schädigungen (BGE 108 Ib 100). Insbesondere stellen einzelne Schadenposten, die das Ergebnis einer einzigen unerlaubten Handlung sind, nicht voneinander unabhängige Schäden, sondern Bestandteile des einen Schadens dar (BGE 92 II 4).

382 **Kenntnis von der Person des Herstellers** hat der Geschädigte, wenn er die Tatsachen kennt, die dessen Ersatzpflicht begründen (vgl. Brehm, Art. 60 N 61 ff.; Schnyder, Art. 60 N 7; BGE 82 II 44 f.). Im Produktehaftpflichtgesetz ist diese Voraussetzung gegeben, wenn der Geschädigte den Namen und die Anschrift des Ersatzpflichtigen erfahren hat (vgl. Pott/Frieling, § 12 N 16; Rolland, § 12 N 13). Kommen mehrere Ersatzpflichtige in Betracht, so hat der Geschädigte erst dann sichere Kenntnis vom Hersteller, wenn er weiss, welcher der potentiell Haftpflichtigen der richtige Schuldner ist (Rolland, § 12 N 14).

383 **Kenntnis vom Fehler** hat der Geschädigte, wenn er weiss, dass ein bestimmter Mangel Ursache eines Schadens war. Gemeint ist damit im Ergebnis Kenntnis der «Summe der haftungsbegründenden Umstände» (Rolland, § 12 N 11).

384 Nach **bisherigem schweizerischen Deliktsrecht** heisst «Kenntnis» nicht «kennen müssen». Die Rechtsprechung war vielmehr «bezüglich der subjektiven Anforderungen der Kenntnisnahme sehr weitherzig» (Brehm, Art. 60 N 59). Danach begann die einjährige Verjährungsfrist des Art. 60 OR erst mit dem Zeitpunkt, in dem der Geschädigte vom Schaden **tatsächlich Kenntnis** hatte und nicht mit demjenigen, in dem er bei Anwendung der nach den Umständen gebotenen Aufmerksamkeit die Höhe seiner Forderung hätte kennen können (BGE 111 II 57 f.; 109 II 434 ff.).

385 Diesen **Vorteil hat das PrHG für Produkteschäden eliminiert**: Nach Art. 9 PrHG verjähren nun die Ansprüche des Geschädigten nicht

erst mit der tatsächlichen Kenntnis des Schadens, des Fehlers und der Person des Herstellers. Vielmehr genügt es, dass er von diesen Umständen **hätte Kenntnis erlangen müssen**. Was darunter zu verstehen ist, sagt das PrHG nicht.

Da das Erfordernis des «Kennen-Müssens» dem schweizerischen 386 Recht bis anhin nicht bekannt war, wird die Rechtsprechung den Begriff klären und konkretisieren müssen. Im Ergebnis wird dieses zusätzliche Erfordernis dazu führen, dass eine **fahrlässig verschuldete Unkenntnis** zulasten des Geschädigten geht (vgl. Taschner/Frietsch, ProdHaftG § 12 N 7). Eine solche fahrlässige Unkenntnis wird etwa dann vorliegen, wenn sich der Geschädigte «mit Vermutungen über die Schadensursache begnügt, obwohl es ihm zumutbar war, diese Unkenntnis auszuräumen» (Graf von Westphalen, § 67 Rz. 4).

Für die **Unterbrechung der Verjährung** gilt Art. 135 OR (Art. 11 387 Abs. 1 PrHG). Danach wird die Verjährung durch Anerkennung der Forderung seitens des Haftpflichtigen (etwa durch Zins- und Abschlagszahlungen, Pfand- und Bürgschaftsbestellung) unterbrochen. Ist der Haftpflichtige dazu nicht bereit, kann der Geschädigte die Verjährung durch **Schuldbetreibung**, **Klage** oder **Einrede** vor einem Gericht oder Schiedsgericht sowie durch **Eingabe im Konkurs** und **Ladung zu einem amtlichen Sühneversuch** unterbrechen.

Mit der Unterbrechung der Verjährungsfrist beginnt diese von 388 neuem. Nach Art. 137 Abs. 1 OR i.V.m. Art. 11 Abs. 1 und Art. 9 PrHG läuft alsdann eine **neue dreijährige Frist.** Vorbehalten bleibt Art. 10 PrHG (vgl. Rz. 389 ff. hinten).

## C. Verwirkung

Nach Art. 10 PrHG verwirken Ansprüche des Geschädigten nach 389 diesem Gesetz **10 Jahre** nach dem Tag, an dem der Hersteller das Produkt, das den Schaden verursacht hat, in den Verkehr gebracht hat. Die Frist des Art. 10 PrHG stellt keine Verjährungsfrist, sondern eine **Verwirkungsfrist** dar. Sie führt zum Untergang des Schadenersatzanspruches. Im Gegensatz zur Verjährung hat sie der Richter daher von Amtes wegen zu beachten (Gauch/Schluep, Rz. 3506).

Im Gegensatz zur Verjährung kann die Verwirkungsfrist des Art. 10 390 PrHG **nicht unterbrochen** werden. Die **Verwirkung tritt jedoch dann nicht ein,** wenn der Konsument seine Schadenersatzansprüche gegen den

Hersteller **eingeklagt** hat, und somit ein gerichtliches Verfahren hängig ist (Art. 10 Abs. 2 PrHG).

## VIII. Intertemporales Recht

391 Nach Art. 13 PrHG gilt das Gesetz **nur für Produkte, die nach seinem Inkrafttreten in Verkehr gebracht** wurden. Diese Bestimmung deckt sich mit Art. 17 der EG-Richtlinie, der seinerseits dem verfassungsrechtlichen Grundsatz Rechnung trägt, wonach es dem Gesetzgeber untersagt ist, «den Bürger belastende gesetzliche Vorschriften rückwirkend für anwendbar zu erklären» (Pott/Frieling, § 16 N 1).

392 In der Schweiz stimmt das Verbot der Rückwirkung mit dem in **Art. 1 SchlT ZGB** kodifizierten Grundsatz überein, wonach die rechtlichen Wirkungen von Tatsachen, die vor dem Inkrafttreten des Gesetzes eingetreten sind, in aller Regel auch nachher gemäss den Bestimmungen des eidgenössischen oder kantonalen Rechts beurteilt werden, die zur Zeit des Eintrittes dieser Tatsache gegolten haben.

393 Die **Anwendbarkeit des PrHG** bestimmt sich damit **nach dem Zeitpunkt des Inverkehrbringens** des fehlerhaften Produkts, das den Schaden herbeigeführt hat (Pott/Frieling, § 16 N 3; vgl. auch Botschaft I Eurolex, 431). Dieser Zeitpunkt ist **für jeden der haftenden Hersteller** (Hersteller eines Grundstoffes, Hersteller eines Teilproduktes und Hersteller des Endproduktes [Art. 2 PrHG], den Importeur [Art. 2 Abs. 1 lit. c PrHG] und den Lieferanten [Art. 2 Abs. 2 PrHG]) nach den für ihn massgebenden Regeln zu bestimmen (vgl. Rolland, § 16 N 3). Dies führt dazu, dass der **Quasi-Hersteller** und der **Importeur** der Haftung für die von ihnen nach Inkrafttreten des Gesetzes vertriebenen Erzeugnisse nicht allein deshalb entgehen, weil der Hersteller das betroffene Produkt noch vor dem Inkrafttreten des PrHG in Verkehr gebracht hat (vgl. Botschaft I Eurolex, 431; Rolland, § 16 N 3).

394 Bei der **Haftung des Lieferanten** muss demgegenüber auf die Inverkehrbringung durch den tatsächlichen Hersteller oder die Person abgestellt werden, die ihm das Produkt geliefert hat (vgl. Art. 2 Abs. 2 PrHG). Bei eingeführten Produkten (vgl. Art. 2 Abs. 3 PrHG) ist die Inverkehrbringung durch den Importeur massgebend (vgl. Botschaft Swisslex, 81). Der Lieferant haftet deshalb nicht, wenn das Produkt durch den Hersteller oder den Importeur vor Inkrafttreten des Gesetzes in Verkehr gebracht wurde (vgl. Rolland, § 16 N 4; a. M. Kullmann, 147; Taschner/Frietsch, ProdHaftG § 16 N 5).

Ist streitig, ob das schadenstiftende Erzeugnis vor oder nach dem Inkrafttreten des PrHG in Verkehr gebracht wurde, trifft die **Beweislast** nach dem Grundgedanken des PrHG (bzw. der EG-Richtlinie [vgl. Art. 4 EG-Richtlinie]) den **Hersteller oder die ihm gleichgestellten Personen**. Dieses Ergebnis deckt sich auch mit Art. 8 ZGB: Der Hersteller leitet nämlich aus dem Umstand, dass das Produkt noch nicht den Bestimmungen des PrHG untersteht, eine ihm günstigere Rechtsposition ab (so Taschner/Frietsch, Richtl. § 17 N 5; vgl. auch Pott/Frieling, § 16 N 3; Rolland, § 16 N 5).

# § 3 Konkurrierende Ansprüche des Geschädigten im Überblick

## I. Einleitung

Nach Art. 11 Abs. 2 lässt das PrHG Schadenersatzansprüche aufgrund des Obligationenrechts oder anderer Bestimmungen des eidgenössischen oder des kantonalen öffentlichen Rechts unberührt. Der Geschädigte kann deshalb **wahlweise** nach den **Regeln des PrHG** gegen den Hersteller vorgehen oder den Verantwortlichen gestützt auf Bestimmungen des **Vertrags- oder Deliktsrechts des Obligationenrechts** belangen (vgl. Botschaft I Eurolex, 429). Alle diese Ansprüche bestehen nebeneinander. Es liegt ein Fall von sogenannter **Anspruchskonkurrenz** vor.

Im Schadenfall muss deshalb der Richter jeden Anspruch nach seinen Voraussetzungen, seinem Inhalt und seiner Durchsetzbarkeit selbstständig beurteilen. Dies gilt selbst dann, wenn sich der Geschädigte ausdrücklich nur auf eine der verschiedenen Anspruchsgrundlagen beruft: **«iura novit curia»** (vgl. etwa Gauch/Schluep, Rz. 2909 ff., insb. Rz. 2914 f; Keller I, 324 ff.; Bucher, 337 f.).

Ist sich der Geschädigte der Anspruchskonkurrenz nicht bewusst, wird die Klage allerdings zumeist ungenügend substantiert sein. Die Zusprechung von Schadenersatz nach einem von ihm nicht direkt ins Auge gefassten anderen gesetzlichen Tatbestand wird deshalb (wenigstens bei strenger Anwendung der Verhandlungsmaxime) wegen **undeutlicher oder unvollständiger Tatsachenbehauptungen** und **fehlender Beweisantretung** nicht möglich sein. Weil Tatsachen nicht behauptet werden, von deren Vorhandensein Entstehung oder Untergang der möglichen ande-

396

397

398

ren Ansprüche abhängen, ist die Klage in diesen Punkten **nicht schlüssig begründet** (vgl. etwa Guldener, 159 ff.; Vogel, 10 Rz. 55).

399    Führt ein fehlerhaftes Produkt dazu, dass eine Person getötet oder verletzt oder eine Sache beschädigt oder zerstört wird, sind wohl meistens nicht nur die Anspruchsvoraussetzungen des PrHG erfüllt. Vielmehr kann gleichzeitig ein Delikt im Sinne des ausservertraglichen Schadenersatzrechtes oder eine Vertragsverletzung nach Kauf- oder Werkvertragsrecht vorliegen. Im Einzelfall wird die **Berufung auf das PrHG** für den Geschädigten allerdings **vielfach günstiger** sein, da dort für den Hersteller eine Kausalhaftung gilt, während der Geschädigte dem Haftpflichtigen im Deliktsrecht ein Verschulden nachweisen muss oder der Haftpflichtige nach den Regeln des Vertragsrechts mit dem Beweis fehlenden Verschuldens Schadenersatzansprüche abwenden kann (Art. 97 OR).

400    Trotzdem ist die mögliche **Anspruchskonkurrenz** gerade bei Produktehaftpflichtfällen von **grosser Bedeutung**, weil das **PrHG** (in Übereinstimmung mit der EG-Richtlinie) **zahlreiche Lücken** aufweist. So sieht es beispielsweise keine Anspruchsgrundlage für Genugtuungsleistungen vor. Schadenersatz für Schäden an gewerblich genutzten Gegenständen ist sogar ausdrücklich ausgeschlossen (Art. 1 Abs. 1 lit. b PrHG). Zu beachten ist im weiteren, dass die Begriffe des Produktes und des Fehlers (Art. 3 und 4 PrHG) nur ganz bestimmte Tatbestände abdecken. Daneben können aber auch das Fehlen einer ausdrücklichen Beobachtungs- und Rückrufpflicht sowie der Selbstbehalt bei Sachschäden (Art. 6 Abs. 1 PrHG) dazu führen, dass sich der Geschädigte im Einzelfall auf die Bestimmungen des Obligationenrechts berufen muss, um zu seinem Recht zu kommen. Diese Bestimmungen sind deshalb weiterhin von grosser Tragweite, weshalb hier kurz im Überblick (eingehender vgl. etwa Christen, 137 ff.; Fellmann, 277 ff.) darauf einzugehen ist:

## II. Haftung nach Vertragsrecht

### A. Überblick

401    Ausgangspunkt für viele Produktehaftpflichtfälle wird der **Kauf eines fehlerhaften Produktes** bilden. Der sehr weite Produktebegriff des Art. 3 PrHG lässt aber auch die **Herstellung eines Werkes** als Ausgangspunkt eines Produktehaftpflichtfalles in Betracht kommen. In der Praxis sind deshalb vorab die Anspruchsvoraussetzungen des Kaufvertragsrech-

tes oder des Werkvertragsrechtes zu überprüfen. Daneben fällt allerdings auch der **allgemeine Haftungstatbestand des Art. 97 OR** in Betracht.

## B. Haftung nach Kaufvertragsrecht

### 1. Anspruchsgrundlage

Anspruchsgrundlage einer Haftung des Verkäufers für Schäden 402 seines Produktes bildet **Art. 197 OR**. Danach **haftet der Verkäufer** dem Käufer sowohl für die **zugesicherten Eigenschaften** als auch dafür, dass die Sache nicht körperliche oder rechtliche Mängel hat, die ihren **Wert oder ihre Tauglichkeit zu dem vorausgesetzten Gebrauch** aufheben oder erheblich mindern.

Der **Verkäufer haftet nicht** für Mängel, die der Käufer zur Zeit des 403 Kaufes gekannt hat (Art. 200 Abs. 1 OR). Für Mängel, die er bei Anwendung gewöhnlicher Aufmerksamkeit hätte kennen sollen oder hätte erkennen können, haftet der Verkäufer nur dann, wenn er deren Nichtvorhandensein zugesichert hat (Art. 200 Abs. 2 OR).

### 2. Voraussetzungen der Gewährleistung

#### a. Mangel

Erste Voraussetzung für die Haftung des Verkäufers ist ein Mangel 404 der Kaufsache. Was Sachmangel ist, ergibt sich primär aus dem Vertrag. Es gibt keinen objektiven Mängelbegriff (anders Art. 4 PrHG, vgl. Rz. 172 ff. vorne). **Mangelhaft ist, was von der vertraglichen Vereinbarung abweicht** (Bucher, BT 90; vgl. auch Keller/Lörtscher, 73; Honsell, Art. 197 N 2). Nach überwiegender Lehre wird deshalb beim Gattungs- und beim Spezieskauf die Sachqualität als Vertragsinhalt verstanden. Die Gewährleistung bildet die Rechtsfolge für eine qualitativ nicht gehörige Erfüllung und sanktioniert damit eine Vertragsverletzung (vgl. Keller/Lörtscher, 68 ff.; Giger, Vorbem. Art. 197–210 N 17 ff.; Honsell, Art. 197 N 2).

Der Verkäufer kann im Kaufvertrag und den vorausgehenden Ver- 405 handlungen, insbesondere aber in seiner Werbung gewisse **Eigenschaften der Kaufsache zusichern**, sei es in der positiven Weise, dass der Gegenstand des Kaufes bestimmte Eigenschaften besitze, sei es in der negativen Aussage, dass diese Mängel nicht vorhanden seien (vgl. Guhl/Merz/Koller, 354 ff.; Honsell, Art. 197 N 2 und 14 ff.). Blosse reklamehafte Anpreisungen gelten nach der herrschenden Lehre und Rechtsprechung nicht als Zusicherung (BGE 88 II 416; vgl. etwa Honsell, Art. 197 N 16;

Guhl/Merz/Koller, 355). Bezieht sich die Reklame allerdings klar auf eine Eigenschaft der Kaufsache, erscheint diese Einschränkung nicht gerechtfertigt. Sichert der Verkäufer gewisse Eigenschaften zu, haftet er grundsätzlich für **jede Abweichung des Kaufgegenstandes von der vertraglich vorausgesetzten Beschaffenheit.** Der Verkäufer kann alsdann nur noch einwenden, die fragliche Zusicherung sei für den Kaufentschluss des Kunden im konkreten Fall ohne Bedeutung gewesen (Guhl/Merz/Koller, 355; Honsell, Art. 197 N 2).

406　　　Nach der anderen Tatbestandsvariante haftet der Verkäufer aber auch dann, wenn er **keine ausdrückliche Aussage über die Eigenschaften der Kaufsache** gemacht hat, der Käufer jedoch nach Treu und Glauben im Verkehr bestimmte Merkmale als gegeben annehmen durfte. Das Gesetz spricht von **vorausgesetzten Eigenschaften.** Hier haftet der Verkäufer allerdings nur für Mängel, die den wirtschaftlichen Wert oder die Tauglichkeit des Kaufgegenstandes zum vorausgesetzten Gebrauch aufheben oder doch erheblich mindern (vgl. Guhl/Merz/Koller, 355 f.; Keller/Lörtscher, 70; Honsell, Art. 197 N 2). Massgebend ist der vertragsmässig vorausgesetzte Gebrauch. Dieser ergibt sich (abgesehen von besonderen Abreden) aus den Umständen und der Natur des Geschäftes. Vorausgesetzt ist jeder Gebrauch, dem die Kaufsache gewohnheitsmässig, ihrer wirtschaftlichen Bedeutung entsprechend zu dienen hat. Ausserdem kann ein bestimmter Gebrauch auch dann als vertraglich vorausgesetzt gelten, wenn aus den Vertragsverhandlungen hervorgeht, dass der Käufer die Sache speziell zu diesem Zweck erwerben wollte, und der Verkäufer ihn durch sein Verhalten in der Erwartung, dass die Sache dazu tauglich sei, bestärkt hat (vgl. Keller/Lörtscher, 70 ff.; Guhl/Merz/Koller, 355 f.; Honsell, Art. 197 N 2).

### b. Mängelrüge

407　　　Eine weitere und in der Praxis wohl die wichtigste Voraussetzung der kaufrechtlichen Gewährleistung und damit eines allfälligen Schadenersatzanspruches des Käufers ist die **Mängelrüge.** Sie bedingt eine **Prüfung der Kaufsache.** Nach Art. 201 Abs. 1 OR hat der Käufer die Beschaffenheit der empfangenen Sache, sobald es nach dem üblichen Geschäftsgange tunlich ist, zu prüfen. Falls sich Mängel ergeben, für die der Verkäufer Gewähr zu leisten hat, muss er ihm sofort Anzeige machen. Ergeben sich später solche Mängel, was im Rahmen der Produktehaftpflicht die Regel sein dürfte, muss die Anzeige sofort nach deren Entdeckung erfolgen (Art. 201 Abs. 3 OR). Versäumt der Käufer die Rüge, gilt die gekaufte Sache als genehmigt (Art. 201 Abs. 2 und 3 OR).

Die **Untersuchungsfrist** wurde vom Gesetzgeber nicht starr bemes- 408
sen. Die Prüfung ist vorzunehmen, «sobald es nach dem üblichen Geschäftsgang tunlich ist» (Art. 201 Abs. 1 OR). Massgebend sind damit die
«Umstände des Einzelfalles, Branchenübung, Natur der Kaufsache, Art
des Mangels» (Honsell, Art. 201 N 9; vgl. auch BGE 81 II 56).

Liegen offenkundige Mängel vor oder ergeben sich bei der (nähe- 409
ren) Untersuchung der Kaufsache Mängel, sind diese **sofort zu rügen**.
Sofort heisst unverzüglich. Der Mangel muss nicht immer unbedingt
schon am Tage der Entdeckung gerügt werden; der Käufer darf aber den
Entscheid nicht ungebührlich lang verzögern (vgl. eingehend Giger,
Art. 201 N 77).

### 3. Rechtsfolgen des Gewährleistungsfalles

Liegt ein Mangel und damit ein Fall der Gewährleistung des Ver- 410
käufers vor, hat der Käufer die Wahl, mit der **Wandelung** den Kauf
rückgängig zu machen oder mit der **Minderung** Ersatz des Minderwertes
der Sache zu fordern (Art. 205 Abs. 1 OR). Im Zusammenhang mit der
Produktehaftpflicht ist die Tatsache von besonderer Bedeutung, dass die
Wandelung auch dann verlangt werden kann, wenn die Kaufsache infolge ihrer Mängel untergegangen ist (Art. 207 Abs. 1 OR). Das Recht
auf Wandelung ist insofern eingeschränkt, als der Richter nach schweizerischem Recht die Befugnis hat, nur Ersatz des Minderwertes zuzusprechen, sofern die Umstände nicht rechtfertigen, den Kauf rückgängig zu
machen (Art. 205 Abs. 2 OR).

Die kaufrechtliche Gewährleistung will vor allem das Äquivalenz- 411
verhältnis zwischen der Leistung des Verkäufers und der Gegenleistung
des Käufers wiederherstellen, wenn sich herausstellt, dass das Kaufobjekt Mängel hat. Im Gegensatz zu den Bestimmungen des Produktehaftpflichtgesetzes, das Ersatz für Schäden am fehlerhaften Produkt ausdrücklich ausschliesst (Art. 1 Abs. 2 PrHG), steht deshalb im **Kaufvertragsrecht das Produkt selbst im Vordergrund**. Ist es mangelhaft, soll der
Käufer vorab das gestörte **Gleichgewicht zwischen Leistung und Gegenleistung** entweder durch Rückabwicklung des Kaufes über Wandelung
oder Ersatz des Minderwertes der Sache (Art. 205 Abs. 1 OR) wiederherstellen können. **Schadenersatz für sonstigen Schaden** fällt **erst an zweiter
Stelle** in Betracht. Solche Ansprüche sind jedoch nicht ausgeschlossen;
im Gegenteil: Bei Vorliegen eines Sachmangels besteht für Schäden, die
dem Käufer durch die Lieferung der fehlerhaften Ware **unmittelbar verursacht** worden sind, sogar eine **Kausalhaftung** des Verkäufers (Art. 208

Abs. 2 OR). Darüber hinaus ist er verpflichtet, dem Käufer auch den **weiteren Schaden** zu ersetzen, sofern er nicht beweist, dass ihm keinerlei Verschulden zur Last falle (Art. 208 Abs. 3 OR).

412    Nach der gesetzlichen Regelung greift die **Kausalhaftung des Verkäufers** allerdings nur Platz, wenn der Käufer die **Rückgängigmachung des Kaufvertrages verlangen kann** und dies tatsächlich auch getan hat. Fordert er lediglich Minderung des Kaufpreises oder wird ihm vom Richter bloss das Minderungsrecht eingeräumt, kommt nach der Praxis des Bundesgerichtes nur ein Schadenersatzanspruch nach Art. 97 OR in Frage; der Verkäufer kann sich alsdann exkulpieren (BGE 107 II 165 f.; 95 II 125; 82 II 139; 63 II 404). Ein grosser Teil der Doktrin stimmt dem Bundesgericht in diesem Punkt allerdings nicht zu, sondern nimmt im Falle der Minderung bezüglich Schadenersatz eine Lücke an, die durch analoge Heranziehung von Art. 208 Abs. 2 und 3 OR zu füllen sei (vgl. etwa Keller/Lörtscher, 89; Giger, Art. 308 N 53 ff.; Guhl/Merz/Koller, 362; a. M. Honsell, Art. 208 N 7).

413    Eine **weitere Schwierigkeit** stellt die Formulierung dar, der Verkäufer hafte bloss für den Schaden kausal, der durch die fehlerhafte Ware unmittelbar verursacht worden sei. Für den sogenannten «weiteren Schaden» hafte er nur, wenn er nicht beweise, dass ihm kein Verschulden zur Last falle (Art. 208 Abs. 3 OR). Die Unterscheidung zwischen dem «**unmittelbaren Schaden**» und dem weiteren «**mittelbaren Schaden**» ist in der Doktrin nach wie vor stark umstritten:

414    Die neueren Lehrmeinungen gehen dahin, dass die historische Grundlage und der Wortlaut «unmittelbarer» und weiterer, «mittelbarer» Schaden zeigten, dass die Abgrenzung mit dem Kausalzusammenhang zu tun habe. Zum **unmittelbaren Schaden** gehörten deshalb nur diejenigen Schadensposten, die unmittelbar auf das Schadenereignis zurückzuführen seien. Unmittelbar sei deshalb nur der Schaden, der **in nächster Folge aus der Vertragsverletzung entstanden** sei, ohne dass noch weitere, mit der Vertragsverletzung nicht mehr im engsten Zusammenhang stehende Ursachen dazutreten mussten (vgl. Fischer, 275 ff.; Honsell, Art. 208 N 8; Keller/Lörtscher, 60 f.). Demgegenüber wollen das Bundesgericht und der Kommentar Giger das massgebende Abgrenzungskriterium ausschliesslich in der Unterscheidung zwischen damnum emergens und lucrum cessans, ohne Rücksicht auf die Nähe des Kausalzusammenhangs, sehen (Giger, Art. 195 N 34 und Art. 208 N 35; BGE 79 II 381; 47 II 85 f.).

## 4. Verjährung

Die Klagen auf Gewährleistung wegen Mängel der Kaufsache und 415 damit auch allfällige Schadenersatzansprüche des Käufers verjähren mit **Ablauf eines Jahres** nach der Ablieferung an den Käufer. Diese einschneidende Regelung gilt selbst dann, wenn der Käufer die Mängel erst später entdeckt (Art. 210 Abs. 1 OR). Vorbehalten bleiben selbstverständlich die Fälle, in denen der Verkäufer eine Haftung für längere Zeit übernommen oder den Käufer absichtlich getäuscht hat (Art. 210 Abs. 3 OR).

## 5. Fazit

Die Kausalhaftung des Art. 208 Abs. 2 OR gestattet es dem Konsu- 416 menten, den Verkäufer für unmittelbaren Schaden ins Recht zu fassen, ohne sich darüber Gedanken machen zu müssen, woher der Fehler des gekauften Produktes rührt. Bei Körperschäden ergeben sich gegenüber den Grundsätzen des PrHG keine grossen Unterschiede. Von Bedeutung ist hier vor allem, dass das Kaufvertragsrecht **keinen Selbstbehalt** vorsieht und neben den Entlastungsgründen des groben Selbst- und Drittverschuldens oder höherer Gewalt **keine Ausnahmen von der Haftung** vorsieht (anders Art. 5 PrHG).

Ein grundlegender Unterschied zwischen Kaufvertragsrecht und den 417 Bestimmungen des PrHG liegt darin, dass der Schadensbegriff des **Art. 208 OR alle möglichen (unmittelbaren) Schäden** erfasst. Der Käufer kann sich deshalb am Verkäufer auch dann schadlos halten, wenn Gegenstände zerstört werden, die zum **gewerblichen Gebrauch oder Verbrauch** bestimmt waren und die er auch so verwendet hatte (anders Art. 1 Abs. 1 lit. b PrHG). **Schäden am fehlerhaften Produkt** selbst kann er über Wandelung oder Minderung (Art. 197 und 205 OR) auf den Verkäufer abwälzen (anders Art. 1 Abs. 2 PrHG). Hier hat er sich auch keine Gedanken darüber zu machen, weshalb das Produkt mangelhaft ist. Die Sachgewährleistung des Verkäufers erfasst deshalb beispielsweise auch sogenannte «weiterfressende Mängel» (vgl. dazu Rz. 135 vorne). Überhaupt ist der **Beweis der Mangelhaftigkeit** der Kaufsache im Ergebnis wohl **weniger anspruchsvoll** als der Nachweis eines Fehlers im Sinne von Art. 4 PrHG.

Gegenüber **mittelbaren Schäden**, insbesondere dem entgangenen 418 Gewinn steht dem Verkäufer der **Exkulpationsbeweis** des Art. 208 Abs. 3 OR offen. Ist er nicht gleichzeitig Produzent, kann der Nachweis fehlenden Verschuldens nicht zum vornherein ausgeschlossen werden. Hier geht deshalb die **Kausalhaftung des PrHG weiter.** Immerhin ist darauf hinzuweisen, dass das Bundesgericht im sogenannten «Zahnarztstuhl-Fall» (JdT 134 [1986] I 571 f.) auch einem Importeur recht weitgehende Kontrollpflichten aufzuerlegen scheint (vgl. Rz. 473 ff. hinten). Sollte sich daher erweisen, dass der Fehler bei einer Nachkontrolle durch den Verteiler hätte entdeckt werden können, müsste der Exkulpationsbeweis nach dieser Rechtsprechung wohl scheitern.

419     **Nachteilig** für den Käufer ist die **Obliegenheit der Mängelrüge.** Wie sich in der Praxis zeigt, wird diese Rüge nämlich in der Hitze des Gefechts häufig versäumt. Ein weiterer Nachteil liegt in der vor allem hinsichtlich eigentlicher Produkteschäden sehr **kurzen (einjährigen) Verjährungsfrist.** Die erste Einschränkung fehlt im PrHG überhaupt. Eine Verjährung (und Verwirkung) ist zwar ebenfalls gegeben; die Fristen sind aber wesentlich länger (vgl. Art. 9 und 10 PrHG).

420     Schliesslich ist darauf hinzuweisen, dass die kaufrechtliche Gewährleistungspflicht, insbesondere aber die Schadenersatzpflicht des Verkäufers einen eigentlichen **Mangel des Produktes voraussetzt.** Diese Voraussetzung ist nicht immer gegeben, wenn die Ware dem Käufer gesundheitlich schadet. Raucht er beispielsweise trotz Krebsgefahr, helfen ihm die Gewährleistungsansprüche nicht, wenn er schliesslich erkrankt. Das gleiche gilt, wenn die Ware ihm nur kraft seiner besonderen Anlage oder Verhältnisse schadet, während sie von anderen gefahrlos konsumiert werden kann (vgl. Spiro, 258). In beiden Fällen dürften ihm allerdings auch die Bestimmungen des PrHG eine Abwälzung seines Schadens kaum gestatten.


## C. Haftung nach Werkvertragsrecht


### 1. Anspruchsgrundlage

421     Anspruchsgrundlage einer Haftung des Unternehmers nach Werkvertragsrecht bildet **Art. 368 OR.** Danach darf der Besteller die **Annahme des Werkes verweigern** und bei Verschulden des Unternehmers Schadenersatz fordern, wenn das Werk an so **erheblichen Mängeln** leidet oder sonst so sehr **vom Vertrag abweicht,** dass es für ihn unbrauchbar ist oder ihm die Annahme billigerweise nicht zugemutet werden kann (Art. 368 Abs. 1 OR). Sind die Mängel oder die Abweichung vom Vertrag minder erheblich, so kann der Besteller einen dem Minderwert des Werkes entsprechenden **Abzug am Werklohn des Unternehmers** machen oder, wenn dies dem Unternehmer nicht übermässige Kosten verursacht, die **unent-**

geltliche **Verbesserung des Werkes** und bei Verschulden **Schadenersatz** verlangen (Art. 368 Abs. 2 OR).

Diese **Rechte fallen dahin,** wenn der Besteller die Mängel – durch 422 Weisungen oder auf andere Weise – **selbst verschuldet** hat (Art. 369 OR). Handelt es sich um Mängel, die bei der Abnahme und ordnungsgemässen Prüfung erkennbar waren, wird der Unternehmer von seiner Haftpflicht befreit, wenn der Besteller das abgelieferte Werk ausdrücklich oder stillschweigend **genehmigt** (Art. 370 Abs. 1 OR). Eine stillschweigende Genehmigung wird angenommen, wenn der Besteller die gesetzlich vorgesehene Prüfung und Anzeige unterlässt (Art. 370 Abs. 2 OR). Handelt es sich um geheime Mängel oder wurden diese vom Unternehmer absichtlich verschwiegen, muss der Besteller sie dem Unternehmer nach Entdeckung unverzüglich anzeigen, ansonsten das Werk auch bezüglich dieser Mängel als genehmigt gilt (Art. 370 Abs. 3 OR).

### 2. Voraussetzungen der Gewährleistung

#### a. Mangel

Ein Mangel liegt vor, wenn das Werk «vom Vertrag abweicht» 423 (Art. 368 Abs. 1 OR). Der Werkmangel ist demnach «**ein vertragswidriger Zustand des Werkes**, der darin besteht, dass dem Werk eine vertraglich geforderte Eigenschaft fehlt» (Gauch, Rz. 916; vgl. auch Zindel/Pulver, Art. 368 N 9). Er tritt vorab in zwei Erscheinungsformen auf:

Ein Werkmangel liegt einmal vor, wenn dem Werk eine vom Unter- 424 nehmer **zugesicherte** (und damit zwischen den Parteien vereinbarte) **Eigenschaft fehlt** (vgl. eingehend Gauch, Rz. 919 ff.). Dabei ist ohne Bedeutung, dass es technisch einwandfrei erstellt wurde und grundsätzlich gebrauchstauglich ist: «Der Besteller darf erwarten, dass das Werk über jene Eigenschaften verfügt, die der Unternehmer vertraglich versprochen hat» (Gauch, Rz. 943 f.).

Neben dem Fehlen einer zugesicherten Eigenschaft kann der Man- 425 gel aber auch darin liegen, dass dem Werk eine «**vorausgesetzte Eigenschaft**» abgeht, deren Vorliegen der Besteller in guten Treuen erwarten durfte. Diese besteht darin, dass das Werk «gebrauchstauglich ist und über eine Wertqualität verfügt, die der Normalbeschaffenheit entspricht» (Gauch, Rz. 951, eingehend Rz. 952 ff.). Wie das Kaufobjekt im Kaufvertragsrecht (vgl. Art. 197 Abs. 1 OR) darf demnach auch das Werk im Werkvertragsrecht keine Mängel aufweisen, die den Wert oder die Tauglichkeit zum vorausgesetzten Gebrauch aufheben oder erheblich mindern (Pedrazzini, 515).

### b. Mängelrüge

426 Eine weitere und in der Praxis wohl die wichtigste Voraussetzung der werkvertraglichen Gewährleistung (und damit eines allfälligen Schadenersatzanspruches des Bestellers nach Art. 368 OR) ist die **Mängelrüge**. Das Erfordernis einer Mängelrüge folgt aus den Art. 370 und 367 OR. Danach verwirkt der Besteller seine Mängelrechte, wenn er das abgelieferte Werk ausdrücklich oder stillschweigend genehmigt, es sei denn, es handle sich um Mängel, die bei der Abnahme und ordnungsgemässen Prüfung nicht erkennbar waren oder vom Unternehmer absichtlich verschwiegen wurden (sogenannte «geheime Mängel»).

427 Die **erforderliche Prüfung** ist «sobald es nach dem üblichen Geschäftsgang tunlich ist» vorzunehmen (Art. 367 Abs. 1 OR). Soweit keine einschlägige Übung besteht, ist dabei die Zeit massgebend, «die ein ordentlicher Besteller benötigt, um mit der Untersuchung des Werkes zu beginnen und die Prüfung dann sorgfältig durchzuführen» (Gauch, Rz. 1522).

428 Stellt der Besteller bei seiner Prüfung Mängel fest, hat er diese dem Unternehmer **sofort anzuzeigen**; er hat eine **Mängelrüge** zu erheben (Art. 367 Abs. 1 OR, vgl. eingehend Gauch, Rz. 1529 ff.). Unterlässt er dies, so gilt das Werk unwiderlegbar als genehmigt (Art. 370 Abs. 1 OR; vgl. Gauch, Rz. 1512).

429 Findet der Besteller bei seiner Prüfung nach Ablieferung des Werkes keine Mängel vor, treten solche aber **später zutage**, so muss er sie **nach der Entdeckung** ebenfalls **sofort rügen**. Tut er dies nicht, gilt das Werk auch hinsichtlich dieser Mängel als genehmigt (Art. 370 Abs. 3 OR, vgl. eingehend Gauch, Rz. 1570 ff.).

### 3. Rechtsfolgen des Gewährleistungsfalles

430 Ist das Werk derart mangelhaft, dass es für den Besteller unbrauchbar ist oder ihm die **Annahme billigerweise nicht zugemutet** werden kann, so darf er diese **verweigern** (Art. 368 Abs. 1 OR). Sind die **Mängel minder erheblich**, so kann er einen dem Minderwert des Werkes entsprechenden **Abzug am Werklohn** des Unternehmers machen oder die **unentgeltliche Verbesserung** des Werkes verlangen, wenn dies dem Unternehmer nicht übermässige Kosten verursacht (Art. 368 Abs. 2 OR). Bei Werken, die auf dem Grund und Boden des Bestellers errichtet worden sind und ihrer Natur nach nur mit unverhältnismässigen Nachteilen entfernt werden können, hat der Besteller nur das Wahlrecht zwischen einer Minderung des Werklohnes und der unentgeltlichen Verbesserung des Werkes (Art. 368 Abs. 3 OR).

Sowohl bei Ausübung des Wandelungsrechtes (Art. 368 Abs. 1 431
OR) wie auch bei der Geltendmachung des Minderungs- oder Nachbes-
serungsrechtes (Art. 368 Abs. 2 OR) hat der Besteller überdies Anspruch auf **Ersatz des Mangelfolgeschadens.** Ein Mangelfolgeschaden
kennzeichnet sich dadurch, dass seine Ursache im Werkmangel liegt,
aber nicht im Mangel selbst begründet ist. Es handelt sich demnach
um den Schaden, der dem Besteller trotz Wandelung, Minderung
oder Nachbesserung verbleibt (vgl. Gauch, Rz. 1307 ff.; Zindel/Pulver,
Art. 368 N 68 ff.).

Verursacht der Unternehmer dem Besteller einen Schaden, der 432
sich **nicht als Mangelfolgeschaden** qualifiziert (weil beispielsweise kein
Mangel vorliegt, sondern bloss vertragliche Nebenpflichten verletzt werden), richtet sich seine Geltendmachung nach den **allgemeinen Bestimmungen des Vertragsrechts (Art. 97 Abs. 1 OR).**

Der Schadenersatzanspruch des Bestellers für Mangelfolgeschäden 433
nach Art. 368 Abs. 1 und 2 OR setzt ein **Verschulden des Unternehmers**
voraus. Die Mangelhaftigkeit des Werkes muss ihm demnach zum Vorwurf gereichen, weil er vorsätzlich oder fahrlässig vorgegangen ist (vgl.
Gauch, Rz. 1328 ff.; Zindel/Pulver, Art. 368 N 71). Die Beweislast für
dieses Verschulden liegt allerdings nicht beim Besteller. Hier findet vielmehr die allgemeine Regel des Art. 97 Abs. 1 OR Anwendung. Die Haftung entfällt daher nur dann, wenn der Unternehmer sich exkulpiert,
indem er nachweist, «dass ihm keinerlei Verschulden zur Last falle»
(Art. 97 Abs. 1 OR, vgl. Gauch, Rz. 1331). Wir haben also eine **Verschuldenshaftung mit umgekehrter Beweislast** vor uns.

### 4. Verjährung

Bezüglich der Verjährung der Ansprüche des Bestellers wegen 434
Mängeln des Werkes verweist das Werkvertragsrecht in Art. 371 Abs. 1
OR auf das Kaufrecht. Lediglich für unbewegliche Bauwerke sieht es
eine besondere Regelung vor. Danach verjähren die Mängelrechte des
Bestellers **bei unbeweglichen Bauwerken mit Ablauf von fünf Jahren** seit
der Abnahme (Art. 371 Abs. 2 OR). **In allen übrigen Fällen** gilt die **einjährige Verjährungsfrist** des Art. 210 Abs. 1 OR.

Eine **Ausnahme** greift dann Platz, wenn der Unternehmer den 435
Besteller **absichtlich getäuscht** hat. In diesem Fall gilt die **zehnjährige
Verjährungsfrist** des Art. 127 OR (Art. 210 Abs. 3 i. V. m. Art. 371 Abs. 1
OR).

### 5. Fazit

436    Die Haftung des Unternehmers für Mängel des Werkes nach Art. 368 OR gestattet es dem Besteller, sich bei Vorliegen eines Mangels über Wandelung des Werkvertrages, Herabsetzung des Werklohnes oder unentgeltliche Verbesserung des Werkes schadlos zu halten. Wie im Kaufvertragsrecht steht auch im Werkvertragsrecht die Aufrechterhaltung des **Gleichgewichtes zwischen der Leistung des Bestellers und der Leistung des Unternehmers** im Vordergrund. Eine weitere **Haftung für Schäden** sieht das Werkvertragsrecht bloss dann vor, wenn es sich um **Mangelfolgeschäden** handelt. Verursachen **andere Vertragsverletzungen** des Unternehmers Schaden, kann sich der Besteller nur über die **allgemeinen Regeln des Vertragsrechts (Art. 97 Abs. 1 OR)** Ersatz verschaffen. Dies hat im Ergebnis allerdings keine gravierenden Konsequenzen, da sowohl der Haftungstatbestand des Art. 368 OR wie auch derjenige des Art. 97 Abs. 1 OR **Verschuldenshaftungen mit umgekehrter Beweislast** darstellen. Zu beachten ist allerdings, dass die Haftung des Unternehmers für Mangelfolgeschäden nach Art. 398 OR eine **Mängelrüge** voraussetzt, während Art. 97 Abs. 1 OR ein solches Erfordernis nicht kennt.

437    Führt der Fehler eines Produktes zu einem Schaden, der durch den Schadensbegriff des PrHG (vgl. Rz. 105 ff. vorne) gedeckt ist, weil es sich entweder um einen Personenschaden oder um einen Sachschaden an einem Gegenstand des privaten Gebrauchs handelt, ist die **Berufung auf die Kausalhaftung des Herstellers** nach den Regeln des PrHG **für den Konsumenten vorteilhafter** als die Anwendung werkvertragsrechtlicher Bestimmungen. Neben einer **Verschuldensvoraussetzung fehlt** hier auch das **Erfordernis einer Mängelrüge**. Von Vorteil dürften auch die **wesentlich längeren Verjährungsfristen** des PrHG sein (vgl. Art. 9 und 10 PrHG).

438    Für eine **Anwendung des Werkvertragsrechtes** spricht der Umstand, dass Art. 368 OR den Schadensbegriff nicht wie das PrHG auf einzelne Schadenskategorien (Personenschaden und Sachschaden an Gegenständen des privaten Gebrauchs), sondern nur auf Mangelfolgeschäden einschränkt. Liegt ein **Mangelfolgeschaden** vor, erfasst dieser **alle möglichen Schäden**. Der Besteller kann sich deshalb auch dann schadlos halten, wenn eine gewerblich genutzte Sache Schaden erlitten hat. Im Gegensatz zu den Bestimmungen des PrHG ermöglichen ihm die Mängelrechte des Werkvertragsrechtes im weiteren gerade dann einen Ausgleich, wenn das **Werk selbst mangelhaft** ist oder durch einen Mangel weiteren (Mangelfolge-) Schaden erlitten hat.

# D. Haftung nach allgemeinem Vertragsrecht

## 1. Anspruchsgrundlage

Führt ein mangelhaftes Produkt beim Konsumenten zu einem 439
Schaden, stellt dies in aller Regel eine **nicht gehörige Erfüllung** des
Vertrages oder eine **positive Vertragsverletzung** dar. Für beide Tatbestände haftet der Schuldner nach **Art. 97 OR** (vgl. Wiegand, Art. 97
N 1 ff. m.w.H.). Die Besonderheit der vertraglichen Haftung nach
Art. 97 Abs. 1 OR gegenüber den Regeln des Deliktsrechts (des Obligationenrechts) liegt in der Beweislastverteilung hinsichtlich des Verschuldens: Nicht der Geschädigte muss dem Vertragspartner ein Verschulden
nachweisen; vielmehr hat dieser zu beweisen, dass ihm keinerlei Verschulden zur Last fällt. Misslingt dieser Beweis, muss er für den Schaden
einstehen. Art. 97 Abs. 1 OR stellt daher eine **Verschuldenshaftung mit
umgekehrter Beweislast** dar (vgl. Keller I, 315; Oftinger, 48 f.; Wiegand,
Art. 97 N 40 ff.).

Gestützt auf Art. 97 OR hat der Geschädigte grundsätzlich An- 440
spruch auf Schadenersatz, insbesondere auf **Ersatz des entgangenen Ge-
winnes** sowie des **sonstigen Schadens**. Der Schadensbegriff des Art. 97
OR umfasst damit **sämtliche möglichen Schäden**. Einschränkungen, wie
sie der Schadensbegriff des PrHG vorsieht, sind hier nicht gegeben.

Noch weiter geht die Haftung des Schuldners, wenn er die **Erfül-** 441
**lung seiner Schuldpflicht durch eine Hilfsperson** vornehmen lässt. In
diesem Fall hat er dem Gläubiger nach Art. 101 OR den Schaden zu
ersetzen, den die Hilfsperson in Ausübung ihrer Verrichtungen verursacht. Er hat für das Verhalten seiner Hilfspersonen wie für sein eigenes
einzustehen. Ein **persönliches Verschulden** ist **nicht erforderlich**. Im
weiteren ist es belanglos, ob die Hilfsperson selbst ein Verschulden
trifft. Der Schuldner kann sich nur dann von seiner Haftung befreien,
wenn er beweist, dass ihm selbst, wenn er anstelle der Hilfsperson
gehandelt hätte, kein Verschulden zur Last gelegt werden könnte (vgl.
etwa Wiegand, Art. 101 N 11 ff. m. w. H.). Art. 101 OR stellt deshalb im
Ergebnis eine **Kausalhaftung** mit einem ganz bestimmten **Exzeptionsbe-
weis** dar. Auch die Haftung des Schuldners nach Art. 101 OR umfasst
**alle möglichen Schadenskategorien**.

## 2. Voraussetzungen der Haftung

Eine Inanspruchnahme des Schuldners nach Art. 97 Abs. 1 OR 442
setzt (im vorliegend relevanten Zusammenhang) einen **Schaden** des

Gläubigers, eine nicht gehörige Erfüllung, also eine **Vertragsverletzung des Schuldners** sowie einen **Kausalzusammenhang** zwischen diesem Schaden und der Vertragsverletzung voraus. Da es sich beim allgemeinen vertraglichen Haftungstatbestand des Art. 97 OR um eine Verschuldenshaftung mit umgekehrter Beweislast handelt, ist ein **Verschulden des Schuldners** zwar ebenfalls Voraussetzung der Haftung. Dieses Verschulden hat jedoch **nicht der Geschädigte nachzuweisen**. Vielmehr obliegt der Beweis, dass ihm kein Verschulden zur Last falle, dem Schuldner. Gelingt ihm dieser Nachweis nicht, hat er für den Schaden einzustehen, wenn die übrigen Voraussetzungen der Haftbarmachung gegeben sind.

443    Der **Begriff der nicht gehörigen Erfüllung** ist **weit**. Er umfasst die Verletzung aller vertraglichen Verpflichtungen, die sich weder dem Tatbestand des Verzugs noch demjenigen der Nichterfüllung zuordnen lassen. Zur Abgrenzung von diesen Tatbeständen spricht man hier auch von sogenannter «**positiver Vertragsverletzung**» (vgl. Wiegand, Art. 97 N 25 m. w. H.).

444    Art. 97 erfasst vorab **alle Tatbestände der Schlechterfüllung**, also jede Erfüllung, die von der vertraglichen, geschuldeten Qualität abweicht. Hauptbeispiel bildet die Lieferung einer mangelhaften Sache (vgl. Wiegand, Art. 97 N 26 m.w.H.). Neben den Tatbeständen der Schlechterfüllung erfasst Art. 97 Abs. 1 OR aber auch die **Verletzung von Nebenpflichten**. Im Zusammenhang mit der Produktehaftpflicht ist hier vor allem an fehlende Gebrauchsanweisungen oder fehlende Aufklärung über latente Gefahren zu denken (vgl. Wiegand, Art. 97 N 32 ff. m. w. H.).

445    Im Zusammenhang mit Art. 97 Abs. 1 OR stellt sich deshalb immer wieder die Frage der **Abgrenzung** dieses (allgemeinen) Haftungstatbestandes **gegenüber den Gewährleistungsvorschriften des Kauf- oder Werkvertragsrechtes**:

446    Das Bundesgericht vertritt die Auffassung, bei unrichtiger Erfüllung habe der **Käufer die Wahl**, ob er nach Art. 97 OR Schadenersatz wegen Nicht- bzw. wegen nicht gehöriger Erfüllung verlangen oder nach Art. 197 ff. OR auf Gewährleistung klagen wolle, wobei es allerdings auch bei Anwendung von Art. 97 OR eine **Mängelrüge** voraussetzt (vgl. etwa BGE 108 II 104; 107 II 165 f.; 96 II 117). In der Lehre ist umstritten, ob diese Auffassung richtig sei (zustimmend: Giger, Art. 192 N 9; Keller/Lörtscher, 67; ablehnend: Cavin, 109 ff.; Guhl/Merz/Koller, 364; Wiegand, Art. 97 N 28).

447    Bei **Vorliegen von Werkmängeln** ist die Rechtsprechung des Bundesgerichtes gerade umgekehrt. Liefert der Unternehmer ein mangelhaf-

tes Werk, so kann sich der Besteller nach Auffassung des Bundesgerichtes **nur auf die Gewährleistungsansprüche des Werkvertragsrechtes** berufen; die Forderung von Schadenersatzansprüchen nach Art. 97 OR ist ausgeschlossen (BGE 100 II 32, 89 II 159; vgl. auch Gauch, Rz. 1689 ff.). Im Zusammenhang mit der Produktehaftpflicht und der möglichen Anspruchskonkurrenz zwischen den Vorschriften des PrHG und vertraglichen Haftungstatbeständen dürfte Art. 97 OR deshalb nur beim Kauf eines mangelhaften Produktes oder bei Verletzung von vertraglichen Nebenpflichten durch den Unternehmer in Betracht kommen.

### 3. Rechtsfolgen

Hat der Schuldner den Vertrag nicht gehörig erfüllt, hat er dem 448 Gläubiger für den daraus entstehenden Schaden **Ersatz zu leisten.** Im Vordergrund steht der Ersatz des positiven Interesses (auch Erfüllungsinteresses). Der Schuldner hat den Gläubiger alsdann so zu stellen, **wie wenn er den Vertrag richtig erfüllt hätte** (vgl. Wiegand, Art. 97 N 46 ff. m. w. H.).

### 4. Verjährung

Die Schadenersatzansprüche aus nicht gehöriger Erfüllung verjäh- 449 ren mit **Ablauf von 10 Jahren** (Art. 127 OR). Der Fristenlauf beginnt nach herrschender Lehre und Rechtsprechung mit der Fälligkeit der (Haupt-) Forderung (vgl. BGE 96 II 117 ff.; 90 II 440; 89 II 159; von Tuhr/ Escher, 104; kritisch Wiegand, Art. 97 N 50).

Ist die Zeit der Erfüllung weder durch Vertrag noch durch die 450 Natur des Rechtsverhältnisses bestimmt, kann die Erfüllung sofort geleistet oder gefordert werden (Art. 75 OR). Die Forderung wird in diesem Fall mit Abschluss des Vertrages fällig. Die Verjährungsfrist der Schadenersatzansprüche für die Folgen nicht gehöriger Erfüllung beginnt damit in vielen Fällen bereits schon im Zeitpunkt des Vertragsschlusses.

Soweit sich der Schadenersatzanspruch aus **Mängeln der Kaufsa-** 451 **che** herleitet, bleibt nach der bundesgerichtlichen Praxis auch bei Schadenersatzklagen aus Art. 97 OR die kurze **einjährige Verjährungsfrist** des Art. 210 OR massgebend (vgl. BGE 107 II 166 und 421; 63 II 405 ff.).

### 5. Fazit

Im Zusammenhang mit der Produktehaftpflicht kommt Art. 97 452 Abs. 1 OR insbesondere dann zur Anwendung, wenn kein Sachmangel im Sinne des Kaufvertragsrechtes oder kein Werkmangel bzw. kein

Mangelfolgeschaden im Sinne des Werkvertragsrechtes vorliegt. Bedeutungsvoll ist hier, dass der Schadensbegriff des **Art. 97 OR alle möglichen Schäden** erfasst. Nach den Bestimmungen des Vertragsrechtes kann der Gläubiger deshalb auch Schäden an gewerblichen Einrichtungen oder am Produkt selbst geltend machen. Einen **Selbstbehalt gibt es ebenfalls nicht**. Von Vorteil ist im weiteren, dass die Haftung nach Art. 97 OR sowohl Schlechterfüllung (i.e.S.) wie auch die Tatbestände der positiven Vertragsverletzung erfasst und damit ausserordentlich weit ist. Ein **Fehlernachweis**, wie ihn das PrHG in Art. 4 vorsieht, ist hier deshalb **nicht erforderlich**.

453      Im Gegensatz zum **PrHG**, das eine **Kausalhaftung des Herstellers** beinhaltet, stellt **Art. 97 Abs. 1 OR** eine **Verschuldenshaftung des Schuldners** dar. Da die Beweislast für das (fehlende) Verschulden jedoch nicht dem geschädigten Gläubiger, sondern dem Schuldner obliegt, hat diese Einschränkung in der Praxis keine allzu grosse Bedeutung.

## E. Die Rechtsstellung Dritter

454      Die Situation **Dritter**, die **mit dem Schuldner in keiner Vertragsbeziehung** stehen und durch ein fehlerhaftes Produkt Schaden erleiden, ist im vertraglichen Schadenersatzrecht **weitgehend ungeklärt**. So können beispielsweise Angehörige, Angestellte oder auch Gäste des Gläubigers, ja selbst völlig unbeteiligte Dritte durch ein mangelhaftes Produkt verletzt werden. Ihre Möglichkeit, gestützt auf den ihnen fremden Vertrag, (vertragliche) Schadenersatzansprüche geltend zu machen, ist prekär (Spiro, 259).

455      Dieses Problem stellt sich im übrigen auch für den **Konsumenten im Detailhandel**. Wer eine Ware nicht vom Hersteller, sondern von einem Händler bezieht, der diese seinerseits vom Hersteller oder über einen Grossisten erworben hat, wer also durch fehlerhafte Eigenschaften einer auf solchem Umweg beschafften Ware Schaden erleidet, hat gegenüber dem Hersteller nach herkömmlicher Auffassung keinen vertraglichen Ersatzanspruch. Soweit der Händler im Rahmen von Art. 208 Abs. 2 OR nicht kausal haftet, ist eine Exkulpation nicht auszuschliessen.

456      In all diesen Fällen hilft dem Geschädigten (auf vertragsrechtlicher Basis) deshalb nur die Anerkennung eines sogenannten **Vertrages mit Schutzwirkung für Dritte**. Diese Lösung beruht auf folgender Überlegung: Der Grundsatz von Treu und Glauben gebietet den Vertragspar-

teien, die Rechtsgüter ihres Partners vor Schaden zu bewahren. Diese Verhaltensnormen nennt man «Schutzpflichten». Wo eine Gefahr für die Rechtsgüter des Vertragspartners besteht, werden diese Schutzpflichten zu vertraglichen Nebenpflichten. Die deutsche Lehre und Rechtsprechung anerkennen nun, dass sich diese Schutzpflichten, die dem Gläubiger gegenüber immer bestehen, unter bestimmten Umständen auch auf die Rechtsgüter eines Dritten erstrecken können. Die Verletzung der Pflicht zu sorgsamem Verhalten führt in diesen Fällen dazu, den **Dritten als Gläubiger eines «sekundären Leistungsanspruches»** anzuerkennen und ihm **eigene vertragliche Schadenersatzansprüche** einzuräumen (vgl. Fellmann, 297 ff. m. w. H.).

Der **Einbezug des Dritten in die Schutzwirkung des Vertrages** soll  457 immer dann gegeben sein, wenn dem Schuldner die Auswirkung seines Leistungsverhaltens auf den Dritten erkennbar ist und die Rücksichtnahme auf das erkennbare Interesse des Gläubigers an dessen Schutz der Billigkeit entspricht. Dabei kann die Einbeziehung eines Dritten etwa dann geboten sein, wenn dieser an der Erfüllung der primär dem Gläubiger gegenüber bestehenden Pflicht erkennbar ein eigenes starkes Interesse hat und die verletzte Pflicht gerade auch seine Interessen schützen soll (vgl. Fellmann, 298 m. w. H.).

Diese **Voraussetzungen** sind im **Rahmen der Produktehaftpflicht in**  458 **vielen Fällen erfüllt.** Das Institut des Vertrages mit Schutzwirkung für Dritte ist deshalb durchaus geeignet, wenigstens einen Teil der Probleme, die sich bei der Schädigung vertragsfremder Dritter stellen, in angemessener Weise zu lösen (vgl. Fellmann, 297 ff. m. w. H.).


## III. Haftung nach Deliktsrecht

## A. Überblick

Das ausservertragliche Haftpflichtrecht, das sogenannte Delikts-  459 recht, ist im wesentlichen dadurch gekennzeichnet, dass es die Schadenersatzpflicht nicht von einer vorausgehenden Vertragsbeziehung zwischen Schädiger und Geschädigtem abhängig macht. Dieses sogenannte Deliktsrecht tritt mithin vorwiegend als **Recht der Haftung für Unfälle** in Erscheinung.

# B. Verschuldenshaftung nach Art. 41 OR

## 1. Anspruchsgrundlage

460     Nach Art. 41 Abs. 1 OR wird schadenersatzpflichtig, «wer einem anderen widerrechtlich Schaden zufügt, sei es mit Absicht, sei es aus Fahrlässigkeit». Art. 41 OR begründet damit vor allem eine **Haftung für jede schuldhafte Verletzung einer Sorgfaltspflicht**. Art. 41 OR findet auf alle Sachverhalte Anwendung, die **nicht in den Regelungsbereich einer speziellen Haftungsnorm**, etwa einer gewöhnlichen Kausalhaftung oder einer Gefährdungshaftung fallen (vgl. etwa Oftinger, 14 ff.; Oftinger/ Stark, § 16 Rz. 14; Schnyder, Art. 41 N 1). Verletzt der Haftpflichtige durch sein Verhalten demgegenüber gleichzeitig vertragliche Pflichten, besteht zwischen Art. 41 OR und den **vertraglichen Schadenersatzansprüchen Anspruchskonkurrenz** (vgl. BGE 113 II 247).

461     Da es sich bei der Produktehaftpflicht nach den Bestimmungen des PrHG um eine ausservertragliche Haftungsnorm handelt, könnte man sich grundsätzlich fragen, ob diese Bestimmungen nicht als lex specialis einer Anwendung von Art. 41 OR vorgingen, wie dies im Verhältnis zwischen Art. 41 OR und den gewöhnlichen Kausalhaftungen bzw. den Gefährdungshaftungen der Fall ist. Hier greift jedoch Art. 11 Abs. 2 PrHG Platz. Danach bleiben dem Geschädigten Schadenersatzansprüche aufgrund des Obligationenrechts oder anderer Bestimmungen des eidgenössischen oder des kantonalen Rechts ausdrücklich gewahrt. **Zwischen Art. 41 OR und den Bestimmungen des PrHG gilt deshalb Anspruchskonkurrenz.**

## 2. Voraussetzungen der Haftung

462     Der ausservertragliche Haftungstatbestand des Art. 41 OR knüpft die Haftung an vier Voraussetzungen an: Er verlangt die **Existenz eines Schadens**, die **Widerrechtlichkeit** der Schädigung, einen **adäquaten Kausalzusammenhang** zwischen der beanstandeten Handlung oder Unterlassung und dem Schaden sowie ein **Verschulden** des potentiell Haftpflichtigen (vgl. etwa Brehm, Art. 41 N 32 ff.; Oftinger, 47 f.; Oftinger/Stark, § 16 Rz. 17 ff.; Schnyder, Art. 41 N 2 ff.). Für die Frage nach dem Kausalzusammenhang kann auf die vorstehenden Ausführungen (vgl. Rz. 304 ff. vorne) verwiesen werden. Auf die anderen Voraussetzungen ist im folgenden kurz einzugehen:

463     Als **Schaden** gilt im Deliktsrecht die Differenz zwischen dem gegenwärtigen Stand des Vermögens des Geschädigten und dem Stand, den

154

das Vermögen ohne das schädigende Ereignis hätte. Dabei wird zwischen positivem Schaden (damnum emergens) und entgangenem Gewinn (lucrum cessans) unterschieden. Positiver Schaden liegt vor, wenn das schädigende Ereignis direkt das Vermögen vermindert oder die Passiven vermehrt. Entgangenen Gewinn haben wir vor uns, wenn dem Geschädigten infolge des schädigenden Ereignisses Einnahmen entgehen. Art. 41 OR erfasst in diesem Umfang sowohl **Personenschaden** wie auch **Sachschaden** und **sonstigen Schaden** (vgl. Brehm, Art. 41 N 66 ff.; Oftinger, 53 ff.; Oftinger/Stark, § 16 Rz. 17 ff.; Schnyder, Art. 41 N 2 ff.). Im Gegensatz zu den Vorschriften des PrHG sieht Art. 41 OR weder eine Einschränkung der Haftung auf bestimmte Schadenarten noch einen Selbstbehalt vor. Der Haftpflichtige hat **für jeden Schaden** einzustehen. Der Nachweis eines solchen Schadens wird dem Geschädigten im Rahmen der Produktehaftpflicht regelmässig wenig Sorgen bereiten.

Mehr Mühe kann der Nachweis der **Widerrechtlichkeit** machen. 464 Ein schädigendes Verhalten ist nämlich nur dann widerrechtlich, wenn es gegen geschriebene oder ungeschriebene Gebote oder Verbote der Rechtsordnung verstösst, die dem Schutz des verletzten Rechtsgutes dienen. Bei Körper- und Sachschäden dürfte diese Voraussetzung regelmässig gegeben sein. Das Vermögen ist demgegenüber als solches im Haftpflichtrecht nach herrschender Lehre und Rechtsprechung kein schlechthin geschütztes Rechtsgut. Die Frage der Widerrechtlichkeit bedarf deshalb hier besonderer Prüfung. Der **Vermögensschaden** wird nur dann als widerrechtlich anerkannt, wenn er unter Verletzung einer Norm erfolgt, die dem Schutz des Geschädigten (bzw. seines Vermögens) dient. Da weder das Privatrecht noch das Strafrecht das Vermögen generell schützen, scheitert die Abwälzung von Vermögensschäden im Deliktsrecht häufig am Erfordernis der Widerrechtlichkeit (vgl. Brehm, Art. 41 N 32 ff.; Oftinger, 127 ff.; Oftinger/Stark, § 16 Rz. 47 ff.; Schnyder, Art. 41 N 15 ff.). Da hier auch das PrHG keine Schadendeckung vorsieht, klafft in diesem Bereich eine **gravierende Lücke**. Stehen keine vertraglichen Schadenersatzansprüche zu Gebote, droht dem Geschädigten, auf seinem Schaden sitzen zu bleiben.

Als **Verschulden** bezeichnet man ein von der Rechtsordnung miss- 465 billigtes Verhalten eines Menschen, das zu Schaden führt. Man unterscheidet zwischen **Vorsatz** und **Fahrlässigkeit**. Eine Person handelt vorsätzlich, wenn sie absichtlich jemanden schädigt. Sie handelt fahrlässig, wenn sie, ohne dies zu wollen, aus mangelnder Sorgfalt Schaden verursacht. Nach herrschender Auffassung ist auch der **Verschuldensbegriff** des Deliktsrechts **objektiviert**. Das Verhalten eines Menschen wird als schuldhaft betrachtet, wenn es von einem «unter den gegebenen Umständen als angebracht gedachten Durchschnittsverhalten» abweicht (Oftinger, 143). Ein Versagen stellt damit selbst dann ein Verschulden dar, wenn der Fehlbare alles ihm persönlich Mögliche getan hat und ihm kein Willensfehler zur Last fällt (vgl. Brehm, Art. 41 N 164 ff.; Oftinger, 138 ff.; Oftinger/Stark, § 16 Rz. 21 ff.; Schnyder, Art. 41 N 22 ff.).

466    Gerade bei Produktehaftpflichtfällen ist jedoch zu beachten, dass die Anwendung dieses sogenannten **«objektivierten Verschuldensbegriffes»** neuerdings auf **Kritik** stösst. Man hält ihm entgegen, im Deliktsrecht sei ein Verhalten nur dann schuldhaft, wenn es dem Handelnden **persönlich zum Vorwurf** gereiche, weil er in der gegebenen Situation anders hätte handeln sollen und anders hätte handeln können (vgl. Fellmann, Verschuldensbegriff, 340 ff. m.w.H.). Diese Auffassung hat insofern Auftrieb erhalten, als nun auch die Studienkommission für die Gesamtrevision des Haftpflichtrechts für eine Individualisierung des Verschuldensbegriffes plädiert (vgl. Bericht Studienkommission, 56 ff.).

467    Selbst der objektivierte Verschuldensbegriff entbindet den Geschädigten jedoch nicht davon, dieses **Verschulden nachzuweisen.** Der Konsument müsste daher dem Produzenten im Schadenfalle beispielsweise nachweisen, dass eine Maschine falsch eingestellt war, ein Rezept falsch gelesen oder ein Rohstoff unrichtiger Qualität in den Fabrikationsprozess gebracht wurde (Widmer, 23 ff.). Da die heutigen Konsumgüter in der Regel erst nach einem undurchschaubaren Produktionsprozess und in einem mehrstufigen Verteilungsvorgang zum Verbraucher gelangen, fällt es gerade bei Produktehaftpflichtfällen vielfach schwer, die entscheidenden Fehler und die dafür Verantwortlichen festzustellen.

### 3. Rechtsfolgen

468    Sind die Tatbestandsvoraussetzungen des Art. 41 OR erfüllt, hat der Haftpflichtige dem Geschädigten **für jeden Schaden** einzustehen (vgl. Rz. 463 vorne). Im Gegensatz zu den Bestimmungen des PrHG sieht Art. 41 OR weder eine Einschränkung des Schadensbegriffes noch einen Selbstbehalt vor. Auch eine summenmässige Begrenzung der Haftung ist ihm nicht bekannt. In Abweichung zu Art. 1 Abs. 1 lit. b und Abs. 2 PrHG kann der Geschädigte den Haftpflichtigen deshalb auch für Schäden am fehlerhaften Produkt selbst oder an Gegenständen des gewerblichen Gebrauchs ins Recht fassen. Ist die Schädigung widerrechtlich, ist auch die Abwälzung von Vermögensschäden möglich.

### 4. Verjährung

Nach Art. 60 Abs. 1 OR verjährt der Anspruch auf Schadenersatz 469
nach **Ablauf eines Jahres** seit dem Tag, an dem der Geschädigte Kenntnis
vom Schaden und der Person des Ersatzpflichtigen erlangt hat.

Der Geschädigte muss nicht bloss die Tatsache der Schädigung, son- 470
dern auch das **Ausmass des Schadens kennen**. Er muss sich über die wichtigsten Elemente seines Schadens im klaren sein, die ihm erlauben, dessen
wirklichen Umfang zu bestimmen. Der Geschädigte **kennt den Ersatzpflichtigen**, wenn ihm alle Tatsachen bekannt sind, auf denen seine Forderung diesem gegenüber beruhen, und er mit Aussicht auf Erfolg Klage
erheben kann (vgl. Brehm, Art. 60 N 20 ff.; Schnyder, Art. 60 N 5 ff.).

Wird die Klage aus einer **strafbaren Handlung** hergeleitet, für die 471
das Strafrecht eine längere Verjährung vorschreibt, so gilt diese auch für
den Zivilanspruch (Art. 60 Abs. 2 OR).

### 5. Fazit

Obwohl die Verschuldenshaftung des Art. 41 OR an sich geeignet 472
wäre, auch Produktehaftpflichtfälle abzudecken, dürfte die Anwendung
in der Praxis häufig bereits im Beweisverfahren stecken bleiben, da vor
allem der Nachweis eines Verschuldens regelmässig schwer fällt.

## C. Haftung des Geschäftsherrn nach Art. 55 OR

### 1. Anspruchsgrundlage

Nach Art. 55 OR haftet der **Geschäftsherr** für den Schaden, den 473
seine Arbeitnehmer oder andere Hilfspersonen in Ausübung ihrer
dienstlichen oder geschäftlichen Verrichtung verursacht haben, wenn er
nicht nachweist, dass er alle nach den Umständen gebotene Sorgfalt
angewendet hat, um einen Schaden dieser Art zu verhüten, oder dass der
Schaden auch bei Anwendung dieser Sorgfalt eingetreten wäre. Diese
Bestimmung beruht auf der Erwägung, dass der Geschäftsherr, der eine
**Besorgung zu seinem Nutzen von einem andern verrichten lässt**, auch das
Risiko eines Schadens tragen soll, der Dritten aus der Verrichtung durch
die Hilfsperson erwächst (vgl. BGE 50 II 370).

Das Bundesgericht betrachtet den **Sorgfaltsbeweis** nicht als Exkul- 474
pationsbeweis, sondern als einen bestimmt umschriebenen Entlastungsbeweis. Danach besteht die Sorgfalt im Sinne des Art. 55 OR nicht ein-

fach in einer pflichtgemässen Handlungsweise, sondern in **einer Summe objektiv gebotener Massnahmen** (BGE 90 II 90; vgl. auch Oftinger/Stark, § 20 Rz. 107 ff.).

## 2. Voraussetzungen der Haftung

### a. Allgemeines

475 Der Haftungstatbestand des Art. 55 OR knüpft die Haftung an fünf Voraussetzungen. Er verlangt die Existenz eines **Schadens**, die Zufügung dieses Schadens durch einen Arbeitnehmer oder durch eine andere **Hilfsperson des Geschäftsherrn** in **Ausübung ihrer dienstlichen oder geschäftlichen Verrichtungen**, die **Widerrechtlichkeit** der Schädigung und einen **Kausalzusammenhang** zwischen der Handlung der Hilfsperson und dem Schaden. Sind diese Voraussetzungen erfüllt, haftet der Geschäftsherr, wenn er nicht nachweist, dass er **alle nach den Umständen gebotene Sorgfalt** angewendet hat, um einen Schaden dieser Art zu verhüten, oder dass der Schaden **auch bei Anwendung dieser Sorgfalt** eingetreten wäre (vgl. Oftinger/Stark, § 20 Rz. 83 ff.; Schnyder, Art. 55 N 4).

476 Für die Voraussetzungen des **Schadens**, der **Widerrechtlichkeit** und des adäquaten **Kausalzusammenhangs** kann auf die vorstehenden Ausführungen zu Art. 41 OR verwiesen werden (vgl. Rz. 304 ff. vorne). Im folgenden ist nur noch die Frage zu prüfen, wer als Geschäftsherr bzw. als Hilfsperson im Sinne von Art. 55 Abs. 1 OR zu gelten hat und was unter der Wendung «in Ausübung ihrer dienstlichen oder geschäftlichen Verrichtungen» zu verstehen ist.

477 Als **Geschäftsherr** im Sinne von Art. 55 OR gilt, wem andere Personen in einem **Subordinationsverhältnis** dauernd oder vorübergehend für ein bestimmtes oder bestimmte Geschäfte unterstellt sind. In der Regel wird das Unterordnungsverhältnis auf einem Vertrag beruhen. Es kann jedoch auch aus anderen Gründen gegeben sein. Erforderlich ist in jedem Fall, dass der Geschäftsherr der Hilfsperson Zielanweisungen, Fachanweisungen und Verhaltensanweisungen erteilen kann (vgl. Brehm, Art. 55 N 6 ff.; Oftinger/Stark, § 20 Rz. 59 ff.).

478 Als Geschäftsherren kommen **natürliche und juristische Personen** in Betracht (vgl. Brehm, Art. 55 N 4 ff.; Schnyder, Art. 55 N 5 ff).

479 Voraussetzung für die Haftung des Geschäftsherrn ist im weiteren, dass die Hilfsperson den Schaden **in Ausübung ihrer dienstlichen oder geschäftlichen Verrichtungen** verursacht hat. Verlangt wird ein **funktioneller Zusammenhang** zwischen der Verrichtung der Hilfsperson und der schädigenden Handlung: «Der Schaden muss bei Ausübung einer Tätig-

keit entstehen, die mit der aufgetragenen Verrichtung in Zusammenhang steht» (Schnyder, Art. 55 N. 9). Diese Voraussetzung ist nicht erfüllt, wenn der Schaden bloss anlässlich der Verrichtung der Hilfsperson entsteht, mit dieser Tätigkeit selbst aber nichts zu tun hat. So fehlt der Zusammenhang etwa dann, wenn der Malerlehrling beim Weisseln der Küche die Uhr des Kunden entwendet (vgl. Brehm, Art. 55 N 21 ff.; Oftinger/Stark; § 20 Rz. 88 ff.; Schnyder, Art. 55 N 8 f).

### b. Sorgfaltsbeweis

Der Geschäftsherr haftet nicht, wenn er beweist, dass er alle nach den Umständen gebotene Sorgfalt angewendet hat, um einen Schaden dieser Art zu verhüten oder dass der Schaden auch bei Anwendung dieser Sorgfalt eingetreten wäre.   480

Nach herkömmlicher Auffassung umfasst die **erforderliche Sorgfalt** drei Bereiche: Sorgfalt in der **Auswahl**, Sorgfalt in der **Unterweisung** und Sorgfalt in der **Überwachung** der Hilfspersonen (vgl. Brehm, Art. 55 N 55 ff.; Oftinger/Stark, § 20 Rz. 107 ff.).   481

Die neuere Rechtsprechung des Bundesgerichtes geht allerdings darüber hinaus und lehnt eine Entlastung ab, wenn der Geschäftsherr die Arbeit in seinem Betrieb **unzweckmässig organisiert** oder **ungeeignetes Material oder Werkzeug** zur Verfügung stellt. Im weiteren wird die Befreiung verweigert, wenn der Geschäftsherr seine Hilfspersonen **überanstrengt** oder, ohne die erforderlichen Schutzmassnahmen zu treffen, zu **Arbeiten** anhält, denen sie **nicht gewachsen** oder die **schlechthin gefährlich** sind (Pra 74 [1986] 282 ff. m. w. H.). **Die erforderliche Sorgfalt** «besteht nicht lediglich in einer subjektiv-pflichtgemässen Handlungsweise, sondern beurteilt sich nach der **Gesamtheit der objektiv und durch die Umstände gebotenen Massnahmen**» (Schnyder, Art. 55 N 11; vgl. auch Brehm, Art. 55 N 45 ff.; Oftinger/Stark, § 20 Rz. 129 ff.; BGE 56 II 287).   482

Das Bundesgericht betont seit langem, an den Befreiungsbeweis seien **strenge Anforderungen** zu stellen. Die gebotene Sorgfalt sei um so grösser, je wichtiger oder gefährlicher die Arbeit der Hilfspersonen sei. Eine Durchsicht der Kasuistik zeigt denn auch über die Jahre hin eine zunehmende Strenge bei der Beurteilung der erforderlichen Sorgfalt (vgl. etwa BGE 72 II 265; 90 II 90; 96 II 31; 97 II 347).   483

Es erstaunt demnach nicht, dass das Bundesgericht **Art. 55 OR** (in extensiver Auslegung) zum **Ansatzpunkt der ausservertraglichen Produktehaftpflicht** nach bisher geltendem Recht gemacht hat. Stellt danach der Geschäftsherr in seinem Betrieb unter Beizug von Hilfspersonen ein   484 fehlerhaftes Produkt her oder vertreibt er solche Produkte, hat er für den Schaden einzustehen, wenn er nicht beweist, dass er seinen **Betrieb und die Arbeitsabläufe zweckmässig organisiert** hat. Zur zweckmässigen Organisation gehört nach Auffassung des Bundesgerichtes auch eine **Endkontrolle** seiner (oder der von ihm vertriebenen) Erzeugnisse, wenn damit eine Schädigung Dritter verhindert werden kann (vgl. BGE 110 II 456 ff, JdT 1986 I 571 ff).

485     Im Ergebnis hat das Bundesgericht damit an den **Sorgfaltsbeweis** nicht nur sehr strenge Anforderungen gestellt, sondern ihn insofern **nahezu eliminiert**, als es im Rahmen der Produktehaftpflicht zum Schluss kommt, die Frage, wie eine Nachkontrolle auszugestalten wäre, könne offen bleiben. Sollte es nämlich keine tauglichen und zumutbaren Möglichkeiten einer derartigen Prüfung geben, dürfe nicht darauf verzichtet werden, durch eine **sichere Konstruktion** die Gefahr auf ein Minimum zu reduzieren, um einen Unfall mit an Sicherheit grenzender Wahrscheinlichkeit auszuschliessen. Nach dieser Rechtsprechung hat der Geschäftsherr deshalb schlechtweg für die **Unschädlichkeit des von ihm hergestellten oder vertriebenen Erzeugnisses** gerade zu stehen; für einen Entlastungsbeweis bleibt kein Raum (Widmer, Produktehaftung 55; vgl. auch Brehm, Art. 55 N 81 ff.; Schnyder, Art. 55 N 16).

486     Der zweite Ansatz des Entlastungsbeweises, der Nachweis, dass der Schaden **auch bei Anwendung der erforderlichen Sorgfalt eingetreten** wäre, zielt auf den **Kausalzusammenhang** zwischen der Unsorgfalt und dem Schaden ab: Der Geschäftsherr haftet nicht, wenn seine Unterlassung auf den Ablauf des Geschehens keinen Einfluss hatte, weil für den Schadenseintritt eine andere Ursache kausal war (vgl. Brehm, Art. 55 N 91 ff.; Oftinger/Stark, § 20 Rz. 146 ff.; Schnyder, Art. 56 N 17).

### 3. Rechtsfolgen

487     Sind die Tatbestandsvoraussetzungen des Art. 55 OR erfüllt, hat der Geschäftsherr dem Geschädigten **für jeden Schaden** einzustehen. Im Gegensatz zu den Bestimmungen des PrHG sieht Art. 55 OR weder eine Einschränkung des Schadensbegriffes noch einen Selbstbehalt vor. Auch eine summenmässige Begrenzung der Haftung ist ihm nicht bekannt. In Abweichung zu Art. 1 Abs. 1 lit. b und Abs. 2 PrHG kann der Geschädigte den Haftpflichtigen auch für Schäden am fehlerhaften Produkt selbst oder an Gegenständen des gewerblichen Gebrauchs ins Recht fassen. Ist die Schädigung widerrechtlich, ist auch die Abwälzung von Vermögensschäden möglich.

## 4. Verjährung

Schadenersatzansprüche nach Art. 55 OR unterliegen der Verjäh- 488
rungsregelung des Art. 60 OR. Es kann auf die vorstehenden Ausführungen zu Art. 41 OR verwiesen werden (vgl. Rz. 469 ff. vorne).

## 5. Fazit

Im Ergebnis setzte das Bundesgericht **bis anhin** die Geschäfts- 489
herrenhaftung des **Art. 55 OR** als **Ersatz für die fehlende Kausalhaftung
des Produzenten** ein. Die Rechtsprechung im «Schachtrahmen-Fall»
(BGE 110 II 456) hat es im «Zahnarztstuhl-Fall» (JdT 1986 I 571) be-
stätigt, wo es auch dem Importeur eines Produktes verschärfte Kontrollpflichten auferlegte.

Nach der Rechtsprechung des Bundesgerichtes zu Art. 55 OR ist 490
der Hersteller oder Vertreiber eines Produktes verpflichtet, dessen Sicherheit vor dem Betrieb durch eine **Schlusskontrolle** zu prüfen, wenn
sich ein Fabrikationsfehler nicht bereits mit einer **geeigneten** (allenfalls
veränderten) **Betriebsorganisation** vermeiden lässt. Ist eine solche End-
prüfung nicht zumutbar, technisch nicht möglich oder lassen sich damit
Fehler des Produktes nicht ausschliessen, so ist der Geschäftsherr verpflichtet, eine (andere) **Konstruktion** zu wählen, die die **Gefahr einer
Schädigung des Konsumenten auf ein Minimum reduziert** und einen
Unfall mit an Sicherheit grenzender Wahrscheinlichkeit ausschliesst (vgl.
Schnyder, Art. 55 N 16).

Damit wurde schon **nach bisher geltendem Recht ein hoher** 491
«Schutz-Standard» erreicht. Für den Konsumenten bringt das **PrHG** –
abgesehen von längeren Verjährungsfristen und dem Verbot von Freizeichnungsklauseln – **nicht viel mehr**; im Gegenteil: In vielen Fällen
werden die Haftungsausschlüsse (gewerblich genutzte Sachen/Schäden
am Produkt) sowie die Ausnahmebestimmungen (Agrarprodukte/Ent-
wicklungsrisiken) und schliesslich auch der Selbstbehalt den Geschädigten reumütig ins Obligationenrecht zurückführen.

Obwohl das Bundesgericht mit seiner Rechtsprechung zu Art. 55 492
OR die Grenze zulässiger Auslegung vielleicht überschritten und einen
Schritt in Richtung Lückenfüllung gemacht hat, ist das **Resultat** (im Rah-
men der Produktehaftung) **richtig** (vgl. Brehm, Art. 55 N 87; Widmer,
Produktehaftung 56). Da das **PrHG gravierende Schutzlücken offen**
lässt, bleibt zu hoffen, dass das Gericht seine **Rechtsprechung zu Art. 55
OR auch nach Inkrafttreten des PrHG aufrechterhalten** wird.

# § 4 Internationales Privatrecht und Produktehaftungsrecht

## A. Überblick

Produkte werden heute nicht nur im Binnenmarkt angeboten; sie 493
werden vielmehr auch ins Ausland exportiert oder vom Ausland in
die Schweiz importiert. Dieser **grenzüberschreitende Warenverkehr**
führt dazu, dass die Herstellung eines Produktes, sein Vertrieb und das
haftungsauslösende Ereignis nicht immer im gleichen Staat zu lokalisie-
ren sind. Im Schadenfall muss deshalb der massgebende Sachverhalt mit
Hilfe von **Kollisionsregeln** der einen oder anderen nationalen Rechtsordnung zugeordnet werden. Wohnt der Geschädigte in der Schweiz, will
er insbesondere wissen, ob schweizerische Gerichte zuständig sind und
wenn ja, nach welchem Recht seine Ansprüche beurteilt werden. Die
Antworten auf diese Fragen findet er in der Schweiz hauptsächlich im
**Bundesgesetz über das internationale Privatrecht** vom 18. Dezember
1987 (IPRG).

Für den Konsumenten wird der Griff zum IPRG jedoch nur selten 494
notwendig werden, da ihm das **PrHG stets in der Schweiz selbst einen
Haftpflichtigen** zur Verfügung hält. Bei Importerzeugnissen haftet nämlich der **Importeur** als Hersteller (Art. 2 Abs. 1 lit. c PrHG). Lässt sich
dieser nicht eruieren, kann der Geschädigte den **Lieferanten** ins Recht
fassen (Art. 2 Abs. 2 PrHG). Er wird sich deshalb nur dann um den
ausländischen Hersteller kümmern, wenn die in der Schweiz ansässigen
Haftpflichtigen insolvent sind.

# B. Die Zuständigkeit der schweizerischen Gerichte

495     Das IPRG subsumiert «Ansprüche aus Mängeln oder mangelhafter Beschreibung eines Produktes» (Art. 135 IPRG) unter die **Deliktshaftung** (Art. 129 ff. IPRG; vgl. Schwander, IPR der Produktehaftung, 213; Vischer, 134). Die Zuständigkeit der schweizerischen Gerichte ergibt sich deshalb vorab aus **Art. 129 IPRG** (vgl. Vischer, 135). Danach sind für Klagen aus unerlaubter Handlung die schweizerischen Gerichte am **Wohnsitz des Beklagten** (bei Gesellschaften am Sitz [Art. 21 IPRG]) oder, wenn ein solcher fehlt, diejenigen an seinem **gewöhnlichen Aufenthalt** oder am Ort seiner **Niederlassung** zuständig.

496     **Wohnsitz** im Sinne des IPRG hat eine natürliche Person dort, wo sie sich «mit der Absicht dauernden Verbleibens aufhält» (Art. 20 Abs. 1 lit. a IPRG, vgl. eingehend Schwander, Rz. 189 ff. m. w. H.). Dabei kann nach schweizerischer Rechtsauffassung niemand an mehreren Orten zugleich Wohnsitz haben.

497     Hat eine Person nirgends einen Wohnsitz, so tritt der **gewöhnliche Aufenthalt** an die Stelle des Wohnsitzes (Art. 20 Abs. 2 IPRG). Der gewöhnliche Aufenthalt nach dem IPRG ist dort, wo eine Person «während längerer Zeit lebt, selbst wenn diese Zeit zum vornherein befristet ist» (Art. 20 Abs. 1 lit. b IPRG, vgl. eingehend Schwander, Rz. 202 ff.).

498     Ihre **Niederlassung** hat eine Person schliesslich dort, wo «sich der Mittelpunkt der geschäftlichen Tätigkeit befindet» (Art. 20 Abs. 1 lit. c IPRG; vgl. eingehend Schwander, Rz. 211 ff. m. w. H.).

499     Als **Sitz einer Gesellschaft** gilt der in den Statuten oder im Gesellschaftsvertrag bezeichnete Ort. Fehlt eine solche Bezeichnung, so gilt als Sitz der Ort, an dem die Gesellschaft tatsächlich verwaltet wird (Art. 21 Abs. 2 IPRG; vgl. Schwander, Rz. 214). Ihre **Niederlassung** haben juristische Personen oder organisierte Personenzusammenschlüsse und organisierte Vermögenseinheiten (Art. 150 Abs. 1 IPRG) in dem Staat, in dem sich ihr Sitz oder eine Zweigniederlassung befindet.

500     Hat der Beklagte weder Wohnsitz (bzw. Sitz) noch gewöhnlichen Aufenthalt oder Niederlassung in der Schweiz, so gilt das Forum am Deliktsort: Der Geschädigte kann alsdann seine Schadenersatzansprüche beim schweizerischen Gericht am **Handlungs- oder am Erfolgsort** einklagen (Art. 129 Abs. 2 IPRG; zum ganzen vgl. Schwander, IPR der Produktehaftung, 213; Schnyder, IPR-Gesetz, 104 f.).

501     Da im Produktehaftungsrecht grundsätzlich **mehrere Personen haftbar** sein können (Grundstoffhersteller, Hersteller eines Teilproduktes und Hersteller des Endproduktes sowie Importeur und Lieferant),

muss sich der Geschädigte unter Umständen auch darüber Gedanken machen, wo er diese Personen gemeinsam einklagen kann. Hier hilft ihm **Art. 129 Abs. 3 IPRG**, der den Fall einer **Mehrheit inländischer Beklagter** regelt. Können danach «mehrere Beklagte in der Schweiz belangt werden und stützen sich die Ansprüche im wesentlichen auf die gleichen Tatsachen und Rechtsgründe, so kann **bei jedem zuständigen Richter gegen alle** geklagt werden; der zuerst angerufene Richter ist ausschliesslich zuständig» (Art. 129 Abs. 3 IPRG, vgl. Schwander, IPR-Gesetz, 104).

## C. Anwendbares Recht

### 1. Grundsatz

#### a. Allgemeines

Ist die Zuständigkeit eines schweizerischen Gerichtes gegeben, 502 stellt sich die weitere Frage nach dem anwendbaren Recht. Für **«Ansprüche aus Mängeln oder mangelhafter Beschreibung eines Produktes»** sieht das **IPRG in Art. 135** eine **Spezialnorm** vor (vgl. eingehend Vischer, 131 ff.). Gemeint sind damit «Ansprüche auf Schadenausgleich und gegebenenfalls Genugtuung für Schäden, welche die mangelhaften Produkte oder Produktebeschreibungen (bzw. Gebrauchsanweisungen) verursacht haben; nicht aber vertragliche Ansprüche oder solche auf Mängelbehebung» (Schwander, IPR der Produktehaftung, 214; vgl. auch eingehend Vischer, 135 ff.). Unter Mängeln im Sinne von Art. 135 IPRG «sind alle Arten von Defekten zu verstehen, welche grundsätzlich nach irgendeiner Rechtsordnung eine Produktehaftung auszulösen geeignet sind» (Schwander, IPR der Produktehaftung, 214). Als «Produkt» gelten «Rohmaterien, landwirtschaftliche Naturprodukte und verarbeitete landwirtschaftliche Produkte, Halb- und Fertigfabrikate» (Schwander, IPR der Produktehaftung, 215; zum Ganzen vgl. auch eingehend Vischer, 136 m.w.H.).

Nach Art. 135 kann der Geschädigte im Schadenfall zwischen **zwei** 503 **Rechten** wählen:
– dem **Recht des Staates**, in dem der **Schädiger** seine **Niederlassung** oder, wenn eine solche fehlt, seinen **gewöhnlichen Aufenthalt** hat (Art. 135 Abs. 1 lit. a IPRG), oder
– dem **Recht des Staates**, in dem das **Produkt erworben** worden ist, sofern der Schädiger nicht nachweist, dass es in diesem Staat ohne sein Einverständnis in den Handel gelangt ist (Art. 135 Abs. 1 lit. b IPRG).

165

504 Massgebend für die Anknüpfung am Recht der Niederlassung bzw. des gewöhnlichen Aufenthaltes ist der **Zeitpunkt des Eintritts des schädigenden Ereignisses** (Schwander, IPR der Produktehaftung, 218).

505 Die erste Alternative bietet in der Auslegung wenig Schwierigkeiten. Die zweite Wahlmöglichkeit wirft demgegenüber verschiedene Probleme auf: Von entscheidender Bedeutung ist vorab die Antwort auf die **Frage, ob der Geschädigte das Produkt selbst gekauft haben muss**, um sich auf Art. 135 Abs. 1 lit. b berufen zu können. In diesem Fall bliebe die Wahlmöglichkeit beispielsweise Mietern, Leasing-Nehmern oder Dritten versagt. Nach der wohl richtigen Auffassung von Schwander (IPR der Produktehaftung, 218) spricht allein schon der Wortlaut des Gesetzes (Passivform: «Recht des Staates, in dem das Produkt erworben worden ist») dafür, «die alternative Anknüpfung auch in Sachverhalten zuzulassen, in denen der Geschädigte nicht Käufer bzw. Eigentümer des Produktes ist». Tatsächlich liesse sich «eine Verkürzung in der Rechtsposition solcher Kläger durch restriktive Auslegung des Begriffes 'erworben' ... nicht rechtfertigen» (Schwander, IPR der Produktehaftung, 218).

506 Steht die Wahlmöglichkeit des Art. 135 Abs. 1 lit. b IPRG nicht nur dem eigentlichen Käufer, sondern beispielsweise auch dem Mieter, Leasing-Nehmer oder Dritten offen, fragt sich sofort, welches dann der **massgebende Erwerbsort** ist: Ist es der Ort des Kaufs des Eigentümers, Leasing-Gebers oder Vermieters oder ist es der Ort der Besitzübergabe an den Geschädigten? Nach dem **Wortlaut des Gesetzes** wird auf den **Ort des Eigentumserwerbs durch den letzten Produkteerwerber** abzustellen sein. Wie jedoch Schwander zutreffend einwendet, wäre es sachgerechter, «unter 'Erwerb' das **letzte Glied der kommerziellen Kette** des Handels mit dem Produkt zu verstehen». Darunter würde alsdann etwa auch die Übergabe des Leasingobjektes vom Leasing-Geber an den Leasing-Nehmer fallen (Schwander, IPR der Produktehaftung, 218 m.w.H.). Diese Frage ist derzeit offen; sie wird von der Rechtsprechung geklärt werden müssen.

507 Will sich der Geschädigte auf die zweite Alternative (Art. 135 Abs. 1 lit. b IPRG) berufen, erhebt sich die weitere Frage, welches der **«Ort des Erwerbes»** ist. Ist es der Marktort, der Ort des Eigentumsüberganges oder der Ort der faktischen Übergabe? Nach der Meinung von Schwander soll aus praktischen Gründen nicht auf den Ort abgestellt werden, wo das Eigentum am Produkt im Rechtssinne übergegangen ist. Er vertritt vielmehr die Auffassung, das Kollisionsrecht müsse auf **äussere Vorgänge**, die leicht lokalisierbar seien, abstellen. Bei Distanzkäufen lasse sich oft nur mit grosser Mühe feststellen, in welchem Zeitpunkt und

«wo» das Eigentum an der Sache nach dem hiefür anwendbaren Recht übergegangen sei. Massgebend müsse deshalb der **Marktort** sein. Darunter sei der Markt zu verstehen, auf welchem der Endabnehmer das Produkt erworben habe (Schwander, IPR der Produktehaftung, 219 m. w. H.).

Beruft sich der Geschädigte bei der Rechtswahl auf Art. 135 508 Abs. 1 lit. b IPRG, kann der potentiell Haftpflichtige die Anwendung des Rechtes des Staates, in dem das Produkt erworben worden ist, abwenden, wenn er nachweist, dass es in diesem Staat **ohne sein Einverständnis in den Handel gelangt** ist. An diesen Beweis sind strenge Anforderungen zu stellen. Der Hersteller eines Produktes muss nämlich im Normalfall davon ausgehen, dass sein Produkt überall gehandelt wird. Ein passives Verhalten (in Kenntnis der massgebenden Umstände) muss deshalb als Einverständnis ausgelegt werden. Der Schädiger kann daher die Anwendung des Rechtes des Staates, in dem das Produkt erworben worden ist, nur dann abwenden, wenn er **konkrete Massnahmen** nachweist, die belegen, dass er mit einem Handel seines Erzeugnisses in diesem Staat nicht einverstanden war. Ein solcher Beweis kann etwa mit der Vorlage von Vertragsklauseln, Korrespondenzen etc. geführt werden. Zugleich muss jedoch auch der Nachweis des **besonderen Interesses** gefordert werden, «dass das Produkt gerade in diesem Staat nicht gehandelt werde». Im weiteren setzt die Einrede voraus, «dass es dem Schädiger **rechtlich möglich** war, den Handel mit seinem Produkt im betreffenden Staat zu untersagen» (Schwander, IPR der Produktehaftung, 219 f.).

### b. Keine akzessorische Anknüpfung

Art. 133 Abs. 3 IPRG schränkt die Wahlmöglichkeit des Geschä- 509 digten ein, wenn die unerlaubte Handlung gleichzeitig «ein zwischen Schädiger und Geschädigtem bestehendes Rechtsverhältnis verletzt». In diesem Fall unterstehen die Ansprüche aus unerlaubter Handlung dem gleichen Recht, dem das vorbestehende Rechtsverhältnis unterstellt ist. Man spricht alsdann von sogenannter **akzessorischer Anknüpfung**.

Der Entwurf des Bundesrates (vgl. Botschaft IPRG, 162 und 242) 510 sah das Prinzip der akzessorischen Anknüpfung auch für die Produktehaftung vor (vgl. Schwander, IPR der Produktehaftung, 215 f.). Dieser Vorschlag wurde jedoch in der Folge vom Nationalrat abgelehnt. Nach der heute massgebenden Fassung wird Art. 133 Abs. 3 IPRG **von der Spezialbestimmung des Art. 135 IPRG verdrängt** (vgl. Vischer, 141; Umbricht, 323 f.).

511    Diese Entscheidung war insofern richtig, als mit der akzessorischen Anknüpfung das Wahlrecht des Geschädigten weitgehend illusorisch gemacht worden wäre (Vischer, 141). Auch ist zu beachten, «dass die akzessorische Anknüpfung als primäre Regel tendenziell den Geschädigten eher benachteiligt.» Der Hersteller oder Lieferant im vorbestehenden Vertragsverhältnis wird nämlich regelmässig auf der gemeinsamen Wahl eines ihm günstigen Rechts bestehen (Schwander, IPR der Produktehaftung, 216).

512    Die Streichung der akzessorischen Anknüpfung hat allerdings zur Folge, dass sich bei Anspruchskonkurrenz **zahlreiche kollisionsrechtliche Probleme** ergeben (Vischer, 141).

### c. Ausschluss gewisser Ansprüche des ausländischen Rechts

513    Kommt nach Art. 135 Abs. 1 IPRG im Schadenfall ausländisches Recht zur Anwendung, so gilt dieses trotzdem nicht unbeschränkt. Seine Anwendung unterliegt vielmehr dem in **Art. 135 Abs. 2 IPRG konkretisierten Vorbehalt des ordre public** (vgl. Vischer, 133). Unterstehen danach «Ansprüche aus Mängeln oder mangelhafter Beschreibung eines Produktes ausländischem Recht, so können in der Schweiz keine weitergehenden Leistungen zugesprochen werden, als nach schweizerischem Recht für einen solchen Schaden zuzusprechen wären».

514    Diese Regelung setzt «dem **quantitativen Umfang des Schadenersatzes bzw. Genugtuung ... eine Grenze,** die sich am materiellen schweizerischen Sachrecht orientiert» (Vischer, 142). Sie richtet sich vor allem gegen die sogenannten «punitive damages» des amerikanischen Rechts mit pönalem Charakter. Art. 135 Abs. 2 IPRG sollte allerdings zurückhaltend angewendet werden (so Vischer, 142): «Der Richter wird die 'Notbremse' nur in denjenigen Fällen ziehen dürfen, in denen die Schadenersatzmassstäbe des schweizerischen Rechts offensichtlich und in gravierender Weise verletzt worden sind» (vgl. auch Schwander, IPR der Produktehaftung, 220 f.).

515    Art. 135 Abs. 2 IPRG erfasst **nur die Haftungsfolgen** und damit die Anspruchshöhe, nicht aber die Haftungsvoraussetzungen und damit die Anspruchsgründe (vgl. Lörtscher, 256 f.; Schwander, IPR der Produktehaftung, 220; Umbricht, 324 f.; Vischer, 142).

### 2. Rechtswahl nach Schadeneintritt

516    Nach Art. 132 IPRG können die Parteien «**nach Eintritt des schädigenden Ereignisses** stets vereinbaren, dass das Recht am Gerichtsort anzuwenden ist». Die **Rechtswahl** ist allerdings **auf die lex fori be-**

168

**schränkt**. Der Gesetzgeber wollte damit möglichen Missbräuchen begegnen. Nach seiner Auffassung würde nämlich die schwächere Partei bei freier Rechtswahl der Gefahr der Übervorteilung ausgesetzt (Botschaft IPRG, 161; vgl. auch Schnyder, IPR-Gesetz, 105; Vischer, 123 und Fn. 15, 134).

Die Stellung im Gesetz könnte den Einwand aufkommen lassen, im 517 Rahmen der Sondertatbestände sei die in Art. 132 vorgesehene Rechtswahlmöglichkeit ausgeschlossen (so Schwander, IPR der Produktehaftung, 217). Dem steht aber bereits der Wortlaut der Bestimmung («Die Parteien ... können stets vereinbaren ...») entgegen. Im weiteren zeigen auch die Materialien, dass es dem erklärten Willen des Gesetzgebers entsprach, die **Rechtswahl auch bei den besonderen Deliktstatbeständen** zuzulassen (StenBull NR 1986, 1356; vgl. auch Vischer, 123). In Produktehaftpflichtfällen können die Parteien deshalb nach Eintritt des schädigenden Ereignisses vereinbaren, dass das Recht am Gerichtsort (in der Schweiz) anzuwenden sei.

## D. Anerkennung und Vollstreckung ausländischer Entscheide

### 1. Grundsatz

Der Hersteller eines Produktes, der seine Erzeugnisse ins Ausland 518 exportiert, muss wissen, ob er dort für einen Produktefehler (vor ausländischen Gerichten) belangt werden kann. Wird er im Ausland eingeklagt, hat er sich zu entscheiden, ob er sich auf dieses Verfahren einlassen will. Die Antwort auf diese Frage wird unter anderem davon abhängen, ob ein solches **ausländisches Urteil in der Schweiz anerkannt und vollstreckt** werden kann. Auf diese Frage gibt **Art. 149 IPRG** Antwort:

Danach werden «ausländische Entscheidungen über obligationen- 519 rechtliche Ansprüche in der Schweiz anerkannt (und vollstreckt)», wenn sie im Staat ergangen sind,
– in dem der Beklagte seinen Wohnsitz hatte, oder
– in dem der Beklagte seinen gewöhnlichen Aufenthalt hatte und die Ansprüche mit einer Tätigkeit an diesem Ort zusammenhängen» (Art. 149 Abs. 1 IPRG).

Nach Art. 149 Abs. 2 IPRG wird (soweit hier relevant) eine auslän- 520 dische Entscheidung ferner dann anerkannt,

169

- «wenn sie eine vertragliche Leistung betrifft, die im Staat der Erfüllung dieser Leistung ergangen ist und der Beklagte seinen Wohnsitz nicht in der Schweiz hatte» (Art. 149 Abs. 2 lit. a IPRG);
- «wenn sie Ansprüche aus Verträgen mit Konsumenten betrifft und am Wohnsitz oder am gewöhnlichen Aufenthalt des Konsumenten ergangen ist, und die Voraussetzungen von Art. 120 Abs. 1 erfüllt sind» (Art. 149 Abs. 2 lit. b IPRG). Danach unterstehen «Verträge über Leistungen des üblichen Verbrauchs, die für den persönlichen oder familiären Gebrauch des Konsumenten bestimmt sind und nicht im Zusammenhang mit der beruflichen oder gewerblichen Tätigkeit des Konsumenten stehen, dem Recht des Staates, in dem der Konsument seinen gewöhnlichen Aufenthalt hat:
  a. wenn der Anbieter die Bestellung in diesem Staat entgegengenommen hat;
  b. wenn in diesem Staat dem Vertragsabschluss ein Angebot oder eine Werbung vorausgegangen ist und der Konsument in diesem Staat die zum Vertragsabschluss erforderlichen Rechtshandlungen vorgenommen hat, oder
  c. wenn der Anbieter den Konsumenten veranlasst hat, sich ins Ausland zu begeben und seine Bestellung dort abzugeben (Art. 120 Abs. 1 IPRG);
- «wenn sie Ansprüche aus dem Betrieb einer Niederlassung betrifft und am Sitz dieser Niederlassung ergangen ist» (Art. 149 Abs. 2 lit. d IPRG);
- «wenn sie Ansprüche aus unerlaubter Handlung betrifft, am Handlungs- oder am Erfüllungsort ergangen ist und der Beklagte seinen Wohnsitz nicht in der Schweiz hatte» (Art. 149 Abs. 2 lit. f IPRG).

521 Diese Auszüge aus dem Gesetz zeigen, dass **ausländische Entscheidungen** in der Schweiz nach Art. 149 IPRG **nur sehr restriktiv anerkannt und vollstreckt** werden. Erforderlich ist in aller Regel, dass sie am Wohnsitz des Beklagten ergehen. Am Ort des gewöhnlichen Aufenthaltes kann er belangt werden, sofern die Ansprüche mit einer dortigen Tätigkeit zusammenhängen. Eine Klage am Ort des Sitzes der Niederlassung wird in der Schweiz anerkannt, wenn die Ansprüche den Betrieb der Niederlassung betreffen. Ein Urteil, das am Handlungs- oder Erfüllungsort ergangen ist, wird schliesslich nur dann anerkannt, wenn der Beklagte im massgebenden Zeitpunkt seinen Wohnsitz nicht in der Schweiz hatte. Dies führt zur Feststellung, dass «eine beklagte Partei mit Sitz oder Wohnsitz in der Schweiz... sich somit zumeist mit Aussicht auf Erfolg gegen die Vollstreckung ausländischer Entscheidungen im Bereich der

170

Produktehaftung zur Wehr setzen können» wird (Schwander, IPR der Produktehaftung, 222; vgl. auch Umbricht, 327).

Wer international tätig ist, wird allerdings beachten müssen, dass ein ausländisches Urteil, das in der Schweiz nicht anerkannt wird, **im Ausland** trotzdem gegen dort **gelegenes Vermögen** des Betroffenen vollstreckt werden kann. Der in der Schweiz ansässige Hersteller wird sich deshalb im Einzelfall genau überlegen müssen, ob er sich nicht trotz fehlender Vollstreckungsmöglichkeit in der Schweiz am **Prozess im Ausland beteiligen** soll. Tut er dies, ist ihm zu empfehlen, vorab die Zuständigkeit des ausländischen Gerichts zu bestreiten und sich der Vollstreckung zu widersetzen. Für den Eventualfall wird er vorsichtshalber die Klageabweisung beantragen müssen (Schwander, IPR der Produktehaftung, 224 f.). 522

### 2. Gerichtsstand am Deliktsort nach dem Lugano-Abkommen

Art. **149 IPRG** über die Anerkennung ausländischer Entscheidungen **verhindert**, dass der Schweizer Hersteller, der hier seinen Wohnsitz oder Sitz hat, **immer am Handlungs- oder Erfüllungsort im Ausland belangt** werden kann. Nach Art. 149 Abs. 2 lit. f IPRG werden Urteile, die am Handlungs- oder Erfüllungsort ergangen sind, in der Schweiz nämlich nur anerkannt, wenn der Beklagte seinen Wohnsitz nicht in der Schweiz hatte. 523

Hier bringt nun das Übereinkommen über die gerichtliche Zuständigkeit und die Vollstreckung gerichtlicher Entscheidungen in Zivil- und Handelssachen vom 16. September 1988 (**Lugano-Abkommen**), das in der Schweiz am 1. Januar 1992 in Kraft getreten ist (SR 0.275.11), eine gewichtige Änderung: Nach Art. 5 Abs. 3 kann nämlich eine Person, die ihren Wohnsitz in dem Hoheitsgebiet eines Vertragsstaates hat, **in einem anderen Vertragsstaat vor dem Gericht des Ortes, an dem das schädigenden Ereignis eingetreten ist**, verklagt werden, wenn eine **unerlaubte Handlung** oder eine Handlung, die einer unerlaubten Handlung gleichgestellt ist, oder wenn Ansprüche aus einer solchen Handlung den Gegenstand des Verfahrens bilden. 524

Angelpunkt für die Anwendung dieser Regelung ist der **Deliktsbegriff des Lugano-Abkommens**. Dieser muss weit interpretiert werden. Nach Auffassung der wohl herrschenden Lehre weist «der weite Wortlaut im Übereinkommen ... darauf hin, dass nicht einfach auf einen nationalen Begriff der unerlaubten Handlung abgestellt, also nicht ausschliesslich lege fori qualifiziert werden darf». Der Deliktsbegriff des 525

Lugano-Abkommens erfasst deshalb nicht nur unerlaubte Handlungen i. e. S., sondern beispielsweise auch «Verkehrsunfälle, Immissionen, Haftung aus Kartell und unlauterem Wettbewerb sowie Verletzung von Immaterialgüterrechten ebenso wie Tatbestände der Gefährdungshaftung» (Schwander, Lugano-Übereinkommen, 73 m. w. H.).

526    Unter den Deliktsbegriff des Lugano-Abkommens fällt nach schweizerischer Rechtsauffassung sicherlich **auch die Produktehaftung**; dies zeigt allein schon die Systematik des IPRG (Schwander, Lugano-Abkommen, 74 m. w. H.). Das **Lugano-Abkommen** öffnet somit ausländischen Geschädigten auch für Klagen gegen in der Schweiz niedergelassene Unternehmen den Zugang zu den **Gerichten am Deliktsort im Ausland** (vgl. Lörtscher, 259, Schwander, Lugano-Abkommen, 74). Voraussetzung ist nur, dass der ausländische Staat das Abkommen ebenfalls ratifiziert hat. Wer demnach Produkte ins Ausland exportiert, wird inskünftig zu gewärtigen haben, dort auch vor die Schranken des Gerichts treten zu müssen, wenn sein Erzeugnis Schaden angerichtet hat.

# Tafel 1

# Voraussetzungen der Haftung nach PrHG (Beweis durch den Geschädigten)

**Schaden (Art. 1 PrHG)**

> Haftung nach PrHG nur für
> - Personenschaden
> - Sachschaden, soweit die Sache zum privaten Gebrauch bestimmt ist und so verwendet wurde
>
> Ausnahmen:
> - keine Haftung für Schaden am fehlerhaften Produkt selbst
> - Haftung nur für Schäden oberhalb eines Selbstbehaltes

**Fehler (Art. 4 PrHG)**

> Enttäuschung von Sicherheitserwartungen, die im Zeitpunkt der Inverkehrbringung des schadenstiftenden Produktes rechtlich berechtigt gewesen wären

**Adäquater Kausalzusammenhang (Fehler des Produkts / Schaden)**

> - Beziehung Ursache / Wirkung
> - Ursache kann sein:
>     - positives Geschehen (z.B. fehlerhafte Konstruktion)
>     - Unterlassung (z.B. fehlende Instruktion)

**Herstellereigenschaft des Haftpflichtigen:**

> Das PrHG will zum Schutz des Verbrauchers eine lückenlose Haftungskette gewährleisten

Hersteller nach PrHG können sein:

- tatsächlicher Hersteller (Art. 2 Abs. 1 lit. a PrHG)

> Hersteller eines    – Endprodukts
>                     – Grundstoffs
>                     – Teilprodukts

- Quasihersteller (Art. 2 Abs. 1 lit b. PrHG)

> Jeder, der sich als Hersteller ausgibt

- Importeur (Art. 2 Abs. 1 lit. c PrHG)

> Wer ein Produkt im Rahmen der geschäftlichen Tätigkeit in die Schweiz importiert

- Lieferant (Art. 2 Abs. 2 PrHG)

> Haftung nur, wenn Vorlieferant, Hersteller oder Importeur nicht festgestellt werden kann

173

# Tafel 2

# Schäden, die nach PrHG geltend gemacht werden können (Art. 1 PrHG)

| | |
|---|---|
| **Personenschäden**<br>**(Art. 1 Abs. 1 lit. a PrHG)** | keine spezielle Definition im PrHG:<br>Rückverweisung auf das<br>Obligationenrecht (Art. 11 Abs. 1 PrHG) |
| – Schadenersatz bei Tötung<br>– Schadenersatz bei Körperverletzung | Anwendung von Art. 45 und 46 OR |

| | |
|---|---|
| **Sachschäden**<br>**(Art. 1 Abs. 1 lit. b PrHG)** | grundsätzlich Schäden an beweglichen<br>oder unbeweglichen körperlichen<br>Gegenständen |

**– Regel:**

wenn die Sache
– gewöhnlich zum privaten Gebrauch bestimmt ist und
– vom Geschädigten hauptsächlich privat verwendet wurde

| |
|---|
| Sachschaden nur im Geltungsbereich des PrHG, wenn sowohl objektives Kriterium der Nutzungsbestimmung als auch subjektives Kriterium der tatsächlichen Nutzung erfüllt ist |

**– Ausnahmen:**

– Selbstbehalt bei Sachschäden (Art. 6 Abs. 1 PrHG)

| |
|---|
| – Sachschäden bis Fr. 900.– muss der Geschädigte selbst tragen<br>  Bundesrat kann Betrag anpassen<br>– Selbstbehalt kommt pro Schadensfall und Geschädigter einmal zum Tragen |

– Sachschäden am fehlerhaften Produkt selbst sind nicht gedeckt (Art. 1 Abs. 2 PrHG)

| |
|---|
| – nur Schäden an einer vom fehlerhaften Produkt verschiedenen Sache sind gedeckt<br>– Produkteeigenschaft bleibt auch nach Einbau in eine andere Sache erhalten (Art. 3 Abs. 1 lit. a PrHG)<br>– Teilprodukthersteller hat allenfalls für Schaden an übrigen Teilen einzustehen<br>– heikle Abgrenzungsprobleme fehlerhaftes Produkt / andere Sache |

174

# Tafel 3

# Produkteeigenschaft (Art. 3 PrHG)

| | |
|---|---|
| **Als Produkte gelten**<br>**(Art 3 Abs. 1 PrHG)** | Legaldefinition im PrHG |

| | |
|---|---|
| **a) jede bewegliche Sache** | – Abgrenzung bewegliche/unbewegliche Sache nach Art. 655 und 713 ZGB<br>– umfasst neue oder gebrauchte körperliche Objekte<br>– spezielle Probleme:<br>  – Reparatur und Wartung<br>  – intellektuelle Leistungen |
| **auch wenn sie Teil einer andern**<br>**beweglichen Sache oder einer**<br>**unbeweglichen Sache bildet und** | Abgrenzung unterscheidet sich von sachenrechtlichen Kriterien (kein Akzessionsprinzip wie im Sachenrecht) |
| **b) Elektrizität** | keine körperliche, bewegliche Sache und daher nur durch ausdrückliche Regelung dem PrHG unterstellt |
| **Erst nach einer ersten Verarbeitung**<br>**gelten als Produkte:**<br><br>**Landwirtschaftliche**<br>**Bodenerzeugnisse, Tierzucht-,**<br>**Fischerei- und Jagderzeugnisse**<br>**(Art. 3 Abs. 2 PrHG)** | – Landwirtschaftliche Produkte etc. werden vom PrHG ausgeschlossen (Option in der EG-Richtlinie: diese Produkte könnten unter PrHG subsumiert werden)<br>– erste Verarbeitung:<br>  – jede Bearbeitung/Behandlung des Produktes<br>  – jede Veränderung des Substanz<br>  – Massnahmen zur Haltbarmachung |

# Tafel 4

# Fehler eines Produkts (Art. 4 PrHG)

**Ein Produkt ist fehlerhaft**

- Fehler als begründendes und einschränkendes Element der Haftung

**wenn es nicht die Sicherheit bietet, die man unter Berücksichtigung aller Umstände zu erwarten berechtigt ist**

- Sicherheitserwartung bestimmt sich nach objektiviertem Massstab
- abstellen auf Verkehrsauffassung im entsprechenden Bereich
- nur rechtlich berechtigte Sicherheitserwartungen massgebend
- Umstände nur entscheidend, wenn sie Sicherheitserwartungen zu beeinflussen vermögen
- gilt bei Beurteilung aller Umstände

**insbesondere sind zu berücksichtigen**

- keine abschliessende Aufzählung der Umstände im Gesetz
- weitere, im Gesetz nicht genannte Umstände ebenfalls heranzuziehen

**a) die Art und Weise, in der es dem Publikum präsentiert wird**

- Ausgestaltung des Produktes als solche, Produktebezeichnung, Verpackung, Gebrauchs- und Montageanweisungen, Instruktionen, Warnhinweise, Werbung etc.
- kann Sicherheitserwartungen wecken und einschränken

**b) der Gebrauch, mit dem vernünftigerweise gerechnet werden kann**

- umfasst über den bestimmungsgemässen Gebrauch hinaus auch einen gewissen Fehlgebrauch

**c) der Zeitpunkt, in dem es in Verkehr gebracht wurde.**

- massgebend sind die Verhältnisse im Zeitpunkt des Inverkehrbringens des Produktes
- bewirkt eine zeitliche Einschränkung des Fehlerbegriffes

**Andere, nicht im Gesetz genannte Umstände**

- Natur des Produktes
- Wirtschaftliche Aspekte (Preis des Produktes)
- Sicherheits-, andere Vorschriften

176

# Tafel 5

# Herstellereigenschaft (Art. 2 PrHG)

**Als Hersteller gemäss PrHG gilt**

- **der Hersteller**

  - des Endprodukts

  - eines Teilproduktes

  - eines Grundstoffes

- **Quasihersteller: Wer sich als Hersteller ausgibt, indem er seinen Namen, sein Warenzeichen oder ein anderes Erkennungszeichen auf dem Produkt anbringt**

- **Importeur: Wer ein Produkt zum Zweck irgendeiner Form des Vertriebs (Verkauf, Vermietung etc.) in die Schweiz einführt**

- **Lieferant: Wenn der Hersteller des Produkts oder bei eingeführten Produkten der Importeur nicht festgestellt werden kann**

---

- Herstellerbegriff weit gefasst: alle am Herstellungsprozess Beteiligten sollen haften
- Geschädigter kann jeden einzeln für den vollen Ersatz belangen (Art. 7 PrHG: Solidarhaftung)
- Rechtsform des Herstellers unerheblich
- Aufzählung möglicher Herstellergruppen im Gesetz abschliessend

---

- unerheblich, ob Produkt unter Beizug Dritter hergestellt wurde
- Haftung für das gesamte Produkt, Teilprodukte und Grundstoffe

---

selbständige Produktion eines Teilproduktes

---

auch Grundstoffe aus der Natur wie Kohle, Erdöl, Mineralien, Sand etc.

---

massgebend ist objektiver Schein

---

- Import im Rahmen geschäftlicher Tätigkeit
- Import von Fertigprodukten und Bestandteilen zur Weiterverarbeitung

---

- weiter Begriff des Lieferanten
- Herstellereigenschaft des Lieferanten nur als Auffangtatbestand
- Lieferant gilt nicht als Hersteller, wenn er auf Aufforderung den Hersteller oder den Vorlieferanten nennt; bei eingeführten Produkten muss er Importeur bekanntgeben

177

# Ausnahmen von der Haftung (Art. 5 PrHG) (Beweis durch den Hersteller)

**Der Hersteller haftet nicht, wenn er beweist, dass**

Gesetzliche Haftungsausschlussgründe

**a) er das Produkt nicht in Verkehr gebracht hat**

Inverkehrbringen:
- gewollte/gebilligte Übergabe des Produktes durch den Hersteller an Dritte
- auch Weiterlieferung eines Teilproduktes an andere Hersteller

**b) nach den Umständen davon auszugehen ist, dass der Fehler, der den Schaden verursacht hat, noch nicht vorlag, als er das Produkt in Verkehr brachte**

Hersteller kann:
- Umstände nachweisen, dass Fehler damals nicht bestand oder
- nachweisen, dass Fehler nachträglich entstanden ist

**c) er das Produkt privat und ohne Gewinnabsicht hergestellt oder vertrieben hat**

zwei Tatbestandselemente:
- keine Produktion für wirtschaftliche Zwecke und
- Herstellung oder Vertrieb nicht im Rahmen beruflicher Tätigkeit

**d) der Fehler darauf zurückzuführen ist, dass das Produkt verbindlichen hoheitlichen Vorschriften entspricht**

nur Entlastungsgrund, wenn
- Vorschrift zwingend Produktionsart bestimmt und
- diese für den Fehler ursächlich ist

**e) der Fehler nach dem Stand der Technik und Wissenschaft im Zeitpunkt in dem das Produkt in Verkehr gebracht wurde, nicht erkannt werden konnte**

Hersteller muss nicht für Entwicklungsrisiko einstehen (Option in der EG-Richtlinie: Entwicklungsrisiko kann dem Hersteller überbunden werden)

**Zusätzlicher Entlastungsbeweis des Teil- und Grundstoffherstellers**

Nachweis, dass
- Teilprodukt beim Inverkehrbringen nicht fehlerhaft war
- Fehler nur bedingt ist durch
  - Konstruktion des Endproduktes
  - Anleitungen des Endherstellers

Tafel 7

# Haftung für Produkteschäden nach Deliktsrecht / Vertragsrecht / Produktehaftpflichtrecht

| | Obligationenrecht | | Produktehaft-pflichtrecht |
|---|---|---|---|
| | **Delikts-recht** | **Vertrags-recht** | |
| | 41　　　55 | 97/205/ 208/368 | |
| **Haftungsvoraussetzungen** | | | |
| Schaden | ja　　　ja | ja | ja |
| Widerrechtlichkeit | ja　　　ja | nein | nein |
| Vertragsverletzung | nein　　　nein | ja (bzw. Mangel) | nein |
| Verschulden | ja　　　nein | ja (Ausnahme: Art. 208 Abs. 2 OR) | nein |
| Sorgfaltspflicht-verletzung | nein　　　ja (relativiert in Praxis) | nein (soweit keine Vertragsverl.) | nein |
| Fehler des Produkts | nein　　　nein | nein | ja |
| Kausalzusammenhang | ja　　　ja | ja | ja |
| Hilfsperson | nein　　　ja | nein | nein |
| **Mängelrüge** | nein　　　nein | ja | nein |
| **Verjährung** | 1 Jahr nachdem Geschädigter Kenntnis hatte (Art. 60 OR) | 1 Jahr nach Ablieferung (Art. 210/371 OR) 10 Jahre (Art. 127 OR) | 3 Jahre nachdem Geschädigter hätte Kenntnis haben können (Art. 9 PrHG) |
| **Verwirkung** | 10 Jahre nach schädigender Handlung (Art. 60 OR) | | 10 Jahre nach Inverkehrbringen des schädigenden Produkts (Art. 10 Abs. 1 PrHG) |

179

# Bundesgesetz über die Produktehaftpflicht

**(Produktehaftpflichtgesetz, PrHG)**

vom 18. Juni 1993

---

*Die Bundesversammlung der Schweizerischen Eidgenossenschaft,*

gestützt auf Artikel 64 der Bundesverfassung, nach Einsicht in die Botschaft des Bundesrates vom 24. Februar 1993,

*beschliesst:*

**Art. 1**    Grundsatz

[1] Die herstellende Person (Herstellerin) haftet für den Schaden, wenn ein fehlerhaftes Produkt dazu führt, dass:

a. eine Person getötet oder verletzt wird;

b. eine Sache beschädigt oder zerstört wird, die nach ihrer Art gewöhnlich zum privaten Gebrauch oder Verbrauch bestimmt und vom Geschädigten hauptsächlich privat verwendet worden ist.

[2] Die Herstellerin haftet nicht für den Schaden am fehlerhaften Produkt.

**Art. 2**    Herstellerin

[1] Als Herstellerin im Sinne dieses Gesetzes gilt:

a. die Person, die das Endprodukt, einen Grundstoff oder ein Teilprodukt hergestellt hat;

b. jede Person, die sich als Herstellerin ausgibt, indem sie ihren Namen, ihr Warenzeichen oder ein anderes Erkennungszeichen auf dem Produkt anbringt;

c. jede Person, die ein Produkt zum Zweck des Verkaufs, der Vermietung, des Mietkaufs oder einer andern Form des Vertriebs im Rahmen ihrer geschäftlichen Tätigkeit einführt; dabei bleiben abweichende Bestimmungen in völkerrechtlichen Verträgen vorbehalten.

² Kann die Herstellerin des Produkts nicht festgestellt werden, so gilt jede Person als Herstellerin, welche das Produkt geliefert hat, sofern sie dem Geschädigten nach einer entsprechenden Aufforderung nicht innerhalb einer angemessenen Frist die Herstellerin oder die Person nennt, die ihr das Produkt geliefert hat.

³ Absatz 2 gilt auch für Produkte, bei denen nicht festgestellt werden kann, wer sie eingeführt hat, selbst wenn der Name der Herstellerin angegeben ist.

**Art. 3**     Produkt

¹ Als Produkte im Sinne dieses Gesetzes gelten:
a. jede bewegliche Sache, auch wenn sie einen Teil einer anderen beweglichen Sache oder einer unbeweglichen Sache bildet, und
b. Elektrizität.

² Landwirtschaftliche Bodenerzeugnisse sowie Tierzucht-, Fischerei- und Jagderzeugnisse gelten erst dann als Produkte, wenn sie einer ersten Verarbeitung unterzogen worden sind.

**Art. 4**     Fehler

¹ Ein Produkt ist fehlerhaft, wenn es nicht die Sicherheit bietet, die man unter Berücksichtigung aller Umstände zu erwarten berechtigt ist; insbesondere sind zu berücksichtigen:
a. die Art und Weise, in der es dem Publikum präsentiert wird;
b. der Gebrauch, mit dem vernünftigerweise gerechnet werden kann;
c. der Zeitpunkt, in dem es in Verkehr gebracht wurde.

² Ein Produkt ist nicht allein deshalb fehlerhaft, weil später ein verbessertes Produkt in Verkehr gebracht wurde.

**Art. 5**     Ausnahmen von der Haftung

¹ Die Herstellerin haftet nicht, wenn sie beweist, dass:
a. sie das Produkt nicht in Verkehr gebracht hat;
b. nach den Umständen davon auszugehen ist, dass der Fehler, der den Schaden verursacht hat, noch nicht vorlag, als sie das Produkt in Verkehr brachte;

c. sie das Produkt weder für den Verkauf oder eine andere Form des Vertriebs mit wirtschaftlichem Zweck hergestellt noch im Rahmen ihrer beruflichen Tätigkeit hergestellt oder vertrieben hat;

d. der Fehler darauf zurückzuführen ist, dass das Produkt verbindlichen, hoheitlich erlassenen Vorschriften entspricht;

e. der Fehler nach dem Stand der Wissenschaft und Technik im Zeitpunkt, in dem das Produkt in Verkehr gebracht wurde, nicht erkannt werden konnte.

[2] Die Herstellerin eines Grundstoffs oder eines Teilprodukts haftet ferner nicht, wenn sie beweist, dass der Fehler durch die Konstruktion des Produkts, in das der Grundstoff oder das Teilprodukt eingearbeitet wurde, oder durch die Anleitungen der Herstellerin dieses Produkts verursacht worden ist.

**Art. 6**      Selbstbehalt bei Sachschäden

[1] Der Geschädigte muss Sachschäden bis zur Höhe von 900 Franken selber tragen.

[2] Der Bundesrat kann den Betrag gemäss Absatz 1 den veränderten Verhältnissen anpassen.

**Art. 7**      Solidarhaftung

Sind für den Schaden, der durch ein fehlerhaftes Produkt verursacht worden ist, mehrere Personen ersatzpflichtig, so haften sie solidarisch.

**Art. 8**      Wegbedingung der Haftung

Vereinbarungen, welche die Haftpflicht nach diesem Gesetz gegenüber dem Geschädigten beschränken oder wegbedingen, sind nichtig.

**Art. 9**      Verjährung

Ansprüche nach diesem Gesetz verjähren drei Jahre nach dem Tag, an dem der Geschädigte Kenntnis vom Schaden, dem Fehler und von der Person der Herstellerin erlangt hat oder hätte erlangen müssen.

**Art. 10**     Verwirkung

[1] Ansprüche nach diesem Gesetz verwirken zehn Jahre nach dem Tag, an dem die Herstellerin das Produkt, das den Schaden verursacht hat, in Verkehr gebracht hat.

[2] Die Verwirkungsfrist gilt als gewahrt, wenn gegen die Herstellerin binnen zehn Jahren geklagt wird.

**Art. 11**     Verhältnis zu anderen Bestimmungen des eidgenössischen oder kantonalen Rechts

[1] Soweit dieses Gesetz nichts anderes vorsieht, gelten die Bestimmungen des Obligationenrechts.

[2] Schadenersatzansprüche aufgrund des Obligationenrechts oder anderer Bestimmungen des eidgenössischen oder des kantonalen öffentlichen Rechts bleiben dem Geschädigten gewahrt.

[3] Dieses Gesetz ist nicht anwendbar auf Schäden infolge eines nuklearen Zwischenfalls. Abweichende Bestimmungen in völkerrechtlichen Verträgen sind vorbehalten.

**Art. 12**     Änderungen von Bundesrecht

Das Kernenergiehaftpflichtgesetz vom 18. März 1983 wird wie folgt geändert:

Art. 2 Abs. 1 Bst. b und c

[1] Als Nuklearschaden gilt:

b. der Schaden, der durch eine andere Strahlenquelle innerhalb einer Kernanlage verursacht wird;

c. der Schaden, der als Folge behördlich angeordneter oder empfohlener Massnahmen zur Abwehr oder Verminderung einer unmittelbar drohenden nuklearen Gefährdung eintritt, mit Ausnahme von entgangenem Gewinn.

**Art. 13**     Übergangsbestimmung

Dieses Gesetz gilt nur für Produkte, die nach seinem Inkrafttreten in Verkehr gebracht wurden.

**Art. 14**     Referendum und Inkrafttreten

[1] Dieses Gesetz untersteht dem fakultativen Referendum.

[2] Der Bundesrat bestimmt das Inkrafttreten.

# Richtlinie des Rates

vom 25. Juli 1985

zur Angleichung der Rechts- und Verwaltungsvorschriften der Mitgliedstaaten über die Haftung für fehlerhafte Produkte

(85/374/EWG)

---

**Der Rat der Europäischen Gemeinschaften –**

gestützt auf den Vertrag zur Gründung der Europäischen Wirtschaftsgemeinschaft, insbesondere auf Artikel 100,

auf Vorschlag der Kommission,

nach Stellungnahme des Europäischen Parlaments,

nach Stellungnahme des Wirtschafts- und Sozialausschusses,

in Erwägung nachstehender Gründe:

Eine Angleichung der einzelstaatlichen Rechtsvorschriften über die Haftung des Herstellers für Schäden, die durch die Fehlerhaftigkeit seiner Produkte verursacht worden sind, ist erforderlich, weil deren Unterschiedlichkeit den Wettbewerb verfälschen, den freien Warenverkehr innerhalb des Gemeinsamen Marktes beeinträchtigen und zu einem unterschiedlichen Schutz des Verbrauchers vor Schädigungen seiner Gesundheit und seines Eigentums durch ein fehlerhaftes Produkt führen kann.

Nur bei einer verschuldensunabhängigen Haftung des Herstellers kann das unserem Zeitalter fortschreitender Technisierung eigene Problem einer gerechten Zuweisung der mit der modernen technischen Produktion verbundenen Risiken in sachgerechter Weise gelöst werden.

Die Haftung darf sich nur auf bewegliche Sachen erstrecken, die industriell hergestellt werden. Folglich sind landwirtschaftliche Produkte und Jagderzeugnisse von der Haftung auszuschliessen, ausser wenn sie einer industriellen Verarbeitung unterzogen worden sind, die Ursache eines Fehlers dieses Erzeugnisses sein kann. Die in dieser Richtlinie vorzusehende Haftung muss auch für bewegliche Sachen gelten, die bei der Errichtung von Bauwerken verwendet oder in Bauwerke eingebaut werden.

Der Schutz des Verbrauchers erfordert es, dass alle am Produktionsprozess Beteiligten haften, wenn das Endprodukt oder der von ihnen gelieferte Bestandteil oder Grundstoff fehlerhaft war. Aus demselben Grunde hat die Person, die Produkte in die Gemeinschaft einführt, sowie jede Person zu haften, die sich als Hersteller ausgibt, indem sie ihren Namen, ihr Warenzeichen oder ein anderes Erkennungszeichen anbringt, oder die ein Produkt liefert, dessen Hersteller nicht festgestellt werden kann.

Haften mehrere Personen für denselben Schaden, so erfordert der Schutz des Verbrauchers, dass der Geschädigte eine jede für den vollen Ersatz des Schadens in Anspruch nehmen kann.

Damit der Verbraucher in seiner körperlichen Unversehrtheit und seinem Eigentum geschützt wird, ist zur Bestimmung der Fehlerhaftigkeit eines Produkts nicht auf dessen mangelnde Gebrauchsfähigkeit, sondern auf einen Mangel an Sicherheit abzustellen, die von der Allgemeinheit berechtigterweise erwartet werden darf. Bei der Beurteilung dieser Sicherheit wird von jedem missbräuchlichen Gebrauch des Produkts abgesehen, der unter den betreffenden Umständen als unvernünftig gelten muss.

Eine gerechte Verteilung der Risiken zwischen dem Geschädigten und dem Hersteller bedingt, dass es dem Hersteller möglich sein muss, sich von der Haftung zu befreien, wenn er den Beweis für ihn entlastende Umstände erbringt.

Der Schutz des Verbrauchers erfordert, dass die Haftung des Herstellers nicht durch Handlungen anderer Personen beeinträchtigt wird, die zur Verursachung des Schadens beigetragen haben. Ein Mitverschulden des Geschädigten kann jedoch berücksichtigt werden und die Haftung mindern oder ausschliessen.

Der Schutz des Verbrauchers erfordert die Wiedergutmachung von Schäden, die durch Tod und Körperverletzungen verursacht wurden, sowie die Wiedergutmachung von Sachschäden. Letztere ist jedoch auf Gegenstände des privaten Ge- bzw. Verbrauchs zu beschränken und zur Vermeidung einer allzu grossen Zahl von Streitfällen um eine Selbstbeteiligung in fester Höhe zu vermindern. Die Richtlinie berührt nicht die

Gewährung von Schmerzensgeld und die Wiedergutmachung anderer seelischer Schäden, die gegebenenfalls nach dem im Einzelfall anwendbaren Recht vorgesehen sind.

Eine einheitlich bemessene Verjährungsfrist für Schadenersatzansprüche liegt sowohl im Interesse des Geschädigten als auch des Herstellers.

Produkte nutzen sich im Laufe der Zeit ab, es werden strengere Sicherheitsnormen entwickelt, und die Erkenntnisse von Wissenschaft und Technik schreiten fort. Es wäre daher unbillig, den Hersteller zeitlich unbegrenzt für Mängel seiner Produkte haftbar zu machen. Seine Haftung hat somit nach einem angemessenen Zeitraum zu erlöschen, wobei ein rechtshängiger Anspruch jedoch nicht berührt wird.

Damit ein wirksamer Verbraucherschutz gewährleistet ist, darf es nicht möglich sein, die Haftung des Herstellers gegenüber dem Geschädigten durch eine Vertragsklausel abweichend zu regeln.

Nach den Rechtssystemen der Mitgliedstaaten kann der Geschädigte aufgrund einer vertraglichen Haftung oder aufgrund einer anderen als der in dieser Richtlinie vorgesehenen ausservertraglichen Haftung Anspruch auf Schadenersatz haben. Soweit derartige Bestimmungen ebenfalls auf die Verwirklichung des Ziels eines wirksamen Verbraucherschutzes ausgerichtet sind, dürfen sie von dieser Richtlinie nicht beeinträchtigt werden. Soweit in einem Mitgliedstaat ein wirksamer Verbraucherschutz im Arzneimittelbereich auch bereits durch eine besondere Haftungsregelung gewährleistet ist, müssen Klagen aufgrund dieser Regelung ebenfalls weiterhin möglich sein.

Da die Haftung für nukleare Schäden in allen Mitgliedstaaten bereits ausreichenden Sonderregelungen unterliegt, können Schäden dieser Art aus dem Anwendungsbereich dieser Richtlinie ausgeschlossen werden.

Der Ausschluss von landwirtschaftlichen Naturprodukten und Jagderzeugnissen aus dem Anwendungsbereich dieser Richtlinie kann in einigen Mitgliedstaaten in Anbetracht der Erfordernisse des Verbraucherschutzes als ungerechtfertigte Einschränkung dieses Schutzes empfunden werden; deshalb müssen die Mitgliedstaaten die Haftung auf diese Produkte ausdehnen können.

Aus ähnlichen Gründen kann es in einigen Mitgliedstaaten als ungerechtfertigte Einschränkung des Verbraucherschutzes empfunden werden, dass ein Hersteller sich von der Haftung befreien kann, wenn er den Beweis erbringt, dass der Stand der Wissenschaft und Technik zu dem Zeitpunkt, zu dem er das betreffende Erzeugnis in den Verkehr gebracht hat, es nicht gestattete, die Existenz des Fehlers festzustellen. Die Mitgliedstaaten müssen daher die Möglichkeit haben, einschlägige Rechtsvorschriften, denen zufolge ein solcher Beweis nicht von der Haftung befreien kann, beizubehalten bzw. dahingehende Rechtsvorschriften zu erlassen. Werden entsprechende neue Rechtsvorschriften eingeführt, so muss jedoch die Inanspruchnahme einer derartigen Abweichung von einem gemeinschaftlichen Stillhalteverfahren abhängig gemacht werden, damit der Umfang des Schutzes in der Gemeinschaft möglichst in einheitlicher Weise erweitert wird.

In Anbetracht der Rechtstraditionen in den meisten Mitgliedstaaten empfiehlt es sich nicht, für die verschuldensunabhängige Haftung des Herstellers eine finanzielle Obergrenze festzulegen. Da es jedoch auch andere Rechtstraditionen gibt, erscheint es möglich, den Mitgliedstaaten das Recht einzuräumen, vom Grundsatz der unbeschränkten Haftung abzuweichen und für Todesfälle und Körperverletzungen, die durch gleiche Artikel mit demselben Fehler verursacht wurden, die Gesamthaftung des Herstellers zu begrenzen, sofern diese Begrenzung hoch genug angesetzt wird, um einen angemessenen Schutz der Verbraucher und ein einwandfreies Funktionieren des Gemeinsamen Marktes sicherzustellen.

Mit dieser Richtlinie lässt sich vorerst keine vollständige Harmonisierung erreichen, sie öffnet jedoch den Weg für eine umfassendere Harmonisierung. Der Rat sollte von der Kommission daher regelmässig mit Berichten über die Durchführung dieser Richtlinie befasst werden, denen gegebenenfalls entsprechende Vorschläge beizufügen wären.

Im Hinblick darauf ist es besonders wichtig, dass die Bestimmungen der Richtlinie, die den Mitgliedstaaten Abweichungen ermöglichen, nach einem ausreichend langen Zeitraum überprüft werden, sobald genügend praktische Erfahrungen über die Auswirkungen dieser Abweichungen auf den Verbraucherschutz und auf das Funktionieren des Gemeinsamen Marktes gesammelt worden sind –

**hat folgende Richtlinie erlassen:**

**Artikel 1**

Der Hersteller eines Produkts haftet für den Schaden, der durch einen Fehler dieses Produkts verursacht worden ist.

**Artikel 2**

Bei der Anwendung dieser Richtlinie gilt als «Produkt» jede bewegliche Sache, ausgenommen landwirtschaftliche Naturprodukte und Jagderzeugnisse, auch wenn sie einen Teil einer anderen beweglichen Sache oder einer unbeweglichen Sache bildet. Unter «landwirtschaftlichen Naturprodukten» sind Boden-, Tierzucht- und Fischereierzeugnisse zu verstehen, ausgenommen Produkte, die einer ersten Verarbeitung unterzogen wurden. Unter «Produkt» ist auch Elektrizität zu verstehen.

## Artikel 3

(1) «Hersteller» ist der Hersteller des Endprodukts, eines Grundstoffs oder eines Teilprodukts sowie jede Person, die sich als Hersteller ausgibt, indem sie ihren Namen, ihr Warenzeichen oder ein anderes Erkennungszeichen auf dem Produkt anbringt.

(2) Unbeschadet der Haftung des Herstellers gilt jede Person, die ein Produkt zum Zweck des Verkaufs, der Vermietung, des Mietkaufs oder einer anderen Form des Vertriebs im Rahmen ihrer geschäftlichen Tätigkeit in die Gemeinschaft einführt, im Sinne dieser Richtlinie als Hersteller dieses Produkts und haftet wie der Hersteller.

(3) Kann der Hersteller des Produkts nicht festgestellt werden, so wird jeder Lieferant als dessen Hersteller behandelt, es sei denn, dass er dem Geschädigten innerhalb angemessener Zeit den Hersteller oder diejenige Person benennt, die ihm das Produkt geliefert hat. Dies gilt auch für eingeführte Produkte, wenn sich bei diesen der Importeur im Sinne des Absatzes 2 nicht feststellen lässt, selbst wenn der Name des Herstellers angegeben ist.

## Artikel 4

Der Geschädigte hat den Schaden, den Fehler und den ursächlichen Zusammenhang zwischen Fehler und Schaden zu beweisen.

## Artikel 5

Haften aufgrund dieser Richtlinie mehrere Personen für denselben Schaden, so haften sie unbeschadet des einzelstaatlichen Rückgriffsrechts gesamtschuldnerisch.

## Artikel 6

(1) Ein Produkt ist fehlerhaft, wenn es nicht die Sicherheit bietet, die man unter Berücksichtigung aller Umstände, insbesondere

a) der Darbietung des Produkts,

b) des Gebrauchs des Produkts, mit dem billigerweise gerechnet werden kann,

c) des Zeitpunkts, zu dem das Produkt in den Verkehr gebracht wurde,

zu erwarten berechtigt ist.

(2) Ein Produkt kann nicht allein deshalb als fehlerhaft angesehen werden, weil später ein verbessertes Produkt in den Verkehr gebracht wurde.

## Artikel 7

Der Hersteller haftet aufgrund dieser Richtlinie nicht, wenn er beweist,

a) dass er das Produkt nicht in den Verkehr gebracht hat;

b) dass unter Berücksichtigung der Umstände davon auszugehen ist, dass der Fehler, der den Schaden verursacht hat, nicht vorlag, als das Produkt von ihm in den Verkehr gebracht wurde, oder dass dieser Fehler später entstanden ist;

c) dass er das Produkt weder für den Verkauf oder eine andere Form des Vertriebs mit wirtschaftlichem Zweck hergestellt noch im Rahmen seiner beruflichen Tätigkeit hergestellt oder vertrieben hat;

d) dass der Fehler darauf zurückzuführen ist, dass das Produkt verbindlichen hoheitlich erlassenen Normen entspricht;

e) dass der vorhandene Fehler nach dem Stand der Wissenschaft und Technik zu dem Zeitpunkt, zu dem er das betreffende Produkt in den Verkehr brachte, nicht erkannt werden konnte;

f) wenn es sich um den Hersteller eines Teilproduktes handelt, dass der Fehler durch die Konstruktion des Produkts, in welches das Teilprodukt eingearbeitet wurde, oder durch die Anleitung des Herstellers des Produktes verursacht worden ist.

## Artikel 8

(1) Unbeschadet des einzelstaatlichen Rückgriffsrechts wird die Haftung eines Herstellers nicht gemindert, wenn der Schaden durch einen Fehler des Produkts und zugleich durch die Handlung eines Dritten verursacht worden ist.

(2) Die Haftung des Herstellers kann unter Berücksichtigung aller Umstände gemindert werden oder entfallen, wenn der Schaden durch einen

Fehler des Produkts und zugleich durch Verschulden des Geschädigten oder einer Person, für die der Geschädigte haftet, verursacht worden ist.

**Artikel 9**

Der Begriff «Schaden» im Sinne des Artikels 1 umfasst
a)  den durch Tod und Körperverletzungen verursachten Schaden;
b)  die Beschädigung oder Zerstörung einer anderen Sache als des fehlerhaften Produktes – bei einer Selbstbeteiligung von 500 ECU –, sofern diese Sache
   i)  von einer Art ist, wie sie gewöhnlich für den privaten Ge- oder Verbrauch bestimmt ist, und
   ii)  von dem Geschädigten hauptsächlich zum privaten Ge- oder Verbrauch verwendet worden ist.

Dieser Artikel berührt nicht die Rechtsvorschriften der Mitgliedstaaten betreffend immaterielle Schäden.

**Artikel 10**

(1) Die Mitgliedstaaten sehen in ihren Rechtsvorschriften vor, dass der aufgrund dieser Richtlinie vorgesehene Ersatzanspruch nach Ablauf einer Frist von drei Jahren ab dem Tage verjährt, an dem der Kläger von dem Schaden, dem Fehler und der Identität des Herstellers Kenntnis erlangt hat oder hätte erlangen müssen.

(2) Die Rechtsvorschriften der Mitgliedstaaten über die Hemmung oder Unterbrechung der Verjährung werden durch diese Richtlinie nicht berührt.

**Artikel 11**

Die Mitgliedstaaten sehen in ihren Rechtsvorschriften vor, dass die dem Geschädigten aus dieser Richtlinie erwachsenden Ansprüche nach Ablauf einer Frist von zehn Jahren ab dem Zeitpunkt erlöschen, zu dem der Hersteller das Produkt, welches den Schaden verursacht hat, in den Verkehr gebracht hat, es sei denn, der Geschädigte hat in der Zwischenzeit ein gerichtliches Verfahren gegen den Hersteller eingeleitet.

192

## Artikel 12

Die Haftung des Herstellers aufgrund dieser Richtlinie kann gegenüber dem Geschädigten nicht durch eine die Haftung begrenzende oder von der Haftung befreiende Klausel begrenzt oder ausgeschlossen werden.

## Artikel 13

Die Ansprüche, die ein Geschädigter aufgrund der Vorschriften über die vertragliche und ausservertragliche Haftung oder aufgrund einer zum Zeitpunkt der Bekanntgabe dieser Richtlinie bestehenden besonderen Haftungsregelung geltend machen kann, werden durch diese Richtlinie nicht berührt.

## Artikel 14

Diese Richtlinie ist nicht auf Schäden infolge eines nuklearen Zwischenfalls anwendbar, die in von den Mitgliedstaaten ratifizierten internationalen Übereinkommen erfasst sind.

## Artikel 15

(1) Jeder Mitgliedstaat kann
a) abweichend von Artikel 2 in seinen Rechtsvorschriften vorsehen, dass der Begriff «Produkt» im Sinne von Artikel 1 auch landwirtschaftliche Naturprodukte und Jagderzeugnisse umfasst;
b) abweichend von Artikel 7 Buchstabe e) in seinen Rechtsvorschriften die Regelung beibehalten oder – vorbehaltlich des Verfahrens nach Absatz 2 des vorliegenden Artikels – vorsehen, dass der Hersteller auch dann haftet, wenn er beweist, dass der vorhandene Fehler nach dem Stand der Wissenschaft und Technik zu dem Zeitpunkt, zu dem er das betreffende Produkt in den Verkehr brachte, nicht erkannt werden konnte.

(2) Will ein Mitgliedstaat eine Regelung nach Absatz 1 Buchstabe b) einführen, so teilt er der Kommission den Wortlaut der geplanten Regelung mit; die Kommission unterrichtet die übrigen Mitgliedstaaten hiervon.
Der betreffende Mitgliedstaat führt die geplante Regelung erst neun Monate nach Unterrichtung der Kommission und nur dann ein, wenn diese dem Rat in der Zwischenzeit keinen einschlägigen Änderungsvor-

schlag zu dieser Richtlinie vorgelegt hat. Bringt die Kommission jedoch innerhalb von drei Monaten nach der Unterrichtung dem betreffenden Mitgliedstaat nicht ihre Absicht zur Kenntnis, dem Rat einen derartigen Vorschlag zu unterbreiten, so kann der Mitgliedstaat die geplante Regelung unverzüglich einführen.

Legt die Kommission dem Rat innerhalb der genannten Frist von neun Monaten einen derartigen Änderungsvorschlag zu dieser Richtlinie vor, so stellt der betreffende Mitgliedstaat die geplante Regelung für einen weiteren Zeitraum von achtzehn Monaten nach der Unterbreitung dieses Vorschlags zurück.

(3) Zehn Jahre nach dem Zeitpunkt der Bekanntgabe dieser Richtlinie legt die Kommission dem Rat einen Bericht darüber vor, wie sich die Anwendung des Artikels 7 Buchstabe e) und des Absatzes 1 Buchstabe b) des vorliegenden Artikels durch die Gerichte auf den Verbraucherschutz und das Funktionieren des Gemeinsamen Marktes ausgewirkt hat. Der Rat entscheidet unter Berücksichtigung dieses Berichts nach Massgabe des Artikels 100 des Vertrages auf Vorschlag der Kommission über die Aufhebung des Artikels 7 Buchstabe e).

### Artikel 16

(1) Jeder Mitgliedstaat kann vorsehen, dass die Gesamthaftung des Herstellers für die Schäden infolge von Tod oder Körperverletzungen, die durch gleiche Artikel mit demselben Fehler verursacht wurden, auf einen Betrag von nicht weniger als 70 Millionen ECU begrenzt wird.

(2) Zehn Jahre nach dem Zeitpunkt der Bekanntgabe dieser Richtlinie unterbreitet die Kommission dem Rat einen Bericht über die Frage, wie sich diese Haftungsbegrenzung durch diejenigen Mitgliedstaaten, die von der in Absatz 1 vorgesehenen Möglichkeit Gebrauch gemacht haben, auf den Verbraucherschutz und das Funktionieren des Gemeinsamen Marktes ausgewirkt hat. Der Rat entscheidet unter Berücksichtigung dieses Berichts nach Massgabe des Artikels 100 des Vertrages auf Vorschlag der Kommission über die Aufhebung des Absatzes 1.

### Artikel 17

Diese Richtlinie ist nicht auf Produkte anwendbar, die in den Verkehr gebracht wurden, bevor die in Artikel 19 genannten Vorschriften in Kraft getreten sind.

**Artikel 18**

(1) Als ECU im Sinne dieser Richtlinie gilt die Rechnungseinheit, die durch die Verordnung (EWG) Nr. 3180/78, in der Fassung der Verordnung (EWG) Nr. 2626/84, festgelegt worden ist. Der Gegenwert in nationaler Währung ist bei der ersten Festsetzung derjenige, welcher am Tag der Annahme dieser Richtlinie gilt.

(2) Der Rat prüft auf Vorschlag der Kommission alle fünf Jahre die Beträge dieser Richtlinie unter Berücksichtigung der wirtschaftlichen und monetären Entwicklung in der Gemeinschaft und ändert diese Beträge gegebenenfalls.

**Artikel 19**

(1) Die Mitgliedstaaten erlassen die erforderlichen Rechts- und Verwaltungsvorschriften, um dieser Richtlinie spätestens drei Jahre nach ihrer Bekanntgabe nachzukommen. Sie setzen die Kommission unverzüglich davon in Kenntnis.

(2) Das in Artikel 15 Absatz 2 vorgesehene Verfahren ist vom Tag der Bekanntgabe der Richtlinie an anzuwenden.

**Artikel 20**

Die Mitgliedstaaten teilen der Kommission den Wortlaut der wichtigsten innerstaatlichen Rechtsvorschriften mit, die sie auf dem unter diese Richtlinie fallenden Gebiet erlassen.

**Artikel 21**

Die Kommission legt dem Rat alle fünf Jahre einen Bericht über die Anwendung dieser Richtlinie vor und unterbreitet ihm gegebenenfalls geeignete Vorschläge.

**Artikel 22**

Diese Richtlinie ist an die Mitgliedstaaten gerichtet.

Geschehen zu Brüssel am 25. Juli 1985.

Anhang III

# Europäisches Übereinkommen über die Produktehaftung bei Körperverletzung und Tötung

vom 27. 1. 1977 (nicht autorisierte Übersetzung)

---

Die Mitgliedstaaten des Europarats, die dieses Übereinkommen unterzeichnen,
- von der Erwägung geleitet, dass es das Ziel des Europarats ist, eine engere Verbindung zwischen seinen Mitgliedern herbeizuführen;
- angesichts der Entwicklung des Fallrechts in der Mehrzahl der Mitgliedstaaten, das die Haftung der Hersteller erweitert, um die Verbraucher mit Rücksicht auf die neuen Herstellungsverfahren sowie Marketing-Verkaufsmethoden zu schützen;
- in dem Bestreben, einen besseren Schutz der Allgemeinheit zu gewährleisten und gleichzeitig die legitimen Interessen der Hersteller zu berücksichtigen;
- in der Erwägung, dass dem Schadensersatz bei Körperverletzung und Tötung Vorrang eingeräumt werden sollte;
- in dem Bewusstsein, wie wichtig es ist, besondere Vorschriften über die Haftung der Hersteller auf europäischer Ebene einzuführen;

sind wie folgt übereingekommen:

## Artikel 1

1. Jeder Vertragsstaat passt spätestens bis zum Inkrafttreten des Übereinkommens für diesen Staat sein innerstaatliches Recht den Bestimmungen dieses Übereinkommens an.

2. Jeder Vertragsstaat übermittelt dem Generalsekretär des Europarats spätestens bis zum Inkrafttreten des Übereinkommens für diesen Staat den Wortlaut verabschiedeter Vorschriften oder eine Darstellung des Inhalts der bestehenden Gesetzesvorschriften, auf die er sich zur Durchführung des Übereinkommens stützt.

196

**Artikel 2**

Im Sinne dieses Übereinkommens:

a) bedeutet der Ausdruck «Produkt» alle natürlichen oder industriellen beweglichen Sachen, im Rohzustand oder verarbeitet, auch wenn sie mit einer anderen beweglichen oder unbeweglichen Sache verbunden sind;

b) bedeutet der Ausdruck «Hersteller» die Hersteller von Endprodukten oder von Bestandteilen sowie die Erzeuger von Naturprodukten;

c) hat ein Produkt einen «Fehler», wenn es nicht die Sicherheit bietet, die man unter Berücksichtigung aller Umstände, einschliesslich der Darbietung des Produkts, von ihm zu erwarten berechtigt ist;

d) ist ein Produkt «in den Verkehr gebracht», wenn der Hersteller es einer anderen Person ausgeliefert hat.


**Artikel 3**

1. Bei einer Tötung oder Körperverletzung, die durch einen Fehler seines Produkts verursacht worden ist, hat der Hersteller Schadensersatz zu leisten.

2. Jeder, der ein Produkt eingeführt hat, um es in einem Geschäftsbetrieb in den Verkehr zu bringen, und jeder, der ein Produkt als sein Produkt ausgegeben hat, indem er seinen Namen, sein Warenzeichen oder ein anderes Erkennungszeichen auf dem Produkt angebracht hat, gilt als Hersteller im Sinne dieses Übereinkommens und haftet als solcher.

3. Gibt das Produkt nicht die Identität einer der nach Absatz 1 oder 2 dieses Artikels haftenden Personen an, so gilt jeder Lieferant im Sinne dieses Übereinkommens als Hersteller und haftet als solcher, es sei denn, er gibt auf Ersuchen des Berechtigten innerhalb einer angemessenen Frist die Identität des Herstellers oder derjenigen Person bekannt, die ihm das Produkt geliefert hat. Das gleiche gilt im Falle eines eingeführten Produkts, wenn dieses Produkt nicht die Identität des in Absatz 2 erwähnten Importeurs angibt, auch wenn der Name des Herstellers angegeben ist.

4. Bei Schaden infolge eines Fehlers an einem Produkt, das mit einem anderen Produkt verbunden ist, haftet der Hersteller des verbundenen Produkts und der Hersteller, der dieses Produkt verbunden hat.

5. Haften mehrere Personen nach diesem Übereinkommen für denselben Schaden, so haftet jede von ihnen gesamtschuldnerisch.

## Artikel 4

1. Hat der Geschädigte oder derjenige, der berechtigt ist, Schadensersatz zu beanspruchen, durch eigene Schuld zu dem Schaden beigetragen, so kann der Schadensersatz unter Berücksichtigung aller Umstände verringert oder abgelehnt werden.

2. Das gleiche gilt, wenn jemand, für den der Geschädigte oder die Person, die berechtigt ist, Schadensersatz zu beanspruchen, nach innerstaatlichem Recht verantwortlich ist, schuldhaft zu dem Schaden beigetragen hat.

## Artikel 5

1. Der Hersteller haftet nach diesem Übereinkommen nicht, wenn er nachweist,

a) dass das Produkt nicht von ihm in den Verkehr gebracht worden ist; oder

b) dass bei Berücksichtigung der Umstände die Wahrscheinlichkeit besteht, dass der den Schaden verursachende Fehler zu der Zeit, als das Produkt von ihm in den Verkehr gebracht wurde, noch nicht bestand oder dass dieser Fehler erst nachher auftrat; oder

c) dass das Produkt weder zum Verkauf, zur Vermietung oder einer anderen Form der Verteilung für die wirtschaftlichen Zwecke des Herstellers hergestellt worden ist noch im Rahmen seines Geschäftsbetriebes hergestellt oder verteilt worden ist.

2. Die Haftung des Herstellers wird nicht gemindert, wenn der Schaden sowohl durch einen Fehler an dem Produkt als auch durch die Handlung oder Unterlassung eines Dritten verursacht wird.

## Artikel 6

Schadensersatzansprüche verjähren drei Jahre nach dem Tage, an dem der Berechtigte Kenntnis von dem Schaden, dem Fehler und der Identität des Herstellers erhalten hat oder vernünftigerweise hätte erhalten müssen.

## Artikel 7

Der auf Grund dieses Übereinkommens gegen einen Hersteller bestehende Anspruch auf Schadensersatz erlischt, wenn nicht innerhalb von zehn Jahren nach dem Tag, an dem der Hersteller das den Schaden verursachende Einzelprodukt in den Verkehr gebracht hat, Klage erhoben wird.

## Artikel 8

Die Haftung des Herstellers nach diesem Übereinkommen kann durch eine Ausschluss- oder Freizeichnungsklausel weder ausgeschlossen noch begrenzt werden.

## Artikel 9

Dieses Übereinkommen gilt nicht für
a) die Haftung von Herstellern unter sich und für ihre Regressansprüche gegen Dritte;
b) Atomschäden.

## Artikel 10

Die Vertragsstaaten führen keine von diesem Übereinkommen abweichenden Regelungen ein, auch wenn diese für den Geschädigten günstiger sind.

## Artikel 11

Die Staaten können die Haftung des Herstellers hauptsächlich oder hilfsweise, ganz oder teilweise, ganz allgemein oder nur für bestimmte Risiken, durch die Haftung eines Garantiefonds oder eine andere Form der Kollektivgarantie ersetzen, vorausgesetzt, der Geschädigte geniesst einen Schutz, der zumindest dem Schutz gleichwertig ist, den er aufgrund der in diesem Übereinkommen vorgesehenen Haftungsregelung gehabt hätte.

## Artikel 12

Dieses Übereinkommen berührt nicht die Rechte, die ein Geschädigter möglicherweise auf Grund der gewöhnlichen Vorschriften des Rechts der vertraglichen und ausservertraglichen Haftung hat, einschliesslich Vorschriften über die Pflichten eines Verkäufers, der Waren im Rahmen seines Gewerbes verkauft.

## Artikel 13

1. Dieses Übereinkommen liegt für die Mitgliedstaaten des Europarats zur Unterzeichnung auf. Es bedarf der Ratifikation, Annahme oder Genehmigung. Die Ratifikations-, Annahme- oder Genehmigungsurkunden werden beim Generalsekretär des Europarats hinterlegt.

2. Dieses Übereinkommen tritt am ersten Tag des Monats in Kraft, der auf den Ablauf einer Frist von sechs Monaten nach Hinterlegung der dritten Ratifikations-, Annahme- oder Genehmigungsurkunde folgt.

3. Für einen Unterzeichnerstaat, der das Übereinkommen später ratifiziert, annimmt oder genehmigt, tritt es am ersten Tag des Monats in Kraft, der auf den Ablauf einer Frist von sechs Monaten nach Hinterlegung seiner Ratifikations-, Annahme- oder Genehmigungsurkunde folgt.

## Artikel 14

1. Nach Inkrafttreten dieses Übereinkommens kann das Ministerkomitee des Europarats jeden Nichtmitgliedstaat einladen, dem Übereinkommen beizutreten.

2. Der Beitritt erfolgt durch Hinterlegung einer Beitrittsurkunde beim Generalsekretär des Europarats; die Urkunde wird wirksam am ersten Tag des Monats, der auf den Ablauf einer Frist von sechs Monaten nach dem Tage ihrer Hinterlegung folgt.

## Artikel 15

1. Jeder Staat kann bei der Unterzeichnung oder bei der Hinterlegung seiner Ratifikations-, Annahme-, Genehmigungs- oder Beitrittsurkunde einzelne oder mehrere Hoheitsgebiete bezeichnen, auf die dieses Übereinkommen Anwendung findet.

2. Jeder Staat kann bei der Hinterlegung seiner Ratifikations-, Annahme-, Genehmigungs- oder Beitrittsurkunde oder jederzeit danach durch eine an den Generalsekretär des Europarats gerichtete Erklärung dieses Übereinkommen auf jedes weitere in der Erklärung bezeichnete Hoheitsgebiet erstrecken, dessen internationale Beziehungen er wahrnimmt oder für das er Vereinbarungen treffen kann.

3. Jede nach Absatz 2 abgegebene Erklärung kann in bezug auf jedes darin genannte Hoheitsgebiet durch eine an den Generalsekretär des

Europarats gerichtete Notifikation zurückgenommen werden. Diese Zurücknahme wird wirksam am ersten Tag des Monats, der auf den Ablauf einer Frist von sechs Monaten nach Eingang der Rücknahmeerklärung beim Generalsekretär des Europarats folgt.

## Artikel 16

1. Jeder Staat kann bei der Unterzeichnung oder bei der Hinterlegung seiner Ratifikations-, Annahme-, Genehmigungs- oder Beitrittsurkunde oder jederzeit danach durch eine an den Generalsekretär des Europarats gerichtete Notifikation erklären, dass er aufgrund eines internationalen Abkommens, bei dem er Vertragspartei ist, Einfuhren aus einem oder mehreren näher bezeichneten Staaten, die ebenfalls Vertragsparteien jenes Abkommens sind, nicht als Einfuhren im Sinne des Artikels 3 Absatz 2 und 3 ansieht; in diesem Fall gilt die Person, die das Produkt in einen dieser Staaten aus einem anderen Staat einführt, als Importeur für alle Vertragsstaaten dieses Abkommens.

2. Jede auf Grund von Absatz 1 abgegebene Erklärung kann durch eine an den Generalsekretär des Europarats gerichtete Notifikation zurückgenommen werden. Diese Zurücknahme wird wirksam am ersten Tag des Monats, der auf den Ablauf einer Frist von einem Monat nach Eingang der Rücknahmeerklärung beim Generalsekretär des Europarats folgt.

## Artikel 17

1. Ausser den in der Anlage zu diesem Übereinkommen vorgesehenen Vorbehalten dürfen keine Vorbehalte zu den Bestimmungen dieses Übereinkommens gemacht werden.

2. Die Vertragspartei, die einen der in der Anlage zu diesem Übereinkommen vorgesehenen Vorbehalt gemacht hat, kann ihn durch eine an den Generalsekretär des Europarats gerichtete Erklärung zurücknehmen; sie wird wirksam am ersten Tag des Monats, der auf den Ablauf einer Frist von einem Monat nach ihrem Eingang beim Generalsekretär folgt.

## Artikel 18

1. Jede Vertragspartei kann, soweit es sie betrifft, durch eine an den Generalsekretär des Europarats gerichtete Notifikation dieses Übereinkommen kündigen.

2. Diese Kündigung wird wirksam am ersten Tag des Monats, der auf den Ablauf einer Frist von sechs Monaten nach Eingang dieser Notifikation beim Generalsekretär folgt.

**Artikel 19**

Der Generalsekretär des Europarats notifiziert den Mitgliedstaaten des Europarates und jedem Staat, der diesem Übereinkommen beigetreten ist,

a) jede Unterzeichnung;
b) jede Hinterlegung einer Ratifikations-, Annahme-, Genehmigungs- oder Beitrittsurkunde;
c) jeden Tag des Inkrafttretens dieses Übereinkommens nach seinem Artikel 13;
d) jeden nach Artikel 17 Absatz 1 gemachten Vorbehalt;
e) jede Zurücknahme eines Vorbehalts nach Artikel 17 Absatz 2;
f) jede nach Artikel 1 Absatz 2, Artikel 15 Absatz 2 und 3 und Artikel 16 Absatz 1 und 2 eingegangene Mitteilung oder Notifikation;
g) jede nach Artikel 18 eingegangene Notifikation und den Tag, an dem die Kündigung wirksam wird.

Zu Urkund dessen haben die hierzu gehörig befugten Unterzeichneten dieses Übereinkommen unterschrieben.

Geschehen zu Strassburg am 27. Januar 1977 in englischer und französischer Sprache, wobei jeder Wortlaut gleichermassen verbindlich ist, in einer Urschrift, die im Archiv des Europarats hinterlegt wird. Der Generalsekretär des Europarats übermittelt allen Unterzeichnerstaaten und allen beigetretenen Staaten beglaubigte Abschriften.

**Anlage**

Jeder Staat kann bei der Unterzeichnung oder bei der Hinterlegung seiner Ratifikations-, Annahme-, Genehmigungs- oder Beitrittsurkunde erklären, dass er sich das Recht vorbehält,

1. anstelle von Artikel 4 sein gewöhnliches Recht anzuwenden, soweit dieses Recht vorsieht, dass der Schadensersatz nur bei grober Fahrlässigkeit oder vorsätzlichem Verhalten seitens des Geschädigten oder der

Person, die den Schadensersatzanspruch stellen darf, verringert oder abgelehnt werden darf;

2. durch Vorschriften seines innerstaatlichen Rechts die Höhe des von einem Hersteller auf Grund dieses innerstaatlichen Rechts entsprechend dem vorliegenden Übereinkommen zu zahlenden Schadensersatzes zu begrenzen. Diese Begrenzung darf jedoch nicht geringer sein als

a) der Betrag in nationaler Währung, der 70 000 Sondererziehungsrechten entspricht, wie sie vom Internationalen Währungsfonds zur Zeit der Ratifikation festgelegt sind, für jede Person, die getötet wurde oder eine Körperverletzung erlitten hat;

b) der Betrag in nationaler Währung, der 10 Millionen Sondererziehungsrechten entspricht, wie sie vom Internationalen Währungsfonds zur Zeit der Ratifikation festgelegt sind, für alle Schäden, die durch die gleichen Produkte mit dem gleichen Fehler verursacht wurden.

3. den Einzelhändler von primären landwirtschaftlichen Produkten von der Haftung zu den Bedingungen in Artikel 3 Absatz 3 auszunehmen, vorausgesetzt, er gibt dem Berechtigten alle in seinem Besitz befindlichen Informationen über die Identität der in Artikel 3 erwähnten Personen.

Anhang IV

**Belgien**

# Loi du 25 février 1991 relative à la responsabilité du fait des produits défectueux

(Monit., 22 mars; vig. 1er avril 1991)

---

**Art. 1er.**   Le producteur est responsable du dommage causé par un défaut de son produit.

**2.**   Au sens de la présente loi, on entend par «produit» tout bien meuble corporel, même incorporé à un autre bien meuble ou immeuble, ou devenu immeuble par destination.

L'électricité est également un produit au sens de la présente loi.

Les produits de l'agriculture, de l'élevage, de la chasse et de la pêche sont cependant exclus de l'application de la présente loi, à moins qu'ils n'aient subi une première transformation.

**3.**   Au sens de la présente loi, on entend par «producteur» le fabricant d'un produit fini, le fabricant d'une partie composante d'un produit fini ou le producteur d'une matière première, et toute personne qui se présente comme fabricant ou producteur en apposant sur le produit son nom, sa marque ou un autre signe distinctif.

**4.**   § 1er. Sans préjudice de la responsabilité du producteur, toute personne qui, dans le cadre de son activité économique, importe dans la Communauté européenne un produit dans le but de le vendre ou d'en transférer l'usage à un tiers est considerée comme producteur de celui-ci au sens de la présente loi et est responsable au même titre que le producteur.

§ 2. Le fournisseur du produit ayant causé le dommage est considéré comme producteur lorsque:

1o dans le cas d'un produit fabriqué sur le territoire d'un Etat membre de la Communauté européenne, le producteur ne peut être identifié, à moins que le fournisseur n'indique à la victime, dans un délai raisonnable, l'identité du producteur ou de celui qui lui a fourni le produit;

2° dans le cas d'un produit importé dans la Communauté européenne, l'importateur ne peut être identifié, même si le nom du producteur est indiqué, à moins que le fournisseur n'indique à la victime, dans un délai raisonnable, l'identité de l'importateur ou de celui qui lui a fourni le produit.

**5.**     Au sens de la présente loi, un produit est défectueux lorsqu'il n'offre pas la sécurité à laquelle on peut légitimement s'attendre compte tenu de toutes les circonstances et notamment:
a)  de la présentation du produit;
b)  de l'usage normal ou raisonnablement prévisible du produit;
c)  du moment auquel le produit a été mis en circulation.

Un produit ne peut être considéré comme défectueux par le seul fait qu'un produit plus perfectionné a été mis en circulation ultérieurement.

**6.**     Au sens de la présente loi, on entend par «mise en circulation» le premier acte matérialisant l'intention du producteur de donner au produit l'affectation à laquelle il le destine par transfert à un tiers ou utilisation au profit de celui-ci.

**7.**     La preuve du défaut, du dommage et du lien de causalité entre le défaut et le dommage incombe à la personne lésée.

**8.**     Le producteur n'est pas responsable en application de la présente loi s'il prouve:
a)  qu'il n'avait pas mis le produit en circulation;
b)   que, compte tenu des circonstances il y a lieu d'estimer que le défaut ayant causé le dommage n'existait pas au moment où le produit a été mis en circulation par lui ou que ce défaut est né postérieurement;
c)  que le produit n'a été ni fabriqué pour la vente ou pour toute autre forme de distribution dans un but économique du producteur, ni fabriqué ou distribué dans le cadre de son activité professionnelle;
d)  que le défaut est dû à la conformité du produit avec des règles impératives émanant des pouvoirs publics;
e)  que l'état des connaissances scientifiques et techniques au moment de la mise en circulation du produit par lui ne permettait pas de déceler l'existence du défaut;

f) s'agissant du producteur d'une partie composante ou du producteur d'une matière première, que le défaut est imputable à la conception du produit dans lequel la partie composante ou la matière première a été incorporée ou aux instructions données par le producteur de ce produit.

**9.** Lorsque plusieurs personnes sont, en application de la présente loi, responsables du même dommage, leur responsabilité est solidaire, sans préjudice des droits de recours.

**10.** § 1er. La responsabilité du producteur ne peut être limitée ou écartée à l'égard de la victime par une clause limitative ou exonératoire de responsabilité.

§ 2. Elle peut être limitée ou écartée lorsque le dommage est causé conjointement par un défaut du produit et par la faute de la victime ou d'une personne dont la victime est responsable.

Sans préjudice des droits de recours, elle n'est pas limitée ou écartée à l'égard de la victime lorsque le dommage est causé conjointement par un défaut du produit et par l'intervention d'un tiers.

**11.** § 1er. L'indemnisation qui peut être obtenue en application de la présente loi couvre les dommages causés aux personnes, y compris les dommages moraux et, sous réserve des dispositions qui suivent, les dommages causés aux biens.

§ 2. Les dommages causés aux biens ne donnent lieu à indemnisation que s'ils concernent des biens qui sont d'un type normalement destiné à l'usage ou à la consommation privés et ont été utilisés par la victime principalement pour son usage ou sa consommation privés.

Les dommages causés au produit défectueux lui-même ne donnent pas lieu à indemnisation.

L'indemnisation des dommages causés aux biens n'est due que sous déduction d'une franchise de 22 500 francs.

§ 3. Le Roi peut modifier le montant prévu au paragraphe 2 afin de le rendre conforme aux décisions prises par le Conseil, en application de l'article 18.2, de la directive 85/374/CEE du 25 juillet 1985 relative au rapprochement des dispositions législatives, réglementaires et administratives des Etats membres en matière de responsabilité du fait des produits défectueux.

**12.**    § 1er. Le droit de la victime d'obtenir du producteur la réparation de son dommage sur le fondement de la présente loi s'éteint à l'expiration d'un délai de dix ans à compter de la date à laquelle celui-ci a mis le produit en circulation, à moins que durant cette période la victime n'ait engagé une procédure judiciaire fondée sur la présente loi.

§ 2. L'action fondée sur la présente loi se prescrit par trois ans à compter du jour où le demandeur a eu connaissance du dommage, du défaut et de l'identité du producteur, ou à compter du jour où il aurait dû raisonnablement en avoir connaissance.

Les dispositions du Code civil relatives à l'interruption et à la suspension de la prescription sont applicables à cette action.

**13.**    La présente loi ne porte pas préjudice aux droits dont la victime peut se prévaloir par ailleurs au titre du droit de la responsabilité contractuelle ou extra-contractuelle.

**14.**    Les bénéficiaires d'un régime de sécurité sociale ou de réparation des accidents du travail ou des maladies professionnelles restent soumis, même pour l'indemnisation d'un dommage couvert par la présente loi, à la législation organisant ce régime.

Dans la mesure où ce dommage n'est pas réparé en application d'un des régimes visés à l'alinéa premier, et pour autant qu'une action de droit commun contre le responsable leur soit ouverte, ces bénéficiaires ont le droit de demander réparation de leur dommage conformément à la présente loi.

Les personnes ou organismes qui, en vertu des régimes visés, à l'alinéa premier, ont fourni des prestations aux victimes d'un dommage couvert par la présente loi ou à leurs ayants droit peuvent exercer contre le producteur, conformément à la présente loi, les droits de recours que leur confèrent ces régimes.

**15.**    La présente loi n'est pas applicable à la réparation des dommages couverts par la loi du 22 juillet 1985 sur la responsabilité civile dans le domaine de l'énergie nucléaire et par les arrêtés pris en exécution de celle-ci.

**16.**    La présente loi régit la réparation des dommages causés par le défaut des produits mis en circulation après son entrée en vigueur.

**Belgien**

# Gesetz über die Haftung für fehlerhafte Produkte

---

### Art. 1

Der Hersteller eines Produkts haftet für den Schaden, der durch einen Fehler dieses Produkts verursacht worden ist.

### Art. 2

Im Sinne dieses Gesetzes ist unter «Produkt» jede bewegliche körperliche Sache zu verstehen, auch wenn sie einen Teil einer anderen beweglichen oder unbeweglichen Sache bildet oder wenn sie von ihrem Zweck her unbeweglich geworden ist.

Elektrizität ist gleichermassen ein «Produkt» im Sinne dieses Gesetzes.

Die Produkte der Landwirtschaft, der Tierzucht, der Jagd und der Fischerei sind jedoch von der Anwendung dieses Gesetzes ausgeschlossen, es sei denn, sie seien einer ersten Verarbeitung unterzogen worden.

### Art. 3

Im Sinne dieses Gesetzes ist unter «Hersteller» der Hersteller eines Endprodukts, eines Teils eines Endprodukts oder eines Grundstoffs zu verstehen sowie jede Person, die sich als Hersteller ausgibt, indem sie ihren Namen, ihr Warenzeichen oder ein anderes Erkennungszeichen auf dem Produkt anbringt.

### Art. 4

§ 1. Unbeschadet der Haftung des Herstellers gilt jede Person, die im Rahmen ihrer wirtschaftlichen Tätigkeit ein Produkt in die Europäische Gemeinschaft mit dem Ziel einführt, es zu verkaufen oder seinen Gebrauch an Dritte zu übertragen, im Sinne dieses Gesetzes als dessen Hersteller und haftet wie der Hersteller.

§ 2. Der Lieferant des Produkts, das den Schaden verursacht hat, wird als Hersteller behandelt, wenn,

1. im Fall eines Produkts, das auf dem Gebiet eines Mitgliedstaats der Europäischen Gemeinschaft hergestellt wurde, der Hersteller nicht festgestellt werden kann, es sei denn, der Lieferant benennt dem Geschädigten innerhalb angemessener Zeit den Hersteller oder diejenige Person, die ihm das Produkt geliefert hat;

2. im Fall eines in die Europäische Gemeinschaft importierten Produkts, der Importeur nicht festgestellt werden kann, selbst wenn der Name des Herstellers angegeben ist, es sei denn, der Lieferant benennt dem Geschädigten innerhalb angemessener Zeit den Importeur oder diejenige Person, die ihm das Produkt geliefert hat.

## Art. 5

Im Sinne dieses Gesetzes ist ein Produkt fehlerhaft, wenn es nicht die Sicherheit bietet, die man unter Berücksichtigung aller Umstände zu erwarten berechtigt ist, insbesondere

a) der Darbietung des Produkts,
b) des normalen oder billigerweise voraussehbaren Gebrauchs des Produkts,
c) des Zeitpunkts, zu dem das Produkt in den Verkehr gebracht wurde.

Ein Produkt kann nicht allein deshalb als fehlerhaft angesehen werden, weil später ein verbessertes Produkt in den Verkehr gebracht wurde.

## Art. 6

Im Sinne dieses Gesetzes ist unter «in den Verkehr bringen» die erste Handlung zu verstehen, aus der die Absicht des Herstellers erkennbar wird, dem Produkt die Bestimmung zu verleihen, die er ihm durch Übertragung auf einen Dritten oder durch Gebrauch zu dessen Vorteil zugedacht hat.

## Art. 7

Der Beweis des Fehlers, des Schadens und des ursächlichen Zusammenhangs zwischen Fehler und Schaden obliegt der geschädigten Person.

## Art. 8

Der Hersteller haftet aufgrund dieses Gesetzes nicht, wenn er beweist,

a) dass er das Produkt nicht in den Verkehr gebracht hat;

b) dass unter Berücksichtigung der Umstände davon auszugehen ist, dass der Fehler, der den Schaden verursacht hat, nicht vorlag, als das Produkt von ihm in den Verkehr gebracht wurde, oder dass dieser Fehler später entstanden ist;

c) dass er das Produkt weder für den Verkauf oder eine andere Form des Vertriebs mit wirtschaftlichem Zweck hergestellt noch im Rahmen seiner beruflichen Tätigkeit hergestellt oder vertrieben hat;

d) dass der Fehler darauf zurückzuführen ist, dass das Produkt verbindlichen hoheitlich erlassenen Normen entspricht;

e) dass der vorhandene Fehler nach dem Stand von Wissenschaft und Technik zu dem Zeitpunkt, zu dem er das betreffende Produkt in den Verkehr brachte, nicht erkannt werden konnte;

f) wenn es sich um den Hersteller eines Teilprodukts oder den Hersteller eines Grundstoffs handelt, dass der Fehler durch die Konstruktion des Produkts, in welches das Teilprodukt oder der Grundstoff eingearbeitet wurde, oder durch die Anleitungen des Herstellers dieses Produkts verursacht worden ist.

## Art. 9

Sind mehrere Personen aufgrund dieses Gesetzes für denselben Schaden verantwortlich, so haften sie unbeschadet von Rückgriffsrechten als Gesamtschuldner.

## Art. 10

§ 1. Die Haftung des Herstellers kann gegenüber dem Geschädigten nicht durch eine die Haftung begrenzende oder von der Haftung befreiende Klausel begrenzt oder ausgeschlossen werden.

§ 2. Sie kann begrenzt oder ausgeschlossen werden, wenn der Schaden durch einen Fehler des Produkts und zugleich durch Verschulden des Geschädigten oder einer Person, für die der Geschädigte haftet, verursacht worden ist.

Unbeschadet von Rückgriffsrechten wird sie gegenüber dem Geschädigten nicht begrenzt oder ausgeschlossen, wenn der Schaden durch einen

Fehler des Produkts und zugleich durch die Handlung eines Dritten verursacht worden ist.

## Art. 11

§ 1. Aufgrund dieses Gesetzes kann Entschädigung für Personenschäden einschliesslich Schmerzensgeld und, vorbehaltlich der nachfolgenden Bestimmungen, für Sachschäden verlangt werden.

§ 2. Sachschäden werden nur ersetzt, wenn es sich um Sachen handelt, die von einer Art sind, wie sie gewöhnlich für den privaten Ge- oder Verbrauch bestimmt sind und von dem Geschädigten hauptsächlich zum privaten Ge- oder Verbrauch verwendet worden sind.

Schäden am fehlerhaften Produkt selbst werden nicht ersetzt. Sachschäden werden nur unter Abzug einer Selbstbeteiligung von bfrs 22.500 ersetzt.

§ 3. Der König kann den in § 2 vorgesehenen Betrag ändern, um ihn den Entscheidungen des Rats nach Artikel 18 Absatz 2 der Richtlinie 85/374/EG vom 25. Juli 1985 zur Angleichung der Rechts- und Verwaltungsvorschriften der Mitgliedstaaten über die Haftung für fehlerhafte Produkte anzupassen.

## Art. 12

§ 1. Das Recht des Geschädigten, auf der Grundlage dieses Gesetzes von dem Hersteller die Wiedergutmachung seines Schadens zu verlangen, erlischt nach Ablauf einer Frist von zehn Jahren ab dem Zeitpunkt, zu dem dieser das Produkt in den Verkehr gebracht hat, es sei denn, der Geschädigte hat in der Zwischenzeit ein auf dieses Gesetz gestütztes gerichtliches Verfahren eingeleitet.

§ 2. Der auf dieses Gesetz gestützte Anspruch verjährt nach drei Jahren ab dem Tag, an dem der Anspruchssteller von dem Schaden, dem Fehler und der Identität des Herstellers Kenntnis erlangt hat, oder ab dem Tag, an dem er vernünftigerweise davon Kenntnis hätte haben müssen.

Die Bestimmungen des Code civil betreffend die Unterbrechung und Hemmung der Verjährung finden auf diesen Anspruch Anwendung.

## Art. 13

Dieses Gesetz berührt nicht die sonstigen Rechte, die der Geschädigte aufgrund der Vorschriften über die vertragliche und ausservertragliche Haftung geltend machen kann.

## Art. 14

Empfänger von Leistungen aus der Kranken-, Arbeitsunfall- oder Berufskrankenversicherung bleiben, auch wenn aufgrund dieses Gesetzes Entschädigung geleistet wird, weiterhin den gesetzlichen Bestimmungen, die für den jeweiligen Versicherungsträger gelten, unterworfen.

In dem Umfang, in dem dieser Schaden nicht durch einen der im ersten Absatz genannten Versicherungsträger ersetzt wird und soweit ihnen der Klageweg nach bürgerlichem Recht gegen den Haftpflichtigen offen steht, haben diese Leistungsempfänger das Recht, Ersatz ihres Schadens aufgrund dieses Gesetzes zu fordern.

Die Personen oder Organisationen, die als Versicherungsträger im Sinne des ersten Absatzes Leistungen an nach diesem Gesetz Ersatzberechtigte oder deren Rechtsnachfolger erbracht haben, können gegen den Hersteller nach diesem Gesetz den Regress durchführen, den die jeweiligen Bestimmungen vorsehen.

## Art. 15

Dieses Gesetz findet keine Anwendung auf Schäden, die nach dem Gesetz vom 22. Juli 1985 über die zivilrechtliche Haftung im Bereich der Nuklearenergie und den entsprechenden Ausführungsvorschriften zu ersetzen sind.

## Art. 16

Dieses Gesetz regelt den Ersatz von durch fehlerhafte Produkte verursachte Schäden, die nach seinem Inkrafttreten in den Verkehr gebracht worden sind.

Anhang V

Übersetzung aus PHI 1989, 175

**Dänemark**

# Gesetz Nr. 371 vom 7. Juni 1989
# über die Produkthaftung

### Abschnitt 1

*Anwendungsbereich des Gesetzes*

§ 1. Das Gesetz gilt für die Haftung eines Herstellers und eines Zwischenhändlers für den Schaden, der durch einen Fehler des Produkts verursacht worden ist, das von ihm hergestellt oder geliefert wurde (Produktschaden).

### Abschnitt 2

### Definitionen

*Schaden*

§ 2. Das Gesetz umfasst Schadenersatz und Entschädigung für Personenschaden sowie Schadenersatz für den Verlust eines Unterhaltsleistenden. Ferner umfasst das Gesetz den Schadenersatz für Sachschäden in dem in Abs. 2 genannten Fall.

Abs. 2. Sachschäden werden vom Gesetz umfasst, wenn die betreffende Sache ihrer Art nach gewöhnlich für einen nicht-gewerblichen Zweck bestimmt ist und vom Geschädigten hauptsächlich dementsprechend verwendet wurde. Das Gesetz umfasst nicht Schäden an dem fehlerhaften Produkt selbst.

*Produkt*

§ 3. Als Produkt gilt jede bewegliche Sache, ungeachtet, ob sie ein verarbeitetes oder ein Naturerzeugnis ist, und unabhängig davon, ob die Sache

Teil einer anderen beweglichen oder unbeweglichen Sache ist. Die Vorschriften über Produkte umfassen auch Elektrizität.

Abs. 2. Das Gesetz umfasst nicht unverarbeitete Erzeugnisse der Landwirtschaft, der Tierzucht, der Fischerei und der Jagd.

## Hersteller und Zwischenhändler

§ 4. Unter Hersteller versteht man denjenigen, der ein End- oder Teilprodukt oder einen Grundstoff herstellt, denjenigen, der ein Naturprodukt erzeugt oder gewinnt, sowie denjenigen, der sich durch Anbringen seines Namens, seines Warenzeichens oder eines anderen Kennzeichens als dessen Hersteller ausgibt.

Abs. 2. Unter Hersteller versteht man weiterhin denjenigen, der im Rahmen seiner geschäftlichen Tätigkeit ein Produkt zum Zwecke des Weiterverkaufs, der Vermietung, des Mietkaufs oder einer anderen Form der Vermarktung in die EG einführt.

Abs. 3. Als Zwischenhändler wird derjenige angesehen, der gewerbsmässig ein Produkt in den Verkehr bringt, auch wenn er nicht als Hersteller angesehen wird.

Abs. 4. Kann der Geschädigte bei einem in der EG hergestellten Produkt nicht feststellen, wer dieses hergestellt hat, oder kann der Geschädigte bei einem ausserhalb der EG hergestellten Produkt nicht feststellen, wer dieses in die EG eingeführt hat, wird jeder Zwischenhändler als Hersteller angesehen.

Abs. 5. Die Bestimmung in Abs. 4 gilt nicht, wenn der Zwischenhändler innerhalb eines angemessenen Zeitraums dem Geschädigten Auskunft über Namen und Anschrift des Herstellers oder des Importeurs bzw. den Namen und die Anschrift desjenigen gibt, der dem Zwischenhändler das Produkt geliefert hat. Der Zwischenhändler kann den Geschädigten nicht an einen Haftpflichtigen verweisen, dessen Gerichtsstand sich ausserhalb der EG befindet.

## Fehler

§ 5. Ein Produkt ist fehlerhaft, wenn es nicht die Sicherheit bietet, die zu Recht erwartet werden kann. Zur Beurteilung werden alle Umstände berücksichtigt, nämlich:
1) die Vermarktung des Produkts,
2) der Gebrauch des Produkts, mit dem billigerweise gerechnet werden kann, und
3) der Zeitpunkt, zu dem das Produkt in den Verkehr gebracht wurde.

Abs. 2. Ein Produkt kann nicht allein deshalb als fehlerhaft angesehen werden, weil später ein verbessertes Produkt in den Verkehr gebracht wurde.

## Abschnitt 3

### Haftung und Schadenersatz

*Haftung*

§ 6. Ein Hersteller hat den Schaden zu ersetzen, der durch einen Fehler des Produkts, das von ihm hergestellt oder geliefert wurde, verursacht worden ist.

Abs. 2. Der Geschädigte hat den Schaden, den Fehler und den ursächlichen Zusammenhang zwischen Fehler und Schaden zu beweisen.

*Haftungsbefreiungsgründe*

§ 7. Der Hersteller haftet nicht, wenn er beweist:
1) dass er das Produkt nicht in den Verkehr gebracht hat,
2) dass das Produkt von ihm im Rahmen seiner geschäftlichen Tätigkeit weder hergestellt, erzeugt oder gewonnen noch in den Verkehr gebracht wurde,
3) dass der Fehler darauf zurückzuführen ist, dass das Produkt verbindlichen, hoheitlich erlassenen Normen entspricht, oder
4) dass der vorhandene Fehler nach dem Stand der Wissenschaft und Technik zu dem Zeitpunkt, zu dem das Produkt in den Verkehr gebracht wurde, nicht erkannt werden konnte.

Abs. 2. Weiterhin haftet der Hersteller nicht, wenn davon auszugehen ist, dass der Fehler, der den Schaden verursacht hat, nicht vorlag, als er das Produkt in den Verkehr brachte.

Abs. 3. Der Hersteller eines Teilprodukts haftet nicht, wenn er beweist, dass der Fehler auf die Konstruktion des Produkts, in welches das Teilprodukt eingearbeitet wurde, oder auf die Anleitungen dessen, der das Endprodukt hergestellt hat, zurückzuführen ist.

*Sachschaden*

§ 8. Bei der Bemessung des Ersatzes für Sachschäden wird ein Betrag von 4.000 kr abgezogen.

Abs. 2. Der Justizminister kann die Betragsangabe in Abs. 1 zur Durchführung einer EG-Richtlinie ändern.

## Mitverschulden

§ 9. Der Schadenersatz kann gemindert werden oder entfallen, wenn der Geschädigte den Schaden vorsätzlich oder fahrlässig mitverursacht hat.

Abs. 2. Im Fall eines Sachschadens erfolgt die Herabsetzung wegen Mitverschuldens von demjenigen Betrag, der sich nach Abzug des in § 8 genannten Betrages ergibt.

## Abschnitt 4

### Haftung des Zwischenhändlers

§ 10. Ein Zwischenhändler haftet im Rahmen der Produkthaftung unmittelbar gegenüber dem Geschädigten und dem späteren Zwischenhändler in der Vertriebskette.

## Abschnitt 5

### Haftung mehrerer und Regress

§ 11. Sind zwei oder mehrere Personen nach diesem Gesetz für denselben Schaden haftpflichtig, haften sie gesamtschuldnerisch.

Abs. 2. Sind mehrere Personen als Hersteller gemäss § 4 Abs. 1 haftpflichtig, wird die Haftung, soweit hierüber keine Vereinbarung besteht, zwischen diesen unter Berücksichtigung der Ursache des Fehlers, der Veranlassung und Möglichkeit für den einzelnen Hersteller, Kontrolle hinsichtlich des Produkts auszuüben, der bestehenden Haftpflichtversicherung sowie der übrigen Umstände verteilt.

Abs. 3. Derjenige, der als Zwischenhändler oder als Hersteller gemäss § 4 Abs. 2 oder 4 dem Geschädigten oder einem späteren Zwischenhändler Schadenersatz geleistet hat, tritt in die Forderung des Geschädigten gegen frühere an Produktion und Vertrieb Beteiligte ein. Der Regressanspruch kann entfallen oder herabgesetzt werden, wenn der Regressuchende vorsätzlich oder fahrlässig den Schaden mitverursacht oder das Schadensausmass vergrössert hat.

**Abschnitt 6**

**Sonstige Bestimmungen**

*Unabdingbarkeit des Gesetzes*

§ 12. Durch vorherige Vereinbarung kann nicht zum Nachteil des Geschädigten oder desjenigen, der in die Forderung des Geschädigten eintritt, von diesem Gesetz abgewichen werden.

*Verhältnis zu allgemeinen Schadensersatzvorschriften*

§ 13. Das Gesetz begrenzt nicht die Schadensersatzmöglichkeiten des Geschädigten nach den allgemeinen vertraglichen oder ausservertraglichen Schadensersatzvorschriften gemäss den Bestimmungen, welche in der sonstigen Gesetzgebung oder auf deren Grundlage geregelt sind.

*Verjährung*

§ 14. Der Ersatzanspruch für einen Produktschaden nach diesem Gesetz oder nach den allgemeinen vertraglichen oder ausservertraglichen Schadensersatzvorschriften, vgl. § 13, verjährt drei Jahre nach dem Tag, an dem der Geschädigte vom Schaden, vom Fehler sowie vom Namen und Aufenthalt des betreffenden Herstellers Kenntnis erlangt hat oder hätte erlangen können. Im Hinblick auf die Hemmung oder Unterbrechung der Verjährung nach S. 1 gelten die Bestimmungen in § 2 S. 2 und § 3 des Gesetzes Nr. 274 vom 22. Dezember 1908.

Abs. 2. Ist die Verjährung nicht nach den Vorschriften in Abs. 1 eingetreten, verfällt die Forderung zehn Jahre nach dem Tag, an dem der Hersteller das schadensverursachende Produkt in den Verkehr gebracht hat. Im Hinblick auf die Unterbrechung der Verjährung nach S. 1 gilt die Bestimmung in § 2 S. 2 des Gesetzes Nr. 274 vom 22. Dezember 1908. Die Bestimmungen in S. 1 und 2 für Ersatzansprüche für Produktschäden nach den allgemeinen vertraglichen und ausservertraglichen Schadensersatzvorschriften des dänischen Rechts, vgl. § 13.

*Atomschäden*

§ 15. Das Gesetz gilt nicht für Schäden, die von Gesetz Nr. 332 vom 19. Juni 1974 über den Ersatz für Atomschäden (nukleare Schäden) erfasst werden.

§ 16. Der Justizminister kann Vorschriften für die Durchführung zwischenstaatlicher Abkommen über die Rechtswahl auf dem Gebiet der Produkthaftung festsetzen.

**Abschnitt 7**

*Bestimmungen über Inkrafttreten usw.*

§ 17. Das Gesetz tritt am Tag nach seiner Veröffentlichung im Gesetzblatt in Kraft.

Abs. 2. Das Gesetz gilt nicht, wenn das Produkt, das den Schaden verursacht hat, vor dem Inkrafttreten des Gesetzes vom Hersteller in den Verkehr gebracht wurde.

§ 18. Das Gesetz gilt nicht für die Faröer-Inseln und Grönland, kann aber durch königliche Anordnung für diese Landesteile mit den Abweichungen, die den besonderen Verhältnissen auf den Faröer-Inseln und in Grönland entsprechen, in Kraft gesetzt werden.

**Deutschland**

# Gesetz über die Haftung für fehlerhafte Produkte

vom 15. Dezember 1989

---

*Der Bundestag hat das folgende Gesetz beschlossen:*

§ 1    Haftung

(1) Wird durch den Fehler eines Produkts jemand getötet, sein Körper oder seine Gesundheit verletzt oder eine Sache beschädigt, so ist der Hersteller des Produkts verpflichtet, dem Geschädigten den daraus entstehenden Schaden zu ersetzen. Im Falle der Sachbeschädigung gilt dies nur, wenn eine andere Sache als das fehlerhafte Produkt beschädigt wird und diese andere Sache ihrer Art nach gewöhnlich für den privaten Ge- oder Verbrauch bestimmt und hierzu von dem Geschädigten hauptsächlich verwendet worden ist.

(2) Die Ersatzpflicht des Herstellers ist ausgeschlossen, wenn

1.  er das Produkt nicht in den Verkehr gebracht hat,

2.  nach den Umständen davon auszugehen ist, dass das Produkt den Fehler, der den Schaden verursacht hat, noch nicht hatte, als der Hersteller es in den Verkehr brachte,

3.  er das Produkt weder für den Verkauf oder eine andere Form des Vertriebs mit wirtschaftlichem Zweck hergestellt noch im Rahmen seiner beruflichen Tätigkeit hergestellt oder vertrieben hat,

4.  der Fehler darauf beruht, dass das Produkt in dem Zeitpunkt, in dem der Hersteller es in den Verkehr brachte, dazu zwingenden Rechtsvorschriften entsprochen hat, oder

5.  der Fehler nach dem Stand der Wissenschaft und Technik in dem Zeitpunkt, in dem der Hersteller das Produkt in den Verkehr brachte, nicht erkannt werden konnte.

(3) Die Ersatzpflicht des Herstellers eines Teilprodukts ist ferner ausgeschlossen, wenn der Fehler durch die Konstruktion des Produkts, in

welches das Teilprodukt eingearbeitet wurde, oder durch die Anleitungen des Herstellers des Produkts verursacht worden ist. Satz 1 ist auf den Hersteller eines Grundstoffs entsprechend anzuwenden.

(4) Für den Fehler, den Schaden und den ursächlichen Zusammenhang zwischen Fehler und Schaden trägt der Geschädigte die Beweislast. Ist streitig, ob die Ersatzpflicht gemäss Absatz 2 oder 3 ausgeschlossen ist, so trägt der Hersteller die Beweislast.


§ 2      Produkt

Produkt im Sinne dieses Gesetzes ist jede bewegliche Sache, auch wenn sie einen Teil einer anderen beweglichen Sache oder einer unbeweglichen Sache bildet, sowie Elektrizität. Ausgenommen sind landwirtschaftliche Erzeugnisse des Bodens, der Tierhaltung, der Imkerei und der Fischerei (landwirtschaftliche Naturprodukte), die nicht einer ersten Verarbeitung unterzogen worden sind; gleiches gilt für Jagderzeugnisse.


§ 3      Fehler

(1) Ein Produkt hat einen Fehler, wenn es nicht die Sicherheit bietet, die unter Berücksichtigung aller Umstände, insbesondere
a)   seiner Darbietung,
b)   des Gebrauchs, mit dem billigerweise gerechnet werden kann,
c)   des Zeitpunkts, in dem es in den Verkehr gebracht wurde,
berechtigterweise erwartet werden kann.

(2) Ein Produkt hat nicht allein deshalb einen Fehler, weil später ein verbessertes Produkt in den Verkehr gebracht wurde.


§ 4      Hersteller

(1) Hersteller im Sinne dieses Gesetzes ist, wer das Endprodukt, einen Grundstoff oder ein Teilprodukt hergestellt hat. Als Hersteller gilt auch jeder, der sich durch das Anbringen seines Namens, seines Warenzeichens oder eines anderen unterscheidungskräftigen Kennzeichens als Hersteller ausgibt.

(2) Als Hersteller gilt ferner, wer ein Produkt zum Zweck des Verkaufs, der Vermietung, des Mietkaufs oder einer anderen Form des Vertriebs mit wirtschaftlichem Zweck im Rahmen seiner geschäftlichen Tätigkeit

in den Geltungsbereich des Vertrages zur Gründung der Europäischen Wirtschaftsgemeinschaft einführt oder verbringt.

(3) Kann der Hersteller des Produkts nicht festgestellt werden, so gilt jeder Lieferant als dessen Hersteller, es sei denn, dass er dem Geschädigten innerhalb eines Monats, nachdem ihm dessen diesbezügliche Aufforderung zugegangen ist, den Hersteller oder diejenige Person benennt, die ihm das Produkt geliefert hat. Dies gilt auch für ein eingeführtes Produkt, wenn sich bei diesem die in Absatz 2 genannte Person nicht feststellen lässt, selbst wenn der Name des Herstellers bekannt ist.

## § 5    Mehrere Ersatzpflichtige

Sind für denselben Schaden mehrere Hersteller nebeneinander zum Schadensersatz verpflichtet, so haften sie als Gesamtschuldner. Im Verhältnis der Ersatzpflichtigen zueinander hängt, soweit nichts anderes bestimmt ist, die Verpflichtung zum Ersatz sowie der Umfang des zu leistenden Ersatzes von den Umständen, insbesondere davon ab, inwieweit der Schaden vorwiegend von dem einen oder dem anderen Teil verursacht worden ist; im übrigen gelten die §§ 421 bis 425 sowie § 426 Abs. 1 Satz 2 und Abs. 2 des Bürgerlichen Gesetzbuchs.

## § 6    Haftungsminderung

(1) Hat bei der Entstehung des Schadens ein Verschulden des Geschädigten mitgewirkt, so gilt § 254 des Bürgerlichen Gesetzbuchs; im Falle der Sachbeschädigung steht das Verschulden desjenigen, der die tatsächliche Gewalt über die Sache ausübt, dem Verschulden des Geschädigten gleich.

(2) Die Haftung des Herstellers wird nicht gemindert, wenn der Schaden durch einen Fehler des Produkts und zugleich durch die Handlung eines Dritten verursacht worden ist. § 5 Satz 2 gilt entsprechend.

## § 7    Umfang der Ersatzpflicht bei Tötung

(1) Im Falle der Tötung ist Ersatz der Kosten einer versuchten Heilung sowie des Vermögensnachteils zu leisten, den der Getötete dadurch erlitten hat, dass während der Krankheit seine Erwerbsfähigkeit aufgehoben oder gemindert war oder seine Bedürfnisse vermehrt waren. Der Ersatz-

pflichtige hat ausserdem die Kosten der Beerdigung demjenigen zu ersetzen, der diese Kosten zu tragen hat.

(2) Stand der Getötete zur Zeit der Verletzung zu einem Dritten in einem Verhältnis, aus dem er diesem gegenüber kraft Gesetzes unterhaltspflichtig war oder unterhaltspflichtig werden konnte, und ist dem Dritten infolge der Tötung das Recht auf Unterhalt entzogen, so hat der Ersatzpflichtige dem Dritten insoweit Schadensersatz zu leisten, als der Getötete während der mutmasslichen Dauer seines Lebens zur Gewährung des Unterhalts verpflichtet gewesen wäre. Die Ersatzpflicht tritt auch ein, wenn der Dritte zur Zeit der Verletzung gezeugt, aber noch nicht geboren war.

## § 8 Umfang der Ersatzpflicht bei Körperverletzung

Im Falle der Verletzung des Körpers oder der Gesundheit ist Ersatz der Kosten der Heilung sowie des Vermögensnachteils zu leisten, den der Verletzte dadurch erleidet, dass infolge der Verletzung zeitweise oder dauernd seine Erwerbsfähigkeit aufgehoben oder gemindert ist oder seine Bedürfnisse vermehrt sind.

## § 9 Schadensersatz durch Geldrente

(1) Der Schadensersatz wegen Aufhebung oder Minderung der Erwerbsfähigkeit und wegen vermehrter Bedürfnisse des Verletzten sowie der nach § 7 Abs. 2 einem Dritten zu gewährende Schadensersatz ist für die Zukunft durch eine Geldrente zu leisten.

(2) § 843 Abs. 2 bis 4 des Bürgerlichen Gesetzbuchs ist entsprechend anzuwenden.

## § 10 Haftungshöchstbetrag

(1) Sind Personenschäden durch ein Produkt oder gleiche Produkte mit demselben Fehler verursacht worden, so haftet der Ersatzpflichtige nur bis zu einem Höchstbetrag von 160 Millionen Deutsche Mark.

(2) Übersteigen die den mehreren Geschädigten zu leistenden Entschädigungen den in Absatz 1 vorgesehenen Höchstbetrag, so verringern sich die einzelnen Entschädigungen in dem Verhältnis, in dem ihr Gesamtbetrag zu dem Höchstbetrag steht.

222

§ 11        Selbstbeteiligung bei Sachbeschädigung

Im Falle der Sachbeschädigung hat der Geschädigte einen Schaden bis zu einer Höhe von 1125 Deutsche Mark selbst zu tragen.


§ 12        Verjährung

(1) Der Anspruch nach § 1 verjährt in drei Jahren von dem Zeitpunkt an, in dem der Ersatzberechtigte von dem Schaden, dem Fehler und von der Person des Ersatzpflichtigen Kenntnis erlangt hat oder hätte erlangen müssen.

(2) Schweben zwischen dem Ersatzpflichtigen und dem Ersatzberechtigten Verhandlungen über den zu leistenden Schadensersatz, so ist die Verjährung gehemmt, bis die Fortsetzung der Verhandlungen verweigert wird.

(3) Im übrigen sind die Vorschriften des Bürgerlichen Gesetzbuchs über die Verjährung anzuwenden.


§ 13        Erlöschen von Ansprüchen

(1) Der Anspruch nach § 1 erlischt zehn Jahre nach dem Zeitpunkt, in dem der Hersteller das Produkt, das den Schaden verursacht hat, in den Verkehr gebracht hat. Dies gilt nicht, wenn über den Anspruch ein Rechtsstreit oder ein Mahnverfahren anhängig ist.

(2) Auf den rechtskräftig festgestellten Anspruch oder auf den Anspruch aus einem anderen Vollstreckungstitel ist Absatz 1 Satz 1 nicht anzuwenden. Gleiches gilt für den Anspruch, der Gegenstand eines aussergerichtlichen Vergleichs ist oder der durch rechtsgeschäftliche Erklärung anerkannt wurde.


§ 14        Unabdingbarkeit

Die Ersatzpflicht des Herstellers nach diesem Gesetz darf im voraus weder ausgeschlossen noch beschränkt werden. Entgegenstehende Vereinbarungen sind nichtig.

**§ 15**     Arzneimittelhaftung;
          Haftung nach anderen Rechtsvorschriften

(1) Wird infolge der Anwendung eines zum Gebrauch bei Menschen bestimmten Arzneimittels, das im Geltungsbereich des Arzneimittelgesetzes an den Verbraucher abgegeben wurde und der Pflicht zur Zulassung unterliegt oder durch Rechtsverordnung von der Zulassung befreit worden ist, jemand getötet, sein Körper oder seine Gesundheit verletzt, so sind die Vorschriften des Produkthaftungsgesetzes nicht anzuwenden.

(2) Eine Haftung aufgrund anderer Vorschriften bleibt unberührt.


**§ 16**     Übergangsvorschrift

Dieses Gesetz ist nicht auf Produkte anwendbar, die vor seinem Inkrafttreten in den Verkehr gebracht worden sind.


**§ 17**     Erlass von Rechtsverordnungen

Der Bundesminister der Justiz wird ermächtigt, durch Rechtsverordnung die Beträge der §§ 10 und 11 zu ändern oder das Ausserkrafttreten des § 10 anzuordnen, wenn und soweit dies zur Umsetzung einer Richtlinie des Rates der Europäischen Gemeinschaften auf der Grundlage der Artikel 16 Abs. 2 und 18 Abs. 2 der Richtlinie des Rates vom 25. Juli 1985 zur Angleichung der Rechts- und Verwaltungsvorschriften der Mitgliedstaaten über die Haftung für fehlerhafte Produkte erforderlich ist.


**§ 18**     Berlin-Klausel

Dieses Gesetz gilt nach Massgabe des § 13 Abs. 1 des Dritten Überleitungsgesetzes auch im Land Berlin. Rechtsverordnungen, die aufgrund dieses Gesetzes erlassen werden, gelten nach Massgabe des § 14 des Dritten Überleitungsgesetzes auch im Land Berlin.


**§ 19**     Inkrafttreten

Dieses Gesetz tritt am 1. Januar 1990 in Kraft.

Anhang VII

**Finnland**

# Produktansvarslag

Given i Helsingfors den 17 augusti 1990

---

*I enlighet med riksdagens beslut stadgas:*

**Tillämpningsområde**

**1 §**

Denna lag gäller ersättning för skada som en produkt har orsakat på en person eller på egendom som vid tiden för skadan brukade användas huvudsakligen för enskilt ändamål.

Med produkt avses en lös sak, dock inte en byggnad på annans mark. Lagen gäller skada som en produkt har orsakat även om produkten har infogats i någon annan lös sak eller i en fastighet.

Med delprodukt avses råvara för en produkt, en del av en produkt samt ämnen som har använts vid tillverkningen eller framställningen av en produkt.

**2 §**

Lagen gäller inte
1) skada som har orsakats på själva produkten,
2) skada som en delprodukt har orsakat på produkten, om delprodukten hade fogats till produkten innan denna sattes i omlopp,
3) skada som omfattas av atomansvarighetslagen (484/72),
4) skada som omfattas av patientskadelagen (585/86),
5) skada som har orsakats av läkemedel som omfattas av läkemedelsskadeförsäkringen,
6) skada som ersätts enligt trafikförsäkringslagen (279/59), ej heller
7) skada som ersätts enligt lagen om olycksfallsförsäkring (608/48) eller lagen om olycksfallsförsäkring för lantbruksföretagare (1026/81).

225

## Förutsättningar för skadeståndsskyldighet

### 3 §

Skadestånd skall betalas för skador som har uppstått till följd av att en produkt inte har varit så säker när den sattes i omlopp som skäligen kunde förväntas. Produktens säkerhet skall bedömas med hänsyn till dess förutsebara användning, marknadsföringen av produkten, bruksanvisningar och övriga omständigheter.

### 4 §

Om en skada har uppstått till följd av en säkerhetsbrist hos en delprodukt, skall såväl delprodukten som produkten anses ha orsakat skadan.

## Skadeståndsskyldiga

### 5 §

Skadeståndsskyldiga enligt denna lag är
1) den som har tillverkat eller framställt den skadegörande produkten,
2) den som har importerat den skadegörande produkten till Finland för att sätta den i omlopp här, och
3) den som har marknadsfört den skadegörande produkten som sin egen, om produkten är försedd med hans namn eller varumärke eller något annat särskiljande kännetecken.

### 6 §

Har någon annan än en i 5 § nämnd person satt produkten i omlopp, är han på samma sätt som en tillverkare ansvarig för skada som produkten orsakar, om den som är ansvarig enligt 5 § inte framgår av produkten eller dess förpackning eller om ingen av dem som framgår av produkten eller dess förpackning har sitt hemvist i Finland.

Skadeståndsskyldig enligt 1 mom. är dock inte den som inom en månad efter begäran av den som kräver ersättning anvisar en ansvarig enligt 5 § med hemvist i Finland eller anvisar någon ansvarig med hemvist i Finland av vilken han har erhållit produkten.

## Befrielse från skadeståndsskyldighet

### 7 §

Ersättningsskyldighet enligt 5 eller 6 § föreligger inte, om den av vilken ersättning krävs visar att
1) han inte har satt produkten i omlopp i näringsverksamhet, eller
2) säkerhetsbristen beror på att produkten måste stämma överens med tvingande föreskrifter som har meddelats av en myndighet.

Ersättningsskyldighet föreligger inte heller, om den av vilken ersättning krävs gör sannolikt att den säkerhetsbrist som har orsakat skadan inte fanns när han satte produkten i omlopp.

Den som har tillverkat eller framställt en delprodukt är inte heller ersättningsskyldig, om han visar att säkerhetsbristen berodde på anvisningar av den tillverkare som har beställt delprodukten.

### Skada som skall ersättas

### 8 §

Ersättning enligt denna lag bestäms med iakttagande i tillämpliga delar av skadeståndslagen (412/74).

### Tiden för väckande av talan

### 9 §

Den som vill ha ersättning enligt denna lag skall väcka talan inom tre år från den dag då han fick kännedom om att skadan hade visat sig och om den ersättningsskyldige.

Talan om ersättning skall dock väckas inom tio år från det att den som är ersättningsskyldig enligt 5 eller 6 § satte den skadegörande produkten i omlopp.

## Särskilda stadganden

### 10 §

Villkor i avtal, som har ingåtts innan skadan visade sig och som inskränker den skadelidandes rätt till ersättning enligt denna lag, är utan verkan.

### 11 §

Denna lag begränsar inte den skadelidandes rätt till ersättning på grund av avtal eller med stöd av skadeståndslagen eller någon annan lag.

### 12 §

I tvistemål om ersättning med stöd av denna lag kan talan även väckas vid domstolen på kärandens hemort.

### 13 §

Genom förordning kan med undantag från 5 § 2 punkten stadgas att importörer inte skall vara skadeståndsskyldiga när en produkt har förts in till Finland från en främmande stat (fördragsslutande stat), med vilken en överenskommelse under förutsättning av ömsesidighet har träffats om att importörer inte skall vara ansvariga.

En överenskommelse som avses i 1 mom. kan träffas, om
1) det i staten i fråga gäller en lagstiftning om produktansvar vars innehåll motsvarar denna lag,
2) den av vilken ersättning krävs är skyldig att svara vid domstol i Finland i mål som gäller produktansvar, och
3) Finland med staten i fråga har ett avtal om erkännande och verkställighet av domar som gäller produktansvar.

Den som har importerat en produkt från en fordragsslutande stat är skyldig att bistå den skadelidande med översättning av ersättningskravet till ett främmande språk. Lämnar importören inte sådant bistånd, är han skyldig att betala ersättning till den skadelidande för nödvändiga kostnader för översättningen. Bistånds- och ersättningsskyldigheten gäller också den som senare sätter produkten i omlopp, om han inte inom en månad efter begäran av den som kräver ersättning uppger vem som är importör.

Den som har importerat en produkt till de fördragsslutande staternas område skall vid tillämpningen av denna lag anses vara tillverkare av produkten. Vid tillämpningen av 6 § jämställs den som har sitt hemvist i en fördragsslutande stat med den som har sitt hemvist i Finland.

## Ikraftträdande

### 14 §

Denna lag träder i kraft den 1 september 1990.

Skadeståndsskyldig enligt denna lag är den som har satt den skadegörande produkten i omlopp efter att lagen har trätt i kraft.

**Finnland**

# Gesetz Nr. 694 vom 17. August 1990
# Produkthaftungsgesetz

---

Auf Beschluss des Reichstags wird bestimmt:

**Anwendungsbereich**

### § 1

Dieses Gesetz regelt den Ersatz des durch ein Produkt verursachten Personenschadens oder Schadens an Sachen, die zum Zeitpunkt des Schadenseintritts überwiegend für den privaten Gebrauch bestimmt waren.

Produkt im Sinne dieses Gesetzes ist jede bewegliche Sache mit Ausnahme von Gebäuden auf fremden Grundstücken. Das Gesetz regelt den vom Produkt verursachten Schaden, auch wenn das Produkt mit einer anderen beweglichen oder unbeweglichen Sache verbunden ist.

Teilprodukte im Sinne dieses Gesetzes sind die Rohwaren für ein Produkt, dessen Teile sowie die bei der Herstellung oder Erzeugung des Produkts verwendeten Stoffe.

### § 2

Ausgeschlossen sind:
1) Schäden, die am Produkt selbst verursacht wurden,
2) die durch ein Teilprodukt am Produkt verursachten Schäden, sofern das Teilprodukt mit dem Produkt verbunden war, bevor dieses in den Verkehr gebracht wurde,
3) die vom Atomhaftungsgesetz (484/72) erfassten Schäden,
4) die vom Patientenschadensgesetz (585/86) erfassten Schäden,
5) Schäden, die durch Arzneimittel verursacht werden, die von der Arzneimittelschadensversicherung erfasst sind,

6) die nach dem Verkehrsversicherungsgesetz (279/59) zu ersetzenden Schäden sowie
7) die nach dem Unfallversicherungs- (608/48) oder dem Unfallversicherungsgesetz für Landwirte (1026/81) zu ersetzenden Schäden.

## Voraussetzungen der Schadensersatzpflicht

### § 3

Ersatz ist für Schäden zu leisten, die darauf zurückzuführen sind, dass das Produkt, als es in den Verkehr gebracht wurde, nicht so sicher war, wie berechtigterweise erwartet werden konnte. Bei der Beurteilung der Sicherheit sind der vorherzusehende Gebrauch des Produkts, seine Vermarktung, die Gebrauchsanweisung sowie andere Umstände zu berücksichtigen.

### § 4

Ist der Schaden Folge mangelnder Sicherheit eines Teilprodukts, so gilt der Schaden sowohl als vom Produkt als auch vom Teilprodukt verursacht.

## Schadensersatzpflichtige

### § 5

Nach diesem Gesetz ist zu Schadensersatz verpflichtet:
1) wer das schadensverursachende Produkt hergestellt oder erzeugt hat;
2) wer das schadensverursachende Produkt zu dem Zweck nach Finnland eingeführt hat, es hier in den Verkehr zu bringen; sowie
3) wer das schadensverursachende Produkt als sein eigenes vertrieben hat, sofern das Produkt mit seinem Namen, Warenzeichen oder einem anderen unterscheidungskräftigen Merkmal gekennzeichnet ist.

### § 6

Wer das Produkt in den Verkehr gebracht hat und nicht schon unter § 5 fällt, haftet für den durch das Produkt verursachten Schaden wie der Hersteller, wenn sich aus dem Produkt oder aus seiner Verpackung kein Hinweis auf den gemäss § 5 zu Schadensersatz Verpflichteten ergibt oder wenn keiner derjenigen, auf die das Produkt oder seine Verpackung hinweist, einen Wohnsitz in Finnland hat.

Die Schadensersatzpflicht nach Absatz 1 tritt jedoch nicht ein, wenn derjenige, der das Produkt in den Verkehr gebracht hat, auf Verlangen dem Schadensersatz Fordernden innerhalb eines Monats einen nach § 5 Ersatzpflichtigen mit Wohnsitz in Finnland oder einen Ersatzpflichtigen mit Wohnsitz in Finnland benennt, von dem er das Produkt bezogen hat.

### Befreiung von der Schadensersatzpflicht

### § 7

Die Schadensersatzpflicht nach den §§ 5 oder 6 tritt nicht ein, wenn der in Anspruch Genommene beweist, dass
1) er das Produkt nicht im Rahmen seiner gewerblichen Tätigkeit in den Verkehr gebracht hat; oder
2) die mangelnde Sicherheit des Produkts darauf zurückzuführen ist, dass das Produkt zwingenden behördlichen Bestimmungen entspricht.

Die Schadensersatzpflicht tritt auch nicht ein, wenn der in Anspruch Genommene glaubhaft macht, dass der Sicherheitsfehler, der den Schaden verursacht hat, nicht bestand, als er das Produkt in den Verkehr brachte.

Der Hersteller oder Erzeuger eines Teilprodukts ist nicht schadensersatzpflichtig, wenn er nachweist, dass die fehlende Sicherheit auf eine vom Besteller des Teilprodukts gegebene Anweisung zurückzuführen ist.

### Zu ersetzender Schaden

### § 8

Der Umfang des nach diesem Gesetz zu leistenden Ersatzes wird in sinngemässer Anwendung des Schadensersatzgesetzes (412/74) bestimmt.

### Verjährungsfristen

### § 9

Derjenige, der Ersatz nach diesem Gesetz verlangt, muss innerhalb von drei Jahren ab dem Tag, an dem er vom Eintritt des Schadens und von der Person des Ersatzpflichtigen Kenntnis erlangt hat, Klage einreichen.

Die Schadensersatzklage muss jedoch innerhalb von zehn Jahren, nachdem der nach den §§ 5 oder 6 bestimmte Ersatzpflichtige das schadensverursachende Produkt in den Verkehr gebracht hat, eingereicht werden.

## Besondere Bestimmungen

### § 10

Eine vor Eintritt des Schadens vereinbarte Vertragsbedingung, die das Recht des Geschädigten auf Ersatz nach diesem Gesetz beschränkt, ist unwirksam.

### § 11

Dieses Gesetz lässt das Recht des Geschädigten auf Schadensersatz aufgrund eines Vertrags oder des Schadensersatzgesetzes oder aufgrund eines anderen Gesetzes unberührt.

### § 12

Die auf dieses Gesetz gestützte Schadensersatzklage kann auch vor dem Gericht am Wohnsitz des Klägers erhoben werden.

### § 13

Durch Verordnung kann bestimmt werden, dass der Importeur in Abweichung von § 5 Ziffer 2 nicht zum Schadensersatz verpflichtet ist, wenn das Produkt aus einem fremden Staat (Vertragsstaat) nach Finnland eingeführt worden ist, mit dem unter der Voraussetzung der Gegenseitigkeit ein Übereinkommen über den Ausschluss der Haftung des Importeurs geschlossen worden ist.

Das in Absatz 1 genannte Übereinkommen kann geschlossen werden, wenn

1) in dem in Frage stehenden Staat eine diesem Gesetz inhaltlich entsprechende Gesetzesregelung zur Produkthaftung besteht,

2) derjenige, der auf Schadensersatz in Anspruch genommen wird, verpflichtet ist, sich in Produkthaftungssachen vor einem finnischen Gericht zur Sache einzulassen, sowie wenn

3) Finnland mit dem in Frage stehenden Staat einen Vertrag über die Anerkennung und Vollstreckung von Urteilen in Produkthaftungssachen geschlossen hat.

Derjenige, der ein Produkt aus einem Vertragsstaat importiert hat, ist verpflichtet, den Geschädigten bei der Übersetzung seines Schadensersatzanspruchs in die entsprechende Fremdsprache zu unterstützen. Unterlässt der Importeur dies, hat er dem Geschädigten die für die Übersetzung notwendigen Kosten zu erstatten. Diese Unterstützungs- oder Erstattungspflicht trifft auch denjenigen, der das Produkt später in den Verkehr bringt, wenn er nicht innerhalb eines Monats nach entsprechendem Antrag dem Schadensersatz Fordernden den Importeur nennt.

Derjenige, der das Produkt in das Gebiet der Vertragsstaaten importiert hat, gilt bei der Anwendung dieses Gesetzes als Hersteller des Produkts. Bei der Anwendung von § 6 wird derjenige mit Wohnsitz in einem Vertragsstaat demjenigen mit Wohnsitz in Finnland gleichgestellt.


**Inkrafttreten**

### § 14

Dieses Gesetz tritt am 1. September 1991 in Kraft.

Zu Schadensersatz nach diesem Gesetz ist verpflichtet, wer das schadensverursachende Produkt nach Inkrafttreten dieses Gesetzes in den Verkehr gebracht hat.

Anhang VIII

Übersetzung aus PHI 1988, 162

## Griechenland

# Ministerialverordnung Nr. B 7535/1077 vom 31. März 1988 Haftung des Herstellers für fehlerhafte Produkte

### Artikel 1

1. Anlass dieser Verordnung ist die Anpassung der griechischen Gesetzgebung an die Richtlinie 85/374/EWG vom 25. Juli 1985 «zur Angleichung der Rechts- und Verwaltungsvorschriften der Mitgliedstaaten über die Haftung für fehlerhafte Produkte», Amtsblatt der Europäischen Gemeinschaft Nr. L/210/29 vom 7. August 1985.

2. Der Hersteller haftet für den Schaden, der durch einen Fehler seines Produkts verursacht worden ist.

### Artikel 2

Bei der Anwendung dieser Verordnung gilt als «Produkt» jede bewegliche Sache, ausgenommen landwirtschaftliche Naturprodukte und Jagderzeugnisse, auch wenn sie einen Teil einer anderen beweglichen Sache oder einer unbeweglichen Sache bildet.

Als «landwirtschaftliche Naturprodukte» gelten bei der Anwendung dieser Verordnung Boden-, Tierzucht- und Fischereierzeugnisse, ausgenommen Produkte, die einer ersten Verarbeitung unterzogen wurden. Unter «Produkt» ist auch Elektrizität zu verstehen.

### Artikel 3

1. «Hersteller» ist der Hersteller des Endprodukts, eines Grundstoffs oder eines Teilprodukts sowie jede Person, die sich als Hersteller ausgibt,

indem sie ihren Namen, ihr Warenzeichen oder ein anderes Erkennungszeichen auf dem Produkt anbringt.

2. Unbeschadet der Haftung des Herstellers gilt jede Person, die ein Produkt zum Zweck des Verkaufs, der Vermietung, des Mietkaufs (leasing) oder einer anderen Form des Vertriebs im Rahmen ihrer geschäftlichen Tätigkeit in die Gemeinschaft einführt, im Sinne dieser Verordnung als Hersteller dieses Produkts und haftet wie der Hersteller.

3. Kann der Hersteller des Produkts nicht festgestellt werden, so wird jeder Lieferant als dessen Hersteller behandelt, es sei denn, dass er dem Geschädigten innerhalb angemessener Zeit den Hersteller oder diejenige Person benennt, die ihm das Produkt geliefert hat. Dies gilt auch für eingeführte Produkte, wenn sich bei diesen der Importeur im Sinne des Absatzes 2 nicht feststellen lässt, selbst wenn der Name des Herstellers angegeben ist.

## Artikel 4

Der Geschädigte hat den Schaden, den Fehler und den ursächlichen Zusammenhang zwischen Fehler und Schaden zu beweisen.

## Artikel 5

Haften aufgrund dieser Verordnung mehrere Personen für denselben Schaden, so haften sie unbeschadet der geltenden Rückgriffsrechtsvorschriften gesamtschuldnerisch.

## Artikel 6

1. Ein Produkt ist fehlerhaft, wenn es nicht die Sicherheit bietet, die man unter Berücksichtigung aller Umstände, einschliesslich
a)  der Darbietung des Produkts,
b)  des Gebrauchs des Produkts, mit dem billigerweise gerechnet werden kann,
c)  des Zeitpunkts, zu dem das Produkt in den Verkehr gebracht wurde,
zu erwarten berechtigt ist.

2. Ein Produkt kann nicht allein deshalb als fehlerhaft angesehen werden, weil später ein verbessertes Produkt in den Verkehr gebracht wurde.

**Artikel 7**

Der Hersteller haftet aufgrund dieser Verordnung nicht, wenn er beweist:

a) dass er das Produkt nicht in den Verkehr gebracht hat;

b) dass unter Berücksichtigung der Umstände davon auszugehen ist, dass der Fehler, der den Schaden verursacht hat, nicht vorlag, als das Produkt von ihm in den Verkehr gebracht wurde, oder dass dieser Fehler später entstanden ist;

c) dass er das Produkt weder für den Verkauf oder eine andere Form des Vertriebs mit wirtschaftlichem Zweck hergestellt noch im Rahmen seiner beruflichen Tätigkeit hergestellt oder vertrieben hat;

d) dass der Fehler darauf zurückzuführen ist, dass das Produkt verbindlichen hoheitlich erlassenen Normen entspricht;

e) dass der vorhandene Fehler nach dem Stand der Wissenschaft und Technik zu dem Zeitpunkt, zu dem er das betreffende Produkt in den Verkehr brachte, nicht erkannt werden konnte;

f) wenn es sich um den Hersteller eines Teilprodukts handelt, dass der Fehler durch die Konstruktion des Produkts, in welches das Teilprodukt eingearbeitet wurde, oder durch die Anleitungen des Herstellers des Produkts verursacht worden ist.

**Artikel 8**

1. Unbeschadet der geltenden Rückgriffsrechtsvorschriften wird die Haftung eines Herstellers nicht gemindert, wenn der Schaden durch einen Fehler des Produkts und zugleich durch die Handlung eines Dritten verursacht worden ist.

2. Die Haftung des Herstellers kann unter Berücksichtigung aller Umstände gemindert werden oder entfallen, wenn der Schaden durch einen Fehler des Produkts und zugleich durch Verschulden des Geschädigten oder einer Person, für die der Geschädigte haftet, verursacht worden ist.

**Artikel 9**

Der Begriff «Schaden» im Sinne von Artikel 1 umfasst:

a) den durch Tod und Körperverletzung verursachten Schaden;

b) die Beschädigung oder Zerstörung einer anderen Sache als des fehlerhaften Produkts, über einer Schadenshöhe von mehr als 51.456 Drachmen, sofern diese Sache:

i) von einer Art ist, wie sie gewöhnlich für den privaten Ge- oder Verbrauch bestimmt ist, und

ii) von dem Geschädigten hauptsächlich zum privaten Ge- oder Verbrauch verwendet worden ist.

Dieser Artikel berührt nicht die geltenden Rechtsvorschriften betreffend immaterielle Schäden.

## Artikel 10

1. Der aufgrund dieser Verordnung vorgesehene Ersatzanspruch verjährt nach Ablauf einer Frist von drei Jahren ab dem Tage, an dem der Kläger von dem Schaden, dem Fehler und der Identität des Herstellers Kenntnis erlangt hat oder hätte erlangen müssen.

2. Die geltenden Rechtsvorschriften über die Hemmung oder Unterbrechung der Verjährung werden durch diese Verordnung nicht berührt.

## Artikel 11

Die dem Geschädigten aus dieser Verordnung erwachsenden Ansprüche erlöschen nach Ablauf einer Frist von zehn Jahren ab dem Zeitpunkt, zu dem der Hersteller das Produkt, welches den Schaden verursacht hat, in den Verkehr gebracht hat, es sei denn, der Geschädigte hat in der Zwischenzeit ein gerichtliches Verfahren gegen den Hersteller eingeleitet.

## Artikel 12

Die Haftung des Herstellers aufgrund dieser Verordnung kann gegenüber dem Geschädigten nicht durch eine die Haftung begrenzende oder von der Haftung befreiende Klausel begrenzt oder ausgeschlossen werden.

## Artikel 13

Die Ansprüche, die ein Geschädigter aufgrund der Vorschriften über die vertragliche und ausservertragliche Haftung oder aufgrund einer bis zum 30. Juli 1985 in Kraft getretenen besonderen Haftungsregelung geltend machen kann, werden durch diese Verordnung nicht berührt.

238

**Artikel 14**

Diese Verordnung ist nicht auf Schäden infolge eines nuklearen Zwischenfalls anwendbar, die in ratifizierten internationalen Übereinkommen erfasst sind.

**Artikel 15**

Die Gesamthaftung des Herstellers für die Schäden infolge von Tod oder Körperverletzungen, die durch gleiche Artikel mit demselben Fehler verursacht wurden, kann höchstens auf einen Betrag von 7.203.840.000 Drachmen ansteigen.

**Artikel 16**

Diese Verordnung ist nicht auf Produkte anwendbar, die in den Verkehr gebracht wurden, bevor diese Verordnung veröffentlicht worden ist.

**Artikel 17**

Diese Verordnung tritt am 30. Juli 1988 in Kraft. Die Verordnung ist in der Regierungsgazette zu veröffentlichen.

**Irland**

# Liability for Defective Products Act 1991

---

**1.** –– (1) In this Act, except where the context otherwise requires –
"the Council Directive" means Council Directive No. 85/374/EEC of 25 July 1985 the text of which in the English language is set out for convenience of reference in the Schedule to this Act;

"damage" means –
(a) death or personal injury, or
(b) loss of, damage to, or destruction of, any item of property other than the defective product itself;
    Provided that the item of property –
    (i) is of a type ordinarily intended for private use or consumption, and
    (ii) was used by the injured person mainly for his own private use or consumption;

"initial processing" means, in relation to primary agricultural products, any processing of an industrial nature of those products which could cause a defect therein;

"injured person" means a person who has suffered damage caused wholly or partly by a defect in a product or, if he has died, his personal representative (within the meaning of section 3 of the Succession Act 1965) or dependants (within the meaning of section 47 [1] of the Civil Liability Act 1961);

"Member State" means a Member State of the European Communities;

"the Minister" means the Minister for Industry and Commerce;

"personal injury" includes any disease and any impairment of a person's physical or mental condition;

"primary agricultural products" means the products of the soil, of stockfarming and of fisheries and game, excluding such products and game which have undergone initial processing;

"producer" shall be construed in accordance with section 2 of this Act;

"product" means all movables with the exception of primary agricultural products which have not undergone initial processing, and includes –
(a) movables even though incorporated into another product or into an immovable, whether by virtue of being a component part or raw material or otherwise,
(b) electricity where damage is caused as a result of a failure in the process of generation of electricity.

(2) A word or expression that is used in this Act and is also used in the Council Directive has, unless the contrary intention appears, the meaning in this Act that it has in the Council Directive.

(3) In construing a provision of this Act, a court shall give it a construction that will give effect to the Council Directive, and for this purpose a court shall have regard to the provisions of the Council Directive, including its preamble.

(4) In this Act a reference to any other enactment shall be construed as a reference to that enactment as amended by or under any other enactment, including this Act.

**2.** – (1) The producer shall be liable in damages in tort for damage caused wholly or partly by a defect in his product.

(2) In this Act, "producer" means –
(a) the manufacturer or producer of a finished product, or
(b) the manufacturer or producer of any raw material or the manufacturer or producer of a component part of a product, or
(c) in the case of the products of the soil, of stock-farming and of fisheries and game, which have undergone initial processing, the person who carried out such processing, or
(d) any person who, by putting his name, trade mark or other distinguishing feature on the product or using his name or any such mark or feature in relation to the product, has held himself out to be the producer of the product, or
(e) any person who has imported the product into a Member State from a place outside the European Communities in order, in the course of any business of his, to supply it to another, or
(f) any person who is liable as producer of the product pursuant to subsection (3) of this section.

(3) Without prejudice to subsection (1) of this section, where damage ist caused wholly or partly by a defect in a product, any person who supplied the product (whether to the person who suffered the damage, to the producer of any product in which the product is comprised or to any other person) shall, where the producer of the product cannot by taking reasonable steps be identified, be liable, as the producer, for the damage if –

(a) the injured person requests the supplier to identify any person (whether still in existence or not) to whom paragraph (a), (b), (c), (d) or (e) of subsection (2) of this section applies in relation to the product,

(b) that request is made within a reasonable time after the damage occurs and at a time when it is not reasonably practicable for the injured person to identify all those persons, and

(c) the supplier fails, within a reasonable time after receiving the request, either to comply with the request or to identify the person who supplied the product to him.

**3.** – (1) Where, but for this section, damages not exceeding £ 350 in respect of loss of or damage to, or destruction of, any item of property other than the defective product itself would fall to be awarded by virtue of this Act, no damages shall be awarded, and where, but for this section, damages exceeding that amount would fall to be awarded, only that excess shall be awarded.

(2) The Minister may by order vary with effect from a date specified in the order, being a date subsequent to the making of the order, the amount specified in subsection (1) of this section but such variation shall not apply to proceedings pending in any court at that date.

(3) The Minister may by order amend or revoke an order made under this section.

**4.** – The onus shall be on the injured person concerned to prove the damage, the defect and the causal relationship between the defect and damage.

**5.** – (1) For the purposes of this Act a product is defective if it fails to provide the safety which a person is entitled to expect, taking all circumstances into account, including –

(a) the presentation of the product,

(b) the use to which it could reasonably be expected that the product would be put, and

242

(c) the time when the product was put into circulation.

(2) A product shall not be considered defective for the sole reason that a better product is subsequently put into circulation.

**6.** – A producer shall not be liable under this Act if he proves –
(a) that he did not put the product into circulation, or
(b) that, having regard to the circumstances, it is probable that the defect which caused the damage did not exist at the time when the product was put into circulation by him or that that defect came into being afterwards, or
(c) that the product was neither manufactured by him for sale or any form of distribution for any economic purpose nor manufactured or distributed by him in the course of his business, or
(d) that the defect concerned is due to compliance by the product with any requirement imposed by or under any enactment or any require-ment of the law of the European Communities, or
(e) that the state of scientific and technical knowledge at the time when he put the product into circulation was not such as to enable the existence of the defect to be discovered, or
(f) in the case of the manufacturer of a component or the producer of a raw material, that the defect is attributable entirely to the design of the product in which the component has been fitted or the raw material has been incorporated or to the instructions given by the manufacturer of the product.

**7.** – (1) An action for the recovery of damages under this Act shall not be brought after the expiration of three years from the date on which the cause of action accrued or the date (if later) on which the plaintiff became aware, or should reasonably have become aware, of the damage, the defect and the identity of the producer.

(2) (a) A right of action under this Act shall be extinguished upon the expiration of the period of ten years from the date on which the producer put into circulation the actual product which caused the damage unless the injured person has in the meantime instituted proceedings against the producer.
(b) Paragraph (a) of this subsection shall have effect whether or not the right of action accrued or time began to run during the period referred to in subsection (1) of this section.

(3) Section 9 and 48(6) of the Civil Liability Act 1961, shall not apply to an action for the recovery of damages under this Act.

(4) The Statutes of Limitation 1957 and 1991, shall apply to an action under this Act subject to the provisions of this section.

(5) For the purposes of subsection (4) –

(a) subsection (1) of this section shall be deemed to be a provision of the Statute of Limitations (Amendment) Act 1991, of the kind referred to in section 2 (1) of that Act,

(b) "injury" where it occurs in that Act except in section 2(1)(b) thereof includes damage to property, and "person injured" and "injured" shall be construed accordingly, and

(c) the reference in subsection (1) of this section to the date when the plaintiff became aware, or should reasonably have become aware, of the damage, the defect and the identity of the producer shall be construed in accordance with section 2 of that Act, but nothing in this paragraph shall prejudice the application of section 1(3) of this Act.

**8.** – Where two or more persons are liable by virtue of this Act for the same damage, they shall be liable jointly and severally as concurrent wrongdoers within the meaning of Part III of the Civil Liability Act 1961.

**9.** – (1) Without prejudice to Part III of the Civil Liability Act 1961, concerning the right of contribution, the liability of the producer shall not be reduced when damage is caused both by a defect in a product and by the act or omission of a third party.

(2) Where any damage is caused partly by a defect in a product and partly by the fault of the injured person or of any person for whom the injured person is responsible, the provisions of the Civil Liability Act 1961, concerning contributory negligence, shall have effect as if the defect were due to the fault of every person liable by virtue of this Act for the damage caused by the defect.

**10.** – The liability of a producer arising by virtue of this Act to an injured person shall not be limited or excluded by any term of contract, by any notice or by any other provision.

**11.** – This Act shall not affect any rights which an injured person may have under any enactment or under any rule of law.

**12.** – Section 1 of the Courts Act 1988, shall apply to an action in the High Court claiming damages under this Act or a question of fact or an issue arising in such an action as if such damages were mentioned in subsection (1) (a) of that section.

**13.** – This Act shall not apply to any product put into circulation within the territory of any Member State before the commencement of this Act.

**14.** – (1) This Act may be cited as the Liability for Defective Products Act 1991.

(2) This Act shall come into operation on such day as the Minister may appoint by order.

**Irland**

# Gesetz über die Haftung für fehlerhafte Produkte

---

**1.** – (1) In diesem Gesetz, sofern der Zusammenhang nichts anderes erfordert –

bedeutet «die Richtlinie des Rats» die Richtlinie des Rats vom 25. Juli 1985 (Nr. 85/374/EWG), deren Wortlaut in englischer Sprache, um eine Bezugnahme zu erleichtern, im Anhang dieses Gesetzes abgedruckt ist;

bedeutet «Schaden»

(a) Tod oder Körperverletzung oder

(b) Verlust, Beschädigung oder Zerstörung einer anderen Sache als des fehlerhaften Produkts:

Sofern diese Sache –

    (i) von einer Art ist, wie sie gewöhnlich für den privaten Ge- oder Verbrauch bestimmt ist, und

    (ii) von dem Geschädigten hauptsächlich zum privaten Ge- oder Verbrauch verwendet worden ist;

bedeutet «erste Verarbeitung» im Zusammenhang mit landwirtschaftlichen Naturprodukten, jede industrielle Verarbeitung dieser Produkte, die zu ihrer Fehlerhaftigkeit führen könnte;

bedeutet «Geschädigter» die Person, die einen Schaden erlitten hat, der ganz oder teilweise durch einen Fehler des Produkts verursacht wurde, oder, im Fall seines Todes, sein Nachlassverwalter (im Sinne von § 3 Succession Act 1965) oder seine Hinterbliebenen (im Sinne von § 45 (1) Civil Liability Act 1961);

bedeutet «Mitgliedstaat» ein Mitgliedstaat der Europäischen Gemeinschaft;

bedeutet «der Minister» der Minister für Industrie und Handel;

schliesst «Körperverletzung» jede Krankheit und jede physische oder psychische Beeinträchtigung ein;

bedeutet «landwirtschaftliche Naturprodukte» Boden-, Tierzucht-, Fischerei- und Jagderzeugnisse, ausgenommen solche Produkte und Jagderzeugnisse, die einer ersten Verarbeitung unterzogen wurden;

ist «Produzent» gemäss § 2 dieses Gesetzes auszulegen;

bedeutet «Produkt» jede bewegliche Sache, ausgenommen landwirtschaftliche Naturprodukte, die nicht einer ersten Verarbeitung unterzogen wurden, einschliesslich –

(a) bewegliche Sachen, auch wenn sie einen Teil eines anderen Produkts oder einer anderen unbeweglichen Sache bilden, sei es als Teilprodukt, Grundstoff oder in anderer Weise,

(b) Elektrizität, wenn der Schaden Folge eines Fehlers bei der Elektrizitätserzeugung ist.

(2) Wird ein Wort oder Begriff sowohl in diesem Gesetz als auch in der Richtlinie des Rats verwendet, ist – sofern nicht die gegenteilige Absicht offensichtlich ist – die Bedeutung in diesem Gesetz die gleiche wie in der Richtlinie des Rats.

(3) Die Gerichte haben bei der Auslegung einer Bestimmung dieses Gesetzes dieser die Bedeutung zu geben, die der Richtlinie des Rats entspricht; zu diesem Zweck sind die Bestimmungen der Richtlinie des Rats einschliesslich ihrer Präambel zu beachten.

(4) Soweit in diesem Gesetz auf eine andere Rechtsvorschrift Bezug genommen wird, ist darunter die Rechtsvorschrift in ihrer aktuellen, durch oder aufgrund anderer Gesetze – einschliesslich des vorliegenden – geänderten Fassung zu verstehen.

**2.** – (1) Der Produzent eines Produkts haftet aus unerlaubter Handlung für den Schaden, der ganz oder teilweise durch einen Fehler dieses Produkts verursacht worden ist.

(2) «Produzent» im Sinne dieses Gesetzes ist –

(a) der Hersteller oder Produzent eines Endprodukts oder

(b) der Hersteller oder Produzent eines Grundstoffs oder der Hersteller oder Produzent eines Teilprodukts oder

(c) im Fall von Boden-, Tierzucht-, Fischerei- oder Jagderzeugnissen, die einer ersten Verarbeitung unterzogen wurden, die Person, die diese Verarbeitung vorgenommen hat, oder

(d) jeder, der sich als Produzent des Produkts ausgibt, indem er seinen Namen, sein Warenzeichen oder ein anderes Erkennungszeichen auf dem Produkt anbringt oder indem er seinen Namen, sein Warenzeichen oder sonstiges Erkennungszeichen im Zusammenhang mit dem Produkt benutzt, oder

(e) jeder, der das Produkt von einem Ort ausserhalb der Europäischen Gemeinschaften in einen Mitgliedstaat importiert, um es im Rahmen seiner geschäftlichen Tätigkeit an einen anderen zu liefern, oder

(f) jeder, der als Produzent des Produkts nach Absatz (3) dieses Paragraphen haftet.

(3) Unbeschadet Absatz (1) dieses Paragraphen haftet, wenn der Schaden ganz oder teilweise durch einen Fehler eines Produkts verursacht wurde, jeder Lieferant des Produkts wie der Produzent für den Schaden (unabhängig davon, ob er an den Geschädigten, den Produzenten des Endprodukts oder an irgendeine andere Person geliefert hat), wenn der Produzent des Produkts durch angemessene Schritte nicht festgestellt werden kann, unter der Voraussetzung, dass

(a) der Geschädigte den Lieferanten auffordert, jede Person zu benennen (unabhängig davon, ob sie noch existiert oder nicht), auf die Absatz (2) Buchstabe (a), (b), (c), (d) oder (e) dieses Paragraphen in bezug auf das Produkt Anwendung findet,

(b) diese Aufforderung innerhalb einer angemessenen Zeit, nachdem sich der Schaden ereignet hat, und zu einem Zeitpunkt erfolgt, zu dem es dem Geschädigten nicht zumutbar ist, alle diese Personen festzustellen, und

(c) der Lieferant innerhalb eines angemessenen Zeitraums, nachdem er die Aufforderung erhalten hat, entweder dieser nicht nachkommt oder seinen Vorlieferanten nicht benennt.


**3.–** (1) Wäre – ungeachtet dieses Paragraphen – für den Verlust, die Beschädigung oder Zerstörung einer anderen Sache als des fehlerhaften Produkts nach diesem Gesetz Schadensersatz von nicht mehr als £ 350 zuzusprechen, wird kein Ersatz zugesprochen; wäre – ungeachtet dieses Paragraphen – Schadensersatz über diesen Betrag hinaus zuzusprechen, ist nur der übersteigende Betrag zuzusprechen.

(2) Der Minister kann durch Rechtsverordnung mit Wirkung zu einem in der Rechtsverordnung genannten Datum, das zeitlich nach ihrem Erlass liegen muss, den in Absatz (1) dieses Paragraphen genannten Betrag ändern; diese Änderung findet jedoch keine Anwendung auf zu diesem Zeitpunkt vor Gericht anhängige Verfahren.

(3) Der Minister kann durch Rechtsverordnung eine nach diesem Paragraphen erlassene Rechtsverordnung ändern oder aufheben.

**4.** – Den Geschädigten trifft die Beweislast für den Schaden, den Fehler und den ursächlichen Zusammenhang zwischen Fehler und Schaden.

**5.** – (1) Im Sinne dieses Gesetzes ist ein Produkt fehlerhaft, wenn es nicht die Sicherheit bietet, die man unter Berücksichtigung aller Umstände, insbesondere –
(a) der Darbietung des Produkts,
(b) des Gebrauchs des Produkts, mit dem billigerweise gerechnet werden kann, und
(c) des Zeitpunkts, zu dem das Produkt in den Verkehr gebracht wurde,

zu erwarten berechtigt ist.

(2) Ein Produkt kann nicht alleine deshalb als fehlerhaft angesehen werden, weil später ein verbessertes Produkt in den Verkehr gebracht wurde.

**6.** – Ein Produzent haftet aufgrund dieses Gesetzes nicht, wenn er beweist, –
(a) dass er das Produkt nicht in den Verkehr gebracht hat,
(b) dass unter Berücksichtigung der Umstände davon auszugehen ist, dass der Fehler, der den Schaden verursacht hat, nicht vorlag, als das Produkt von ihm in den Verkehr gebracht wurde, oder dass dieser Fehler später entstanden ist,
(c) dass er das Produkt weder für den Verkauf noch eine andere Form des Vertriebs mit wirtschaftlichem Zweck hergestellt noch im Rahmen seiner beruflichen Tätigkeit hergestellt oder vertrieben hat,
(d) dass der betreffende Fehler darauf zurückzuführen ist, dass das Produkt Erfordernissen entspricht, die durch oder aufgrund eines Gesetzes oder des Rechts der Europäischen Gemeinschaften festgelegt wurden,
(e) dass der vorhandene Fehler nach dem Stand von Wissenschaft und Technik zu dem Zeitpunkt, zu dem er das betreffende Produkt in den Verkehr brachte, nicht erkannt werden konnte,
(f) wenn es sich um den Hersteller eines Teilprodukts oder den Produzenten eines Grundstoffs handelt, dass der Fehler allein durch die Konstruktion des Produkts, in welches das Teilprodukt oder der Grundstoff eingearbeitet wurde, oder durch die Anleitung des Herstellers des Produkts verursacht worden ist.

**7.** – (1) Nach diesem Gesetz kann eine Schadensersatzklage nach Ablauf von drei Jahren ab dem Tag, an dem der Klagegrund entstanden ist, oder (falls später) ab dem Tag, an dem der Kläger von dem Schaden, dem Fehler und der Identität des Produzenten Kenntnis erlangt hat oder hätte erlangen müssen, nicht erhoben werden.

(2) (a) Ein Ersatzanspruch nach diesem Gesetz erlischt nach Ablauf einer Frist von zehn Jahren ab dem Zeitpunkt, zu dem der Produzent das konkrete Produkt, welches den Schaden verursacht hat, in den Verkehr brachte, es sei denn, der Geschädigte hat in der Zwischenzeit ein gerichtliches Verfahren gegen den Produzenten eingeleitet.
(b) Buchstabe (a) dieses Absatzes findet unabhängig davon Anwendung, ob der Klagegrund während des Zeitraums, auf den in Absatz (1) dieses Paragraphen Bezug genommen wird, entstand oder die Frist zu laufen begann.

(3) §§ 9 und 48 (6) Civil Liability Act 1961 finden auf eine Schadensersatzklage nach diesem Gesetz keine Anwendung.

(4) Die Statutes of Limitation 1957 und 1991 finden auf eine Klage nach diesem Gesetz nach Massgabe dieses Paragraphen Anwendung.

(5) Im Sinne von Abs. (4)
(a) gilt Absatz (1) dieses Paragraphen als eine Vorschrift nach § 2 (1) Statute of Limitations (Amendment) Act 1991 und zwar in der Art, auf die in § 2 (1) dieses Gesetzes Bezug genommen wird,
(b) schliesst «Schädigung» dort, wo der Begriff in diesem Gesetz mit Ausnahme von § 2 (1) (b) auftaucht, Sachschäden ein; «Verletzter» und «Geschädigter» sind entsprechend auszulegen und
(c) ist die Bezugnahme in Absatz (1) dieses Paragraphen auf den Tag, an dem der Kläger von dem Schaden, dem Fehler und der Identität des Produzenten Kenntnis erlangt hat oder hätte erlangen müssen, in Übereinstimmung mit § 2 jenes Gesetzes auszulegen; dieser Absatz berührt jedoch nicht die Anwendbarkeit von § 1 (3) dieses Gesetzes.

8. – Haften zwei oder mehrere Personen nach diesem Gesetz für denselben Schaden, so haften sie gesamtschuldnerisch als Mittäter im Sinne des Civil Liability Act 1961 Teil III.

9. – (1) Unbeschadet des Rückgriffsrechts nach dem Civil Liability Act 1961, Teil III, wird die Haftung des Produzenten nicht gemindert, wenn der Schaden durch einen Fehler des Produkts und zugleich durch die Handlung eines Dritten verursacht worden ist.

(2) Wurde der Schaden teilweise durch einen Fehler in einem Produkt und teilweise durch das Verschulden des Geschädigten oder einer Person, für die der Geschädigte haftet, verursacht, finden die Bestimmungen des Civil Liability Act 1961 über das Mitverschulden so Anwendung, als sei der Fehler auf das Verschulden jeder Person zurückzuführen, die nach diesem Gesetz für den durch den Fehler verursachten Schaden haftet.

**10.** – Die Haftung eines Produzenten gegenüber dem Geschädigten aufgrund dieses Gesetzes kann nicht durch eine Vertragsklausel, eine Mitteilung oder sonstige Bestimmung beschränkt oder ausgeschlossen werden.

**11.** – Die Ansprüche, die ein Geschädigter aufgrund eines Gesetzes oder einer Rechtsvorschrift geltend machen kann, werden durch dieses Gesetz nicht berührt.

**12.** – § 1 Courts Act 1988 findet auf eine Klage vor dem High Court, mit der Ersatzansprüche nach diesem Gesetz geltend gemacht werden, oder auf eine Tatsachen- oder Streitfrage, die sich aus einer solchen Klage ergibt, so Anwendung, als ob solche Ersatzansprüche in Absatz (1) (a) dieses Paragraphen erwähnt seien.

**13.** – Dieses Gesetz ist nicht auf Produkte anwendbar, die vor dessen Inkrafttreten auf dem Gebiet eines Mitgliedstaats in den Verkehr gebracht wurden.

**14.** – (1) Dieses Gesetz kann als Gesetz über die Haftung für fehlerhafte Produkte 1991 zitiert werden.

(2) Dieses Gesetz tritt an dem Tag in Kraft, den der Minister durch Rechtsverordnung bestimmt.

Anhang X

**Italien**

# Decreto del Presidente della Repubblica

24 maggio 1988

---

**Art. 1**   Responsabilità del produttore

1. Il produttore è responsabile del danno cagionato da difetti del suo prodotto.

**Art. 2**   Prodotto

1. Prodotto, ai fini delle presenti disposizioni, è ogni bene mobile, anche se incorporato in altro bene mobile o immobile.

2. Si considera prodotto anche l'elettricità.

3. Sono esclusi i prodotti agricoli del suolo e quelli dell'allevamente, della pesca e della caccia, che non abbiano subito trasformazioni. Si considera trasformazione la sottoposizione del prodotto a un trattamento che ne modifichi le caratteristiche, oppure vi aggiunga sostanze. Sono parificati alla trasformazione, quando abbiano carattere industriale, il confezionamento e ogni altro trattamento, se rendano difficile il controllo del prodotto da parte del consumatore o creino un affidamento circa la sua sicurezza.

**Art. 3**   Produttore

1. Produttore è il fabbricante del prodotto finito o di una sua componente e il produttore della materia prima.

2. Per i prodotti agricoli del suolo e per quelli dell'allevamento, della pesca e della caccia, produttore è chi li abbia sottoposti a trasformazione.

3. Si considera produttore anche chi si presenti come tale apponendo il proprio nome, marchio o altro segno distintivo sul prodotto o sulla sua confezione.

4. È sottoposto alla stessa responsabilità del produttore chiunque, nell'esercizio di un'attività commerciale, importi nella Comunità euro-

pea un prodotto per la vendita, la locazione, la locazione finanziaria, o qualsiasi altra forma di distribuzione, e chiunque si presenti come importatore nella Comunità europea apponendo il proprio nome, marchio o altro segno distintivo sul prodotto o sulla sua confezione.

**Art. 4**      Responsabilità del fornitore

1. Quando il produttore non sia individuato, è sottoposto alla stessa responsabilità il fornitore che abbia distribuito il prodotto nell'esercizio di un'attività commerciale, se abbia omesso di comunicare al danneggiato, entro il termine di tre mesi dalla richiesta, l'identità e il domicilio del produttore o della persona che gli ha fornito il prodotto.

2. La richiesta deve essere fatta per iscritto e deve indicare il prodotto che ha cagionato il danno, il luogo e, con ragionevole approssimazione, il tempo dell'acquisto; deve inoltre contenere l'offerta in visione del prodotto, se ancora esistente.

3. Se la notificazione dell'atto introduttivo del giudizio non è stata preceduta dalla richiesta prevista dal comma 2, il convenuto può effettuare la comunicazione entro i tre mesi successivi.

4. In ogni caso, su istanza del fornitore presentata alla prima udienza del giudizio di primo grado, il giudice, se le circostanze lo giustificano, può fissare un ulteriore termine non superiore a tre mesi per la comunicazione prevista dal comma 1.

5. Il terzo indicato come produttore o precedente fornitore può essere chiamato nel processo a norma dell'art. 106 del codice di procedura civile e il fornitore convenuto può essere estromesso, se la persona indicata comparisce e non contesta l'indicazione. Nell'ipotesi prevista dal comma 3, il convenuto può chiedere la condanna dell'attore al rimborso delle spese cagionategli dalla chiamata in giudizio.

6. Le disposizioni del presente articolo si applicano al prodotto importato nella Comunità europea, quando non sia individuato l'importatore, anche se sia noto il produttore.

**Art. 5**      Prodotto difettoso

1. Un prodotto è difettoso quando non offre la sicurezza che ci si può legittimamente attendere tenuto conto di tutte le circostanze, tra cui:

a) il modo in cui il prodotto è stato messo in circolazione, la sua presentazione, le sue caratteristiche palesi, le istruzioni e le avvertenze fornite;
b) l'uso al quale il prodotto può essere ragionevolmente destinato e i comportamenti che, in relazione ad esso, si possono ragionevolmente prevedere;
c) il tempo in cui il prodotto è stato messo in circolazione.

2. Un prodotto non può essere considerato difettoso per il solo fatto che un prodotto più perfezionato sia stato in qualunque tempo messo in commercio.

3. Un prodotto è difettoso se non offre la sicurezza offerta normalmente dagli altri esemplari della medesima serie.

**Art. 6**      Esclusione della responsabilità

1. La responsabilità è esclusa:
a) se il produttore non ha messo il prodotto in circolazione;
b) se il difetto che ha cagionato il danno non esisteva quando il produttore ha messo il prodotto in circolazione;
c) se il produttore non ha fabbricato il prodotto per la vendita o per qualsiasi altra forma di distribuzione a titolo oneroso, né lo ha fabbricato o distribuito nell'esercizio della sua attività professionale;
d) se il difetto è dovuto alla conformità del prodotto a una norma giuridica imperativa o a un provvedimento vincolante;
e) se lo stato delle conoscenze scientifiche e tecniche, al momento in cui il produttore ha messo in circolazione il prodotto, non permetteva ancora di considerare il prodotto come difettoso;
f) nel caso del produttore o fornitore di una parte componente o di una materia prima, se il difetto è interamente dovuto alle concezione del prodotto in cui è stata incorporata la parte o materia prima o alla conformità di questa alle istruzioni date dal produttore che l'ha utilizzata.

**Art. 7**      Messa in circolazione del prodotto

1. Il prodotto è messo in circolazione quando sia consegnato all'acquirente, all'utilizzatore, o a un ausiliario di questi, anche in visione o in prova.

254

2. La messa in circolazione avviene anche mediante la consegna al vettore o allo spedizioniere per l'invio all'acquirente o all'utilizzatore.

3. La responsabilità non è esclusa se la messa in circolazione dipende da vendita forzata, salvo che il debitore abbia segnalato specificamente il difetto con dichiarazione resa all'ufficiale giudiziario all'atto del pignoramento o con atto notificato al creditore procedente e depositato presso la cancelleria del giudice dell'esecuzione entro quindici giorni dal pignoramento stesso.

**Art. 8**      Prova

1. Il danneggiato deve provare il danno, il difetto e la connessione causale tra difetto e danno.

2. Il produttore deve provare i fatti che possono escludere la responsabilità secondo le disposizioni dell'art. 6. Ai fini dell'esclusione da responsabilità prevista nell'art. 6, lettera b), è sufficiente dimostrare che, tenuto conto delle circostanze, è probabile che il difetto non esistesse ancora nel momento in cui il prodotto è stato messo in circolazione.

3. Se appare verosimile che il danno sia stato causato da un difetto del prodotto, il giudice può ordinare che le spese della consulenza tecnica siano anticipate dal produttore.

**Art. 9**      Pluralità di responsabili

1. Se più persone sono responsabili del medesimo danno, tutte sono obbligate in solido al risarcimento.

2. Colui che ha risarcito il danno ha regresso contro gli altri nella misura determinata dalle dimensioni del rischio riferibile a ciascuno, dalla gravità delle eventuali colpe e dalla entità delle conseguenze che ne sono derivate. Nel dubbio la ripartizione avviene in parti uguali.

**Art. 10**      Colpa del danneggiato

1. Nelle ipotesi di concorso del fatto colposo del danneggiato il risarcimento si valuta secondo le disposizioni dell'art. 1227 del codice civile.

2. Il risarcimento non è dovuto quando il danneggiato sia stato consapevole del difetto del prodotto e del pericolo che ne derivava e nondimeno vi si sia volontariamente esposto.

3. Nell'ipotesi di danno a cosa, la colpa del detentore di questa è parificata alla colpa del danneggiato.

**Art. 11**     Danno risarcibile

1. È risarcibile in base alle disposizioni del presente decreto:
a)  il danno cagionato dalla morte o da lesioni personali;
b)  la distruzione o il deterioramento di una cosa diversa dal prodotto difettoso, purché di tipo normalmente destinato all'uso o consumo privato e così principalmente utilizzata dal danneggiato.

2. Il danno a cose è risarcibile solo nella misura che ecceda la somma di lire settecentocinquantamila.

**Art. 12**     Clausole di esonero da responsabilità

1. È nullo qualsiasi patto che escluda o limiti preventivamente, nei confronti del danneggiato, la responsabilità prevista dal presente decreto.

**Art. 13**     Prescrizione

1. Il diritto al risarcimento si prescrive in tre anni dal giorno in cui il danneggiato ha avuto o avrebbe dovuto avere conoscenza del danno, del difetto e dell'identità del responsabile.

2. Nel caso di aggravamento del danno, la prescrizione non comincia a decorrere prima del giorno in cui il danneggiato ha avuto o avrebbe dovuto avere conoscenza di un danno di gravità sufficiente a giustificare l'esercizio di un'azione giudiziaria.

**Art. 14**     Decadenza

1. Il diritto al risarcimento si estingue alla scadenza di dieci anni dal giorno in cui il produttore o l'importatore nella Comunità europea ha messo in circolazione il prodotto che ha cagionato il danno.

2. La decadenza è impedita solo dalla domanda giudiziale, salvo che il processo si estingua, dalla domanda di ammissione del credito in una procedura concorsuale o dal riconoscimento del diritto da parte del responsabile.

3. L'atto che impedisce la decadenza nei confronti di uno dei responsabili non ha effetto riguardo agli altri.

**Art. 15**   Responsabilità secondo altre disposizioni di legge

1. Le disposizioni del presente decreto non escludono né limitano i diritti che siano attribuiti al danneggiato da altre leggi.

2. Le disposizioni del presente decreto non si applicano ai danni cagionati dagli incidenti nucleari previsti dalla legge 31 dicembre 1962, n. 1860, e successive modificazioni.

**Art. 16**   Disposizione transitoria

1. Le disposizioni del presente decreto non si applicano ai prodotti messi in circolazione prima della data della sua entrata in vigore e comunque prima del 30 luglio 1988.

**Italien**

# Verordnung des Präsidenten der Republik

vom 24. Mai 1988, Nr. 224

---

**Art. 1**     Haftung des Herstellers

1. Der Hersteller haftet für den Schaden, der durch Fehler seines Produkts verursacht worden ist.

**Art. 2**     Produkt

1. Im Sinne der vorliegenden Bestimmungen ist jede bewegliche Sache ein Produkt, auch wenn sie Teil einer anderen beweglichen oder unbeweglichen Sache ist.

2. Als Produkt ist auch die Elektrizität anzusehen.

3. Ausgenommen sind landwirtschaftliche Boden- und Viehzuchterzeugnisse, Fischerei- und Jagderzeugnisse, die keiner Verarbeitung unterzogen wurden. Unter Verarbeitung versteht man die Unterwerfung des Produkts unter eine Behandlung, die dessen typische Merkmale verändert oder ihm Substanzen hinzufügt. Der Verarbeitung sind, wenn sie industriellen Charakter haben, die Verpackung und jede andere Behandlung gleichgestellt, wenn sie die Kontrolle des Produkts durch den Konsumenten erschweren oder eine Sicherheitserwartung hervorrufen.

**Art. 3**     Hersteller

1. Hersteller ist der Hersteller des Endprodukts, eines Teilprodukts und der Hersteller des Grundstoffes.

2. Hinsichtlich der landwirtschaftlichen Boden- und Viehzuchterzeugnisse, der Fischerei- und Jagderzeugnisse ist Hersteller, wer sie einer Verarbeitung unterzogen hat.

3. Als Hersteller wird weiter angesehen, wer sich als solcher ausgibt, indem er seinen Namen, sein Warenzeichen oder ein anderes Erkennungszeichen auf dem Produkt oder seiner Verpackung anbringt.

4. Der gleichen Haftung wie der Hersteller wird jeder unterworfen, der ein Produkt zum Zweck des Verkaufs, der Vermietung, des Mietkaufs oder einer anderen Form des Vertriebs im Rahmen einer geschäftlichen Tätigkeit in die Gemeinschaft einführt, und jeder, der sich als Importeur in die Europäische Gemeinschaft ausgibt, indem er seinen Namen, sein Warenzeichen oder ein anderes Erkennungszeichen auf dem Produkt oder seiner Verpackung anbringt.

**Art. 4**    Haftung des Lieferanten

1. Wenn der Hersteller nicht festgestellt werden kann, so wird der Lieferant, der das Produkt im Rahmen seiner geschäftlichen Tätigkeit vertrieben hat, der gleichen Haftung unterworfen, wenn er es unterlassen hat, dem Geschädigten innerhalb einer Frist von drei Monaten nach der Anfrage die Identität und die Anschrift des Herstellers oder der Person, die ihm das Produkt geliefert hat, zu benennen.

2. Die Anfrage muss in Schriftform erfolgen und das Produkt angeben, das den Schaden verursacht hat, den Ort und hinreichend annähernd den Zeitpunkt des Erwerbs; die Anfrage muss weiter das Angebot zur Begutachtung des Produkts enthalten, wenn dieses noch vorhanden ist.

3. Wenn der Benachrichtigung von der das Verfahren einleitenden Handlung keine Anfrage nach Art. 4 Abs. 2 vorangegangen ist, kann der Beklagte die Benennung innerhalb der folgenden drei Monate vornehmen.

4. In jedem Fall kann der Richter auf einen in der ersten mündlichen Verhandlung vor dem Erstgericht gestellten Antrag des Lieferanten eine weitere Frist von nicht mehr als drei Monaten für die in Abs. 1 vorgesehene Benennung festlegen, wenn die Umstände dies rechtfertigen.

5. Der Dritte, der als Hersteller oder Vorlieferant benannt wird, kann zum Prozess gemäss Art. 106 der Zivilprozessordnung geladen werden, und der beklagte Lieferant kann daraus entlassen werden, wenn die benannte Person zum Prozess erscheint und die Benennung nicht bestreitet. Unter den in Abs. 3 vorgesehenen Voraussetzungen kann der Beklagte die Verurteilung des Klägers zum Ersatz der Aufwendungen verlangen, die ihm durch die Vorladung entstanden sind.

6. Die Bestimmungen dieses Artikels finden auf das in die Europäische Gemeinschaft importierte Produkt Anwendung, wenn sich der Importeur nicht feststellen lässt, selbst wenn der Hersteller bekannt ist.

**Art. 5**   Fehlerhaftes Produkt

1. Ein Produkt ist fehlerhaft, wenn es nicht die Sicherheit bietet, die man unter Berücksichtigung aller Umstände, insbesondere:
a)  der Art und Weise, in der das Produkt in den Verkehr gebracht wurde, seiner Darbeitung, seiner typischen Merkmale, der erteilten Anweisungen und Warnungen,
b)  des Gebrauchs des Produkts, mit dem billigerweise gerechnet werden kann und der Verhaltensweisen, die man im Zusammenhang mit ihm billigerweise vorhersehen kann,
c)  des Zeitpunkts, zu dem das Produkt in den Verkehr gebracht wurde,
zu erwarten berechtigt ist.

2. Ein Produkt kann nicht allein deshalb als fehlerhaft angesehen werden, weil irgendwann ein verbessertes Produkt in den Verkehr gebracht wurde.

3. Ein Produkt ist fehlerhaft, wenn es nicht die Sicherheit bietet, die normalerweise von den anderen Stücken derselben Serie geboten wird.

**Art. 6**   Haftungsausschluss

1. Die Haftung ist ausgeschlossen:
a)  wenn der Hersteller das Produkt nicht in den Verkehr gebracht hat;
b)  wenn der Fehler, der den Schaden verursacht hat, nicht vorhanden war, als das Produkt vom Hersteller in den Verkehr gebracht wurde;
c)  wenn der Hersteller das Produkt weder für den Verkauf oder eine andere Form des Vertriebs mit wirtschaftlichem Zweck hergestellt noch im Rahmen seiner beruflichen Tätigkeit hergestellt oder vertrieben hat;
d)  wenn der Fehler darauf zurückzuführen ist, dass das Produkt einer zwingenden rechtlichen Norm oder einer verbindlichen Anordnung entspricht;
e)  wenn der Stand von Wissenschaft und Technik zu dem Zeitpunkt, zu dem der Hersteller das Produkt in den Verkehr brachte, es noch nicht erlaubte, das Produkt als fehlerhaft anzusehen;

f) im Fall eines Herstellers oder Lieferanten eines Teilprodukts oder eines Grundstoffes, wenn der Fehler gänzlich durch die Konstruktion des Produkts, in welches das Teilprodukt oder der Grundstoff eingearbeitet wurde, oder durch die Übereinstimmung dieser mit den Anleitungen des Herstellers, die er benutzt hat, verursacht worden ist.

**Art. 7**     Inverkehrbringen des Produkts

1. Das Produkt ist in den Verkehr gebracht, sobald es dem Käufer, dem Benutzer oder einer Hilfsperson dieser übergeben wurde, auch wenn dies zur Ansicht oder Probe erfolgte.

2. Das Inverkehrbringen erfolgt auch durch die Übergabe an den Transporteur oder Spediteur zum Transport an den Käufer oder den Benutzer.

3. Die Haftung ist nicht ausgeschlossen, wenn das Inverkehrbringen einem Zwangsverkauf unterliegt, ausser wenn der Schuldner den Fehler im einzelnen durch eine Erklärung an den Gerichtsbeamten bei der Pfändung oder durch ein Schriftstück, das dem betreibenden Gläubiger zur Kenntnis gebracht wurde und bei der Gerichtskanzlei des Exekutionsrichters innerhalb von zwei Wochen nach der Pfändung hinterlegt wurde, angezeigt wird.

**Art. 8**     Beweis

1. Der Geschädigte hat den Schaden, den Fehler und den ursächlichen Zusammenhang zwischen Fehler und Schaden zu beweisen.

2. Der Hersteller hat die Tatsachen zu beweisen, die seine Haftung nach den Bestimmungen des Art. 6 ausschliessen können. Für den Ausschluss der Haftung gemäss Art. 6 lit. b) genügt es darzulegen, dass es unter Berücksichtigung der Umstände wahrscheinlich ist, dass der Fehler zum Zeitpunkt des Inverkehrbringens des Produkts noch nicht vorhanden war.

3. Wenn es wahrscheinlich erscheint, dass der Schaden durch einen Fehler des Produkts verursacht wurde, kann der Richter anordnen, dass die Sachverständigenkosten durch den Hersteller bevorschusst werden.

**Art. 9**     Mehrzahl von Verantwortlichen

1. Wenn mehrere Personen für denselben Schaden verantwortlich sind, sind sie gesamtschuldnerisch auf Schadensersatz haftbar.

2. Derjenige, der den Schaden ersetzt hat, hat einen Regressanspruch gegen die anderen, dessen Mass sich nach der Grösse des jedem einzelnen zurechenbaren Risikos, nach der Schwere des eventuellen Verschuldens und nach dem Ausmass der sich daraus ergebenden Folgen bestimmt. Im Zweifelsfall erfolgt die Aufteilung zu gleichen Teilen.

**Art. 10**     Verschulden des Geschädigten

1. Im Fall einer konkurrierenden schuldhaften Handlung des Geschädigten bestimmt sich der Schadensersatz nach den Bestimmungen des Art. 1227 des Codice Civile.

2. Der Schadensersatz wird nicht geschuldet, wenn der Geschädigte sich des Fehlers des Produkts und der Gefahr, die davon ausging, bewusst war und sich ihnen gleichwohl freiwillig ausgesetzt hat.

3. Bei Sachschäden ist das Verschulden des Inhabers der Sache dem Verschulden des Geschädigten gleichgestellt.

**Art. 11**     Ersatzfähige Schäden

1. Ersatzfähig sind auf der Grundlage der Bestimmungen der vorliegenden Verordnung:
a)   der durch Tod oder Körperverletzung verursachte Schaden,
b)   die Zerstörung oder Beschädigung einer anderen Sache als des fehlerhaften Produkts, wenn diese von einer Art ist, wie sie gewöhnlich für den privaten Gebrauch oder Verbrauch bestimmt ist, und von dem Geschädigten auch hauptsächlich so verwendet worden ist.

2. Der Schaden an Sachen ist nur in dem Ausmass zu ersetzen, das die Summe von siebenhundertfünfzigtausend Lire übersteigt.

**Art. 12**     Freizeichnungsklauseln

1. Jede Vereinbarung, welche die in der vorliegenden Verordnung vorgesehene Haftung gegenüber dem Geschädigten begrenzt oder ausschliesst, ist nichtig.

**Art. 13**     Verjährung

1. Der Schadensersatzanspruch verjährt in drei Jahren ab dem Tag, an dem der Geschädigte von dem Schaden, dem Fehler und der Identität des Haftpflichtigen Kenntnis erlangt hat oder hätte erlangen müssen.

2. Im Fall eines Anwachsens des Schadens beginnt die Verjährungsfrist nicht vor dem Tag zu laufen, an dem der Geschädigte von einem Schaden, dessen Schwere ausreichend ist, um eine Klageerhebung zu rechtfertigen, Kenntnis erlangt oder hätte erlangen müssen.

**Art. 14**     Rechtsverlust

1. Der Schadensersatzanspruch erlischt nach Ablauf von zehn Jahren ab dem Tag, an dem der Hersteller oder Importeur in die Europäische Gemeinschaft das Produkt, das den Schaden verursacht hat, in den Verkehr gebracht hat.

2. Der Rechtsverlust wird nur verhindert durch ein gerichtliches Verfahren, ausser wenn der Prozess eingestellt wird, durch eine Anmeldung der Forderung in einem Konkursverfahren oder durch die Anerkennung des Anspruchs seitens des Haftpflichtigen.

3. Die Handlung, die den Rechtsverlust im Verhältnis zu einem der Haftpflichtigen verhindert, hat keine Auswirkungen in bezug auf die übrigen Haftpflichtigen.

**Art. 15**     Haftung aufgrund anderer Rechtsvorschriften

1. Die Ansprüche, die dem Geschädigten aufgrund anderer Gesetze zustehen, werden durch die Bestimmungen der vorliegenden Verordnung weder ausgeschlossen noch beschränkt.

2. Die Vorschriften der vorliegenden Verordnung sind nicht auf Schäden infolge eines nuklearen Zwischenfalls anwendbar, die durch das Gesetz vom 31. Dezember 1962, Nr. 1860, in der geänderten Fassung erfasst werden.

**Art. 16**     Übergangsbestimmungen

1. Die Bestimmungen der vorliegenden Verordnung sind auf Produkte, die vor ihrem Inkrafttreten und jedenfalls vor dem 30. Juli 1988 in den Verkehr gebracht wurden, nicht anwendbar.

Anhang XI

## Liechtenstein
# Gesetz über die Produktehaftpflicht

vom 12. November 1992

---

**Art. 1**    Grundsatz

1) Der Hersteller haftet für den Schaden, wenn ein fehlerhaftes Produkt dazu führt, dass
a)  eine Person getötet oder verletzt wird;
b)  eine Sache beschädigt oder zerstört wird, die nach ihrer Art gewöhnlich zum privaten Gebrauch oder Verbrauch bestimmt und vom Geschädigten hauptsächlich privat verwendet worden ist.
2)  Er haftet nicht für den Schaden am fehlerhaften Produkt.

**Art. 2**    Hersteller

Als Hersteller im Sinne dieses Gesetzes gilt der Hersteller des Endproduktes, eines Grundstoffs oder eines Teilprodukts sowie jede Person, die sich als Hersteller ausgibt, indem sie ihren Namen, ihr Warenzeichen oder ein anderes Erkennungszeichen auf dem Produkt anbringt.

**Art. 3**    Importeur

Als Hersteller im Sinne dieses Gesetzes gilt auch jede Person, die ein Produkt zum Zweck des Verkaufs, der Vermietung, des Mietkaufs oder einer anderen Form des Vertriebs im Rahmen ihrer geschäftlichen Tätigkeit in den Europäischen Wirtschaftsraum einführt. Abweichende Bestimmungen in völkerrechtlichen Verträgen sind vorbehalten.

**Art. 4**    Lieferant

1) Kann der Hersteller des Produkts nicht festgestellt werden, so gilt jeder Lieferant als dessen Hersteller, sofern er dem Geschädigten nicht innert einer angemessenen Frist, nachdem er dazu aufgefordert worden

ist, den Hersteller oder die Person nennt, die ihm das Produkt geliefert hat.

2) Dies gilt auch für ein eingeführtes Produkt, wenn sich bei diesem der Importeur nach Art. 3 nicht feststellen lässt, selbst wenn der Name des Herstellers angegeben ist.

**Art. 5**  Produkt

1) Als Produkt im Sinne dieses Gesetzes gelten:
a) jede bewegliche Sache, auch wenn sie einen Teil einer anderen beweglichen Sache oder einer unbeweglichen Sache bildet, und
b) Elektrizität.

2) Landwirtschaftliche Bodenerzeugnisse sowie Tierzucht-, Fischerei- und Jagderzeugnisse gelten erst dann als Produkte, wenn sie einer ersten Verarbeitung unterzogen worden sind.

**Art. 6**  Fehler

1) Ein Produkt ist fehlerhaft, wenn es nicht die Sicherheit bietet, die man unter Berücksichtigung aller Umstände zu erwarten berechtigt ist; insbesondere sind zu berücksichtigen:
a) die Art und Weise, in der es dem Publikum präsentiert wird,
b) der Gebrauch, mit dem billigerweise gerechnet werden kann, und
c) der Zeitpunkt, in dem es in den Verkehr gebracht worden ist.

2) Ein Produkt ist nicht allein deshalb fehlerhaft, weil später ein verbessertes Produkt in den Verkehr gebracht worden ist.

**Art. 7**  Ausnahmen von der Haftung

1) Der Hersteller haftet nicht, wenn er beweist, dass
a) er das Produkt nicht in den Verkehr gebracht hat;
b) nach den Umständen davon auszugehen ist, dass der Fehler, der den Schaden verursacht hat, noch nicht vorlag, als er das Produkt in den Verkehr brachte;
c) er das Produkt weder für den Verkauf oder eine andere Form des Vertriebs mit wirtschaftlichem Zweck hergestellt noch im Rahmen seiner beruflichen Tätigkeit hergestellt oder vertrieben hat;

d) der Fehler darauf zurückzuführen ist, dass das Produkt verbindlichen, hoheitlich erlassenen Vorschriften entspricht;

e) der Fehler nach dem Stand der Wissenschaft und Technik im Zeitpunkt, in dem das Produkt in Verkehr gebracht wurde, nicht erkannt werden konnte.

2) Der Hersteller eines Grundstoffs oder eines Teilprodukts haftet ferner nicht, wenn er beweist, dass der Fehler durch die Konstruktion des Produkts, in das der Grundstoff oder das Teilprodukt eingearbeitet wurde, oder durch die Anleitung des Herstellers des Produkts verursacht worden ist.

**Art. 8**     Selbstbehalt bei Sachschäden

1) Der Geschädigte muss Sachschäden bis zur Höhe von 900 Franken selber tragen.

2) Wird der Selbstbehalt im Recht des Europäischen Wirtschaftsraums geändert, so passt die Regierung den Betrag entsprechend an.

**Art. 9**     Wegbedingung der Haftung

Vereinbarungen, die die Haftpflicht nach diesem Gesetz gegenüber dem Geschädigten beschränken oder wegbedingen, sind nichtig.

**Art. 10**     Verjährung

Ansprüche nach diesem Gesetz verjähren drei Jahre nach dem Tag, an dem der Geschädigte Kenntnis vom Schaden, dem Fehler und von der Person des Herstellers erlangt hat oder hätte erlangen müssen.

**Art. 11**     Verwirkung

1) Ansprüche nach diesem Gesetz verwirken zehn Jahre nach dem Tag, an dem der Hersteller das Produkt, das den Schaden verursacht hat, in den Verkehr gebracht hat.

2) Die Verwirkung tritt nicht ein, wenn gegen den Hersteller ein gerichtliches Verfahren hängig ist.

**Art. 12**     Verhältnis zu anderen Bestimmungen

1) Soweit in diesem Gesetz nicht anders bestimmt ist, ist auf die darin vorgesehenen Ersatzansprüche das Allgemeine bürgerliche Gesetzbuch anzuwenden.

2) Bestimmungen des Allgemeinen bürgerlichen Gesetzbuchs und andere Vorschriften, nach denen Schäden in weiterem Umfang oder von anderen Personen als nach diesem Gesetz zu ersetzen sind, bleiben unberührt.

3) Dieses Gesetz gilt nicht für Schäden infolge eines nuklearen Zwischenfalls, auf die von den Staaten des Europäischen Wirtschaftsraums ratifizierte internationale Übereinkommen anwendbar sind.

**Art. 13**     Übergangsbestimmung

Dieses Gesetz gilt nur für Produkte, die nach seinem Inkrafttreten in den Verkehr gebracht worden sind.

**Art. 14**     Inkrafttreten

Dieses Gesetz tritt gleichzeitig mit dem Abkommen über den Europäischen Wirtschaftsraum in Kraft.

Anhang XII

**Luxembourg**

# 21 avril 1989
# Loi relative à la responsabilité civile
# du fait des produits défectueux

### Art. 1ᵉʳ

Le producteur est responsable du dommage causé par un défaut de son produit.

### Art. 2

Pour l'application de la présente loi, on entend par:

1. «produit»: tout bien mobilier, même s'il est incorporé dans un autre meuble ou dans un immeuble; le terme «produit» désigne également l'électricité;

2. «producteur»: le fabricant d'un produit fini, le producteur d'une matière première ou le fabricant d'une partie composante, et toute personne qui se présente comme producteur en apposant sur le produit son nom, sa marque ou un autre signe distinctif.

Est aussi considérée comme producteur, toute personne qui importe un produit dans la Communauté économique européenne en vue d'une vente, location, leasing ou toute autre forme de distribution dans le cadre de son activité commerciale.

Si le producteur du produit ne peut être identifié, chaque fournisseur en est considéré comme producteur, à moins qu'il n'indique à la victime, dans un délai raisonnable, l'identité du producteur ou de celui qui lui a fourni le produit. Il en est de même dans le cas d'un produit importé à partir d'un Etat non membre de la Communauté économique européenne, si ce produit n'indique pas l'identité de l'importateur, même si le nom du producteur est indiqué.

3. «défaut»: le fait par un produit de ne pas offrir la sécurité à laquelle on peut légitimement s'attendre compte tenu de toutes les circonstances, et notamment:

a) de la présentation du produit,
b) de l'usage du produit qui peut être raisonnablement attendu,
c) du moment de la mise en circulation du produit.

   Un produit ne peut être considéré comme défectueux par le seul fait qu'un produit plus perfectionné a été mis en circulation postérieurement à lui.

   4. «dommage»: tout dommage à l'exclusion

a) des dommages résultant d'accidents nucléaires et qui sont couverts par des conventions internationales en vigueur à l'égard du Luxembourg;
b) du dommage causé au produit défectueux lui-même;
c) du dommage causé à une chose ou de la destruction d'une chose, lorsque cette chose:
   i) est d'un type qui n'est pas normalement destiné à l'usage ou à la consommation privée et
   ii) n'a pas été utilisée par la victime principalement pour son usage ou sa consommation privés.

Les dommages causés aux choses ne sont réparés que sous déduction d'un montant de 22.500 francs. Ce montant peut être adapté par voie de règlement grand-ducal. (L. 6 décembre 1989)

**Art. 3**

La victime est obligée de prouver le dommage, le défaut du produit et le lien de causalité entre ce défaut et le dommage.

**Art. 4**

Le producteur n'est pas responsable en application de la présente loi s'il prouve:
a) qu'il n'avait pas mis le produit en circulation;
b) que, compte tenu des circonstances, il y a lieu d'estimer que le défaut ayant causé le dommage n'existait pas encore au moment où le produit a été mis en circulation par lui ou que ce défaut est né postérieurement;
c) que le produit n'a été ni fabriqué pour la vente ou pour toute autre forme de distribution dans un but économique du producteur, ni fabriqué ou distribué dans le cadre de son activité professionnelle;
d) que le défaut est dû à la conformité du produit avec des règles impératives émanant des pouvoirs publics;

e) s'agissant du fabricant d'une partie composante, que le défaut est imputable à la conception du produit dans lequel la partie composante a été incorporée ou aux instructions données par le fabricant du produit.

## Art. 5

Lorsque le dommage est causé conjointement par un défaut du produit et par la faute de la victime ou d'une personne dont celle-ci est responsable, le producteur n'est responsable que dans la mesure où le défaut du produit a contribué à la réalisation du dommage.

Le producteur ne peut pas s'exonérer par la preuve que le dommage est causé conjointement par un défaut du produit et par l'intervention d'un tiers.

La responsabilité du producteur en application de la présente loi ne peut être limitée ou écartée à l'égard de la victime par une clause limitative ou exonératoire de responsabilité.

## Art. 6

Si, en application de la présente loi, plusieurs personnes sont responsables du même dommage, leur responsabilité est solidaire.

## Art. 7

L'action en réparation prévue par la présente loi se prescrit dans un délai de trois ans à compter de la date à laquelle la victime a eu ou aurait dû avoir connaissance du dommage, du défaut et de l'identité du producteur, sans préjudice des dispositions de droit commun réglementant la suspension ou l'interruption de la prescription.

Le droit à réparation conféré à la victime en application de la présente loi s'éteint à l'expiration d'un délai de dix ans à compter de la date à laquelle le producteur a mis en circulation le produit défectueux qui a causé le dommage, à moins que durant cette période la victime n'ait engagé une procédure judiciaire contre le producteur.

## Art. 8

Les dispositions de la présente loi ne portent pas atteinte aux droits dont la victime d'un dommage peut se prévaloir au titre du droit commun de la responsabilité contractuelle ou extracontractuelle ou au titre d'un autre régime spécial de responsabilité.

## Art. 9

Les dispositions de la présente loi sont applicables qu'il y ait ou non un contrat entre la victime et le producteur ou les autres personnes visées par l'article 2,2.

## Art. 10

La présente loi ne s'applique pas aux produits mis en circulation avant son entrée en vigueur.

Übersetzung aus PHI 1989, 126, zu Anhang XII

**Luxemburg**

# Gesetz vom 21. April 1989 über die zivilrechtliche Haftung für fehlerhafte Produkte

### Art. 1

Der Hersteller eines Produkts haftet für den Schaden, der durch einen Fehler dieses Produkts verursacht worden ist.

### Art. 2

Bei der Anwendung dieses Gesetzes ist zu verstehen unter

1. «Produkt»: jede bewegliche Sache, auch wenn sie einen Teil einer anderen beweglichen Sache oder einer unbeweglichen Sache bildet; unter «Produkt» ist auch Elektrizität zu verstehen;

2. «Hersteller»: der Hersteller des Endprodukts, eines Grundstoffs oder eines Teilprodukts sowie jede Person, die sich als Hersteller ausgibt, indem sie ihren Namen, ihr Warenzeichen oder ein anderes Erkennungszeichen auf dem Produkt anbringt.

Es gilt auch als Hersteller jede Person, die ein Produkt zum Zweck des Verkaufs, der Vermietung, des Mietkaufs oder einer anderen Form des Vertriebs im Rahmen ihrer geschäftlichen Tätigkeit in die Europäische Wirtschaftsgemeinschaft einführt.

Kann der Hersteller des Produkts nicht festgestellt werden, so ist jeder Lieferant als dessen Hersteller zu behandeln, es sei denn, dass er dem Geschädigten innerhalb angemessener Zeit den Hersteller oder diejenige Person benennt, die ihm das Produkt geliefert hat. Dies gilt auch für ein Produkt, das aus einem Staat, der nicht Mitglied der Europäischen Wirtschaftsgemeinschaft ist, eingeführt wurde, wenn sich dessen Importeur nicht feststellen lässt, selbst wenn der Name des Herstellers angegeben ist.

3. «Fehler»: die Tatsache, dass ein Produkt nicht die Sicherheit bietet, die man unter Berücksichtigung aller Umstände, insbesondere

272

a) der Darbietung des Produkts,

b) des Gebrauchs des Produkts, mit dem billigerweise gerechnet werden kann,

c) des Zeitpunkts, zu dem das Produkt in den Verkehr gebracht wurde, zu erwarten berechtigt ist.

Ein Produkt kann nicht allein deshalb als fehlerhaft angesehen werden, weil später ein verbessertes Produkt in den Verkehr gebracht wurde.

4. «Schaden»: jeder Schaden mit Ausnahme von

a) Schäden infolge nuklearer Zwischenfälle, die in internationalen, in Luxemburg geltenden Übereinkommen erfasst sind;

b) der Beschädigung des fehlerhaften Produkts selbst;

c) der Beschädigung oder Zerstörung einer Sache, wenn diese Sache

  i) von einer Art ist, wie sie gewöhnlich nicht für den privaten Ge- oder Verbrauch bestimmt ist und

  ii) von dem Geschädigten nicht hauptsächlich zu einem privaten Ge- oder Verbrauch verwendet wurde.

Sachschäden werden nur unter Abzug eines Betrags von 500 ECU, umzurechnen in luxemburgische Francs zum Kurs am Tag des Schadenseintritts, ersetzt.


**Art. 3**

Der Geschädigte hat den Schaden, den Fehler des Produkts und den ursächlichen Zusammenhang zwischen Fehler und Schaden zu beweisen.


**Art. 4**

Der Hersteller haftet aufgrund dieses Gesetzes nicht, wenn er beweist,

a) dass er das Produkt nicht in den Verkehr gebracht hat;

b) dass unter Berücksichtigung der Umstände davon auszugehen ist, dass der Fehler, der den Schaden verursacht hat, noch nicht vorlag, als das Produkt von ihm in den Verkehr gebracht wurde oder dass dieser Fehler später entstanden ist;

c) dass er das Produkt weder für den Verkauf oder eine andere Form des Vertriebs mit wirtschaftlichem Zweck hergestellt noch im Rahmen seiner beruflichen Tätigkeit hergestellt oder vertrieben hat;

d) dass der Fehler darauf zurückzuführen ist, dass das Produkt verbindlichen hoheitlich erlassenen Normen entspricht;

e) wenn es sich um den Hersteller eines Teilprodukts handelt, dass der Fehler durch die Konstruktion des Produkts, in welches das Teilprodukt eingearbeitet wurde, oder durch die Anleitungen des Herstellers des Produkts verursacht worden ist.

## Art. 5

Wenn der Schaden durch einen Fehler des Produkts und zugleich durch Verschulden des Geschädigten oder einer Person, für die dieser haftet, verursacht worden ist, haftet der Hersteller nur in dem Umfang, in dem der Fehler des Produkts zum Schadenseintritt beigetragen hat.

Der Hersteller kann sich nicht durch den Beweis entlasten, dass der Schaden durch einen Fehler des Produkts und zugleich durch die Handlung eines Dritten verursacht worden ist.

Die Haftung des Herstellers aufgrund dieses Gesetzes kann gegenüber dem Geschädigten nicht durch eine die Haftung begrenzende oder von der Haftung befreiende Klausel begrenzt oder ausgeschlossen werden.

## Art. 6

Haften aufgrund dieses Gesetzes mehrere Personen für denselben Schaden, so haften sie gesamtschuldnerisch.

## Art. 7

Der in diesem Gesetz vorgesehene Ersatzanspruch verjährt nach Ablauf einer Frist von 3 Jahren ab dem Tag, an dem der Geschädigte von dem Schaden, dem Fehler und der Identität des Herstellers Kenntnis erlangt hat oder hätte erlangen müssen, unbeschadet der allgemeinen Vorschriften über die Hemmung oder Unterbrechung der Verjährung.

Der aus diesem Gesetz erwachsende Ersatzanspruch des Geschädigten erlischt nach Ablauf einer Frist von 10 Jahren ab dem Zeitpunkt, zu dem der Hersteller das fehlerhafte Produkt, welches den Schaden verursacht hat, in den Verkehr gebracht hat, es sei denn, der Geschädigte hat in der Zwischenzeit ein gerichtliches Verfahren gegen den Hersteller eingeleitet.

**Art. 8**

Die Ansprüche, die der Geschädigte aufgrund der allgemeinen Vorschriften über die vertragliche und ausservertragliche Haftung oder aufgrund einer anderen besonderen Haftungsregelung geltend machen kann, werden durch die Vorschriften dieses Gesetzes nicht berührt.

**Art. 9**

Die Vorschriften dieses Gesetzes sind unabhängig davon anwendbar, ob zwischen dem Geschädigten und dem Hersteller oder den anderen in Art. 2 Nr. 2 aufgeführten Personen ein Vertrag besteht oder nicht.

**Art. 10**

Dieses Gesetz ist nicht auf Produkte anwendbar, die vor seinem Inkrafttreten in den Verkehr gebracht worden sind.

Anhang XIII

## Nederlanden

# Wet van 13 september 1990 tot aanpassing van het Burgerlijk Wetboek aan de richtlijn van de Raad van de Europese Gemeenschappen inzake de aansprakelijkheid voor produkten met gebreken

Wij Beatrix, bij de gratie Gods, Koningin der Nederlanden, Prinses van Oranje-Nassau, enz. enz. enz.

Allen, die deze zullen zien of horen lezen, saluut! doen te weten:

Alzo Wij in overweging genomen hebben, dat het Burgerlijk Wetboek moet worden aangepast aan de richtlijn van de Raad van de Europese Gemeenschappen inzake de aansprakelijkheid voor produkten met gebreken, van 25 juli 1985 (PbEG nr. L 210);

Zo is het, dat Wij, de Raad van State gehoord, en met gemeen overleg der Staten-Generaal, hebben goedgevonden en verstaan, gelijk Wij goedvinden en verstaan bij deze:

### Artikel I

Na artikel 1407 van hat Burgerlijk Wetboek worden de volgende artikelen ingevoegd:

### Artikel 1407 a

De producent is aansprakelijk voor de schade veroorzaakt door een gebrek in zijn produkt, tenzij:

a. hij het produkt niet in het verkeer heeft gebracht;

b. het, gelet op de omstandigheden, aannemelijk is dat het gebrek dat de schade heeft veroorzaakt, niet bestond op het tijdstip waarop hij het produkt in het verkeer heeft gebracht, dan wel dat dit gebrek later is ontstaan;

c. het produkt noch voor de verkoop of voor enige andere vorm van verspreiding met een economisch doel van de producent is vervaardigd, noch is vervaardigd of verspreid in het kader van de uitoefening van zijn beroep of bedrijf;

276

d. het gebrek een gevolg is van het feit dat het produkt in overeenstemming is met dwingende overheidsvoorschriften;
e. het op grond van de stand van de wetenschappelijke en technische kennis op het tijdstip waarop hij het produkt in het verkeer bracht, ommogelijk was het bestaan van het gebrek te ontdekken;
f. wat de producent van een grondstof of de fabrikant van een onderdeel betreft, het gebrek is te wijten aan het ontwerp van het produkt waarvan de grondstof of het onderdeel een bestanddeel vormt, dan wel aan de instructies die door de fabrikant van het produkt zijn verstrekt.

De aansprakelijkheid van de producent wordt verminderd of opgeheven rekening houdende met alle omstandigheden, indien de schade is veroorzaakt zowel door een gebrek in het produkt als door schuld van de benadeelde of een persoon voor wie de benadeelde aansprakelijk is.

De aansprakelijkheid van de producent wordt niet verminderd, indien de schade is veroorzaakt zowel door een gebrek in het produkt als door de gedraging van een derde.

## Artikel 1407 b

Een produkt is gebrekkig, indien het niet de veiligheid biedt die men daarvan mag verwachten, alle omstandigheden in aanmerking genomen en in het bijzonder
a. de presentatie van het produkt;
b. het redelijkerwijs te verwachten gebruik van het produkt;
c. het tijdstip waarop het produkt in het verkeer werd gebracht.

Een produkt mag niet als gebrekkig worden beschouwd uitsluitend omdat nadien een beter produkt in het verkeer is gebracht.

## Artikel 1407 c

Onder «produkt» wordt voor de toepassing van artikel 1407a tot en met 1407j verstaan een roerende zaak, ook nadat deze een bestanddeel is gaan vormen van een andere roerende of onroerende zaak, alsmede elektriciteit, zulks met uitzondering van landbouwprodukten en produkten van de jacht. Onder «landbouwprodukten» worden verstaan produkten van de bodem, van de veefokkerij en van de visserij, met uitzondering van produkten die een eerste bewerking of verwerking hebben ondergaan.

277

Onder «producent» wordt voor de toepassing van artikel 1407a tot en met 1407j verstaan de fabrikant van een eindprodukt, de producent van een grondstof of de fabrikant van een onderdeel, alsmede een ieder die zich als producent presenteert door zijn naam, zijn merk of een ander onderscheidingsteken of het produkt aan te brengen.

Onverminderd de aansprakelijkheid van de producent, wordt een ieder die een produkt in de Europese Gemeenschap invoert om dit te verkopen, te verhuren, te leasen of anderszins te verstrekken in het kader van zijn commerciële activiteiten, beschouwd als producent; zijn aansprakelijkheid is dezelfde als die van de producent.

Indien niet kan worden vastgesteld wie de producent van het produkt is, wordt elke leverancier als producent ervan beschouwd, tenzij hij de benadeelde binnen een redelijke termijn de identiteit meedeelt van de producent of van degene die hem het produkt heeft geleverd. Indien ten aanzien van een in de Europese Gemeenschap geïmporteerd produkt niet kan worden vastgesteld wie de importeur van dat produkt is, wordt eveneens elke leverancier als producent ervan beschouwd, tenzij hij de benadeelde binnen een redelijke termijn de identiteit meedeelt van de importeur in de Gemeenschap of van een leverancier binnen de Gemeenschap die hem het produkt heeft geleverd.

### Artikel 1407 d

De benadeelde moet de schade, het gebrek en het oorzakelijk verband tussen het gebrek en de schade bewijzen.

### Artikel 1407 e

Indien verschillende personen op grond van artikel 1407a, eerste lid, aansprakelijk zijn voor dezelfde schade, is elk hunner voor het geheel aansprakelijk.

### Artikel 1407 f

De aansprakelijkheid, bedoeld in artikel 1407a, eerste lid, bestaat voor
a.  schade door dood of lichamelijk letsel;
b.  schade door het produkt toegebracht aan een andere zaak die gewoonlijk voor gebruik of verbruik in de privésfeer is bestemd en door de benadeelde ook hoofdzakelijk in de privésfeer is gebruikt of verbruikt, met toepassing van een franchise ten belope van f 1263,85.

Het bedrag genoemd in het eerste lid wordt bij algemene maatregel van bestuur aangepast, indien op grond van artikel 18, tweede lid, van de EEG-richtlijn van 25 juli 1985 (PbEG nr. L 210) de in die richtlijn genoemde bedragen worden herzien.

### Artikel 1407 g

De rechtsvordering tot schadevergoeding van de benadeelde tegen de producent ingevolge artikel 1407a, eerste lid, verjaart door verloop van drie jaren na de aanvang van de dag volgende op die waarop de benadeelde met de schade, het gebrek en de identiteit van de producent bekend is geworden of had moeten worden.

Het recht op schadevergoeding van de benadeelde jegens de producent ingevolge artikel 1407a, eerste lid, vervalt door verloop van tien jaren na de aanvang van de dag, volgende op die waarop de producent de zaak die de schade heeft veroorzaakt, in het verkeer heeft gebracht. Hetzelfde geldt voor het recht van een derde die mede voor de schade aansprakelijk is, terzake van regres jegens de producent.

### Artikel 1407 h

De aansprakelijkheid van de producent uit hoofde van artikel 1407a tot en met 1407j kan jegens de benadeelde niet worden uitgesloten of beperkt.

Is jegens de benadeelde tevens een derde aansprakelijk die het produkt niet gebruikt in de uitoefening van een beroep of bedrijf, dan kan niet ten nadele van die derde worden afgeweken van de regels inzake het regres.

### Artikel 1407 i

Het recht op schadevergoeding jegens de producent uit hoofde van artikel 1407a tot en met 1407j komt de benadeelde toe onverminderd alle andere rechten of vorderingen.

### Artikel 1407 j

Artikel 1407a, eerste lid, blijft buiten toepassing:
a. bij de vaststelling van het totale bedrag waarvoor aansprakelijkheid naar burgerlijk recht zou bestaan, vereist voor de berekening van het

bedrag waarvoor verhaal bestaat krachtens de artikelen 90, eerste lid, van de Wet op de Arbeidsongeschiktheidsverzekering, 52a van de Ziektewet, 83b, eerste lid, van de Ziekenfondswet en 8 van de Wet Arbeidsongeschiktheidsvoorziening Militairen;

b. bij de vaststelling van het bedrag, bedoeld in artikel 3 van de Verhaalswet ongevallen ambtenaren, waarboven de gehoudenheid krachtens die wet of krachtens artikel N 11 van de Algemene Burgerlijke Pensioenwet zich niet uitstrekt.

Het recht op schadevergoeding jegens de producent uit hoofde van artikel 1407a tot en met 1407j is niet vatbaar voor subrogatie krachtens artikel 284 van het Wetboek van Koophandel, behoudens voor zover de uitkering door de verzekeraar de aansprakelijkheid van de verzekerde betreft en een ander krachtens deze artikelen mede aansprakelijk is.

Degene wiens verhaal of subrogatie door het eerste en tweede lid wordt uitgesloten, kan de in het tweede lid bedoelde rechten evenmin krachtens overeenkomst verkrijgen of te zijnen behoeve door de gerechtigde op diens naam doen uitoefenen.

**Artikel II**

Op de aansprakelijkheid van producenten terzake van voor het in werking treden van deze wet in het verkeer gebrachte produkten, is het tot dat tijdstip geldende recht van toepassing.

**Artikel III**

Deze wet treedt in werking op een bij koninklijk besluit te bepalen tijdstip.

## Niederlande

# Artikel 1407 a-j des Bürgerlichen Gesetzbuchs (Produkthaftungsgesetz)

---

### Artikel I

Nach Artikel 1407 des Bürgerlichen Gesetzbuchs werden die folgenden Artikel eingefügt:

### Artikel 1407 a

1. Der Hersteller eines Produkts haftet für den Schaden, der durch einen Fehler dieses Produkts verursacht worden ist, es sei denn, dass:

a. er das Produkt nicht in den Verkehr gebracht hat;

b. unter Berücksichtigung der Umstände davon auszugehen ist, dass der Fehler, der den Schaden verursacht hat, nicht vorlag, als das Produkt von ihm in den Verkehr gebracht wurde, oder dass dieser Fehler später entstanden ist;

c. er das Produkt weder für den Verkauf oder eine andere Form des Vertriebs mit wirtschaftlichem Zweck hergestellt noch im Rahmen seiner beruflichen oder gewerblichen Tätigkeit hergestellt oder vertrieben hat;

d. der Fehler darauf zurückzuführen ist, dass das Produkt verbindlichen hoheitlich erlassenen Normen entspricht;

e. der vorhandene Fehler nach dem Stand der Wissenschaft und Technik zu dem Zeitpunkt, zu dem er das betreffende Produkt in den Verkehr brachte, nicht erkannt werden konnte;

f. wenn es sich um den Hersteller eines Grundstoffs oder eines Teilprodukts handelt, der Fehler durch die Konstruktion des Produkts, in welches der Grundstoff oder das Teilprodukt eingearbeitet wurde, oder durch die Anleitungen des Herstellers des Produkts verursacht worden ist.

2. Die Haftung des Herstellers wird unter Berücksichtigung aller Umstände gemindert oder entfällt, wenn der Schaden durch einen Fehler des

Produkts und zugleich durch Verschulden des Geschädigten oder einer Person, für die der Geschädigte haftet, verursacht wurde.

3. Die Haftung eines Herstellers wird nicht gemindert, wenn der Schaden durch einen Fehler des Produkts und zugleich durch das Verhalten eines Dritten verursacht wurde.

### Artikel 1407 b

1. Ein Produkt ist fehlerhaft, wenn es nicht die Sicherheit bietet, die man unter Berücksichtigung aller Umstände, insbesondere:
a. der Darbietung des Produkts;
b. des Gebrauchs des Produkts, mit dem billigerweise gerechnet werden kann;
c. des Zeitpunkts, zu dem das Produkt in den Verkehr gebracht worden ist;

davon erwarten darf.

2. Ein Produkt kann nicht allein deshalb als fehlerhaft angesehen werden, weil später ein verbessertes Produkt in den Verkehr gebracht wurde.

### Artikel 1407 c

1. Bei der Anwendung der Art. 1407 a bis 1407 j gilt als «Produkt» jede bewegliche Sache, auch wenn diese zum Bestandteil einer anderen beweglichen oder unbeweglichen Sache geworden ist, sowie Elektrizität; ausgenommen sind landwirtschaftliche Produkte und Jagderzeugnisse. Unter «landwirtschaftlichen Produkten» sind Boden-, Tierzucht- und Fischereierzeugnisse zu verstehen, ausgenommen Produkte, die einer ersten Bearbeitung oder Verarbeitung unterzogen wurden.

2. Bei Anwendung der Artikel 1407 a bis 1407 j ist «Hersteller» der Hersteller eines Endprodukts, eines Grundstoffs oder eines Teilprodukts sowie jede Person, die sich als Hersteller ausgibt, indem sie ihren Namen, ihr Warenzeichen oder ein anderes Erkennungszeichen auf dem Produkt anbringt.

3. Unbeschadet der Haftung des Herstellers gilt jede Person, die ein Produkt zum Zweck des Verkaufs, der Vermietung, des Mietkaufs oder einer anderen Form des Vertriebs im Rahmen ihrer geschäftlichen Tätig-

keit in die Europäische Gemeinschaft einführt, als Hersteller dieses Produkts und haftet wie der Hersteller.

4. Kann der Hersteller des Produkts nicht festgestellt werden, so wird jeder Lieferant als dessen Hersteller behandelt, es sei denn, dass er dem Geschädigten innerhalb angemessener Zeit den Hersteller oder diejenige Person benennt, die ihm das Produkt geliefert hat. Kann bei einem in die Europäische Gemeinschaft eingeführten Produkt nicht festgestellt werden, wer der Importeur des Produkts ist, wird ebenfalls jeder Lieferant als dessen Hersteller behandelt, es sei denn, er benennt dem Geschädigten innerhalb angemessener Zeit den Importeur in die Gemeinschaft oder einen Lieferanten innerhalb der Gemeinschaft, der ihm das Produkt geliefert hat.


**Artikel 1407 d**

Der Geschädigte hat den Schaden, den Fehler und den ursächlichen Zusammenhang zwischen Fehler und Schaden zu beweisen.


**Artikel 1407 e**

Haften aufgrund der Artikel 1407 a Absatz 1 verschiedene Personen für denselben Schaden, so haftet jeder von ihnen für das Ganze.


**Artikel 1407 f**

1. Die in Artikel 1407 a Absatz 1 erwähnte Haftung besteht für
a. den Schaden durch Tod oder Körperverletzung;
b. den Schaden, der durch das Produkt an einer anderen Sache verursacht wurde, die von einer Art ist, wie sie gewöhnlich für den privaten Gebrauch oder Verbrauch bestimmt ist, und die von dem Geschädigten hauptsächlich zum privaten Gebrauch oder Verbrauch verwendet worden ist, bei einer Selbstbeteiligung von 1 263,85 Gulden.

2. Der in Absatz 1 genannte Betrag wird durch eine von der Regierung zu erlassende Rechtsverordnung angepasst, wenn aufgrund von Artikel 18 Absatz 2 der EG-Richtlinie vom 25. Juli 1985 (ABI. EG Nr. L 210) der in der Richtlinie genannte Betrag geändert wurde.

## Artikel 1407 g

1. Der Ersatzanspruch des Geschädigten gegen den Hersteller nach Artikel 1407 a, Absatz 1 verjährt nach Ablauf von drei Jahren, beginnend mit dem Tag, der auf den folgt, an dem dem Geschädigten der Schaden, der Fehler und die Identität des Herstellers bekannt geworden ist oder hätte bekannt werden müssen.

2. Der Ersatzanspruch des Geschädigten gegen den Hersteller nach Artikel 1407 a Absatz 1 verfällt nach Ablauf von zehn Jahren, beginnend mit dem Tag, der auf den folgt, an dem der Hersteller die Sache, die den Schaden verursacht hat, in den Verkehr gebracht hat. Dasselbe gilt für das Recht eines Dritten, der mit für den Schaden haftet, bezüglich des Regresses gegen den Hersteller.

## Artikel 1407 h

1. Die Haftung des Herstellers aufgrund dieses Abschnitts kann gegenüber dem Geschädigten nicht ausgeschlossen oder beschränkt werden.
2. Haftet gegenüber dem Geschädigten zugleich ein Dritter, der das Produkt nicht in Ausübung eines Berufs oder Gewerbes verwendet, darf nicht zum Nachteil des Dritten von den Regeln des Regresses abgewichen werden.

## Artikel 1407 i

Der Ersatzanspruch gegen den Hersteller aufgrund dieses Abschnitts kommt dem Geschädigten zu, unbeschadet aller anderen Rechte und Forderungen.

## Artikel 1407 j

Artikel 1407 a Absatz 1 bleibt unberücksichtigt:
a. bei der Feststellung des Gesamtbetrags, für den nach bürgerlichem Recht gehaftet wird. Diese Feststellung ist für die Berechnung des Betrags erforderlich, über den nach den Artikeln 90 Abs. 1 Arbeitsunfallversicherungsgesetz, 52a Lohnfortzahlungsgesetz, 83b Abs. 1 Krankenversicherungsgesetz und 8 Arbeitsunfall-Versorgungsgesetz für Militärangehörige Regress möglich ist;
b. bei der Feststellung des in Artikel 3 Beamtenunfall-Regressgesetz erwähnten Betrags, auf den sich die Verpflichtung jenes Gesetzes

oder die Verpflichtung nach Art. N 11 Allgemeines Bürgerliches Pensionsgesetz nicht erstreckt.

Der Ersatzanspruch gegen den Hersteller nach den Artikeln 1407 a bis 1407 j geht nicht nach Artikel 284 Handelsgesetzbuch auf den Versicherer über; dieses gilt nicht, soweit die Zahlung des Versicherers die Haftpflicht des Versicherten betrifft und ein anderer nach diesen Artikeln mit haftpflichtig ist.

Derjenige, dessen Regress oder Forderungsübergang durch den ersten und zweiten Absatz ausgeschlossen wird, kann die im zweiten Absatz erwähnten Rechte weder kraft Vertrags erlangen noch sie zu seinen Gunsten durch den Berechtigten in dessen Namen ausüben lassen.

## Artikel II

Auf die Haftung des Herstellers bezüglich der vor dem Inkrafttreten dieses Gesetzes in den Verkehr gebrachten Produkte ist das zu diesem Zeitpunkt geltende Recht anzuwenden.

## Artikel III

Dieses Gesetz tritt zu dem durch königlichen Beschluss zu bestimmenden Zeitpunkt in Kraft.

## Österreich

# 99. Bundesgesetz vom 21. Jänner 1988 über die Haftung für ein fehlerhaftes Produkt (Produkthaftungsgesetz)

**inkl. Anpassung an das EWR-Abkommen vom 11. Februar 1993**

---

*Der Nationalrat hat beschlossen:*

**Haftung**

### § 1

1. Wird durch den Fehler eines Produkts ein Mensch getötet, am Körper verletzt oder an der Gesundheit geschädigt oder eine von dem Produkt verschiedene körperliche Sache beschädigt, so haftet für den Ersatz des Schadens
   1. der Unternehmer, der es hergestellt und in den Verkehr gebracht hat,
   2. der inländische Unternehmer, der es zum Vertrieb in den Europäischen Wirtschaftsraum eingeführt und hier in den Verkehr gebracht hat.

2. Kann der Hersteller oder – bei eingeführten Produkten – der Importeur (Abs. 1 Z 2) nicht festgestellt werden, so haftet jeder Unternehmer, der das Produkt in den Verkehr gebracht hat, nach Abs. 1, wenn er nicht dem Geschädigten in angemessener Frist den Hersteller beziehungsweise – bei eingeführten Produkten – den Importeur oder denjenigen nennt, der ihm das Produkt geliefert hat.

### § 2

Der Schaden durch die Beschädigung einer Sache ist nur zu ersetzen,
1. wenn ihn nicht ein Unternehmer erlitten hat, der die Sache überwiegend in seinem Unternehmen verwendet hat, und
2. überdies nur mit dem 7900 S übersteigenden Teil.

## Hersteller

### § 3

Hersteller (§ 1 Abs. 1 Z 1) ist derjenige, der das Endprodukt, einen Grundstoff oder ein Teilprodukt erzeugt hat, sowie jeder, der als Hersteller auftritt, indem er seinen Namen, seine Marke oder ein anderes Erkennungszeichen auf dem Produkt anbringt.

## Produkt

### § 4

Produkt ist jede bewegliche körperliche Sache, auch wenn sie ein Teil einer anderen beweglichen Sache oder mit einer unbeweglichen Sache verbunden worden ist, einschliesslich Energie. Ausgenommen sind land- und forstwirtschaftliche Naturprodukte (das sind Boden-, Viehzucht- und Fischereierzeugnisse) und Wild, solange sie noch keiner ersten Verarbeitung unterzogen worden sind.

## Fehler

### § 5

1. Ein Produkt ist fehlerhaft, wenn es nicht die Sicherheit bietet, die man unter Berücksichtigung aller Umstände zu erwarten berechtigt ist, besonders angesichts
1. der Darbietung des Produkts,
2. des Gebrauchs des Produkts, mit dem billigerweise gerechnet werden kann,
3. des Zeitpunkts, zu dem das Produkt in den Verkehr gebracht worden ist.

2. Ein Produkt kann nicht allein deshalb als fehlerhaft angesehen werden, weil später ein verbessertes Produkt in den Verkehr gebracht worden ist.

## Inverkehrbringen

### § 6

Ein Produkt ist in den Verkehr gebracht, sobald es der Unternehmer, gleich aufgrund welchen Titels, einem anderen in dessen Verfügungsmacht oder zu dessen Gebrauch übergeben hat. Die Versendung an den Abnehmer genügt.

## Beweislastumkehr

### § 7

1. Behauptet ein Hersteller oder ein Importeur, die Sache nicht in den Verkehr gebracht oder nicht als Unternehmer gehandelt zu haben, so obliegt ihm der Beweis.

2. Behauptet ein in Anspruch Genommener, dass das Produkt den Fehler, der den Schaden verursacht hat, noch nicht hatte, als er es in den Verkehr gebracht hat, so hat er dies als unter Berücksichtigung der Umstände wahrscheinlich darzutun.

## Haftungsausschlüsse

### § 8

Die Haftung kann nicht durch den Mangel eines Verschuldens, sondern nur durch den Nachweis ausgeschlossen werden, dass
1. der Fehler auf eine Rechtsvorschrift oder behördliche Anordnung zurückzuführen ist, der das Produkt zu entsprechen hatte,
2. die Eigenschaften des Produkts nach dem Stand der Wissenschaft und Technik zu dem Zeitpunkt, zu dem es der in Anspruch Genommene in den Verkehr gebracht hat, nicht als Fehler erkannt werden konnten oder
3. – wenn der in Anspruch Genommene nur einen Grundstoff oder ein Teilprodukt hergestellt hat – der Fehler durch die Konstruktion des Produkts, in welches der Grundstoff oder das Teilprodukt eingearbeitet worden ist, oder durch die Anleitungen des Herstellers dieses Produkts verursacht worden ist.

288

## § 9

Die Ersatzpflicht nach diesem Bundesgesetz kann im voraus weder ausgeschlossen noch beschränkt werden.

## Solidarhaftung

## § 10

Trifft die Haftpflicht mehrere, so haften sie zur ungeteilten Hand. Ihre Haftung wird nicht dadurch gemindert, dass auch andere nach anderen Bestimmungen für den Ersatz desselben Schadens haften.

## Mitverschulden des Geschädigten

## § 11

Trifft den Geschädigten oder jemanden, dessen Verhalten er zu vertreten hat, ein Verschulden, so ist § 1304 ABGB sinngemäss anzuwenden.

## Rückgriff

## § 12

1. Hat ein Ersatzpflichtiger Schadenersatz geleistet und ist der Fehler des Produkts weder von ihm noch von einem seiner Leute verursacht worden, so kann er vom Hersteller des fehlerhaften Endprodukts, Grundstoffs oder Teilprodukts Rückersatz verlangen. Sind mehrere rückersatzpflichtig, so haften sie zur ungeteilten Hand.

2. Haben mehrere Haftende den Fehler mitverursacht, so richtet sich das Ausmass des Anspruchs desjenigen, der den Schaden ersetzt hat, auf Rückersatz gegen die übrigen nach den Umständen, besonders danach, wie weit der Schaden von dem einen oder dem anderen Beteiligten verschuldet oder durch die Herbeiführung eines Fehlers des Produkts verursacht worden ist.

3. Kann ein nach Abs. 1 oder 2 Rückersatzpflichtiger nicht festgestellt werden, so ist jeder Unternehmer rückersatzpflichtig, der das Produkt

vor dem Rückersatzberechtigten in den Verkehr gebracht hat, wenn er nicht diesem in angemessener Frist den Hersteller oder denjenigen nennt, der ihm das Produkt geliefert hat.

## Erlöschung

### § 13

Sofern nach diesem Bundesgesetz bestehende Ersatzansprüche nicht früher verjähren, erlöschen sie zehn Jahre nach dem Zeitpunkt, zu dem der Ersatzpflichtige das Produkt in den Verkehr gebracht hat, es sei denn, der Geschädigte hat seinen Anspruch inzwischen gerichtlich geltend gemacht.

## Anwendung des ABGB

### § 14

Soweit in diesem Bundesgesetz nichts anderes bestimmt ist, ist auf die darin vorgesehenen Ersatzansprüche das Allgemeine bürgerliche Gesetzbuch anzuwenden.

## Sonstige Ersatzansprüche

### § 15

1. Die Bestimmungen des Allgemeinen bürgerlichen Gesetzbuchs und anderer Vorschriften, nach denen Schäden in weiterem Umfang oder von anderen Personen als nach diesem Bundesgesetz zu ersetzen sind, bleiben unberührt.

2. Dieses Bundesgesetz gilt nicht für Schäden durch ein nukleares Ereignis, die in einem von EFTA-Staaten und EG-Mitgliedstaaten ratifizierten internationalen Übereinkommen erfasst sind.

## Deckungsvorsorge

### § 16

Hersteller und Importeure von Produkten sind verpflichtet, in einer Art und in einem Ausmass, wie sie im redlichen Geschäftsverkehr üblich sind, durch das Eingehen einer Versicherung oder in anderer Weise dafür Vorsorge zu treffen, dass Schadenersatzpflichten nach diesem Bundesgesetz befriedigt werden können.

## Zuschläge

### § 17

Als Importeur im Sinn des § 1 Abs. 1 Z 2 gilt überdies derjenige Unternehmer, der das Produkt zum Vertrieb von einem EFTA-Staat in die Europäische Wirtschaftsgemeinschaft oder von der Europäischen Wirtschaftsgemeinschaft in einen EFTA-Staat oder von einem EFTA-Staat in einen anderen EFTA-Staat eingeführt und hier in den Verkehr gebracht hat. Dies gilt ab dem Tag, an dem das Luganer Übereinkommen vom 16. September 1988 über die gerichtliche Zuständigkeit und die Vollstreckung gerichtlicher Entscheidungen in Zivil- und Handelssachen für einen EG-Mitgliedstaat oder einen EFTA-Staat in Kraft tritt, nicht mehr für diejenigen Staaten, die das Übereinkommen ratifiziert haben, insoweit auf Grund dieser Ratifikationen ein zugunsten des Geschädigten erwirktes nationales Urteil gegen den Hersteller oder den Importeur im Sinn des § 1 Abs. 1 Z 2 vollstreckbar ist.

## Übergangsbestimmung, Vollziehung

### § 18

Dieses Bundesgesetz tritt mit 1. Juli 1988 in Kraft.

### § 19

Dieses Bundesgesetz ist auf Schäden durch Produkte, die vor seinem Inkrafttreten in den Verkehr gebracht worden sind, nicht anzuwenden.

### § 19 a

1. § 1 Abs. 1 Z 2, § 2, § 9, § 13, § 15 Abs. 2 und § 17 in der Fassung des Bundesgesetzes BGBl Nr. 95/1993 treten zu demselben Zeitpunkt in Kraft wie das Abkommen über den Europäischen Wirtschaftsraum.

2. Die Neufassung dieser Bestimmungen ist auf Schäden durch Produkte, die vor dem im Abs. 1 genannten Zeitpunkt in Verkehr gebracht worden sind, nicht anzuwenden.

## § 20

Mit der Vollziehung dieses Bundesgesetzes ist der Bundesminister für Justiz betraut.

**Portugal**

# Decreto-Lei n.º 383/89
# de 6 de Novembro 1989

**Artigo 1.º**   Responsabilidade objectiva do produtor

O produtor é responsável, independentemente de culpa, pelos danos causados por defeitos dos produtos que põe em circulação.

**Artigo 2.º**   Produtor

1. Produtor é o fabricante do produto acabado, de uma parte componente ou de matéria-prima, e ainda quem se apresente como tal pela aposição no produto do seu nome, marca ou outro sinal distintivo.

2. Considera-se também produtor:
a) Aquele que, na Comunidade Económica Europeia e no exercício da sua actividade comercial, importe do exterior da mesma produtos para venda, aluguer, locação financeira ou outra qualquer forma de distribuição;
b) Qualquer fornecedor de produto cujo produtor comunitário ou importador não esteja identificado, salvo se, notificado por escrito, comunicar ao lesado no prazo de três meses, igualmente pro escrito, a identidade de um ou outro, ou a de algum fornecedor precedente.

**Artigo 3.º**   Produto

1. Entende-se por produto qualquer coisa móvel, ainda que incorporada noutra coisa móvel ou imóvel.

2. Exceptuam-se os produtos do solo, da pecuária, da pesca e da caça, quando não tenham sofrido qualquer transformaçao.

**Artigo 4.º**  Defeito

1. Um produto é defeituoso quando não oferece a segurança com que legitimamente se pode contar, tendo em atenção todas as circunstâncias, designadamente a sua apresentação, a utilização que dele razoavelmente possa ser feita e o momento da sua entrada em circulação.

2. Não se considera defeituoso um produto pelo simples facto de posteriormente ser posto em circulação outro mais aperfeiçoado.

**Artigo 5.º**  Exclusão de responsabilidade

O produtor não é responsável se provar:
a) Que não pôs o produto em circulação;
b) Que, tendo em conta as circunstâncias, se pode razoavelmente admitir a inexistência do defeito no momento da entrada do produto em circulação;
c) Que não fabricou o produto para venda ou qualquer outra forma de distribuição com um objectivo económico, nem o produziu ou distribuiu no âmbito da sua actividade profissional;
d) Que o defeito é devido à conformidade do produto com normas imperativas estabelecidas pelas autoridades públicas;
e) Que o estado dos conhecimentos científicos e técnicos, no momento em que pôs o produto em circulação, não permitia detectar a existência do defeito;
f) Que, no caso de parte componente, o defeito é imputável à concepção do produto em que foi incorporada ou às instruções dadas pelo fabricante do mesmo.

**Artigo 6.º**  Responsabilidade solidária

1. Se várias pessoas forem responsáveis pelos danos, é solidária a sua responsabilidade.

2. Nas relações internas, deve atender-se às circunstâncias, em especial ao risco criado por cada responsável, à gravidade da culpa com que eventualmente tenha agido e à sua contribuição para o dano.

3. Em caso de dùvida, a repartição da responsabilidade faz-se em partes iguais.

**Artigo 7.º**   Concurso do lesado e de terceiro

1. Quando um facto culposo do lesado tiver concorrido para o dano, pode o tribunal, tendo em conta todas as circunstâncias, reduzir ou excluir a indemnização.

2. Sem prejuízo do disposto nos n.os 2 e 3 do artigo anterior, a responsabilidade do produtor não é reduzida quando a intervenção de um terceiro tiver concorrido para o dano.

**Artigo 8.º**   Danos ressarcíveis

1. São ressarcíveis os danos resultantes de morte ou lesão pessoal e os danos em coisa diversa do produto defeituoso, desde que seja normalmente destinada ao uso ou consumo privado e o lesado lhe tenha dado principalmente este destino.

2. Os danos causados em coisas só são indemnizáveis na medida em que excedam a verba de 70 000 $.

**Artigo 9.º**   Limite máximo

1. No caso de morte ou lesão de várias pessoas causada por produtos idênticos que apresentem o mesmo defeito, o ressarcimento total não pode ultrapassar o montante de 10 000 milhões de escudos.

2. O juiz pode fixar uma reparação de montante provisório a cada um dos lesados, tendo em conta a eventualidade de novas lesões causadas pelo mesmo facto virem a ser deduzidas em juízo.

**Artigo 10.º**   Inderrogabilidade

Não pode ser excluída ou limitada a responsabilidade perante o lesado, tendo-se por não escritas as estipulações em contrário.

**Artigo 11.º**   Prescrição

O direito ao ressarcimento prescreve no prazo de três anos a contar da data em que o lesado teve ou deveria ter tido conhecimento do dano, do defeito e da identidade do produtor.

**Artigo 12.º** Caducidade

Decorridos 10 anos sobre a data em que o produtor pôs em circulação o produto causador do dano, caduca o direito ao ressarcimento, salvo se estiver pendente acção intentada pelo lesado.

**Artigo 13.º** Outras disposições legais

O presente diploma não afasta a responsabilidade decorrente de outras disposições legais.

**Artigo 14.º** Acidentes nucleares

Aos danos provenientes de acidentes nucleares regulados por convenções internacionais vigentes no Estado Português não são aplicáveis as disposições do presente diploma.

**Artigo 15.º** Norma transitória

Este diploma não se aplica aos danos causados por produtos postos em circulação antes da sua entrada em vigor.

**Portugal**

# Dekretgesetz Nr. 383/89
# vom 6. November 1989

**Artikel 1**  Objektive Haftung des Herstellers

Der Hersteller haftet unabhängig von Verschulden für die Schäden, die durch Fehler der von ihm in den Verkehr gebrachten Produkte verursacht worden sind.

**Artikel 2**  Hersteller

1. Hersteller ist der Hersteller des Endprodukts, eines Teilprodukts oder eines Grundstoffs und darüber hinaus derjenige, der sich als solcher ausgibt, indem er seinen Namen, sein Warenzeichen oder ein anderes Erkennungszeichen an dem Produkt anbringt.

2. Als Hersteller gilt auch:
a) derjenige, der in die Europäische Wirtschaftsgemeinschaft und in Ausübung seiner geschäftlichen Tätigkeit Produkte von ausserhalb derselben zu Verkauf, Vermietung, Mietkauf oder einer anderen Form des Vertriebs importiert;
b) jeder Lieferant eines Produkts, dessen Hersteller innerhalb der Gemeinschaft oder dessen Importeur nicht kenntlich gemacht ist, es sei denn, dass er auf schriftliche Anfrage dem Geschädigten in einer Frist von drei Monaten ebenfalls schriftlich die Identität des einen oder anderen oder eines Vorlieferanten mitteilt.

**Artikel 3**  Produkt

1. Als Produkt gilt jede bewegliche Sache, auch wenn sie einen Teil einer anderen beweglichen oder unbeweglichen Sache bildet.

2. Ausgenommen sind Boden-, Tierzucht-, Fischerei- und Jagderzeugnisse, solange sie nicht eine Verarbeitung erfahren haben.

**Artikel 4**  Fehler

1. Ein Produkt ist fehlerhaft, wenn es nicht die Sicherheit bietet, mit der man mit Rücksicht auf alle Umstände, nämlich seine Darbietung, den Gebrauch, der billigerweise von ihm gemacht werden kann, und den Zeitpunkt, zu dem es in den Verkehr gebracht wurde, zu rechnen berechtigt ist.

2. Ein Produkt kann nicht allein deshalb als fehlerhaft angesehen werden, weil später ein anderes, verbessertes Produkt in den Verkehr gebracht wurde.

**Artikel 5**  Ausschluss der Haftung

Der Hersteller haftet nicht, wenn er beweist,
a) dass er das Produkt nicht in den Verkehr gebracht hat;
b) dass unter Berücksichtigung der Umstände vernünftigerweise das Nichtvorliegen des Fehlers zu dem Zeitpunkt, als das Produkt in den Verkehr gebracht wurde, angenommen werden kann;
c) dass er das Produkt weder für den Verkauf oder eine andere Form des Vertriebs mit wirtschaftlichem Zweck hergestellt noch im Rahmen seiner beruflichen Tätigkeit produziert oder vertrieben hat;
d) dass der Fehler darauf zurückzuführen ist, dass das Produkt verbindlichen hoheitlich erlassenen Normen entspricht;
e) dass der vorhandene Fehler nach dem Stand von Wissenschaft und Technik zu dem Zeitpunkt, zu dem er das Produkt in den Verkehr brachte, nicht erkannt werden konnte;
f) dass, im Falle eines Teilprodukts der Fehler durch die Konstruktion des Produkts, in das es eingearbeitet wurde, oder durch die Anleitungen des Herstellers desselben verursacht wurde.

**Artikel 6**  Gesamtschuldnerische Haftung

1. Sind mehrere Personen für Schäden verantwortlich, haften sie gesamtschuldnerisch.

2. Für das Innenverhältnis sind die Umstände zu berücksichtigen, insbesondere das Risiko, das von jedem Verantwortlichen geschaffen wurde, die Schwere des Verschuldens, mit dem er möglicherweise gehandelt hat, und sein Beitrag zum «Schaden».

3. Im Zweifelsfall erfolgt die Aufteilung der Haftung nach gleichen Teilen.

**Artikel 7**   Mitwirkung des Geschädigten und eines Dritten

1. Hat ein schuldhaftes Handeln des Geschädigten zum Schaden beigetragen, kann das Gericht unter Berücksichtigung aller Umstände den Schadenersatz mindern oder entfallen lassen.

2. Unbeschadet der Regelung der Abs. 2 und 3 des vorangehenden Artikels wird die Haftung des Herstellers nicht gemindert, wenn die Handlung eines Dritten zum Schaden beigetragen hat.

**Artikel 8**   Ersatzpflichtige Schäden

1. Zu ersetzen sind durch Tod oder Körperverletzung verursachte Schäden sowie Schäden an einer Sache, die von dem fehlerhaften Produkt verschieden ist, sofern sie gewöhnlich für den privaten Ge- oder Verbrauch bestimmt ist und der Geschädigte ihr hauptsächlich diese Bestimmmung zugewiesen hat.

2. An Sachen verursachte Schäden sind nur in dem Mass zu ersetzen, in dem sie den Betrag von 70 000 Escudos übersteigen.

**Artikel 9**   Höchstgrenze

1. Im Falle des Todes oder der Verletzung mehrerer Personen, die durch gleiche Produkte mit demselben Fehler verursacht wurden, darf der gesamte Schadensersatz den Betrag von 10 Milliarden Escudos nicht überschreiten.

2. Der Richter kann mit Rücksicht auf die Möglichkeit, dass weitere, durch denselben Vorgang verursachte Verletzungen im Urteil in Abzug zu bringen sein werden, für jeden Geschädigten eine Entschädigung in Höhe eines provisorischen Betrags festsetzen.

**Artikel 10**   Unabdingbarkeit

Die Haftung kann gegenüber dem Geschädigten nicht ausgeschlossen oder beschränkt werden, wobei entgegenstehende Bestimmungen als nicht geschrieben gelten.

**Artikel 11**  Verjährung

Der Schadensersatzanspruch verjährt nach Ablauf einer Frist von drei Jahren ab dem Tag, an dem der Geschädigte von dem Schaden, dem Fehler und der Identität des Herstellers Kenntnis gehabt hat oder hätte haben müssen.

**Artikel 12**  Erlöschen

Sind seit dem Tag, an dem der Hersteller das schadensverursachende Produkt in den Verkehr gebracht hat, zehn Jahre verstrichen, erlischt der Schadensersatzanspruch, es sei denn, ein vom Geschädigten eingeleitetes Verfahren ist rechtshängig.

**Artikel 13**  Andere Rechtsvorschriften

Dieses Regelwerk lässt eine Haftung aufgrund anderer Rechtsvorschriften unberührt.

**Artikel 14**  Nukleare Zwischenfälle

Auf Schäden infolge nuklearer Zwischenfälle, die von internationalen Übereinkommen mit Gültigkeit im portugiesischen Staat geregelt sind, sind die Vorschriften dieses Regelwerks nicht anwendbar.

**Artikel 15**  Übergangsvorschrift

Dieses Regelwerk ist nicht auf Schäden anwendbar, die durch Produkte verursacht wurden, die vor seinem Inkrafttreten in den Verkehr gebracht worden sind.

# Svensk författningssamling

---

## Produktansvarslag;

utfärdad den 23 januari 1992.

Enligt riksdagens beslut föreskrivs följande.

### Förutsättningar för skadestånd

**1 §** Skadestånd enligt denna lag betalas för personskada som en produkt har osakat på grund av en säkerhetsbrist.

Skadestånd enligt denna lag betalas också för sakskada som en produkt på grund av en säkerhetsbrist har orsakat på egendom som till sin typ vanligen är avsedd för enskilt ändamål, om den skadelidande vid tiden för skadan använde egendomen huvudsakligen för sådant ändamål. Skador på själva produkten ersätts dock inte.

**2 §** Med produkter avses i denna lag lösa saker. En produkt som har infogats eller påannat sätt blivit en beståndsdel i någon annan lös egendom eller i fast egendom skall alltjämt anses i lagens mening utgöra en produkt för sig.

Om en skada har uppstått till följd av en säkerhetsbrist hos en produkt som utgör en bestådsdel i en annan produkt, skall båda produkterna anses ha orsakat skadan.

**3 §** En produkt har en säkerhetsbrist, om produkten inte är så säker som skäligen kan förväntas. Säkerheten skall bedömas med hänsyn till hur produkten kunnat förutses bli använd och hur den har marknadsförts samt med hänsyn till bruksanvisningar, tidpunkt då produkten satts i omlopp och övriga omständigheter.

**4 §** Lagen gäller inte skador som omfattas av atomansvarighetslagen (1968: 45).

301

**5 §** Avtalsvillkor som inskränker ansvaret enligt denna lag är utan verkan.

## Skadeståndsskyldiga

**6 §** Skadeståndsskyldiga enligt denna lag är

1. den som har tillverkat, frambringat eller insamlat den skadegörande produkten,

2. den som har importerat produkten för att sätta den i omlopp här i landet, och

3. den som har marknadsfört produkten som sin genom att förse den med sitt namn eller varumärke eller något annat särskiljande kännetecken.

**7 §** Framgår det inte av en skadegörande produkt som är tillverkad, frambringad eller insamlad här i landet vem som är skadeståndsskyldig enligt, 6 §, är var och en som har tillhandahållit produkten skyldig att betala skadestånd enligt denna lag, om han inte inom den i tredje stycket angivna tiden anvisar någon som har tillverkat, frambringat eller insamlat produkten eller marknadsfört den som sin eller tillhandahållit den för honom.

Framgår det inte av en importerad produkt som har orsakat skada vem som har importerat den, är var och en som har tillhandahållit produkten skyldig att betala skadestånd enligt denna lag, om han inte inom den i tredje stycket angivna tiden anvisar någon som har importerat produkten eller tillhandahållit den för honom.

En anvisning enligt första eller andra stycket skall ges inom en månad efter det att den skadelidande framställt krav på ersättning eller på annat sätt påkallat en sådan anvisning.

**8 §** Skadeståndsskyldig enligt 6 eller 7 § är inte den som
1. visar att han inte har satt produkten i omlopp i en näringsverksamhet,
2. gör sannolikt att säkerhetsbristen inte fanns när han satte produkten i omlopp,
3. visar att säkerhetsbristen beror på att produkten måste stämma överens med tvingande föreskrifter som har meddelats av en myndighet, eller

302

4. visar att det på grundval av det vetenskapliga och tekniska vetandet vid den tidpunkt då han satte produkten i omlopp inte var möjligt att upptäcka säkerhetsbristen.

**Avräkning vid sakskada**

**9 §** När ersättning för sakskada bestäms enligt denna lag avräknas ett belopp om 3500 kr.

**Regressrätt**

**10 §** I den mån någon är skyldig att ersätta en skada enligt denna lag, har den som enligt 31 § konsumentköplagen (1990: 932) eller 31 § fjärde stycket konsumenttjänstlagen (1985: 716) har lämnat ersättning för skadan rätt att av honom återfå vad han betalat.

**Preskription**

**11 §** Den som vill ha ersättning enligt denna lag skall väcka talan inom tre år från det att han fick eller borde ha fått kännedom om att fordringen kunde göras gällande.

Talan om ersättning måste dock väckas inom tio år från det att den som påstås vara skadeståndsskyldig satte den skadegörande produkten i omlopp.

Den som inte väcker talan i tid har inte rätt till ersättning.

1. Denna lag träder i kraft den 1 januari 1993.

2. Lagen tillämpas inte mot någon som har satt den skadegörande produkten i omlopp före ikraftträdandet.

På regeringens vägnar
Carl Bildt

Reidunn Laurén
(Justitiedepartementet)

# Übersetzung zu Anhang XVI

# Schweden

---

**Produktehaftung**

ausgefertigt am 23. Januar 1992

Gemäss dem Beschluss des Reichstages wird folgendes vorgeschrieben:

### Voraussetzung für Schadensersatz

1 § Schadensersatz gemäss diesem Gesetz wird für Personenschaden bezahlt, welchen ein Produkt aufgrund eines Sicherheitsmangels verursacht hat.

Schadensersatz gemäss diesem Gesetz wird auch für Sachschaden aufgrund eines Sicherheitsmangels eines Produktes bezahlt, sofern die Sache von einer Art ist, wie sie gewöhnlich für den privaten Ge- oder Verbrauch bestimmt ist und vom Geschädigten im Zeitpunkt des Schadenseintritts hauptsächlich zum privaten Ge- oder Verbrauch verwendet worden ist. Schäden am Produkt selbst werden jedoch nicht ersetzt.

2 § Dieses Gesetz bezieht sich auf Produkte, die beweglich sind. Ein Produkt, das Teil einer anderen beweglichen Sache oder einer unbeweglichen Sache bildet, gilt nach dem vorliegenden Gesetz weiterhin als selbständiges Produkt.

Entsteht ein Schaden aufgrund eines Sicherheitsmangels eines Produktes, welches Bestandteil eines anderen Produktes ist, wird angenommen, dass beide Produkte den Schaden verursacht haben.

3 § Ein Produkt hat einen Sicherheitsmangel, wenn das Produkt nicht so sicher ist, wie von Rechts wegen erwartet werden kann. Die Sicherheit wird nach der Darbietung des Produkts, nach dem Gebrauch des Produkts, mit dem voraussehbar gerechnet werden kann und wie es vermarktet wurde, sowie dem Gebrauch im Zeitpunkt, da das Produkt in Verkehr gesetzt wurde und aufgrund sonstiger Umstände beurteilt.

304

**4 §** Das Gesetz gilt nicht für Schäden, die vom Gesetz für Atomangelegenheiten erfasst werden.

**5 §** Vertragsbestimmungen, welche die Haftung einschränken, sind gemäss diesem Gesetz ohne Wirkung.

### Haftpflichtige

**6 §** Schadensersatzpflichtig nach diesem Gesetz sind

1. jener, der das schadenstiftende Produkt herstellte, erzeugte oder sammelte,

2. jener, der das Produkt importierte, um es in diesem Land in Umlauf zu setzen und

3. jener, der das Produkt als sein eigenes ausgibt, indem er es mit seinem Namen oder Warenzeichen oder einem anderen besonderen Kennzeichen versah.

**7 §** Kann aufgrund eines schadenstiftenden Produktes, welches in diesem Land hergestellt, erzeugt oder gesammelt wurde, nicht festgestellt werden, wer nach § 6 der Haftpflichtige ist, hat nach diesem Gesetz derjenige den Schadensersatz zu bezahlen, der das Produkt lieferte, wenn er nicht innerhalb der in Absatz 3 genannten Frist die Person bekanntgibt, die das Produkt hergestellt, erzeugt oder gesammelt hat oder die es in ihrem Namen vermarktet oder es ihm geliefert hat.

Lässt sich bei einem importierten Produkt, das Schaden verursacht hat, nicht feststellen, wer es importiert hat, haftet derjenige, der das Produkt lieferte, wenn er nicht innert der in Absatz 3 genannten Frist bekanntgibt, wer das Produkt importiert oder es ihm geliefert hat.

Die Frist nach Absatz 1 und 2 beträgt einen Monat, nachdem der Geschädigte die Forderung auf Entschädigung gestellt oder sich auf andere Weise auf diese Bestimmung berufen hat.

**8 §** Haftpflichtig nach § 6 oder § 7 ist nicht, wer
1. nachweist, dass er das Produkt nicht in Verkehr gebracht hat,
2. wahrscheinlich macht, dass der Sicherheitsmangel nicht bestand, als er das Produkt in Umlauf setzte,
3. nachweist, dass der Sicherheitsmangel darauf beruht, dass das Produkt zwingenden, hoheitlich erlassenen Normen entspricht, oder

4. nachweist, dass es aufgrund wissenschaftlichen und technischen Wissens im Zeitpunkt, als er das Produkt in Umlauf setzte, nicht möglich war, den Sicherheitsmangel zu erkennen.

## Selbstbehalt

**9 §** Bei der Festsetzung des Schadensersatzes für Sachschaden gemäss diesem Gesetz wird eine Summe von sKr 3500.– abgezogen.

## Regressrecht

**10 §** In dem Mass, in dem jemand nach dem vorliegenden Gesetz einen Schaden zu ersetzen hat, hat der, welcher nach dem Konsumentenkaufsgesetz oder § 31 Abs. 4 des Konsumentendienstgesetzes für den Schaden Schadensersatz geleistet hat, das Recht, zurückzuverlangen, was er bezahlt hat.

## Verjährung

**11 §** Wer nach diesem Gesetz Entschädigung fordern will, muss innert 3 Jahren von dem Zeitpunkt an Klage erheben, in dem er von der Tatsache Kenntnis hatte oder hätte Kenntnis haben können, dass die Forderung geltend gemacht werden könnte.

Die Klage auf Entschädigung muss jedoch innert 10 Jahren ab dem Zeitpunkt, in dem behauptet wird, dass der Haftpflichtige das schadenstiftende Produkt in Umlauf gesetzt hat, erhoben werden.

Wer die Klage nicht innert dieser Frist erhebt, hat kein Recht auf Entschädigung.

1. Dieses Gesetz tritt am 1. Januar 1993 in Kraft.

2. Das Gesetz wird gegen denjenigen nicht angewendet, der das schadenstiftende Produkt vor dem Inkrafttreten in Umlauf gesetzt hat.

Im Auftrag der Regierung
Carl Bildt

Reidunn Laurén
(Justizdepartement)

Anhang XVII

## United Kingdom
# Consumer Protection Act 1987

**Part I Product liability**

**Purpose and construction of Part I**

**1.** 1) This Part shall have effect for the purpose of making such provision as is necessary in order to comply with the product liability Directive and shall be construed accordingly.

2) In this Part, except in so far as the context otherwise requires –

"agricultural produce" means any produce of the soil, of stockfarming or of fisheries;

"dependant" and "relative" have the same meaning as they have in, respectively, the Fatal Accidents Act 1976 and the Damages (Scotland) Act 1976;

"producer", in relation to a product, means –
a)  the person who manufactured it;
b)  in the case of a substance which has not been manufactured but has been won or abstracted, the person who won or abstracted it;
c)  in the case of a product which has not been manufactured, won or abstracted but essential characteristics of which are attributable to an industrial or other process having been carried out (for example, in relation to agricultural produce), the person who carried out that process;

"product" means any goods or electricity and (subject to subsection 3 below) includes a product which is comprised in another product, whether by virtue of being a component part or raw material or otherwise; and

"the product liability Directive" means the Directive of the Council of the European Communities, dated 25th July 1985, (No 85/374/EEC) on the approximation of the laws, regulations and administrative provisions of the member States concerning liability for defective products.

3) For the purposes of this Part a person who supplies any product in which products are comprised, whether by virtue of being component parts or raw materials or otherwise, shall not be treated by reason only of his supply of that product as supplying any of the products so comprised.

**Liability for defective products**

**2.** 1) Subject to the following provisions of this Part, where any damage is caused wholly or partly by a defect in a product, every person to whom subsection 2 below applies shall be liable for the damage.

2) This subsection applies to –
a)  the producer of the product;
b)  any person who, by putting his name on the product or using a trade mark or other distinguishing mark in relation to the product, has held himself out to be the producer of the product;
c)  any person who has imported the product into a member State from a place outside the member States in order, in the course of any business of his, to supply it to another.

3) Subject as aforesaid, where any damage is caused wholly or partly by a defect in a product, any person who supplied the product (whether to the person who suffered the damage, to the producer of any product in which the product in question is comprised or to any other person) shall be liable for the damage if –
a)  the person who suffered the damage requests the supplier to identify one or more of the persons (whether still in existence or not) to whom subsection 2 above applies in relation to the product;
b)  that request is made within a reasonable period after the damage occurs and at a time when it is not reasonably practicable for the person making the request to identify all those persons; and
c)  the supplier fails, within a reasonable period after receiving the request, either to comply with the request or to identify the person who supplied the product to him.

4) Neither subsection 2 nor subsection 3 above shall apply to a person in respect of any defect in any game or agricultural produce if the only supply of the game or produce by that person to another was at a time when it had not undergone an industrial process.

5) Where two or more persons are liable by virtue of this Part for the same damage, their liability shall be joint and several.

6) This section shall be without prejudice to any liability arising otherwise than by virtue of this Part.

## Meaning of "defect"

**3.** 1) Subject to the following provisions of this section, there is a defect in a product for the purposes of this Part if the safety of the product is not such as persons generally are entitled to expect; and for those purposes "safety", in relation to a product, shall include safety with respect to products comprised in that product and safety in the context of risks of damage to property, as well as in the context of risks of death or personal injury.

2) In determining for the purposes of subsection 1 above what persons generally are entitled to expect in relation to a product all the circumstances shall be taken into account, including –

a) the manner in which, and purposes for which, the product has been marketed, its get-up, the use of any mark in relation to the product and any instructions for, or warnings with respect to, doing or refraining from doing anything with or in relation to the product;

b) what might reasonably be expected to be done with or in relation to the product; and

c) the time when the product was supplied by its producer to another;

and nothing in this section shall require a defect to be inferred from the fact alone that the safety of a product which is supplied after that time is greater than the safety of the product in question.

## Defences

**4.** 1) In any civil proceedings by virtue of this Part against any person ("the person proceeded against") in respect of a defect in a product it shall be a defence for him to show –

a) that the defect is attributable to compliance with any requirement imposed by or under any enactment or with any Community obligation; or

b) that the person proceeded against did not at any time supply the product to another; or

c) that the following conditions are satisfied, that is to say –

i) that the only supply of the product to another by the person proceeded against was otherwise than in the course of a business of that person's; and

ii) that section 2 2 above does not apply to that person or applies to him by virtue only of things done otherwise than with a view to profit; or

d) that the defect did not exist in the product at the relevant time; or

e) that the state of scientific and technical knowledge at the relevant time was not such that a producer of products of the same description as the product in question might be expected to have discovered the defect if it had existed in his products while they were under his control; or

f) that the defect –

i) constituted a defect in a product ("the subsequent product") in which the product in question had been comprised; and

ii) was wholly attributable to the design of the subsequent product or to compliance by the producer of the product in question with instructions given by the producer of the subsequent product.

2) In this section "the relevant time", in relation to electricity, means the time at which it was generated, being a time before it was transmitted or distributed, and in relation to any other product, means –

a) if the person proceeded against is a person to whom subsection 2 of section 2 above applies in relation to the product, the time when he supplied the product to another;

b) if that subsection does not apply to that person in relation to the product, the time when the product was last supplied by a person to whom that subsection does apply in relation to the product.


### Damage giving rise to liability

**5.** 1) Subject to the following provisions of this section, in this Part "damage" means death or personal injury or any loss of or damage to any property (including land).

2) A person shall not be liable under section 2 above in respect of any defect in a product for the loss of or any damage to the product itself or for the loss of or any damage to the whole or any part of any product which has been supplied with the product in question comprised in it.

3) A person shall not be liable under section 2 above for any loss of or damage to any property which, at the time it is lost or damaged, is not –

a) of a description of property ordinarily intended for private use, occupation or consumption; and
b) intended by the person suffering the loss or damage mainly for his own private use, occupation or consumption.

4) No damages shall be awarded to any person by virtue of this Part in respect of any loss of or damage to any property if the amount which would fall to be so awarded to that person, apart from this subsection and any liability for interest, does not exceed £ 275.

5) In determining for the purposes of this Part who has suffered any loss of or damage to property and when any such loss or damage occurred, the loss or damage shall be regarded as having occurred at the earliest time at which a person with an interest in the property had knowledge of the material facts about the loss or damage.

6) For the purposes of subsection 5 above the material facts about any loss or damage to any property are such facts about the loss or damage as would leas a reasonable person with an interest in the property to consider the loss or damage sufficiently serious to justify his instituting proceedings for damages against a defendant who did not dispute liability and was able to satisfy a judgment.

7) For the purposes of subsection 5 above a person's knowledge includes knowledge which he might reasonably have been expected to acquire –
a) from facts observable or ascertainable by him; or
b) from facts ascertainable by him with the help of appropriate expert advice which it is reasonable for him to seek;

but a person shall not be taken by virtue of this subsection to have knowledge of a fact ascertainable by him only with the help of expert advice unless he has failed to take all reasonable steps to obtain (and, where appropriate, to act on) that advice.

8) Subsection 5 to 7 above shall not extend to Scotland.

**Application of certain enactments**

**6.** 1) Any damage for which a person is liable under section 2 above shall be deemed to have been caused –
a) for the purposes of the Fatal Accidents Act 1976, by that person's wrongful act, neglect or default;
b)–d) (applies to Scotland only).

2) Where -

a) a person's death is caused wholly or partly by a defect in a product, or a person dies after suffering damage which has been so caused;

b) a request such as mentioned in paragraph a of subsection 3 of section 2 above is made to a supplier of the product by that person's personal representatives or, in the case of a person whose death is caused wholly or partly by the defect, by any dependant or relative of that person; and

c) the conditions specified in paragraphs b and c of that subsection are satisfied in relation to that request,

this Part shall have effect for the purposes of the Law Reform (Miscellaneous Provisions) Act 1934, the Fatal Accidents Act 1976 and the Damages (Scotland) Act 1976 as if liability of the supplier to that person under that subsection did not depend on that person having requested the supplier to identify certain persons or on the said conditions having been satisfied in relation to a request made by that person.

3) Section 1 of the Congenital Disabilities (Civil Liability) Act 1976 shall have effect for the purposes of this Part as if –

a) a person were answerable to a child in respect of an occurrence caused wholly or partly by a defect in a product if he is or has been liable under section 2 above in respect of any effect of the occurrence on a parent of the child, or would be so liable if the occurrence caused a parent of the child to suffer damage;

b) the provisions of this Part relating to liability under section 2 above applied in relation to liability by virtue of paragraph a above under the said section 1; and

c) subsection 6 of the said section 1 (exclusion of liability) were omitted.

4) Where any damage is caused partly by a defect in a product and partly by the fault of the person suffering the damage, the Law Reform (Contributory Negligence) Act 1945 and section 5 of the Fatal Accidents Act 1976 (contributory negligence) shall have effect as if the defect were the fault of every person liable by virtue of this Part for the damage caused by the defect.

5) In subsection 4 above "fault" has the same meaning as in the said Act of 1945.

6) Schedule 1 to this Act shall have effect for the purpose of amending the Limitation Act 1980 and the Prescription and Limitation (Scotland) Act 1973 in their application in relation to the bringing of actions by virtue of this Part.

312

7) It is hereby declared that liability by virtue of this Part is to be treated as liability in tort for the purposes of any enactment conferring jurisdiction on any court with respect to any matter.

8) Nothing in this Part shall prejudice the operation of section 12 of the Nuclear Installations Act 1965 (rights to compensation for certain breaches of duties confined to rights under that Act).

## Prohibition on exclusions from liability

**7.** The liability of a person by virtue of this Part to a person who has suffered damage caused wholly or partly by a defect in a product, or to a dependant or relative of such a person, shall not be limited or excluded by any contract term, by any notice or by any other provision.

## Power to modify Part I

**8.** 1) Her Majesty may by Order in Council make such modifications of this Part and of any other enactment (including an enactment contained in the following Parts of this Act, or in an Act passed after this Act) as appear to Her Majesty in Council to be necessary or expedient in consequence of any modification of the product liability Directive which is made at any time after the passing of this Act.

2) An Order in Council under subsection 1 above shall not be submitted to Her Majesty in Council unless a draft of the Order has been laid before, and approved by a resolution of, each House of Parliament.

## Application of Part I to Crown

**9.** 1) Subject to subsection 2 below, this Part shall bind the Crown.

2) The Crown shall not, as regards the Crown's liability by virtue of this Part, be bound by this Part further than the Crown is made liable in tort or in reparation under the Crown Proceedings Act 1947, as that Act has effect from time to time.

**Vereinigtes Königreich**

# Konsumentenschutzgesetz 1987

---

### Abschnitt I Produkthaftung

### Regelungszweck und Auslegung von Abschnitt I

**1.** 1) Dieser Abschnitt soll den zur Befolgung der Produkthaftungs-Richtlinie erforderlichen Massnahmen Geltung verschaffen und entsprechend ausgelegt werden.

2) In diesem Abschnitt bedeuten, sofern der Zusammenhang nichts anderes erfordert –

«landwirtschaftliche Erzeugnisse» alle Erzeugnisse des Bodens, der Viehzucht oder der Fischerei;

«Hinterbliebene» und «Verwandte» das gleiche wie im Fatal Accidents Act 1976 bzw. dem Damages (Scotland) Act 1976;

«Hersteller» in bezug auf ein Produkt –

a) die Person, die es hergestellt hat;

b) im Fall eines Stoffes, der nicht hergestellt, sondern gewonnen oder abgesondert wurde, die Person, die ihn gewonnen oder abgesondert hat;

c) im Fall eines Produkts, das nicht hergestellt, gewonnen oder abgesondert wurde, dessen wesentliche Eigenschaften aber auf eine industrielle oder andere Verarbeitung zurückzuführen sind (z. B. bei landwirtschaftlichen Erzeugnissen) die Person, die diese Verarbeitung durchgeführt hat;

«Produkt» jede Ware oder Elektrizität, wobei (nach Massgabe von Abs. 3) auch ein Produkt erfasst wird, das in einem anderen enthalten ist, sei es als Bestandteil, Rohstoff oder in anderer Weise; und

«die Produkthaftungs-Richtlinie» die Richtlinie des Rates der Europäischen Gemeinschaften vom 25. Juli 1985 (Nr. 85/374/EWG) zur Angleichung der Rechts- und Verwaltungsvorschriften der Mitgliedstaaten über die Haftung für fehlerhafte Produkte.

3) Im Sinne dieses Abschnitts wird jemand, der ein Produkt liefert, in dem Produkte – sei es als Bestandteile, Rohstoffe oder in anderer Weise – enthalten sind, nicht schon allein deswegen, weil er dieses Produkt geliefert hat, so behandelt, als habe er die darin enthaltenen Produkte geliefert.

## Haftung für fehlerhafte Produkte

**2.** 1) Nach Massgabe der folgenden Bestimmungen dieses Abschnitts ist, wenn ein Schaden ganz oder teilweise durch einen Fehler in einem Produkt verursacht wird, jeder schadensersatzpflichtig, auf den Abs. 2 anwendbar ist.

2) Dieser Absatz findet Anwendung auf –

a) den Hersteller des Produkts;

b) jeden, der sich durch Anbringen seines Namens auf dem Produkt oder durch Verwendung eines Warenzeichens oder anderen Erkennungszeichens im Zusammenhang mit dem Produkt als Hersteller des Produkts ausgegeben hat;

c) jeden, der das Produkt von einem Ort ausserhalb der Mitgliedstaaten in einen Mitgliedstaat eingeführt hat, um es im Rahmen seiner Geschäftstätigkeit an einen anderen zu liefern.

3) Gemäss den vorstehenden Bestimmungen ist, wenn ein Schaden ganz oder teilweise durch einen Fehler in einem Produkt verursacht wird, jeder schadensersatzpflichtig, der das Produkt (sei es dem Geschädigten, dem Hersteller ein Produkts, in dem das betreffende Produkt enthalten ist, oder irgendeinem anderen) geliefert hat, wenn –

a) der Geschädigte den Lieferanten auffordert, eine oder mehrere derjenigen Personen (unabhängig davon, ob sie noch existieren oder nicht) zu benennen, auf die in bezug auf das Produkt Abs. 2 Anwendung findet;

b) diese Aufforderung innerhalb einer angemessenen Frist nach dem Schadenseintritt und zu einem Zeitpunkt erfolgt, zu dem es dem Auffordernden billigerweise nicht möglich ist, alle diese Personen festzustellen; und

c) der Lieferant weder der Aufforderung innerhalb einer angemessenen Frist nach Erhalt der Aufforderung nachkommt noch denjenigen benennt, der ihm das Produkt geliefert hat.

4) Im Fall eines Fehlers in einem Erzeugnis der Jagd oder der Landwirtschaft fällt jemand weder unter Abs. 2 noch unter Abs. 3, wenn er das Erzeugnis einem anderen ausschliesslich zu einem Zeitpunkt geliefert hat,

zu dem es noch keiner industriellen Verarbeitung unterzogen worden war.

5) Haften gemäss diesem Abschnitt zwei oder mehrere Personen für denselben Schaden, ist ihre Haftung gesamtschuldnerisch.

6) Eine sich aus anderen Rechtsgründen als aus diesem Paragraphen ergebende Haftung bleibt unberührt.

## Bedeutung von «Fehler»

**3.** 1) Nach Massgabe der folgenden Bestimmungen dieses Paragraphen liegt im Sinne dieses Abschnitts ein Fehler in einem Produkt vor, wenn die Sicherheit des Produkts nicht derart ist, wie man es gewöhnlich zu erwarten berechtigt ist; und in diesem Sinne umfasst «Sicherheit» bei einem Produkt auch die Sicherheit im Hinblick auf Produkte, die in dem Produkt enthalten sind, sowie die Sicherheit im Hinblick auf Gefahren der Sachbeschädigung und Gefahren von Tod oder Körperverletzung.

2) Um im Sinne von Abs. 1 zu ermitteln, was man gewöhnlich in bezug auf ein Produkt zu erwarten berechtigt ist, sind alle Umstände zu berücksichtigen, einschliesslich –

a)  der Art, in der, und der Zwecke, für die das Produkt vertrieben wurde, seiner Aufmachung, der Verwendung von Zeichen im Zusammenhang mit dem Produkt und Anleitungen oder Warnungen, mit oder im Zusammenhang mit dem Produkt etwas zu tun oder zu unterlassen;

b)  der Handlungen, von denen man billigerweise erwarten kann, dass sie mit oder im Zusammenhang mit dem Produkt vorgenommen werden; und

c)  des Zeitpunkts, zu dem das Produkt vom Hersteller an einen anderen geliefert wurde; die Bestimmungen dieses Paragraphen zwingen nicht zu der Annahme eines Fehlers allein aufgrund der Tatsache, dass die Sicherheit eines später in den Verkehr gebrachten Produkts grösser ist als die des betreffenden Produkts.

## Einwendungen

**4.** 1) In einem auf diesen Abschnitt gestützten Zivilverfahren gegen eine Person («den Beklagten») aufgrund eines Fehlers in einem Produkt kann diese sich mit dem Nachweis verteidigen –

a) dass der Fehler auf die Erfüllung eines Erfordernisses, das durch oder aufgrund Gesetz festgelegt wurde, oder einer gemeinschaftsrechtlichen Verpflichtung zurückzuführen ist;

b) dass der Beklagte das Produkt zu keinem Zeitpunkt an einen anderen geliefert hat; oder

c) dass die folgenden Voraussetzungen erfüllt sind, und zwar –

   i) dass die alleinige Lieferung des Produkts an einen anderen durch den Beklagten in anderer Weise als im Rahmen seiner Geschäftstätigkeit erfolgte; und

   ii) dass § 2 2 auf diese Person nicht oder nur aufgrund von Handlungen, die in anderer Weise als mit der Absicht der Gewinnerzielung vorgenommen wurden, anwendbar ist; oder

d) dass der Fehler in dem Produkt zu dem entscheidenden Zeitpunkt nicht vorhanden war; oder

e) dass nach dem Stand von Wissenschaft und Technik zum entscheidenden Zeitpunkt von einem Hersteller von Waren gleicher Art wie das betreffende Produkt nicht erwartet werden konnte, dass er den Fehler erkannt hätte, falls er in seinen Produkten, als sie sich unter seiner Kontrolle befanden, vorhanden gewesen wäre; oder

f) dass der Fehler –

   i) ein Fehler in einem Produkt («Endprodukt») war, zu dessen Bestandteil das betreffende Produkt gemacht worden war; und

   ii) allein auf die Konstruktion des Endprodukts oder darauf zurückzuführen ist, dass der Hersteller des betreffenden Produkts von dem Hersteller des Endprodukts gegebene Anweisungen befolgte.

2) In diesem Paragraphen bedeutet «der entscheidende Zeitpunkt» in bezug auf Elektrizität der Zeitpunkt, zu dem sie erzeugt wurde, d. h. bevor sie weitergeleitet oder verteilt wurde; für jedes andere Produkt bedeutet dies –

a) wenn der Beklagte jemand ist, auf den bezüglich eines Produkts § 2 2 anwendbar ist, der Zeitpunkt, zu dem er das Produkt an einen anderen lieferte;

b) wenn dieser Absatz bezüglich eines Produkts auf jemanden nicht anwendbar ist, der Zeitpunkt, zu dem das Produkt zuletzt von einer Person geliefert wurde, auf die dieser Absatz bezüglich des Produkts anwendbar ist.

### Haftungsauslösender Schaden

**5.** 1) Nach Massgabe der folgenden Bestimmungen dieses Paragraphen bedeutet in diesem Abschnitt «Schaden» Tod, Körperverletzung oder Verlust oder Beschädigung von Sachen (einschliesslich Grundstücken).

2) Eine Person haftet nach § 2 bei einem Fehler in einem Produkt nicht für den Verlust oder die Beschädigung des Produkts selbst oder für den Verlust oder die Beschädigung des ganzen oder eines Teils des Produkts, das mit dem betreffenden Produkt als Bestandteil geliefert wurde.

3) Eine Person haftet nach § 2 nicht für den Verlust oder die Beschädigung einer Sache, die zu dem Zeitpunkt, zu dem sie verlustig geht oder beschädigt wird, nicht –

a) ihrer Art nach eine Sache ist, die gewöhnlich zum privaten Gebrauch, für die private Betätigung oder zum privaten Verbrauch bestimmt ist; und

b) von der Person, die den Verlust oder die Beschädigung erleidet, hauptsächlich zum privaten Gebrauch, für die private Betätigung oder zum privaten Verbrauch bestimmt ist.

4) Gemäss diesem Abschnitt wird einer Person kein Ersatz für den Verlust oder die Beschädigung einer Sache zugesprochen, wenn der Betrag, der dieser Person zuzusprechen wäre, ohne Berücksichtigung dieses Absatzes und einer Haftung für Zinsen £ 275 nicht übersteigt.

5) Um im Sinne dieses Abschnitts festzustellen, wer den Verlust oder die Beschädigung einer Sache erlitten hat und wann dieser Verlust oder diese Beschädigung eingetreten ist, gilt der Verlust oder die Beschädigung als zu dem frühesten Zeitpunkt eingetreten, zu dem eine Person, die ein Recht an der Sache hat, Kenntnis von den rechtserheblichen Tatsachen bezüglich des Verlusts oder der Beschädigung hatte.

6) Im Sinne von Abs. 5 sind die rechtserheblichen Tatsachen bezüglich eines Verlusts oder einer Beschädigung einer Sache solche Tatsachen bezüglich Verlust oder Beschädigung, die eine vernünftige Person, die ein Recht an der Sache hat, veranlassen würden, den Verlust oder die Beschädigung als hinreichend ernsthaft anzusehen, um die Einleitung eines Schadensersatzprozesses gegen einen Beklagten, der die Haftung nicht bestreitet und nach seiner Verurteilung zur Leistung in der Lage ist, zu rechtfertigen.

7) Im Sinne von Abs. 5 gehören zu den Kenntnissen einer Person auch solche Kenntnisse, von denen vernünftigerweise erwartet werden kann, dass sie sie erlangt hat –

a) durch Tatsachen, die sie beobachten oder feststellen konnte; oder
b) durch Tatsachen, die sie durch geeignete sachverständige Beratung, die von ihr vernünftigerweise einzuholen ist, feststellen konnte;

jedoch wird gemäss diesem Absatz eine Person nicht so behandelt, als habe sie Kenntnis von einer Tatsache, die sie nur mit Hilfe sachverständiger Beratung erlangen konnte, es sei denn, sie hat nicht alle zumutbaren Schritte unternommen, diese Beratung zu erhalten (und, wenn notwendig, danach zu handeln).

8) Abs. 5 bis 7 finden in Schottland keine Anwendung.

## Anwendung bestimmter Gesetze usw.

**6.** 1) Ein Schaden, für den jemand nach § 2 haftet, gilt als verursacht –
a) im Sinne des Fatal Accidents Act 1976 durch eine widerrechtliche Handlung, Nachlässigkeit oder Unterlassung dieser Person;
b) im Sinne von § 3 Law Reform (Miscellaneous Provisions) (Scotland) Act 1940 (Ausgleich zwischen mehreren an der unerlaubten Handlung Beteiligten) durch eine widerrechtliche oder fahrlässige Handlung oder Unterlassung dieser Person;
c) im Sinne von § 1 Damages (Scotland) Act 1976 (Ansprüche der Verwandten eines Verstorbenen), durch eine Handlung oder Unterlassung dieser Person; und
d) im Sinne von Abschnitt II des Adminstration of Justice Act 1982 (Schadensersatz für Körperverletzungen usw. – Schottland), durch eine Handlung oder Unterlassung, welche die Schadensersatzpflicht dieser Person begründet.

2) Wenn –
a) der Tod einer Person ganz oder teilweise durch einen Fehler in einem Produkt verursacht wird oder eine Person stirbt, nachdem sie einen derart verursachten Schaden erlitten hat;
b) gegen einen Lieferanten des Produkts eine Aufforderung wie in § 2 3 a) erwähnt durch Vertreter dieser Person oder, wenn der Tod einer Person ganz oder teilweise durch den Fehler verursacht wurde, durch einen Hinterbliebenen oder Verwandten dieser Person erfolgt; und
c) die in lit. b und c jenes Absatzes genannten Voraussetzungen für diese Aufforderung erfüllt sind, hat dieser Abschnitt für den Law Reform (Miscellaneous Provisions) Act 1934, den Fatal Accidents Act 1976 und den Damages (Scotland) Act 1976 die Wirkung, als ob die Haftung des Lieferanten gegenüber dieser Person gemäss diesem

Absatz nicht davon abhängig wäre, dass diese Person den Lieferanten aufgefordert hat, bestimmte Personen zu benennen, oder dass die genannten Voraussetzungen für die durch diese Person erfolgte Aufforderung erfüllt worden sind.

3) § 1 Congenital Disabilities (Civil Liability) Act 1976 hat für diesen Abschnitt die Wirkung, als ob –

a) jemand bei einem Ereignis, das ganz oder teilweise durch einen Fehler in einem Produkt verursacht wurde, einem Kind gegenüber haftbar wäre, wenn er nach § 2 für die bei einem Elternteil des Kindes eintretenden Folgen des Ereignisses haftet oder gehaftet hat oder so haften würde, wenn das Ereignis einen Schaden bei einem Elternteil des Kindes verursacht hätte;

b) nach dem besagten § 1 die Vorschriften dieses Abschnitts über die Haftung nach § 2 anwendbar wären bezüglich der Haftung nach lit. a; und

c) Abs. 6 des besagten § 1 (Ausschluss der Haftung) weggelassen wäre.

4) Wurde ein Schaden teilweise durch einen Fehler in einem Produkt und teilweise durch das Verschulden des Geschädigten verursacht, finden der Law Reform (Contributory Negligence) Act 1945 und § 5 Fatal Accidents Act 1976 (Mitverschulden) so Anwendung, als sei der Fehler das Verschulden jeder Person, die nach diesem Abschnitt für den durch den Fehler verursachten Schaden haftet.

5) «Verschulden» in Abs. 4 hat dieselbe Bedeutung wie in dem besagten Gesetz von 1945.

6) Anhang 1 zu diesem Gesetz soll den Limitation Act 1980 und den Prescription and Limitation (Scotland) Act 1973 bezüglich ihrer Anwendung auf die Erhebung von Klagen aufgrund dieses Abschnitts ändern.

7) Hiermit wird erklärt, dass die Haftung aufgrund dieses Abschnitts als deliktische Haftung im Sinne der Gesetze, die die Zuständigkeit eines Gerichts bezüglich einer Streitigkeit begründen, zu behandeln ist.

8) Dieser Abschnitt berührt nicht die Geltung von § 12 Nuclear Installations Act 1965 (Begrenzung von Schadensersatzansprüchen für bestimmte Pflichtverletzungen auf Ansprüche nach jenem Gesetz).

## Verbot von Haftungsausschlüssen

**7.** Die Haftung einer Person aufgrund dieses Abschnitts gegenüber einer Person, die einen ganz oder teilweise durch einen Fehler in einem Produkt verursachten Schaden erlitten hat, oder gegenüber einem Hinterbliebenen oder Verwandten einer solchen Person kann nicht durch Vertragsklausel, Mitteilung oder sonstige Bestimmung beschränkt oder ausgeschlossen werden.

## Ermächtigung zur Änderung von Abschnitt I

**8.** 1) Ihre Majestät kann durch Regierungsverordnung solche Änderungen dieses Abschnitts und jedes anderen Gesetzes (einschliesslich Regelungen, die in den folgenden Abschnitten dieses Gesetzes oder in einem nach diesem Gesetz verabschiedeten Gesetz enthalten sind) vornehmen, die Ihrer Majestät im Kronrat aufgrund einer Änderung der Produkthaftungs-Richtlinie, die zu einem Zeitpunkt nach Verabschiedung dieses Gesetzes vorgenommen wird, erforderlich oder zweckmässig erscheinen.

2) Eine Regierungsverordnung nach Abs. 1 wird Ihrer Majestät im Kronrat erst vorgelegt, wenn ein Entwurf der Verordnung in beiden Häusern des Parlaments eingebracht und ihm durch Beschluss zugestimmt worden ist.

## Anwendung von Abschnitt I auf die Krone

**9.** 1) Nach Massgabe von Abs. 2 verpflichtet dieser Abschnitt die Krone.

2) Die Krone wird, was die Haftung der Krone aufgrund dieses Abschnitts betrifft, durch diesen Abschnitt nicht weitergehend verpflichtet, als die Krone für unerlaubte Handlungen oder auf Entschädigung nach dem Crown Proceedings Act 1947 haftet, wie er zum jeweiligen Zeitpunkt Gültigkeit hat.

# Sachregister

Die Zahlen verweisen jeweils auf die Randziffern.